中华人民共和国地方志丛书

遂川县林业志

1995~2006

江西省遂川县林业志编纂委员会

江西人民出版社

图书在版编目(CIP)数据
遂川县林业志/刘礼河主编 郭赣生总纂
-南昌:江西人民出版社 2007.5
ISBN978-7-210-03604-3
Ⅰ.遂… Ⅱ.刘… Ⅲ.林业史-遂川县 Ⅳ.F326.275.64
中国版本图书馆CIP数据核字(2007)第058288号

遂川县林业志
刘礼河主编
江西人民出版社 出版发行
印刷:江西省方志出版印刷有限公司
南昌市红星印刷有限公司
经销:新华书店
2007年5月第1版 2007年5月第1次印刷
开本:787毫米×1092毫米 1/16 印张:20
字数:400千 印数:1-1000册
ISBN978-7-210-03604-3/F·606 定价:138元

江西人民出版社 地址:南昌市三经路47号附1号
邮政编码:330006 传真:6898827 电话:6898893(发行部)
E-mail:jxpph@tom.com web@jxpph.com

改革創新

李育材

二〇〇六年六月

李育材为国家林业局副局长

坚持科学发展
建设现代林业

贺祥麟
二〇〇六年十月

贺祥麟为中共遂川县委书记

以人为本

兴林富民

肖志华

2006.10

肖志华为遂川县人民政府县长

1993年4月，中共中央政治局常委、书记处书记胡锦涛视察遂川

2006年5月，全国政协副主席罗豪才(右一)在省政协副主席、省委统战部部长王林森(右二)和省林业厅厅长刘礼祖(左一)的陪同下到遂川调研林改工作。

1997年5月，省委书记舒惠国(中)视察云岭林场

2005年3月，省委书记孟建柱(左四)和省委常委、省委秘书长陈达恒(左五)视察遂川林业

2006年2月，全国政协常委、原江西省省长舒圣佑(中)视察遂川林业

2006年11月，全国政协委员、中国绿化基金会主席、原国家林业局局长王志宝(前左二)视察遂川林业

2006年8月，国家林业局副局长李育材(左二)、副省长熊盛文(右二)由县委书记贺祥麟(左一)陪同视察遂川林业

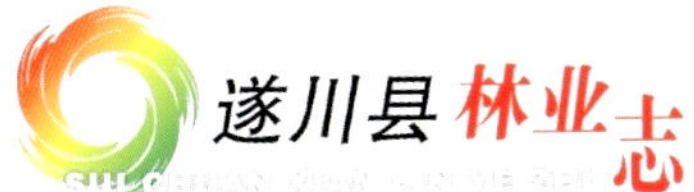

2006年5月，中纪委驻国家林业局纪检组组长杨继平（左）在遂川调研林改工作

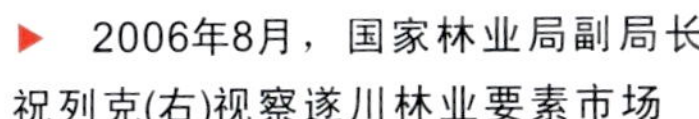

2006年8月，国家林业局副局长祝列克(右)视察遂川林业要素市场

2006年8月，国家林业局副局长张建龙(左二)视察遂川林改工作

2006年8月，国家林业局政策法规司司长汪绚(左)、发展计划与资金管理司司长姚昌恬(右)在遂川调研

2006年8月，国家林业局防火办公室主任、森林公安局局长杜永胜(右)检查遂川森林防火工作

2006年2月，国家林业局经济发展研究中心主任张蕾(右)，省林业厅副厅长郭家(左)在遂川调研

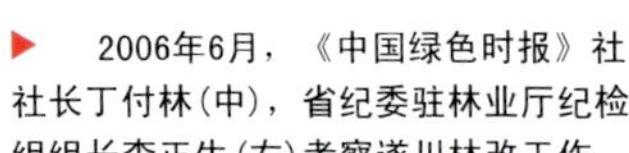

2006年6月，《中国绿色时报》社社长丁付林(中)，省纪委驻林业厅纪检组组长李正生(右)考察遂川林改工作

▲ 2006年4月，省林业厅厅长刘礼祖(中)视察遂川林业

◀ 2004年10月，省林业厅副厅长龙远飞(左)深入遂川林区调研

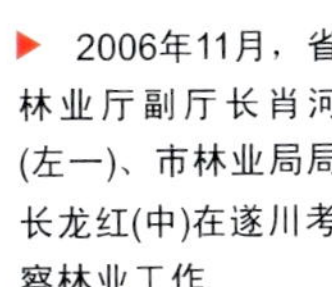

▶ 2006年11月，省林业厅副厅长肖河(左一)、市林业局局长龙红(中)在遂川考察林业工作

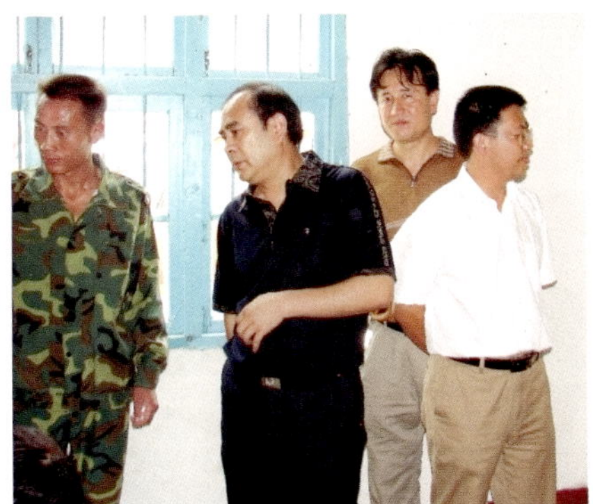

▲ 2006年8月，省林业厅助理巡视员、省森林公安局局长詹春森(左二)在县森林消防专业队调研

▲ 2006年8月，省林业厅助理巡视员毛赣华(左)在县委常委、农工部部长陈道萍(右)的陪同下调研遂川林改工作

▲ 2006年7月，市委书记弘强(前中)视察遂川林业要素市场

▲ 2006年11月，市委书记黄建盛(前右一)视察遂川林业要素市场

▲ 2006年8月，市委副书记、市长胡长林在遂川调研林改工作

▲ 2006年10月，市委副书记、代市长周萌(中)视察遂川林业要素市场

▲ 2005年10月，市委副书记温新华(中)在营盘圩鸟类环志工作站视察

▲ 2006年4月，市委副书记胡龙生(后右一)视察遂川林改工作

▲ 2006年8月，副市长陈志明(右二)深入衙前镇上芫村调研林改与新农村建设工作

▲ 2004年9月，县委书记罗文季(右)在林区调研

◀ 2006年6月，县委书记贺祥麟(左二)和县委副书记、县长肖志华(左三)在林业要素市场指导林业工作

1 云岭林场营造的速生丰产杉木林
2 大坑天然阔叶林
3 西溪油茶林
4 花木苗圃
5 衙前毛竹林
6 堆子前山苍子林
7 五斗江大径级龙泉杉木林

1 生态公益林
2 日元贷款造林
3 退耕还林项目营造的杨树林
4 绿色通道（赣粤高速公路绿化林）
5 长江防护林
6 世行贷款造林

1 县领导指导植树造林
2 毛竹林低改
3 群众造林
4 幼林抚育
5 木材运输
6 松毛虫防治
7 大田育苗

1 金星木业公司外景及细木工板生产车间
2 绿洲人造板公司高密度纤维板生产车间
3 浦东实木工艺品制造车间
4 秀州公司竹地板生产车间
5 江苏三笑集团遂川日化有限公司
6 翔云药业公司
7 扬宏竹胶板公司

▲ 五斗江（龙泉码发祥地）郭维经尚书第牌坊

▶ 白水仙瀑布(碧洲)

◀ 拦河围堰(新江)

◀ 山牡荆(盆珠良头)

▶ 古银杏及银杏果(巾石)

▼ “狗牯脑”茶生态园及狗牯脑山(汤湖)

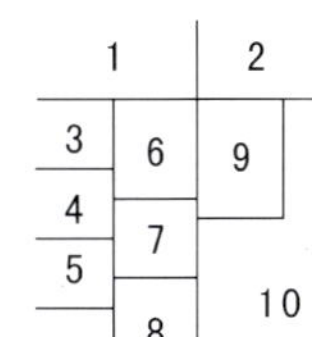

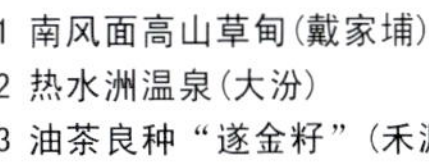

1 南风面高山草甸（戴家埔）
2 热水洲温泉（大汾）
3 油茶良种“遂金籽”（禾源）
4 遂川金橘（堆子前）
5 古樟树（巾石）
6 黄金间碧玉竹（大汾）
7 南方铁杉群落（南风面山区）
8 古罗汉松（衙前）
9 古红豆杉（西溪）
10 古楠木群（衙前）

1 候鸟迁徙
2 架网捕鸟
3 2002年9月，日本鸟类专家（右二、三）在营盘圩进行鸟类环志
4 鸟类疫源疫病监测
5 环志工作棚
6 2006年9月，全国鸟类环志中心主任楚国忠（右一）在营盘圩鸟类环志站指导鸟类环志
7 2005年10月，中央电视台《走近科学》栏目组在遂川摄制《揭秘千年鸟道》专题片。该片于同年11月在中央电视台一套、十套播出

遂川境内分布的国家级保护鸟类

白颈长尾雉(一级)

黄腹角雉(一级)

仙八色鸫(二级)

红角鸮 (二级)

1 全县林业产权制度改革动员大会
2 林改外业工作全面实施出征仪式
3 实地勘察
4 制图
5 发放林权证
6 全市林改工作会议在遂川举行
7 全国集体林权制度改革现场经验交流会代表在遂川参观
8 《人民日报》社、新华社、《农民日报》社、中央人民广播电台等中央八家新闻媒体记者采访遂川林改
9 中央电视台《中国森林》节目组在林业要素市场采访
10 香港凤凰卫视记者在林业要素市场采访

1 林业局领导班子
2 五指峰林场领导班子
3 云岭林场领导班子
4 林业局办公大楼
5 林业要素市场交易大楼及交易场景

1 林业综合行政执法大队服务大厅
2 森林公安干警整装待发
3 木材运输检查
4 双桥林业工作站(全国先进林业工作站)
5 五斗江森林派出所(全国二级达标单位)
6 五指峰全自动森林“三防”监控云台
7 森林消防专业队

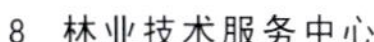

8 林业技术服务中心
9 林业办证服务中心
10 林业局机关电子化办公
11 云岭林场办公大楼
12 五指峰分场护林防火瞭望台
13 林业工业公司汤湖采育林场办公大楼
14 林业工业公司草林采育林场办公大楼

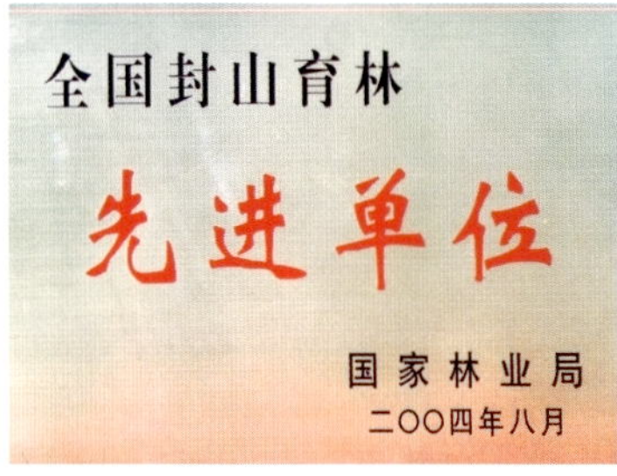

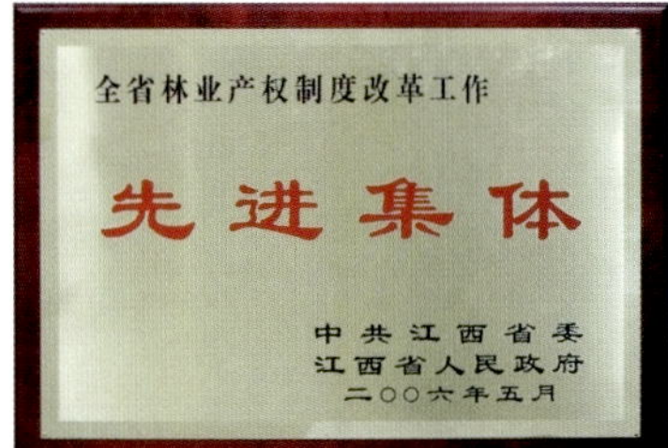

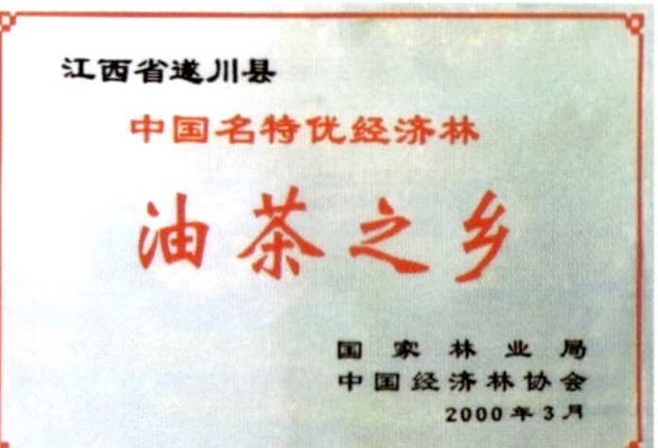

《遂川县林业志》(1995～2006年)编纂人员合影

前排左起：张春艳 郭赣生 刘礼河 张永明 蒋 燕

后排左起：谢大清 温昌生 肖礼彬 方院新 钟文高

遂川县森林资源分布图

井
冈
山
市
湖
南
省
万
安
县
南　康　市
上
犹
县
一
0
五
国
道
赣
粤
高
速
公
路
新江
双桥
五斗江
堆前
大坑
横陂水库
雩田
泉江
枚江
珠田
衙前
碧洲
堆子前
西溪
五指峰林场
戴家埔
大汾
营盘圩
黄坑
草林
南江
禾源
左安
汤湖
高坪
比例尺 1：500000
图　例
省　界
县　界
乡　界
公　路
河　流
杉　木
马尾松
阔叶树
灌木林
竹　林
湿地松

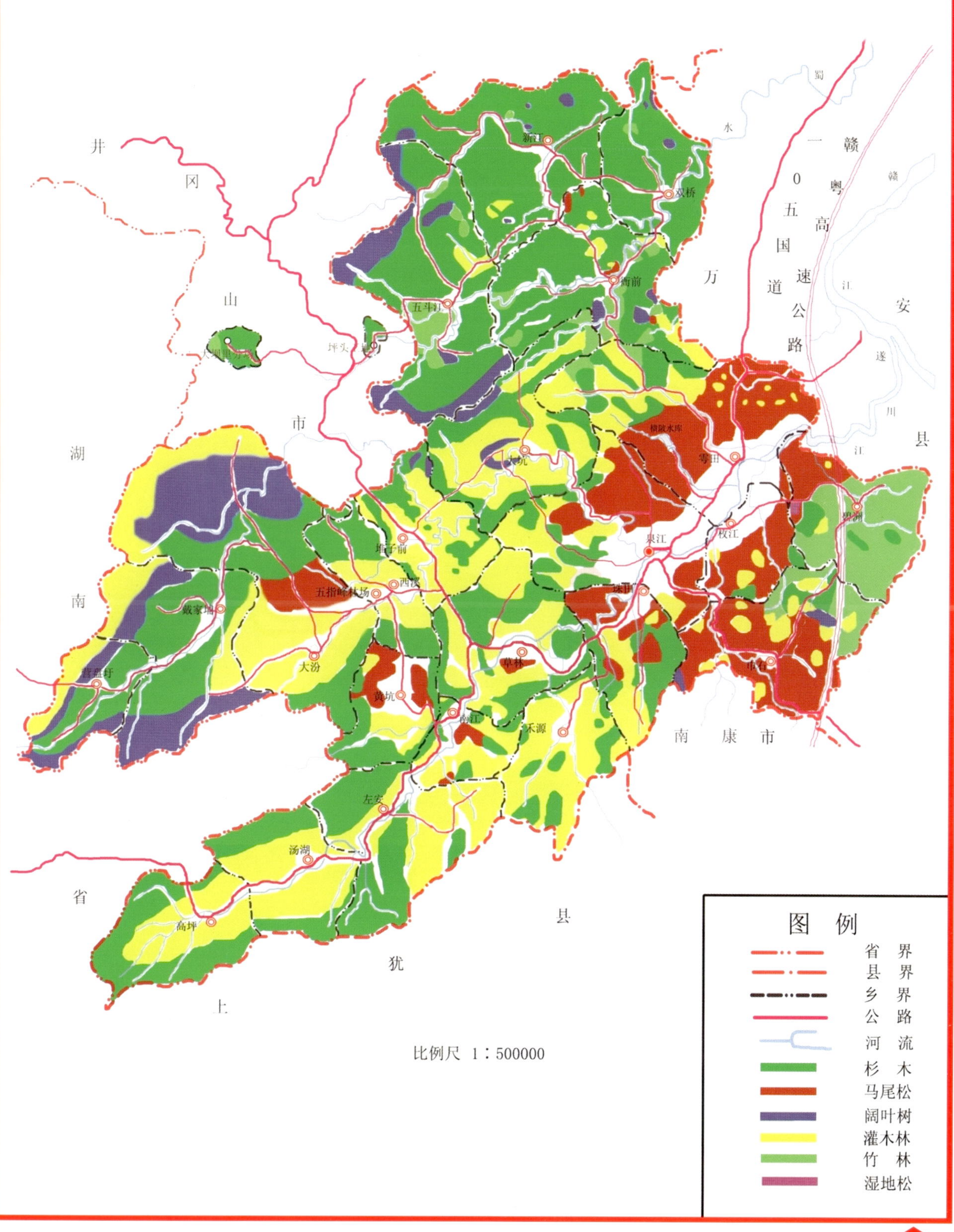

遂川县林业基层单位分布示意图

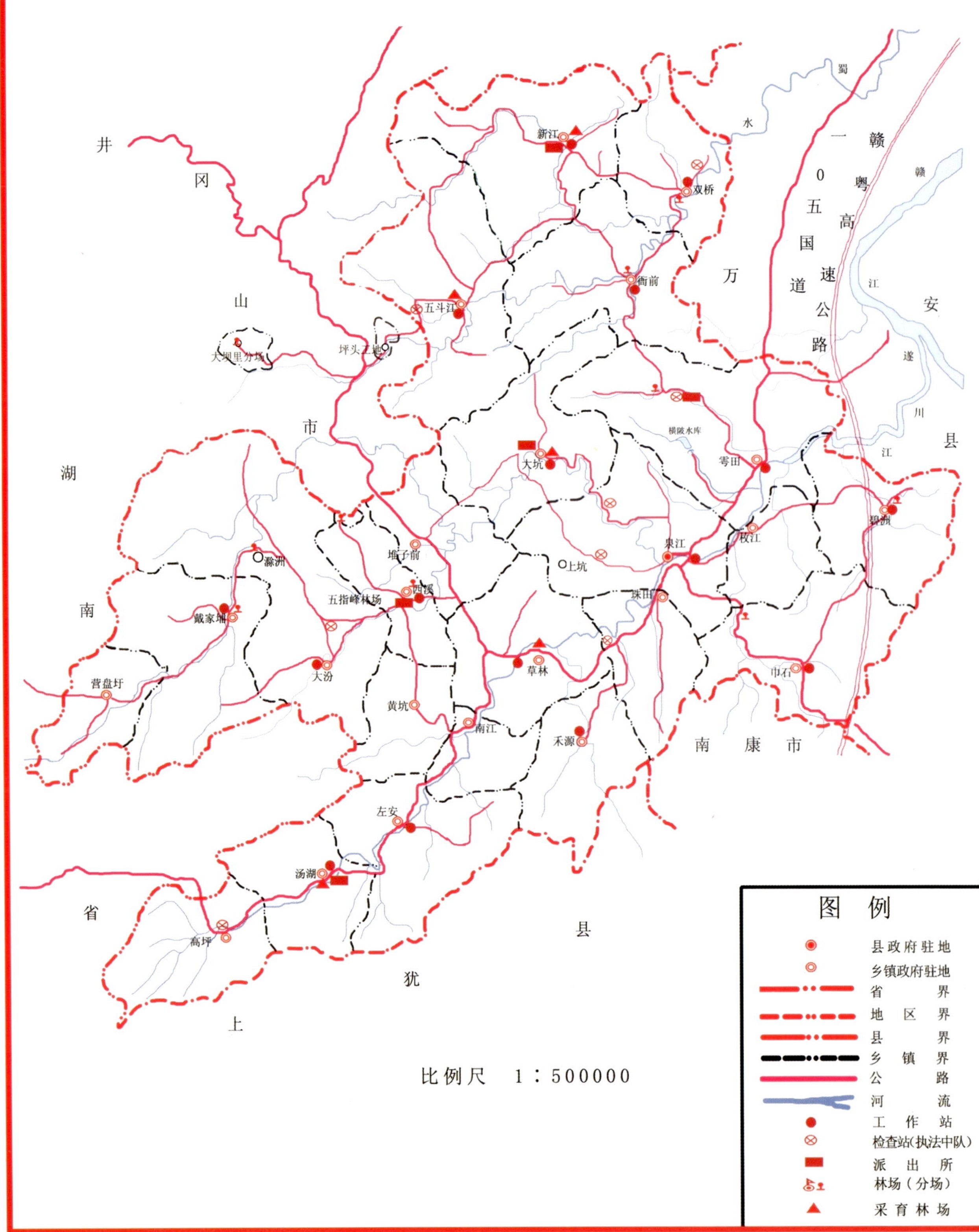

序　一

遂川地处革命老区井冈山的东南部，是江西的林业重点县，也是国家扶贫开发工作重点县。长期以来，遂川林业为当地经济发展作出了重大贡献，被誉为经济的三大支柱之一。但是，随着计划经济体制向社会主义市场经济体制的转轨，遂川林业发展的一些深层次矛盾和问题逐渐显露出来。作为全省林业产权制度改革试点县，县委、县政府认真贯彻落实省委、省政府“明晰产权、减轻税费、放活经营、规范流转”的政策，进行了积极的探索，并取得显著成效。特别是在建立林权管理机制、组建林业产权交易中心、开展林权证抵押贷款、调动林业经营者的积极性以及林业内部管理等方面，为全省乃至全国的现代林业建设探索了新路子，创造了新经验。

当前，全省林业产权制度改革已进入了配套改革攻坚阶段，计划经济时期构建起来的传统林业管理体制和经营机制已经打破，适应社会主义市场经济体制的新型林业管理体制和经营机制正在建立之中。同时，遂川森林资源的质量还不高，与社会日益增长的生态需求还不相适应，遂川林业建设任重道远。

在《遂川林业志》即将出版发行之际，我衷心地希望遂川县的各级领导和林业系统的广大干部职工，在省委、省政府的正确领导下，充分发动和依靠群众，同心同德，再接再厉，继续发扬艰苦奋斗、求真务实、勇于开拓、不断进取、争创一流的林改精神，进一步深化各项林业产权制度配套改革，加快建立和完善林业发展新机制，努力走出一条适应林业又好又快发展的新路子，在新的起点上再创遂川林业新辉煌！

刘礼祖

2007 年 2 月

注：刘礼祖为江西省林业厅厅长

序　二

戊岁冬阳正暖，新墨铸卷尤香。记载遂川林业十二年发展改革史实的《遂川县林业志(1995～2006年)》众手成书，即将付梓，实为可喜。对林业言难尽喻的执著，时而颤抖之心亦感欣慰。

纵观林业千年历史，遂川林业名鹊于唐宋，鼎盛于明清，绵延传承至今，更现生机勃发。山川形胜，构就了罗霄山脉之巅南风面，江西省境第一高峰；智慧凝聚，发明"龙泉码"这一世界最早的原木材积计算法，在长江流域广为流传运用；土地富庶，龙泉杉木、金橘、油茶、狗牯脑茶叶等丰饶特产享誉海内外；山林广袤，孕育出红色革命摇篮，毛泽东在这里创建中国第一个县级工农兵政权；研学宣介不止，发掘远古至今的候鸟迁徙通道，揭秘的千年鸟道成为一个品牌蜚声国内外；探索创新不断，率先在红土地上掀起林业产权制度改革的绿色革命，促进生产力的解放和发展。是遂川的山林沃土，是勤劳智慧的人民，熔铸了悠久的林业历史，凝结了厚重的文化底蕴。

遂川森林资源丰富，是中国金橘之乡、油茶之乡。林地面积和森林覆盖率位于全省前列，立木蓄积居全省第二。十二年来，以生态立县、林业兴县，实施以生态建设为主，培育、保护、开发、利用并重的战略，着力构建生态和产业体系，加速推进传统林业向现代林业转变，获全国封山育林先进单位、全国森林资源管理先进单位。不断推进林业改革，优化林业发展环境，提升林产工业水平，林业的生态、经济、社会效益良性互动，林业成为县域经济的支柱产业和重要经济基础。

志以载道，鉴往昭来。在建设开放、生态、和谐遂川中，遂川林业将以史为鉴，传承文明，以人为本，科学发展，把镶嵌在赣西南边陲这颗绿色明珠装点得更加璀璨。

劉礼河

2007年2月

凡　例

一、本志以马列主义、毛泽东思想、邓小平理论和“三个代表”重要思想为指导，实事求是、系统地记述遂川林业发展的历史和现状，力求思想性、科学性和资料性相统一，达到存史、资治、教化的目的，为实现科学发展、构建和谐社会服务。

二、本志为新中国成立后首编《遂川县林业志》的续志，立足突出改革开放的时代特点和遂川地方特色。书中所述史实的起讫时间，原则上，上限为1995年，下限为2006年，有的事物因内容衔接的需要，适当上溯。

三、本志取述、记、志、图、表、录、照片诸体，以志为主。《概述》纵览全书之要，以叙为主，叙议结合；《大事记》反映大事、要事，以编年体记事为主，有的采用编年体与纪事本末体相结合，以反映事物的完整性；专志，因类系事，层层统属，力求横排门类不缺项，综述史实不断线，采用章节体，一般设章、节、目、子目、孙目5个层次。

四、本志行文严格执行《江西省续修地方志行文通则》，采用语体文和记述体编纂。语言力求准确、简练、朴实、流畅。五、本志纪年，新中国成立前均用原纪年，新中国成立后概用公元纪年。

五、本志纪年，新中国成立前均用原纪年，新中国成立后概用公元纪年。

六、本志各项数据，一般采用县统计部门数据、历次森林调查资料、县林业系统单位资料。计量单位，新中国成立后使用国家规定的计量单位。数字上，凡称以上、以下、以内者，均含本数在内。

七、本志资料主要由林业系统提供，还采用了各级文献、档案资料和有关报刊、书籍以及口碑资料、《遂川县志》、《遂川文史》等有关资料。为节省篇幅，引用时一般不注明出处。

目　录

概　　述

一

“吉州(吉安)西上是龙泉,万点青山万户烟。”(清邑令杜一鸿词) 遂川,古称龙泉,地处江西省西南边境,吉安市南部,东邻万安县,南界南康市、上犹县,西连湖南省桂东县、炎陵县,西北接井冈山市,北抵泰和县,总面积3144.17平方公里,人口54万。遂川是井冈山革命根据地的重要组成部分,毛泽东在这里亲手创建了中国第一个县级工农兵政府。党和国家领导人江泽民、李鹏、胡锦涛先后莅临遂川视察,中央电视台“心连心”艺术团在遂川正式成立,并举行首场慰问演出。

遂川森林资源丰富,林业生产经营历史悠久,“龙泉杉木”久负历史盛名,畅销大江南北,宋代已初步形成木材交易市场。世界上发明最早的材积计量法“龙泉码”问世于县,通行江南数百年。新中国成立后,遂川成为国家重点商品林生产基地,先后被江西省定为主要林区县、重点开发林区县和重点林业县。遂川是“中国金桔之乡”、“中国油茶之乡”,“遂川候鸟通道”为全国三大鸟类迁徙通道之一。林业是遂川的支柱产业和国民经济的重要组成部分。

“青山绿水遂川秀,森林浩瀚景色幽。风光美景游人醉,远眺近视不胜收。”(原县委书记高永昌2005年诗) 1995年以来,遂川在国家林业政策指导和县委、县政府的领导下,经过全县人民的共同努力,林业建设取得了令人瞩目的成就。

二

20世纪90年代中期,全县基本消灭宜林荒山后,尚存在林业产值比例低,速生、丰产、高效林面积不大以及低产疏林、低产竹林、低产油茶林“三低”林分占较大比例的问题,林产品总供给远远满足不了社会经济发展的客观需求。为加快林业发展,遂川县委、县政府不失时机地把林业工作的重点由传统的粗放型经营转移到高效林业建设上来。1995年制定《遂川县高效林业建设规划及实施方案》,大力发展人工用材林、工业原料林、封改造相结合丰产林、毛竹丰产林、油茶丰产林、特种经济林六大林业基地建设。1996年,根据省委、省政府“山上再造”的要求,县委、县政府制定《关于实施在“山上再造一个遂川”工程的决定》,以提高林业经济效益为中心,加快林种、树种结构调整,突出发展木竹、果茶、药材、花木、蚕桑种植,努力培植林业经济新的增长点。1999年,遂川被列为全国生态环境建设重点县。同年,全面启动“跨世纪绿色工程”建设。采取封山育林、退耕还林、天然林保护和人工针叶林改造等措施,提高森林覆盖率。在105国道和遂井、遂桂公路两侧山场以及遂川江和蜀水河的两岸及源头等生态比较脆弱的地方,建设水土保持林、护路护岸林、水源涵养林、风景林等生态公益林。加大林业产业产品结构调整力度,实行集约经营,大力建设名特优经济林、速生丰产林、薪炭林等商品林基地。在稳定林地所有权的前提下,通过拍卖、转让、租赁、承包等方式,吸聚社会力量发展非公有制林业,促进私有林适度规模经营的发展。遂川县是江西省重点林业县,又属国家级贫困县。林业是遂川的优势,然而仅靠林业部门自身有限的资金积累、民间资金以及农民自觉发展林业的积极性是难以促进林业高速发展的。因此,遂川从 1995 年后,积极利用世界银行贷款林业项目、绿色通道建设、国家重点公益林、退耕还林、日本政府贷款造林、长江防护林工程建设等一批国家林业项目来推动林业的发展,促进森林面积、蓄积快速双向递增,生态环境得到明显改善,为遂川林业由"恢复和发展阶段"向"可持续发展阶段"跨越奠定了较坚实的基础。至 21 世纪初,遂川已初步形成结构比较合理、功能比较完备的生态防护林体系以及产业、产品结构较为合理、市场竞争力较强的比较发达的林业产业体系。2002 年二类森林资源调查结果表明:全县森林面积 177399.1 公顷,占林业用地面积的 72.2%;活立木蓄积量 1003 万立方米,列江西省第二位,比 1994 年增长 38.7%;毛竹面积 20644 公顷,立竹 4655 万根,分别比 1994 年增长 21.55% 和 55%;森林覆盖率达 77.4%,超出全省平均水平(60.5%)17.35 个百分点,比 1994 年提高 10.1 个百分点。

三

1995 年后,遂川森林资源管理坚持以保护为重点,保护和合理利用相结合的林业经营理念。积极发挥林业执法队伍在资源保护中的重要作用,建立健全森林公安、林业工作站、木材检查站、林政稽查大队"四位一体"的林业管理和执法网络。森林公安扎实开展治安巡查、治安整治和专项斗争,严厉打击各类林业刑事犯罪,确保林区治安秩序的稳定。坚持"山上管死,山下放活"的原则,狠抓森林资源源头管理,坚持森林限额采伐管理不动摇。规范木竹凭证采伐、运输、经营、加工制度,强化征占用林地审核审批制度。实施林业综合行政执法试点工作,进一步整合林业执法力量。始终把抓好林业基层工作站所建设,作为森林资源源头管理的关键,通过强化队伍、制度和基础设施建设,提高森林资源保护和管理水平,并取得突出成绩。新江林业工作站、双桥林业工作站先后分别被评为"全省三十强站"和"全国先进工作站"。遂川把封山育林作为林木管护的重要手段,落实封山育林措施,建立县林业局、乡镇林业工作站、村护林员层层负责的管理机制,通过自封自管和合作封山,做到造封并举,造一块,封一块,成林一块。至 2006 年,全县封山面积扩大到 56993 公顷。2004 年,遂川县被国家林业局评为"全国封山育林先进单位"。认真宣传贯彻森林防火条例,建立健全县森林消防大队,森林消防专业队,县、乡镇场应急森林消防队和农村村、组义务消防队四级防火联防网络,做到制度健全,设备设施配套齐全。"三山"(井冈山、庐山、南昌西山)防火工程建设项目在遂川的顺利实施,标志着遂川森林消防水平上了一个新的台阶。进一步完善林业"三防"(防火、防病虫、防盗)体系建设,全县已建立 5 个林火自动化监控点和 1 个森林三防指挥调度中心,并高标准组建森林消防专业队,有力地保障森林资源安全。森林病虫害防治和检疫工作,坚持"预防为主，综合防治”的方针，注重“一站三网”（县森林病虫害防治检疫站和测报、检疫、防治网络）体系建设，抓好普查监测、疫区控制、化学防治、生物防治、疫区改造和产地检疫、调运检疫、建设综防林等措施的落实，12 年来未发生重大森林病虫灾害。通过进行古树名木普查，严格采集报批、禁伐制度等措施，使野生植物保护工作步入规范化、法制化管理轨道。开展宣传、调查工作，落实保护措施，进行综合治理，野生动物保护力度加大。鸟类环志工作的成功开展，成为遂川野生动植物保护工作的新亮点，县营盘圩鸟类环志点的建立，首开全省鸟类环志的先河。2002 ~ 2006 年，连续 5 年开展鸟类环志及研究工作，“遂川候鸟通道”的研究，不仅探索了野生动植物保护的有效形式，而且打开了遂川林业与国际交流的大门，成为遂川的一个品牌，2002 年“中日江西遂川营盘圩鸟类环志研讨会”的顺利召开，奠定了遂川鸟类环志及研究的基础。2005 年，遂川被列为全国第一批陆生野生动物疫源疫病监测站。当年，县林业局被省林业厅评为“全省野生动植物和湿地保护工作先进单位”。山林权属争议调处工作，坚持“逐级负责，分级调处，主动协商，着重调解”的原则，在实际工作中取得成效。2004 年 8 月，林业产权制度改革启动后，进一步建立健全县、乡、村、组四级调解组织，充分发挥基层组织和民间组织的积极作用，使山林纠纷调解工作进入高效率运作阶段。1995 ~ 2006 年，全县调处山林权属争议案 1917 起，案件调处率达 96.5%。其中，2005 ~ 2006 年林改期间调处 1859 起，占调处总数的 96.4%。2005 年，遂川被国家林业局评为“全国森林资源管理先进单位”。

四

为把丰富的森林资源优势转化为经济优势，遂川把木竹产业当做发展县域经济的第一主导产业，促进了林业经济的迅速发展。县制订《木竹产业化发展规划》，在森林资源培育上，重点抓好项目造林和基地建设。在木竹加工上，通过招商引资，引进一批技术含量高、工艺先进、附加值高、利税大的林产加工企业。着力打造一批名牌木竹产品，做大做优中密度纤维板、胶合板、木竹工艺品，加大力度发展家具和林产化工业，扶大扶优龙头企业，重点扶持东林（绿洲）、金星、浦东、三笑、秀州公司，走规模化、集团化发展道路。至 2006 年，全县有市批木竹加工企业 84 家，其中省级龙头企业 1 个，市级龙头企业 10 个。全县年加工木材 10 万余立方米，毛竹 130 余万根，木竹加工产值达 5.3 亿元，比 1995 年增长 13 倍。1995 ~ 2006 年，全县共销售商品木材 143.54 万立方米。与此同时，以独具特色的狗牯脑茶叶、金橘、茶油、竹笋、花卉苗木、森林旅游及红薇菜、竹荪为主的非木质产业的开发，迅速转变为经济效益，成为林业经济新的增长点。2005 年，全县林业总产值 11.5 亿元，占全县国民生产总产值的 51%，林业税收 1590 万元，占全县财政总收入的 10%，全县农民人均林业收入 650 元，占人均总收入的 24%。2006 年，全县林业总产值达 12.81 亿元，比 2005 年增长 11.39%。

五

“既要金山银山，更要绿水青山”，遂川把生态环境建设当做林业发展的首要任务，确立“生态立县，林业兴县”的发展战略。12 年来，为努力建设“山川秀美生态文明的新遂川”，实现“山上办绿色银行”的目标，积极建立以资源培育为主体的林业生态体系。县成立生态环境建设综合治理领导小组，认真实施《遂川县生态环境建设总体规划》，以保护生态环境为中心，治理水土流失为重点，区域治理为突破口，采取全封措施，保护森林植被；改变林种结构，增加混交林比例；改造低产果园、竹林、茶园、油茶林等名特优经济林，提高产量和质量。积极开发神山寺森林公园、白水仙景观、汤湖十里茶园、万福仙、南风面、热水洲、遂川候鸟通道等森林旅游景点，发展森林旅游。1995 年后，相继实施的绿色通道建设、国家重点公益林、退耕还林等一批林业项目建设取得了显著的生态效益。至 2006 年，全县退耕还林 5466.67 公顷，国家重点公益林面积 32780 公顷，建设绿色通道 22334.6 公顷，长江防护林工程 866.67 公顷，生态环境质量显著改善，减灾防灾能力进一步增强。彻底改变了 20 世纪 90 年代初期“远看山有色，近看水土流”的状况，形成了“以林养水，以水发电，以电增林”的良性循环发展模式。一个无山不绿，有水皆清，林丰物阜的生态遂川、绿色遂川呈现在人们的眼前。

六

坚持教育兴林、科技兴林的方针。林业系统各单位积极鼓励支持广大职工通过成人高考、自学考试、函授、刊授等方式提高学历水平。开展岗前培训、持证岗位培训、技术等级培训等方法提高职工的业务技术水平，使林业队伍的文化、专业结构不断优化，职工素质明显提高，工作适应性和创造性不断增强。加强林业科技的宣传、推广和普及工作，通过举办各类科技（普）讲座、技术咨询、知识技能竞赛、建设示范基地，组织外出参观学习等方法，提高广大林农及林业经营大户的林业生产经营水平，培养出一批林业经营致富的带头人。建立健全林业推广与服务体系，加速科技成果转化，提高林业生产的科技含量。先后引进推广的 ABT 生根粉在花卉苗木生产中的应用、油茶优良无性系繁殖、金橘留树保鲜等一大批营林科学技术，在林业生产中产生了显著的经济与社会效益。

七

以改革为动力，促进林业大发展。2003 年 4 月全县开始实施林业经营体制改革，打破计划经济体制下，长期以来木竹购销由林业部门独家经营的模式，实行允许持有林业、工商部门证照的单位和个人进入林区经营木竹的市场经济体制。放手发展非公有制林业，在稳定林地所有权的前提下，通过拍卖、转让、租赁、承包等方式，流转林木林地使用权，逐步实现由林业部门办林业向全社会办林业的转变，随着"谁造谁有，谁投资谁受益"政策的落实，非公有制林业得到进一步发展，极大地解放林业生产力，提高社会办林业的积极性，林业产业和林业经济得到迅速发展。2004 年 8 月，率先在全省启动林业产权制度改革试点工作，通过实行县、乡、村"三级书记抓林改"的组织领导机制，层层落实工作责任制，确保了全县林改工作的顺利实施。全县完成除有争议的插花山外的所有山林权确权发证宗地 29 万宗 23.4 万公顷。五指峰林场、云岭林场和林业工业公司，以产权制度改革为契机，采取动态计算分成法、定期定额分成法、林地租赁法、立木分成法、买断分成法 5 种利益分成办法，由林农自主选择，实行公开、公平、公正操作，在 2005 年 10 月前，完成国、村（户）联营山场面积 9413.35 公顷补充完善协议的签订工作。进一步稳定了国、村（户）联营山林权属，为五指峰林场、云岭林场和林业工业公司林业经营的可持续发展奠定了基础。通过林改，初步建立起"归属清晰、权责明确、保护严格、流转顺畅"的现代林业产权制度，还权还利于民，维护了广大林农和林业经营单位的基本利益，加快林业和农村经济的发展。推进林业产权制度的配套改革，林业局行政事业经费纳入县财政部门综合预算，林业综合行政执法大队、森林防火办公室、森林公安派出所升格为副科级单位。顺利启动林业综合执法试点工作，成立林业技术服务中心。成功组建全省第一家林业要素市场，为林业产权的规范流转和林业要素的优化高效配置搭建起一个良好的平台。2005 年 5 月，遂川林改试点工作考核总分名列全省 7 个试点县（市）第二名。2006 年，遂川县被省委、省政府评为"全省林业产权制度改革工作先进集体"，双桥乡、左安镇被评为乡镇级先进集体。具有遂川特色的林改工作做法和经验，得到了上级领导和各级组织的认可和推介。2006 年 8 月，全国集体林权制度改革现场会安排考察遂川林改工作。

林业系统大力实施内部改革，林业主管部门积极转变职能，提升部门形象，加快自身发展。把林业行政管理工作的重点逐步转变到统筹规划、掌握政策、组织协调、提供服务、监督检查上来。实行政事、政企分开，改革用人机制。对部分事业单位进行重组兼并。打破大包大揽管理模式，引导企业走向市场，成为市场经济中自主经营、自负盈亏的有力竞争实体。推进国有场圃和森工企业改革，建立新的管理和经营体制。加大人事和劳动用工制度改革力度，改革分配制度，建立平等竞争、优胜劣汰、合理流动的用人机制。推行承包、租赁等方式，搞活经营，提高经济效益。采取停薪留职、内部退养、提前退休，置换身份等措施安置富余人员，为企业的进一步深化改革打好基础。

12 年来，遂川林业取得了令人鼓舞的成就。但林业在国民经济中所占的比重仍偏低，资源优势尚未较好地转化为经济优势，林业整体发展水平与社会经济可持续发展的要求仍有较大的差距。林业部门应当实事求是地正视自己的不足和发展道路上的困难。差距即潜力，挑战即机遇。有县委、县政府的正确领导，有全县林业人的开明开放、励精图治，在实现"开放遂川、生态遂川、和谐遂川"的战略目标中，遂川林业将会谱写出更加灿烂辉煌的篇章。

大 事 记

1995 年

3 月,县林业局被省林业厅评为 1994 年度林业信息工作先进单位。

3 月 13 ~ 17 日,全省林政资源管理工作会议在遂川召开,省林业厅厅长吴志清、副厅长严金亮到会并讲话。

4 月 25 日,狗牯脑茶获北京国际食品加工技术博览会金奖。

5 月 31 日至 6 月 4 日,省油茶低改办对县 1994 年度油茶低改工作进行检查验收,给予较高评价。

6 月,县林业局被省林业厅评为森防工作先进单位。

6 月 29 ~ 30 日,省林业厅原厅长欧阳绍仪到县五指峰林场、五斗江林业管理所考察林业工作。

6 月 30 日,复旦大学教授陈延熹、专家唐士敏到县了解穿山甲资源分布情况。

7 月 11 日,省政府批准白水仙——泉江镇风景区为省级重点风景名胜区。

7 月 21 日,吉安地区竹业开发工作会议在遂川召开。

11 月 10 日,五斗江发现一只水龟,体重 10.5 公斤。因误食钓钩于 14 日死亡。

11 月 28 日,县委、县政府在西溪乡召开全县金橘生产现场会。

12 月 1 日,省政府副省长孙用和到县考察安村电站、汤湖狗牯脑茶叶基地和江南木材市场。

12 月 3 日,五指峰林场国家商品材基地建设通过国家林业部及省林业厅验收。

12 月 19 日,参加在吉安地区召开的全国森林资源和林政管理工作会议的 220 多名代表到县参观江南木材市场、金源公司和云岭林场工业企业。

是年,堆子前镇河籁村获 1995 年度全国造林绿化"千佳村"称号,双桥乡获 1995 年度全省造林绿化"最佳乡"称号,五斗江乡车坳村获 1995 年度全省造林绿化"最佳村"称号。

是年,云岭林场正式实施世行贷款森林资源发展和保护项目,项目建设期 1995 ~ 1999 年。2006 年 9 ~ 11 月,该场开展项目实施后成效评估调查工作,调查结果显示,该项目共造林 5802.1 公顷,保存面积 5624.61 公顷,林分总蓄积量 563829 立方米,林木商品价值达 9100 多万元。

1996 年

1 月 10 ~ 12 日,行署副专员匡远伦及地区林业局局长汤义泉一行到碧洲乡检查指导毛竹培育示范点工作。

3 月,遂川被省林业厅评为林业工作站建设"十强县"。

4 月 24 ~ 26 日,遂川县第二期油茶低改工作通过省油茶低改检查组验收,评为全省第三名。

5 月 22～24 日,遂川县 12 个林业工作站建设通过国家林业部抽检验收。遂川是全省唯一被抽查县。

11 月 13 日,全省木材新标准研讨会在遂川召开。

11 月底,县森林病虫害防治和植物检疫达标工作经省森防站检查验收达标。

12 月中旬,大汾林业管理所在大汾圩镇查获一起猎捕出售国家二类保护动物短尾猴案件,县野生动物保护办公室及时对此案进行处理,并将没收的短尾猴放归深山老林。

12 月 29 日,县林业局被省林业厅评为“1996 年度林木种苗行业管理先进单位”。

12 月,县林业局人事秘书股被省林业厅评为“1996 年度全省林业系统先进办公室”。

是月,遂川被省林业厅评为全省发展林业产业先进单位。

是年,云岭林场刘彬生获“全国绿化奖章”,新江乡获 1996 年度全省造林绿化“最佳乡”称号,五斗江乡米石村、泉江镇新寨村、衙前乡段尾村获 1996 年度全省造林绿化“最佳村”称号。

1997 年

4 月 15 日,全国人大常委会副委员长王丙乾率全国人大常委会《森林法》执法检查江西检查组一行,到县视察江南木材市场。

同日,全国人大《森林法》执法检查组特邀成员、林业部部长徐有芳视察江南木材市场。

4 月 17 日,撤销县林业汽车运输队、县林业汽车修配厂。

5 月 8～13 日,世界银行官员、美籍高级经济专家雷克·斯科比为组长的世界银行工作组一行 5 人到遂川考察世行贷款林业项目。

5 月 10 日,省委书记舒惠国视察云岭林场。

6 月 12 日,成立遂川县林业局林业科技推广站,与营林股合署办公。

8 月,遂川县被中国特产之乡推荐委员会评为“中国油茶之乡”和“中国金桔之乡”。

是年,新江乡石坑村获 1996～1997 年度全国造林绿化“千佳村”称号。

1998 年

1 月,《中国金桔之乡——遂川县》一文入选《中国特产名乡大典》(林业、林区卷)。

4 月 30 日,设立遂川县林业局果业站,为股级事业单位。

5 月,由云岭林场独立承担的“遂川县世界银行贷款国家造林项目”通过省林业厅项目办的验收。

8 月 23 日,遂川县公安局林业分局更名为“遂川县公安局森林分局”。

11 月 23 日,省林业厅原厅长吴志清到县考察东林公司和森林苗圃。

11 月,省林业厅副厅长肖河深入巾石、双桥、新江等乡镇检查林木培育工作。

12 月 11 日,遂川选送 6 株金橘树参加云南昆明“’99 世界园艺博览会”。

1999 年

1 月 30 日,县林业局获国家林业局“一九九八年社会林业工程项目研究与实施工作一等奖”。

3 月,遂川县被国家林业局、中国经济林协会评为“中国名特优经济林油茶之乡”。

4 月 8 日,县林业局被省林业厅评为“1998 年度林业宣传工作先进单位”。

6 月 13 ~ 14 日,以印度籍乌玛·利利女士为组长的世界银行评估组官员一行 5 人到县考察世行贷款林业项目,对遂川世行贷款林业项目实施情况给予充分肯定。

7 月,遂川被省林业厅评为“1998 年度世行贷款国家造林项目还贷先进单位”。

7 月 26 日,遂川县被省林业厅授予“1998 年度森林资源发展与保护项目(NAP)还贷先进单位”称号。

8 月 2 日,成立遂川县金橘协会。

9 月,遂川被列入国家级马尾松毛虫京九线工程治理区。

11 月 21 日,县林业局森林病虫害防治管理工作通过国家林业局检查组考核达标评优。

是年,双桥乡获 1998 ~ 1999 年度全国造林绿化“百佳乡”称号。

是年,县实施世行贷款贫困地区林业发展项目,项目建设时间为 1999 ~ 2005 年。

2000 年

3 月 3 日,国家林业局公布遂川县为全国 88 个县(市、区)“中国名特优经济林之乡”之一。

4 月 7 日,双桥林业管理所被省林业工作总站评为“先进单位”。

4 月 21 ~ 23 日,以中国籍刘瑾女士为组长,英国籍林木繁育专家诺曼·琼斯、新西兰籍营林专家汤姆·布鲁诺、中国籍经济林咨询专家王玉柱和翻译熊思政为成员的世界银行中国林业项目检查组,到县检查世行贷款林业造林项目,对遂川世行贷款项目造林取得的成绩给予充分肯定。

5 月 21 日,设立遂川县野生动植物资源保护管理站,与县绿化委员会办公室合署办公。

6 月 26 日,省林业厅批复,同意建立遂川县神山寺省级森林公园。

9 月,双桥乡获全国造林绿化“百佳乡”称号。

9 月 16 日,省林业厅副厅长肖河在市林业局副局长许先平的陪同下到五指峰林场调研指导工作。

2001 年

8 月 6 日,国家林业局经济发展研究中心政策研究室主任刘璨一行 3 人,到县调研林业经营体制改革工作。

9 月 3 日,国家林业局飞播造林检查组到县检查 1996 年及 1997 年飞播造林成果,检查结果良好。

10 月 15 ~ 18 日,中央电视台《农业科技》栏目记者一行到堆子前镇、大坑乡和森林苗圃,采拍遂川金橘的育苗、栽培、采摘、加工等工序并制作节目。

11 月,县林业局组织以金橘盆景为主的系列产品,参加在北京举行的首届国际苗圃营林园艺技术博览会。

同月，国家林业局批准井冈山重点火险区综合治理工程项目，五斗江为子项目区。

是年，县实施国家公益林森林生态效益补助资金试点项目，试点面积2.94万公顷。

2002年

3月12日，县林业局局长罗荣梅获“全国绿化奖章”。

是月，成立县退耕还林工程领导小组，开始实施退耕还林工程。

4月，遂川县被省政府列为江西省70个重点林业县之一。

9月13～14日，受热带风暴“黑格尔”影响，县内遭受罕见特大暴雨袭击，林业灾情损失430万元。

9月27日至10月8日，“中日江西遂川营盘圩鸟类环志研讨会”在县召开。

12月26～30日，省林业厅纪检组组长李正生率省厅“百人宣讲团”到县宣讲中共十六大精神。

2003年

3月4～6日，省森林工业局局长余小发率领省退耕还林检查组到泉江、珠田、草林等乡镇检查退耕还林工作。

3月20日，省森林防火办到县检查指导井冈山重点火险区综合治理工程五斗江子项目区实施工作。

3月27日，县委、县政府下发《关于深化林业经营体制改革的意见》，4月1日起开始实施。

4月1～2日，国家林业局退耕办副主任柏章良一行到县检查退耕还林工作。

5月23～24日，国家林业局重点工程稽查办公室与国家林业局护林防火办公室联合审计组到县审核防火工程项目国债资金使用情况和配套资金的到位及使用情况，对防火工程资金专款专用给予了肯定。

6月8～9日，省林业厅利用外资项目办公室副主任邵锦峰一行到县调研日本政府贷款造林项目。

6月9日，根据《遂川县乡镇事业单位机构改革实施方案》，县林业局原23个林业管理所更名为林业工作站。

同日，县林业局林政稽查大队正式成立，下设草林、堆子前、新江、双桥4个林政稽查分队。

7月10～11日，省林业厅副厅长郭家到泉江、巾石、雩田等乡镇调研“三农”（农业、农村、农民）工作。

8月1日，县林业局组建林业调查设计专职队伍，有队员8名。

9月8日，国家林业局场圃总站站长王维正、劳动和社会保障部办公厅处长李静湖、中国农林工会林业工作部副部长袁茂清等4人组成的“国有林场改革与发展”调研组在县调研。

同日，国家林业局林业工作总站董站长到县林业局视察工作，对遂川的林业工作站建设工作给予较高评价。

9月16～28日，江西营盘圩鸟类环志培训班在县举办。

10月12日，省林业厅副厅长龙远飞一行6人到县调研非公有制林业工作。

10月20日8时，县林业工业公司300余名职工因企业改制问题，聚集县委、县政府机关外大门，要求答复企业改制的22条建议，至19时疏散。

12月1～2日，省林业工作总站站长武来成到县调研。

2004年

5月24日，在左溪河西庄段挖出1株埋入河床1.6米深的樟树。此树干长14.5米，胸径1.7米，材积12立方米，树龄达1000年左右，埋入河底70余年没腐烂。

5月24～25日，省委政策研究室副主任余森清带领由省政府办公厅、省林业厅有关人员组成的调研组到县调研集体林权制度改革工作。

7月，遂川县第一批出口德国的850公斤狗牯脑茶叶，经德国外贸部门商检合格，准予直接进入欧盟市场。

8月9～12日，省林业厅调研组到县调研林业工作。

8月，遂川县被国家林业局评为全国封山育林先进单位。

8月28日，遂川县被省委、省政府列为全省7个林业产权制度改革试点县(市)之一。

9月1日，省林业厅副厅长龙远飞到县对林业产权制度改革试点工作进行督导。

9月18～19日，省林业厅厅长刘礼祖及《中国绿色时报》驻江西记者站站长刘伟成、省森工局工会主席陈宏一行到县视察林业工作。

是月，县林业局被省林业厅评为全省林业系统反腐倡廉警示教育活动先进单位。

10月3日，省林业厅副厅长龙远飞到大坑乡调研林权制度改革试点工作。

10月14日，县林业产权制度改革领导小组在县林业局召开林改工作会议。省林改督导组龙远飞、毛赣华、陈宏、郭英荣等莅临指导。

10月25日，全县林业产权制度改革动员大会在县会展中心召开，800余人参加会议。

11月2日，全县林改外业工作出征仪式在县会展中心前广场举行，林改外业勘界工作全面铺开。

11月23日，县委书记罗文季到衙前镇调研林业产权制度改革试点工作。

同日，县长贺祥麟到双桥乡指导林改工作，并在潭溪村与村干部进行座谈。

12月14日，全县林业产权制度改革现场会在巾石乡召开。

12月28日，国家林业局副局长祝列克由省林业厅厅长刘礼祖陪同，到县工业园区和县林业局办证服务中心调研。

是年，县林业局获2004年度全市林业工作目标考核一等奖。

是年，县实施日本政府贷款造林项目，实施时间为2004～2009年。

2005年

1月，县林业局行政事业经费开始纳入县财政部门综合预算。

1月19日，省林改文艺宣传慰问演出在县会展中心举行。省林业厅副厅长郭家观看演出，并代表省林业厅、省林改办向遂川赠送林改慰问金。省林改办、省林业厅领导，省林改督导组、市林业局及县委、县政府、县人大、县政协四套班子领导等观看演出。

1月22日，省林业厅纪检组组长李正生到县检查指导林改工作。

是月，县成立长江中下游重点防护林体系建设工程领导小组。

3月14日，市委常委、组织部部长吴治云到县林业局检查指导保持共产党员先进性教育活动。

3月16日，世界银行驻北京代表处、国家林业局世行管理中心、中国林科院世行贷款项目管理办公室、省林业厅等组成联合检查组，对遂川世界银行贷款贫困地区林业发展项目实施情况进行检查。

3月31日，省委书记孟建柱及随行的省委常委、秘书长陈达恒到草林林业工作站了解林改后减轻税费等政策落实情况。翌日，孟书记一行由市委书记弘强、市长胡长林陪同到县林业局、县林改办视察工作。

4月，遂川县被列为全国第一批陆生野生动物疫源疫病监测实施单位，成立国家级陆生野生动物疫源疫病监测站。制订《遂川县重大野生动物疫源疫病监测防治预案》，全面启动野生动物疫源疫病监测工作。

4月16日，县长贺祥麟在南昌召开的全省林业产权制度改革工作会议上作典型发言。

4月17日，国家林业局宣教办副主任金志成到县林改办考察指导。

4月24日，国家林业局经济发展研究中心刘璨博士一行到县林改办考察调研。

5月10～13日，省林改验收组对遂川林改试点工作进行验收。7月18日，全省林改试点工作验收情况通报会上通报，遂川考核总分在全省7个试点县(市)中名列第二。

5月12～13日，全市林改工作会议在遂川召开。省林业厅厅长刘礼祖、副厅长龙远飞到会指导。市委书记弘强，市委副书记、市长胡长林出席会议并讲话。会议由市委副书记胡龙生主持。

5月13～14日，国家林业局政策法规司原司长、中国林业经济学会常务副理事长陈根长由省林业厅政策法规处副处长魏晓奎陪同，来县调研林改工作，并对遂川林改工作的做法和经验给予肯定。

5月28～29日，省森林公安局局长黄柏桢到县视察“绿色旋风行动”工作。

6月7日，广西壮族自治区法制办主任廖伦生一行到县考察林改工作。

6月11日，湖北省林业厅副厅长樊仁富一行到县考察林改工作。

6月27日，甘肃省林业厅副厅长尚振泽一行到县考察林改工作。

6月29日，省公安厅副厅长章凯旋到县视察“绿色旋风二号行动”工作。

7月5日，国家林业局副局长张建龙及政策法规司司长汪绚由省林业厅厅长刘礼祖陪同到县考察林改工作。

7月9日，福建省林业厅纪检组组长柴喜堂一行29人到县考察林改工作。

7月18日，遂川县被国家林业局正式列为吉安市唯一一个全国第二批林业综合行政执法改革试点县。

8 月 5 日，重庆市林业局局长周克勤一行到县考察林改工作。

8 月 11 日，亚洲开发银行杜群博士一行到县林改办考察工作。

8 月 17 日，市委副书记胡龙生及市林业局局长龙红一行，到五指峰林场就国户联营问题进行调研指导。

8 月 30 日，市纪委书记刘屹烈到县林业局检查指导工作。

9 月 13 日，遂川县被国家林业局评为“全国森林资源管理先进单位”。

9 月 21 ~ 27 日，中央电视台科学教育频道《走近科学》栏目组到县拍摄制作《揭秘千年鸟道》专题片。该片分别在当年 11 月 15、16 日的中央电视台十套、一套播出。

9 月 23 ~ 24 日，由省林业厅、省文联、省作协联合组织的“和谐创业、富民兴赣”江西林改采风创作团一行 16 人，到县开展林改专题采风活动。

是月，组建遂川县森林消防专业队，在珠田乡坑口设址办公，承担全县森林火灾扑救及突发性事件的处置。

10 月 14 日，海南省林业局局长朱选成及海南省政策研究室副主任李世珍一行到县考察林改工作。

11 月 9 日，宁夏回族自治区林业局局长韩陕宁一行到县考察林改工作。

11 月 23 日，国家林业局野生动植物保护司副司长贾建生由省野生动植物保护管理局局长谢利玉陪同，到县调研野生动植物保护和野生动物疫源疫病监测工作。

12 月 8 日，吉安市野生动植物保护管理站与县林业局共同实施的《遂川候鸟通道鸟类环志及吉安市鸟类研究》项目获吉安市科技进步二等奖。

12 月 28 日，江西省首家林业要素市场——遂川林业要素市场揭牌开业。场址设林业大楼。

12 月 30 日，县林业局被省林业厅评为“全省野生动植物和湿地保护先进单位”。

是月，县林业局被省林业厅、省高级人民法院、省人民检察院、省公安厅评为“绿色旋风”专项整治工作先进单位，刘礼河等 6 人被评为先进个人。

是年，遂川县被省委、省政府评为全省林业产权制度改革先进集体。县林业局获 2005 年度全市林业工作目标考核一等奖。

2006 年

1 月 16 日，省政协副主席雍忠诚由市委书记弘强陪同到云岭林场慰问。

2 月 14 日，中国工程院院士、南京林业大学教授、著名竹木材加工工程专家张齐生带领浙江德华集团董事长丁宏敏一行到县考察林产工业发展情况和林业投资环境。

2 月 16 日，全国政协常委、原江西省省长舒圣佑到县视察林改工作。

2 月 19 日，国家林业局经济发展研究中心党委书记、主任张蕾一行到县考察调研林改工作。

2 月 26 日，国家林业局政策法规司副司长卢昌强到县考察林业综合行政执法试点工作及林改工作。

3 月 11 日，安徽省人大农工委主任王立祝、林业厅副厅长赵波一行到县考察林改工作。

3 月 16 日，全国林业综合行政执法工作经验交流座谈会在杭州召开。县林业局在会上作典型发言。

同月，县林业局副局长、高级工程师王礼权到国家林业局经济发展研究中心挂职。

同月，双桥林业工作站获国家林业局“全国先进林业工作站”称号。

4 月 13 日，省林业厅厅长刘礼祖、副厅长龙远飞及市委副书记胡龙生到县检查指导林改配套改革工作。

4 月 19 日，国家林业局林业工作管理总站副站长李近如到县指导林改工作。

4 月 20 日，县林产工业协会成立。

4 月，成立遂川县林业志续修工作领导小组，启动《遂川县林业志》(1995~2006 年)编纂工作。

5 月 1 日，遂川林业要素市场动工兴建，坐落于县林业工业公司上首。是年 8 月竣工交付使用。

5 月 11 日，省政府参事、江西师大教授李建德率省政府参事室林改课题组来县林改办考察工作，并到新江、汤湖、枚江等乡镇进行调研。

同日，云南省林业厅厅长白成亮率云南省林改考察团一行 35 人到县参观考察林改工作。

5 月 15 日，省人大常委会委员、农工委副主任曹泽华率省人大农业和农村工作委员会调研组到县调研林改工作。

5 月 19 日，在南昌召开的全省林业产权制度改革总结表彰暨配套改革动员大会上，遂川县林改工作经验材料《明确流程，严把八关，有序推进林改内业工作》入选大会《典型交流材料汇编》。遂川县获全省林业产权制度改革工作县级先进集体称号；双桥乡、左安镇被评为全省乡镇级先进集体；县林业局局长刘礼河、汤湖镇党委书记张后道、县林业局林业调查设计队队长李树生 3 人被评为全省林改工作先进个人。

5 月 22 日，新华社江西分社记者林艳兴、李倩到县采访林改工作。

5 月 26 日，全国政协副主席、中国和平统一促进会副会长、致公党中央主席罗豪才及全国人大常委、全国人大财经委副主任、致公党中央常务副主席杜宜瑾等，率致公党中央林业发展与新农村建设考察团，到县考察林改与新农村建设工作。

是月，县林业局建立森林三防多功能指挥调度中心。配有监控电视墙和计算机控制平台等，可在指挥中心直接对火灾现场进行指挥调度。

6 月 8 日，《中国绿色时报》社社长丁付林、总编室主任陈廉、社会活动部主任段华一行到县采访林改工作。

6 月 16 日，市政府副市长陈志明到县检查新建林业要素市场工程进展情况。

6 月 21 日，由中央党校教授杨秋宝率领的“林改与新农村建设”考察组到县考察。

同月，县森林公安分局因在 2005 年冬至 2006 年春禽流感防控工作中完成任务出色，被省森林公安局记集体三等功 1 次。

同月，县林业局被省林业厅评为“全省林业站建设先进单位”。

7 月 29 日，市委书记弘强到遂川林业要素市场视察，并检查全国集体林权制度改革现场会遂川参观点的筹备工作。

是月，县林业局党委被市委评为“先进基层党组织”。

8月1日，国家林业局宣传办副主任金志成率《人民日报》社、新华社、《经济日报》社、中央人民广播电台、《科技日报》社、《中国青年报》社、《农民日报》社、《法制日报》社8家中央新闻媒体采访组人员莅抵遂川，就集体林权制度改革进行采访。

8月9日，省政协常委、原省林业厅厅长吴志清一行到县视察林业工作。

8月23日，国家林业局防火办主任、森林公安局局长杜永胜一行在省林业厅助理巡视员、省森林公安局局长詹春森，省林业厅防火办专职副主任钟世富，市森林公安局局长刘冬桂的陪同下，到县森林公安分局机关和云岭派出所视察森林公安“三基”工程建设工作。

8月24日，参加在井冈山召开的全国集体林权制度改革现场会的国家林业局、中央有关部委司局、中直单位、各省市区林业厅（局）的主要负责人和全国各大主流媒体记者共200余人莅临遂川，先后到林业要素市场、衙前镇上芜村参观考察林业产权制度改革工作。

9月4～6日，中央电视台《中国森林》节目组由《中国绿色时报》江西记者站站长丁贤生陪同，到县摄制反映林改工作的专题节目。

9月28日，全国鸟类环志中心主任楚国忠携刘冬平博士到县指导鸟类环志工作。

同日，县林业局局长刘礼河入选2006年度国家林业重点项目《中国林业发展改革理论与实践》编委会特邀编委。

9月，县林业局被吉安市人民政府森林防火指挥部评为“2006年度森林防火工作目标管理考核第一名”。

10月12日，《遂川候鸟通道鸟类环志及吉安市鸟类研究》获江西省农业科技人员突出贡献奖三等奖。

10月11日下午，市委副书记周萌视察遂川林业要素市场。

10月20日，为期47天的第5期遂川候鸟通道鸟类环志工作结束，共环志候鸟4754只，为2002年开展鸟类环志工作以来环志鸟类最多的一年。

10月23日，省森林公安局政委刘忠根到县森林公安分局新江派出所视察工作。

11月12～13日，县森林消防专业队派出13名消防队员支援与遂川交界的南康市进行跨区灭火行动。

11月16日，市委政法委书记、市委助理巡视员张祖智带领市综合治理工作检查小组，到县林业局督查指导综合治理工作。

11月24日，香港凤凰卫视记者到县就集体林权制度改革工作进行采访，并制作专题新闻在凤凰卫视台播出。

11月25日，吉安市委书记黄建盛到遂川调研。

11月30日，遂川县公安局森林分局更名为遂川县森林公安局，其机构规格、性质、人员编制不变。

12月12日，县林业局局长刘礼河参加在南昌召开的中国共产党江西省第十二届代表大会。

12月30日，县森林公安局古小江、王珑、曾金明、李小勇被省高级人民法院、检察院、公安厅、林业厅、监察厅5家联合表彰为“绿剑行动”先进个人。

是日，市委常委、纪委书记李云到县视察林业要素市场。

是月，县人民政府森林防火指挥部办公室被湘粤赣（闽）边界护林联防委员会授予2005～2006年度边界护林联防先进单位。

同月，县林业局刘礼河、王礼权为中国与亚洲开发银行合著出版的《林业重点工程与消除贫困技术援助项目》一书参加人员。

专题记述

一、遂川候鸟通道

全球每年有数十亿只候鸟会在自己的繁殖地和越冬地之间进行跨越洲际的迁徙，其迁徙距离最远可达2万公里，是地球上最壮观的自然现象之一。每年春、秋两季，数十万只候鸟聚集于遂川西部山坳，多时漫山遍野，遮天蔽日。它们时而在林间、河畔、田边栖憩觅食，时而在空中盘旋飞舞，一声声婉转悠扬的鸣叫，一羽羽搏击长空的俪影，给大自然增添无限生机与活力，好一幅“同在蓝天下，人鸟共家园”的动人景象。夜幕降临，一群群候鸟从栖息地起飞，它们携儿带女，呼朋唤友在夜空中展翅翱翔，踏上遥远的迁徙旅途，像在表演一场宏大的音乐舞蹈。

20世纪90年代末期，大量候鸟在遂川西部山区定期迁徙的现象，引起了国内鸟类学术界的高度关注。1998年夏，全国开展重点保护野生动物调查，发现遂川西部山区有条候鸟迁徙通道。1999年，县林业局配合吉安市野生动植物保护管理站对候鸟通道进行专项调查，证实候鸟通道的存在，并命名为“遂川候鸟通道”公诸于世。此后，国内外鸟类专家、学者和鸟类爱好者纷至沓来，到遂川实地踏查，对候鸟迁徙进行观察、研究。他们都在探求一个共同的谜底：千万年来，为什么各种候鸟不管栖息地相距多么遥远，都会以惊人的能量和坚韧不拔的意志，自动地聚集在一起，选择从遂川通过？经专家不断研究，遂川候鸟通道的神秘面纱终被逐层揭开。

遂川候鸟通道地处罗霄山脉南段东麓，西毗湖南省桂东、炎陵县，西北边连井冈山，东接泰和、万安县。南面有诸广山系的齐云山（海拔2061米），北面有南风面（海拔2120米），齐云山正西方有八面山（海拔2042米）。南风面与齐云山之间为南北约46公里宽，海拔600～1200米的中低山地并连接成山脉，其地势自西南向东北倾斜，连绵的群山形成一条东西相通的凹形通道，通道出口正好是一个10公里宽的天然隘口。遂川候鸟通道就处在南风面与齐云山之间，地理坐标为北纬25°28′～26°20′，东经113°56′～114°13′。特殊的地貌为迁徙的候鸟提供了良好的识别标志和导航参照。而且每年清明和白露前后，通道内常会形成一股自东南向西北、西北向东南风向的强劲气流，利于南鸟北飞和北鸟南飞，聚集的候鸟正好利用这股气流飞越隘口，奔向远征之途。遂川候鸟通道范围包括遂川县营盘圩、戴家埔乡和高坪、汤湖镇以及湖南省桂东县增口乡和炎陵县下村乡，面积5000多公顷。此地山高林密，森林面积占该处国土面积的81.1%。属于中亚热带常绿阔叶林带，动植物种类繁多，有兽类约40种，高等植物3400余种。气候温和（年平均气温14.2℃），水系非常发达，孕育形成了由森林、矮灌丛、矮草丛、蕨类等与沼泽湿地组成的复合景观，是保存完好的典型中亚热带自然地理景观和森林类型之一。加之地处偏远地区，人烟稀少，社会活动少。山清水秀，安逸静谧的良好环境为南北迁徙的候鸟提供了良好的觅食与栖憩场所。每逢金秋时节，来自俄罗斯、内蒙古草原、华北平原的几十万只候鸟群集至此,作短暂停留后继续向南迁徙,远至新西兰、澳大利亚等国。至清明时分,又由南向北经此返回。

21 世纪初,遂川候鸟通道引起了国际鸟类学者的极大兴趣和关注。根据 2001 年 4 月东京会议确定的关于中日开展鸟类环志工作合作的精神,2002 年 9 月 27 日至 10 月 8 日,“中日江西遂川营盘圩鸟类环志研讨会”在遂川县召开,与会者有日本鸟类专家、国家鸟类环志中心和湖南、湖北、江西省的野生动物保护管理部门的领导、专家以及鸟类环志人员计 59 人。江西省、吉安市新闻媒体对此进行了报道。期间,在县营盘圩乡开展候鸟环志工作,开创江西省鸟类环志先河。此次活动共捕获各种鸟类 188 只,环志鸟 185 只(受伤死亡 3 只做成标本)。其中留鸟 12 种,候鸟 31 种。同年,县林业局从鄱阳湖自然保护区购进 2 座特制工棚,安装电话、配置用具,建起营盘圩鸟类环志与保护站。此后,每年的 9～10 月在遂川候鸟通道开展鸟类环志工作。至 2006 年,共环志鸟类 8770 只。

历经数年对遂川候鸟通道的调查研究分析和鸟类环志工作,基本摸清了鸟类迁徙的时间、气候、路线及遂川县区域内的鸟类物种。每年候鸟迁徙 2 次:第一次在春季(4 月初至 5 月初,即清明前后),候鸟沿罗霄山脉从西南往东北迁徙到繁殖地;第二次在秋季,白露至霜降期间(9 月上旬至 10 月上旬),候鸟从东北向西南方向转向南迁飞,以白露至秋分这段时间为最多。候鸟从遂川东北方沿遂川江左、右溪河经遂川营盘圩、高坪和湖南省桂东县桥头乡转向增口乡铁山,然后沿齐云山与八面山之间的凹道南迁至越冬地。天气对鸟类迁徙有较大影响,月朗星稀、能见度高的夜晚候鸟迁飞过境多,尤其天气骤冷,气候突变(下雨、浓雾等)的前夜较多,北方冷空气南下是候鸟迁飞的重要指示剂。遂川县区域内分布野生鸟类共 14 目 45 科 209 种,其中冬候鸟 87 种,夏候鸟 40 种,留鸟 92 种。其中列为国家一级重点保护的鸟类 2 种,二级保护的鸟类 26 种,受《中日候鸟保护协定》保护的鸟类 30 余种,受《中澳候鸟保护协定》保护的鸟类 5 种。发现斑胁田鸡为全球近濒危种,并初步认为遂川是棕三趾鹑分布的北界。遂川候鸟通道是途经华中地区迁徙鸟类的必经隘口,是迁徙鸟类往返俄罗斯、中国北方地区与东南亚和澳大利亚以及新西兰等路线上的关键点,是我国中部候鸟迁徙的一条重要通道。

2005 年 9 月 21～27 日,中国林业科学研究院的专家一行及中央电视台科技频道《走近科学》栏目摄制组到遂川,对候鸟通道进行为期 7 天的生态景观、迁徙地点、夜间捕鸟现场、鸟类环志等的研究和拍摄,并制作《揭秘千年鸟道》专题片,于同年 11 月 15、16 日分别在中央电视台十套、一套播放,并用不同语言向国外播出。此后,遂川候鸟通道声名远播,在国际、国内产生广泛影响。

二、全国集体林权制度改革现场经验交流会遂川巡记

金秋的赣鄱大地,山清水秀,生机盎然,林农笑容满面。这景象,这笑容,来自 2004 年试点、2005 年全面铺开的林业产权制度改革。席卷红土地的这场由“山底”到“山顶”的变革,唱响了建设绿色生态家园的主旋律,给林业发展带来脱胎换骨的变化。遂川林农用自编的歌曲表达对林改的赞同和拥护:“我们曾经有过多少回梦想,真的好想拥有属

于自己的林业产权，当我们把《林权证》捧在胸前，心情无比激动，我们乘着改革的春风，奔向幸福美好的未来。”遂川林改不仅赢得林农的热烈拥护，而且引起了全国的广泛关注。2006 年 8 月 24 ~ 26 日，全国集体林权制度改革现场经验交流会在江西井冈山市召开，遂川县被列为会议的现场参观点。

8 月 24 日上午，酷热的龙泉大地飘落丝丝凉爽甜润的秋雨。出席全国集体林权制度改革现场会议的国家林业局副局长李育材、祝列克、张建龙，武警森林指挥部政治委员王长河、中央党校教育长李兴山、福建省常务副省长刘德章、辽宁省副省长胡晓华、江西省副省长熊盛文和财政部、农业部、国家发改委等国家有关部委代表，各省、自治区、直辖市林业厅(局)、各森工(林业)集团公司、国家林业局各司、有关直属单位主要负责人和全国各大主流媒体记者等 200 余人，莅临古老而又充满活力的遂川，参观、考察该县的林改工作，共同见证林改的魄力与成就。

上午 10 时 30 分，与会代表们来到参观的第一站——遂川林业要素市场。县委书记贺祥麟代表县委、县政府和 54 万遂川人民向来宾们致热情洋溢的欢迎辞，介绍基本县情及县林改的主要做法和成效。随后，与会代表先后参观考察该市场的服务窗口、遂川地形沙盘、木竹企业展厅、林业成就展厅、林权档案资料室，并现场观摩了一起正在进行的林权流转拍卖活动。工作人员热情大方，对各位代表和记者的询问一一详细作答。

在林权流转和抵押贷款中心前，国家林业局副局长李育材一行停住脚步，询问有关林权抵押贷款业务情况，并对市场的运作表示满意，称赞遂川林业要素市场真正帮林农办了一件好事、实事。在遂川地形沙盘前，李育材副局长认真地听取讲解，动情地说：遂川的森林覆盖率和蓄积量都很高，要深化改革，加速推进综合配套改革，搞好林业产业经济，让这些青山绿树都变成林农发家致富的金山和摇钱树。来到林权档案资料室，代表们看到 11 万户林农的 29 万宗林地林权资料齐全、有序地摆放在统一规范的资料柜中时，都交口称赞。李育材副局长不禁拿起一份仔细端详，连连说：搞得很规范，有这样的条件保存，还有电子档案备份，林农很放心，我们也放心。

下午，代表们风尘仆仆来到衙前镇上芫村考察该村林改与衙前林业工作站建设。当村委会主任介绍林改工作中，各项惠民政策促进林农减负增收，全村农民林业收入比往年普遍翻了一番时，李育材副局长频频点头。之后，代表们来到该镇林业工作站服务大厅，看到宽敞、明亮的办公环境，规范、科学的管理，李育材副局长给予肯定并指出，林业工作站为林业技术服务、乡镇林业管理，特别是推动林业产权制度改革工作作出了突出贡献，今后要进一步强化林业工作站的职能，推动林区经济发展和新农村建设。当大家请李育材副局长题词时，李副局长欣然应允，挥毫写下“改革创新”四个遒劲有力的大字。

笑踏乡间小路，轻叩农户家门。与会代表、记者们随后又分别到上芫村上陂组 26 户农户家中走访。一片片郁郁葱葱的毛竹林，一幢幢崭新整洁的客家砖瓦房，一张张笑容灿烂的脸庞，让代表们找到了遂川林改满意的答案。李育材副局长一行来到村民张树贤家中，头一回见到这么多领导来到家里，张树贤激动不已，像迎接阔别已久的亲人一样，泡上杯杯热茶，端上李子干、薯片、花生等土特产给大家品尝。李育材副局长亲切地问道：你家中有多少山，收入怎样，主要经营什么？张树贤答道：家中有 30 亩竹山，主要以卖毛竹为主，以往一根竹子卖 4 到 5 元，林改后能卖到 7 到 10 元，最高卖到 12 元，今年收入比去年翻了一番多，家里摩托车、彩电都有了。李副局长又问他领了《林权证》没有，张树贤连忙从房里拿出《林权证》，熊盛文副省长问：知道这本证有什么用吗？张树贤高兴地说：知道，这本证不仅可以证明哪些山场、林子是我的，还能拿去抵押贷款。我平常把这本证和房产证、结婚证紧紧地锁在一起。李副局长拿过《林权证》翻开，仔细看了看，满意地说：国家林业局、县人民政府、县林业局的章子都有，还有地形图和签名，要好好保管，今后它的作用大着呢！并鼓励张树贤要多在山上下工夫，将来日子一定比现在更红火。

通过现场观看和走访，与会代表们对遂川的林改工作表示肯定。李育材副局长指出：遂川林改对农村社会经济生活影响很大，林农不仅收入增加了，林业经营观念也转变了，爱林、护林、造林成了林农自觉自发的行动。各地要总结林改中的经验做法，以促进林区经济发展、林农增收和优化生态环境为改革目标，在确保林农利益的基础上，加速林业向产业化、规模化、集约化经营转变，实现林业跨越式发展，全面促进社会主义新农村建设工作。

第一章

林业改革

20世纪90年代中期以来，围绕解放和发展林业生产力，建立与市场经济、县情、林情相适应的林业经营管理机制，遂川实行“林业大改革促进林业大发展”的总方略。不断调整林业产业、产品结构，完善产业政策。逐步形成产业、产品结构较为合理，有一定市场竞争力的林业产业体系。积极抓好森林分类经营管理，实施以资源培育为主体的生态环境建设与保护工程，初步建立起良性循环的林业生态体系。打破林业部门独家经营木材的体制，加快木材经营市场化进程。放手发展非公有制林业，逐步实现部门办林业向社会办林业的转变。率先在全省启动林业产权制度改革试点工作，通过还权让利于民，真正实现“山有其主，主有其权，权有其责，责有其利”的改革目标。具有遂川特色的林改经验，得到全国集体林权制度改革现场会议的推介。

与此同时，林业系统不断推进内部改革。林业主管部门积极转变管理职能，实行政事、政企分开。调整、撤并职能交叉重叠、业务相近的机构，整合管理资源，提高工作效率。推行竞争上岗和中层干部公选制度。加大机关与基层人员交流力度，逐步建立起较为科学的选人用人机制。加快国有场圃和森工企业改革步伐，实行劳动合同用工制度，改革分配制度，施行工效挂钩、岗位工资制、场长年薪制。推行山林承包、租赁经营等方式，搞活场圃经济。采取内部退养退休、停薪留职、身份置换补偿等方法，妥善安置富余人员。革除长期大包大揽的管理模式，实行承包、租赁、股份合作、转让、出售等方法，加快林办工业转换机制。至21世纪初，遂川林业已基本构建起比较科学的森林资源管理体制及充满活力的林业市场体系。

第一节　林业经营体制改革

20世纪80年代实行林业“三定”（稳定山林权属、划定自留山、确定责任山）后，林业生产经营主要由国有林业经营单位（五指峰林场、云岭林场、林业工业公司）、乡村办林场、林农联合体（或林农户主）等4大块组成。木竹销售，国有林木仍由国营林业单位自产自销；集体林商品材由县林业工业公司凭证收购，间伐材代购代销。这种生产经营体制对森林资源的培育与管护、巩固地方财政、保护林农收入等方面起到积极作用，但也存在关系不顺、机制不活、利益分配不均、林农生产积极性不高等诸多问题。2000年，县委、县政府着手部署林业经营体制改革。同年10月，县组织林业经营体制改革联合调研工作组，采取实地考察、入户座谈等方法进行调研。县林业局组织考察组到安福、宜丰、永丰等县学习考察。2003年3月，县委、县政府制定《关于深化林业经营体制改革的意见》，之后，又相继印发森林限额采伐管理、木材检验管理、木材运输检查管理、木材加工企业管理、木竹营销管理和林木林地开发经营6个配套管理暂行办法，在全县开展林业经营体制改革工作。

放开木竹经营

改革后,打破长期以来集体林木材由林业工业公司独家经营的模式。取消县内地方工业用材、重点加工企业用材、切块商品材供材计划。允许持有林业、工商主管部门证照的单位和个人进入林区购销木竹,全面实行木材经营市场化。至 2003 年底,全县木竹经营单位(户)和木竹加工企业分别发展到 45 家和 83 家。放开经营后,实行木材产销见面,降低流通环节成本,每立方米木材可节省运杂费 60 多元,重点林区受益颇丰。新江乡老山材活立木拍卖价每立方米达到 1000 多元,比改革前高出近 500 元;一般成熟林木材拍卖价每立方米达 400 ~ 500 元,高出 100 多元;木材销价每立方米达 315 元;全乡林农年人均增收 98 元。改革前,县规定的收购价,按质论价难以体现,收购标准严,规格要求高,有些木材作等外材处理或作废材打掉,林农收入受损。放开经营后,林权单位、林农根据市场需求制材,以质论价,议价议销,使木尽其材,材尽其价,购其所需。改革后,林业规费普遍下调,杉木、松杂木、毛竹、间伐材每立方米分别调减 6. 1 元、2. 1 元、11. 6 元、9. 6 元。

发展非公有制林业

在稳定林地所有权的前提下,通过拍卖、转让、租赁、承包等方式,积极稳妥地推进林木林地经营使用权的流转。通过制定税费征收和采伐指标供应等各项优惠政策,放手发展非公有制林业,引导各种生产要素向林业流动,促进私有林适度规模经营的发展。对木竹加工企业兴建的工业原料林基地或经营大户营造的商品林,新造林面积达到 133. 33 公顷(2000 亩)以上的以及个体承包荒山营造的林木,面积达到 3. 33 公顷(50 亩)以上的,均可享受林木采伐计划单列、税费减半征收和林木自产自销的优惠待遇。2003 年,秀州建材股份有限公司利用退耕还林优惠政策,与 5 个乡镇的 44 个村签订协议,新建工业原料林基地 2000 公顷,使基地面积扩大到 7240 公顷,成为全省部门造林的先进单位。翔云药业有限公司在珠田、盆珠、大汾、营盘圩等乡镇与林农签订 30 年林地承包合同,通过"公司 + 农户"的运作方式,发展中药材产业基地 186 公顷。到 2004 年底,全县个体造林面积达 2000 公顷,从事苗木培育的个体户达 42 户,造林 3. 5 公顷以上的个体大户达 140 多户。

规范林政管理

推行木竹采伐管理公示制、伐区责任人负责制,严把伐区设计、检查和验收关。杜绝甲地设计乙地采伐,新设计放陈年材,采伐方法随意的做法。遂川采伐管理的做法在全市推广应用。改传统"双码"检尺为"国标"检尺,规范木材检验管理。统一税费征收基价,实行源头一次性征收,使税费征收不重不漏。取消江南木材市场统一集材做法,规范木材运输管理。取缔无证加工和高耗材、低附加值、无税收的加工企业 84 家,木竹加工企业管理得到进一步加强。制定相关产业扶持政策,龙头企业得到快速发展,税费贡献率不断提高。

第二节　林业产权制度改革

随着改革开放的不断深入和社会主义市场经济体制的逐步完善,林业发展的深层次问题日益凸现，特别是占全县林地面积88%的集体山林，存在归属不清、权责不明、利益分配不合理、林农负担过重、经营机制不活、产权流转不规范等问题，制约林业生产发展和林农增收。为进一步激活林农和全社会参与林业建设的积极性，促进林业生产力发展，2004年8月，省委、省政府制发《关于深化林业产权制度改革的意见》，遂川、崇义、铜鼓、德兴、浮梁、武宁、黎川7县（市）被确定为全省林业产权制度改革（以下简称“林改”）试点县，率先在全省启动林改工作。遂川在深入调研的基础上，结合县情把林改工作分为调查摸底、宣传发动，开展培训、制定方案，明晰产权、配套深化，检查验收、总结完善4个具体阶段，稳步推进林改试点工作。2005年5月，试点工作结束，遂川试点考核总分名列全省7个试点县（市）第二名。2006年，遂川县被省委、省政府评为“全省林业产权制度改革先进集体”。

实施方法

组织领导 县成立以县委书记为组长、县长为第一副组长的县林改领导小组，乡镇、村分别成立由乡镇党委和村党支部书记任组长的乡镇、村林改领导小组，林改成为三级书记“一把手”工程。县委、县政府将林业产权制度改革工作纳入乡镇年度目标管理考核的重要内容。县委、政府、人大、政协四套班子主要领导把林改工作列入重要议事日程。全县23个乡镇的林改工作，由县四套班子领导挂片督查。

宣传发动 县林改领导小组相继制定《遂川县林业产权制度改革宣传工作实施方案》、《遂川县林业产权制度改革宣传提纲和工作程序》。召开全县林业产权制度改革动员大会，各乡镇场、村、组层层召开动员大会。2004年、2005年，县委、县政府2次发《致全县农民朋友的公开信》，县林改领导小组2次制作林改年画发至村组及部分农户。县林改办编写《林业产权制度改革政策汇编》发到各乡镇、村。县电视台开辟林改动态专栏。县林改办定期编发《林业产权制度改革简报》，组织林改文艺宣传队和出动宣传车到各乡镇巡回演出、宣传。树立宣传标牌、刷写宣传标语、印发宣传单。通过形式多样的宣传活动，营造全社会关心、支持林改的良好氛围。

制定方案 县林改办制定《关于开展林业产权制度改革宣传调研工作的通知》。县直单位组织23个宣讲调研组，由县领导带队，深入乡镇村户宣讲调研；县人大、政协组织林改专题调查；林业局、各乡镇场自摸家底搞调查；县林改办组成4个工作组开展国户联营山场、部分村组作业组专题调研；县林改领导小组组织考察组到本省铜鼓及福建等地学习考察。在此基础上，按照“县级方案立足原则性，乡镇方案要具指导性，村组方案重在操作性”的要求，分级制定林改方案。2004年11月，县委、县政府制定《遂川县林业产权制度改革实施方案》，报市政府批准后印发实施。

按照“县级领导，乡镇组织，村级实施，部门服务”的工作机制，林业产权制度改革始终把重心放在基层村组，把制定、落实好村组实施方案作为改革的关键。严格执行“两个2/3”、“四签两不准”程序，即：召开村组会议讨论方案必须有2/3的村民或村民代表到会，林改实施方案必须有2/3的到会村民或者村民代表同意才能通过；实行通知签收，参会签到，票决签名，方案通过签字。坚持“两榜定案”，即在制定方案之前张榜公布山林权属现状，勘界勾图后张榜公布林权落实的户主姓名、坐落位置和实际面积。在经营形式的选择上，坚持因地制宜，充分保障广大林农的知情权、参与权、决策权和监督权。2004

年 12 月,全县 23 个乡镇 308 个行政村的《林业产权制度改革实施方案》经县政府批复实施。

为维护林改稳定,县乡两级政府制订《处理群体性突发事件预案》。建立以森林公安为主的林区治安防控体系和快速反应处警机制,乡镇林改办设立信访和山林纠纷调处机构。林区村组充分发挥民间调解组织作用,成立"三老会"(老同志、老干部、老党员),及时解决群众反映的突出问题。

确权发证 抓好人员培训、外业管理、输机校对建档、打证附图和发证工作。

人员培训 县林改办业务骨干参加省林改业务培训,乡镇党委书记参加省林改政策法规培训,各乡镇林改办主任、林改工作指导组、林改督查组、林改办全体工作人员参加县林改综合知识培训。乡镇采取集中培训或以会代训方式,对驻村干部、村组干部和工作队成员进行培训。县林改办制发《确权换发证操作办法》,对技术人员先进行理论培训,再到试点乡镇开展外业勘查勾图实践操作。据统计,全县先后举办各类培训班 36 期,参训人员达 2880 余人次。

外业管理 外业勘查按照先试点后铺开的原则进行。在巾石、大汾等乡镇试点基础上,总结出"组织保障线和业务管理线双线并抓"的管理模式,即:在组织保障线方面,县、乡镇、村、组四级各选派 1 名干部,与 1 名外业人员组成"4 + 1"模式的外业勘界工作队,县、乡、村、组干部负责协调和后勤工作,统筹安排勘界路线,组织相关村民上山指界,负责现场矛盾纠纷调解;在业务管理线方面,128 个外业工组由县林改办统一调度,建立一套严格的质量检查评定体系,确保产权准确明晰到户。

输机校对建档 制定输机工作流程图,按流程规范操作,确保图、表、证、地一致。2004 年 12 月,县林改办组织 6 台微机 12 名操作员,日夜轮班开展林权申请登记表输机工作。2005 年 1 月,江西环境工程学院支援遂川输机工作。翌年 4 月底,输机工作结束。输入微机的林权登记资料以表格形式打印,由林业技术人员及农户一一进行校对、签字、录入数据,之后进行数据入库归档。为规范管理,县林改办投资 9 万元建立符合国家档案库房建设标准的林权档案室,专人负责档案管理工作,并建立电子档案和纸质档案双备份。

打证附图发证 实行定人定机操作,按机分配林权证证号,以组为单位对照申请表进行打证。配置 3 台复印机,制定工作流程,明确工作任务,实行进度通报制。集中技术人员制作林权证附图,乡村干部协助贴图。附图后再一次组织村干部在技术人员的指导下审核林权证,无误后加盖"遂川县人民政府林权证管理专用章"字样的印章,由乡统一领取以村组为单位发证。

实施内容

明晰产权 通过采取自留山稳定不变、已分包到户的责任山稳定不变、落实"谁造谁有"、家庭承包经营、"分股不分山,分利不分林"、有偿转让经营、稳妥处理已经流转的集体山林 7 种主要形式,将林地所有权落实到组,林权落实到户,发证到户。随着市场经济的发展和林业政策的调整,原国、村(户)签订的联营山场协议部分条款已不符合现行林业政策。对山场面积大、联营形式多样的国(村)户联营山场的产权明晰,遂川根据"国有(含国乡联营)山林要稳定权属"的林改精神,国村(户)联营山场的林地使用权证发给责任山、自留山主；林木所有权、使用权证发给国有经营单位；林地使用权在联营期间按联营协议约定，由国有经营单位经营。联营期限，由原协议的“长期”修改为“从联营之日起算确定为50年”。利益分成明确为5种方法：动态计算法〔联营山场采伐后，依据实际木材销售价减去采运成本和国家税费后，按国、村（户）7 ：3分成〕、定期定额法〔按照每三年调整一次的原则，采用近三年来的木材平均销售价剔除平均采运成本和平均国家税费后实行国、村（户）7 ：3分成〕、林地租赁法〔将商品林的联营山场按立地条件划为三类，按每亩年一类8～10元、二类6～8元、三类3～6元、松杂类按三类地租标准计算〕、立木分成法〔以联营村为单位，对全村联营山场的立木按调查后的蓄积或面积，将山场按场、村（户）7 ：3进行分山〕、买断分成法〔由中介机构对现有联营山林进行评估拍卖，将收入所得按场、村（户）7 ：3进行分成〕。以林农选择为主，双方协商确定。其他收益分成：对划入国家重点公益林的联营山场，国家补助资金按县林业局项目办印发的国家公益林资金管理办法的规定执行；联营山场松林采脂收入扣除国家税费后实行国、村（户）7 ：3分成。联营未开发的山场明确为：划入国家公益林的必须继续联营，但要完善联营协议；未列入国家公益林的可由林场与村完善协议继续联营，或归还村（户）自主经营。通过完善国、村（户）联营协议，较好地解决了联营双方的利益分配问题。2005年10月底，国有林场与全县所有联营村均签订了补充协议，政策性增收或让利进入分成范畴，林农收入增加，以杉木为例，采用定期定额法分成的林农每立方米可增加分成20元。五指峰林场的国、村（户）联营山场，2006年平均每立方米木材销售利润林农所得比例分成，由改革前2004年的每立方米33元提高到67元，增长103%。至2006年12月，全县完成除有争议的插花山外的所有山林确权发证宗地29万宗，面积23.4万公顷，发放林权证76396本，占应发证总量的98.3%。产权明晰后，林农造林护林的积极性和造林质量明显提高。2004年冬至2006年底，全县新增造林面积2688公顷。

减轻税费 2004年9月起，实行“两取消，两调整，一规范”。即取消木竹农业特产税，取消市、县、乡、村出台的所有木竹收费项目；调整育林基金平均计费价格，调整集体林育林基金分成比例；规范增值税、所得税征收范围。县内涉林税费从12项减为2项。林农木竹销售年人均负担税费比林改前减少38.31元，降幅为72.4%。10厘米以上木材减幅为67.8%，10厘米以下减幅为75.4%，标准竹减幅为62.5%。林改后，产地木材销售价平均每立方米增收140多元，增幅达40%，标准竹每根增收3元以上。至2005年底，全县实际减少涉林税费3360万元，林农直接受益2475万元。林农年人均林业纯收入达650元，一些重点林业乡镇林农增收更加明显。2005年3月31日，省委书记孟建柱视察遂川林改工作时指出：“遂川减轻税费的政策执行得很到位，就是要这样，才能让农民得到实惠。”

放活经营 林改后，取消对杉木间伐材、松杂木原材销售出县的限制，取消县内木竹加工企业用材计划。完善木竹限额采伐、检验、运输、加工、营销和森林资源转让6个管理暂行办法。全面放开木竹经营市场，允许林农自主销售木竹。实行木竹采伐指标分配公示制，减少审批环节。林木采伐许可证由林木所有者直接申请，领证时预交育林基金。毛竹和10厘米以下间伐材不纳入生产计划管理，由县级林业主管部门按照省批准下达的采伐限额控制，符合条件的即申即批。对成过熟的人工用材林、定向培育的工业原料林,在限额内优先解决,符合条件的即申即批。林改后,林地、林木流转价格普遍上升。

规范流转 林改后,在不改变集体林地所有权和林地用途的前提下,允许林木所有权、使用权和林地使用权依法、合理、有序流转,促进林业资源的合理配置。2005 年 12 月,建立全省首家林业要素市场,为森林资源流转提供一个公开、公平、公正的交易平台。市场承担林权变更登记、林权流转、森林资源资产评估、林权抵押贷款及林业信息发布等职能。将国有、集体森林资源流转统一纳入市场组织实施,引导商品林林木、林地及木材进入市场交易,对林业部门执法罚没的木材进入市场公开拍卖。对进入市场流转的稀疏残次林、工业原料林,优先解决木材生产计划,优先列入项目造林计划,优先进行评估认证,县农村合作银行优先解决贷款。林农进入要素市场流转山场的木材优先解决生产计划。市场优惠政策的实施,逐步把全县森林资源的流转从单一获取采伐收益引导到有效培育森林资源的方向上。2006 年,林业要素市场共组织流转林地、林木以及木材 65 宗;办理林权流转变更 393 宗地,面积 3066.67 公顷。

稳定林区 林改解决了因权属不清、职权不明带来的一些问题,林农积极地管护好自家山林,改善林区秩序。林改中,一大批山林纠纷得到调处。林改前,林木林地流转收益分配缺乏有效监督机制,出现分配不公、损公肥私的现象,干群关系紧张。林改后,集体林地林木的流转通过林业要素市场组织实施,林农多了知情权、决策权和监督权,干部少了特权,进一步密切干群关系。林改以来,全县没有发生大的毁林事件,森林火警、火灾明显减少,林区社会治安明显好转。

配套改革 建立"一个中心,六大体系"。即建立林业产权交易中心和森林资源管理体系、林业政策法规体系、林业投融资体系、林业科技服务体系、新型林业产业体系、林业支持保障体系。林改后,林业局行政事业经费纳入县级综合财政预算,结束了林业部门长期以来依靠规费供养的历史,管理体制进一步理顺。转变管理职能,从过去审批收费式管理转变到执法和服务上来。逐步调整财政体制,确保乡村组织的正常运转。加快林业系统内部改革,县林业局全面实施事业单位人事和机构改革,减人减事减开支。加大森工企业改革力度,县林业工业公司通过林地林木资源流转,资产变现分流安置职工,职工由原来的 1161 人减至 710 人,减少 39%。加强森林资源管理,组建森林消防专业队,启动林业综合行政执法试点工作。林业综合行政执法大队、森林防火办公室、森林公安派出所升格为副科级单位。建立林业投融资和服务体系,成立县林业技术服务中心、林产工业协会、林业要素市场等中介服务组织。建立健全农民负担监督机制,制定《林农负担监督制度》、《林农负担案件查处制度》等 5 项制度,确保林农负担不反弹。

试点效应

遂川林改试点工作中一些具有特色的做法得到国家林业局、省市领导和专家认可,全省林改铺开后被广泛借鉴推广。国家林业局副局长张建龙在视察遂川林改工作时指出,遂川林改有 6 个方面非常突出:一是三级书记抓林改,二是广泛宣传造声势,三是因地制宜定方案,四是环环把关确产权,五是减轻费税激林改,六是放活经营保成效。2005 年 4、5 月,在全省林改和全市林业工作会议上,遂川都作了典型发言。林改期间,介绍遂川林改经验的文章相继在省政府办公厅《调研参阅》、《江西林改动态》等刊物刊出。遂川林改新闻多次在省电视台《新闻联播》和《江西日报》上头条(版)。遂川林改试点工作得到国家和省市各级领导的高度重视和肯定。全国政协副主席罗豪才、常委舒圣佑，省委书记孟建柱，国家林业局副局长李育才、纪检组组长杨继平、副局长祝列克、张建龙，省林业厅厅长刘礼祖、副厅长龙远飞、郭家和纪检组组长李正生，市委书记弘强、市长胡长林，市委副书记胡龙生、市政府副市长陈志明等领导多次到遂川视察，并给予高度评价。2006 年 8 月 24 日，全国集体林权制度改革现场会安排考察遂川林改工作。至 2006 年底，已有湖北、湖南、重庆、甘肃、宁夏、广西、安徽、云南、海南、福建、青海、内蒙古、河南等省、自治区、直辖市的各级林改考察团相继来县参观考察林改工作。

第三节　林业综合行政执法试点改革

长期以来，林业行政管理存在多头执法、交叉执法的体制性障碍，为切实从机制上、源头上改革和创新行政执法体系，降低林业执法成本，增强执法合力，实现林业行政执法由分散性向综合性转变，按照《国务院关于进一步推进相对集中行政处罚权工作的决定》和《国家林业局 2003 年工作要点》要求，2004 年以来，国家林业局在全国 11 个省、直辖市的 21 个县级单位开展了林业综合行政执法试点工作。根据国家林业局的安排，遂川被列为全国第二批林业综合行政执法试点县。试点时间从 2005 年 8 月至 2007 年 12 月。为此，县成立试点改革工作领导小组，由县政府分管的副县长任组长，县人事劳动和社会保障局、县林业局、县政府法制办、县体改办、县财政局、县编办、县公安森林分局、林政稽查大队负责人为成员。领导小组下设办公室于林业局，林业局局长任办公室主任，负责试点改革的日常具体工作。在深入乡镇、村、组、林农、企业、林场和执法单位调研及借鉴其他市、县的成功做法和经验的基础上，结合实际，制定《遂川县关于实行林业综合行政执法试点工作的实施方案》上报省林业厅。2005 年 11 月，省林业厅批复同意，遂川林业综合行政执法试点工作全面启动。

改革措施

调整职权、整合机构、重组资源，建章立制，规范执法程序，落实执法责任，健全执法保障。

设立政策法规股　当年 12 月，林业局增设政策法规股，定编 2 人。其主要职能是：负责林业政策法规的宣传，规范性文件、行政许可证的审查，林业行政执法人员的培训和考核，组织召开行政听证会、林业行政案件的审核，监督林业行政执法行为，制止和纠正执法人员在执法过程中的过错行为。

设立县林业综合行政执法大队　同年 12 月，县林政稽查大队更名为县林业综合行政执法大队，为林业局下属全额拨款副科级事业单位。将木材检查站、护林哨的执法力量整合到林业综合行政执法大队，集中统一执法。下辖泉江、横岭、双桥、五斗江、大坑、草林、大汾、高坪 8 个执法中队。其主要职能是：负责对破坏森林和野生动植物资源违法案件的行政处罚，负责对木材和野生动植物运输的检查监督及违法运输行政案件的查处，负责对木材经营、加工企业的监督检查和非法经营加工木材行政案件的查处，负责查处盗伐、滥伐林木和非法收购林木行政案件，负责查处非法征占用林地行政案件，负责查处乱捕滥猎、违法经营野生动物行政案件，负责查处非法采挖、违法经营野生植物行政案件，负责查处违法生产经营假冒伪劣种苗和非法采种等行政案件。执法大队定编 66 人，人员在林业局事业编制中调剂。经县人事、财政、法制、林业等相关部门共同组织，通过考试选拔，执法人员于2005 年 12 月 20 日全部到岗。林业综合行政执法试点改革工作正式运行。

设立执法大队森林公安派驻警务室 为增强综合执法的保障力度，森林公安在执法大队派驻民警 2 名，其个人身份不变，归执法大队管理。

建章立制 为强化执法管理，先后制定《遂川县林业综合行政执法大队管理办法》、《遂川县林业综合行政执法大队林业行政执法实施细则》、《遂川县林业局行政执法办案程序》等配套办法，制定《遂川县林业局行政执法责任制实施办法》、《遂川县林业综合行政执法大队目标管理考核办法》等规章制度，进一步明确执法审批程序、案件管辖、职责范围，协调执法单位关系和规范、约束、激励执法人员。

试点绩效

林业行政执法由分散性向综合性转变 改革前，县林业行政执法实行森林公安、林政稽查大队、木材检查站、林业工作站“四位一体”的管理体系，全县林业执法人员 200 余人，分散在林业局下属的 27 个单位，既负责行政管理和技术服务，又承担行政执法，因受体制、机制等诸多因素的影响，在执法中不可避免地存在多头执法、重复执法、交叉执法的现象。试点改革后，林业综合行政执法大队集中行使林业行政处罚职能，其他林业执法单位(机构)不再承担查处林业行政案件职责。森林公安局除法律授权外，不再受委托行使其他林业行政处罚权，若在执法中发现林业行政案件，须报林业局政策法规股，由政策法规股转给执法大队处理；林政股不再承担行政处罚、执法监督等职能；林业工作站也不再受委托行使行政处罚权，在行政管理中如发现破坏森林资源的违法行为，须收集第一手资料，再转给辖区执法中队处理；植物检疫的行政处罚权则由县森林病虫害防治检疫站单独行使；木材检量、检验等林业技术职能划归林业技术服务中心。同时，建立健全执法监督制度，完善刑事案件移送制度，实行案件三级审查制度。所有林业行政案件都由林业综合行政执法大队提出初步处理意见，经政策法规股审查把关后，报林业局分管领导审批。对处罚不当或证据不足的案件，退回执法大队重新调查；对构成刑事犯罪的案件，移交森林公安处理。执法大队与局机关各股室及下辖各执法中队通力配合，相互协调，在工作中既分工又合作，不越权也不缺位。林业综合行政执法体系的建立并与林业技术服务体系的分离，较好地实现了政策制定职能与监督处罚职能的相对分开，监督处罚职能与技术检验职能的相对分开，改变以往执法人员既是“运动员”又是“裁判员”的状况。解决了过去重权轻职、权职脱节、职能交叉等系列问题，较好地理顺了林业局与林业执法队伍、森林公安分局与执法大队、执法大队与基层林业工作站之间的关系。

执法效率提高 执法大队组建后，对执法人员进行上岗前培训。2006 年 4 月，为策应全省“执法质量年”活动，在执法人员中开展强化执法质量活动。活动分为“学习动员、自查自评、整改规范、总结提高、检查评比”5 个阶段。当年 5～6 月，连续举办两期业务培训班，进行全员培训。执法人员严格执行《遂川县林业局行政执法人员十不准》、《遂川县林业局行政执法人员廉洁自律八条规定》等规章制度，执法人员的政治素质、业务水平明显优于改革前分散性执法时期，过去相互争执、推诿和以罚代放、以罚代刑现象基本杜绝，压案、积案、拖案现象减少，林业行政办案率和办案质量明显提高，没有出现因行政复议或行政诉讼而变更的案件。滥伐盗伐林木现象减少，林业行政案件发案率比改革前下降18%，林业执法公正度和社会认可度大幅提升。2006 年，执法大队共查处林业行政案件 498 起，收缴罚没款 80 多万元，没收非法木材 1018 立方米，行政处罚 508 人次。

2006 年 2 月 16 日，国家林业局政策法规司副司长卢昌强、执法监督处处长高静芳一行到县调研林业综合行政执法试点工作，认为遂川林业综合行政执法工作高起点运作，执法队伍组建合理，尤其是林业综合行政执法大队与森林公安的关系处理得当，试点效果明显，为全国林业综合行政执法工作积累了经验。同年 3 月 16 日，县林业局应邀赴杭州参加全国林业综合行政执法试点单位座谈会，并在会上作了《改革激发动力，和谐盘活全局》专题发言，遂川的一些做法和经验得到大会推介。此后，井冈山市、安福县、湖北省京山县等市、县林业局先后来县考察学习林业综合行政执法试点工作。

第四节　林业系统内部改革

林业局改革

1995 年后，林业局把调整、转变部门职能作为内部改革的重点，坚持政事（企）分开，林业管理逐步由行政干预转向主要运用法律法规、经济手段辅以必要的行政手段进行调整。推行政务公开，减少审批环节和手续，改进工作作风。深化人事制度改革，实行单位主要负责人聘任制和重要股室负责人竞聘制，采取聘用、招聘、选招、选调、引进等方式，优化干部职工队伍结构。积极推进国有厂圃改革，实行劳动合同用工制度，改革分配制度。通过承包、租赁、转让等方式和关停并转等措施，盘活国有资产存量，提高经济效益，加快转机换制。以林业产权制度改革为契机，深化配套改革，进一步加强林业社会化服务管理功能。

人事劳动制度改革　先后进行了劳动合同制、聘任制等一系列制度改革。

劳动合同制　1995 年 9 月，按照县政府《遂川县全面实行劳动合同制度实施方案》，推行劳动合同用工制度改革。局成立劳动合同制度领导小组和办公室，组成 4 个工作小组，由局领导带队，深入各基层站所、苗圃与工人签订劳动合同。至次年 6 月，全局 108 名工人与用人单位签订劳动合同。实行劳动合同制后，取消原有干部、工人（固定工、合同制工、集体工、临时工）等各种身份，统称职工。职工原身份在档案中予以保留。用人单位以劳动合同为依据，建立新的劳动管理运行机制。

国家公务员制度　1997 年 6 月，县委、县政府印发《遂川县国家公务员制度实施方案》，推行国家公务员制度。按照规定，林业局实施国家公务员制度的范围和对象是：经批准列入行政单位的内设股室中具有正式干部身份，符合国家公务员基本条件，考试、考核合格的在职在岗在编工作人员；局列为行政职能股室的有人事秘书股、营林股、计财股、审计股、林政股、工管股。

根据实施方案，局成立推行国家公务员制度领导小组，制定“三定”（定职能、定内设机构、定人员编制)方案,编制公务员数额报县政府批复。按照公开、平等、竞争、择优和组织考察、集体讨论的原则,确定各个岗位人员。按规定程序和国家公务员管理权限办理审批手续。至当年10月底,推行国家公务员工作结束,局机关13名工作人员,经批准过渡为国家公务员,由批准机关颁发国家公务员证书。2006年,林业局共有国家公务员17人。

聘任制　1997年4月1日,印发《遂川县林业局劳动人事制度改革实施方案》,对单位负责人实施聘任制。局机关股(室)、林业管理所、木材检查站(哨)、森林苗圃主要负责人由局长提出拟聘任人选,提交局长办公会议集体研究,由局长聘任。各单位负责人的聘任,聘期原则上定为3年。当月底,聘任工作结束,经局长办公会议集体研究,聘任股(室)、所、站、苗圃主要负责人41名。2000年2月,印发《遂川县林业局劳动人事聘任聘用制度实施方案》,对各单位负责人实施第二轮聘任。至当年3月聘任工作结束,聘任各单位主要负责人45名。

聘用　按照1997年4月局劳动人事制度改革实施方案,对一般工作人员实施聘用制。局机关股(室)工作人员由股(室)主要负责人聘用。基层站所工作人员的聘用实行双向选择,即基层单位负责人选聘工作人员,工作人员挑选工作单位。聘用工作在机关、所、站(哨)、苗圃全员同步进行。各单位负责人按照各自的定员定岗编制名额进行第一轮选聘,未聘满的进行第二轮补聘,直至聘满为止。被聘人员可受聘,也可不受聘。不受聘人员可接受其他选聘人员聘用,但最终未聘上的,视为落聘。一般工作人员的聘期为1年。该月底,聘用工作结束,各单位共聘用工作(生产)人员199名。

落聘人员安排:落聘人员可按有关文件规定一次性买断公职,以辞职方式创办个体私营企业,也可由局视情况给予重新安排工作。不接受安排的,按停薪留职有关规定处理。无法重新安排工作的,则视为落聘待岗人员,由局发给待岗生活费,待岗期1年。对连续3年落聘或落聘后重新安排工作又不能胜任的人员,参照有关劳动政策作辞退处理。

2002年2月,继续实行一般工作人员聘用制。原则上要求各股室、基层单位聘用工作人员时,原单位人员不得少于50%(新组建的单位和单位原人员自愿选择少于50%的除外)。参加此次聘用人员293名,经过双向选择上岗267人。2005年3月,局制发《关于继续实施机构与人事制度改革的通知》,各单位根据缺编情况,按先局机关(含森林公园管理处),再林业技术服务中心、林业开发公司,然后林业工作站、林业稽查大队、木材检查站(哨)3批次轮流选聘。为照顾女职工,各单位须按局安排的女职工人数聘用。至当月底,选聘工作结束,全局聘用185名工作人员。

选招　为解决大中专毕业生就业问题,优化职工队伍,2002年4月,局印发《关于公开选招事业单位岗位工资制人员的通知》,在大汾护林哨、森林苗圃所有计件人员、已签订《大中专毕业生就业安排意见合同书》待安排的大中专毕业生中,通过考试择优录取25名岗位工资制人员。2003年5月,从局属事业单位(县森林苗圃、长岗坪果业基地)的计件人员及待分配的2001年大中专毕业生中,再竞争选招计时岗位工作人员。至当年10月,通过考试选招录取40人。次年又从计件人员中选招录取计时岗位工作人员12名。

选调　按照“能进能出、能上能下”和“以工作需要为主,充分发挥个人能力”的原则,

1997 年,在林业工业公司企业编制中选聘 5 名干部、工人到局事业编制单位,5 名局事业单位工作人员到林业工业公司。

1997 年 4 月,印发《关于在局系统内部公开招考文秘和财会人员的通知》,在林业工业公司、林业公安分局及其所属林业管理所、检查站(哨)、森林苗圃、林业印刷厂在编在职干部职工中,通过考试考核择优招考局机关工作人员 4 名。选招工作结束后,共录用文秘人员 2 名。录用人员试用期 1 年,试用期满合格,按有关规定办理相关手续,不合格的返回原单位。

2002 年 4 月,印发《关于公开选调部分局机关工作人员的通知》,在局属事业单位工作人员中公开选调部分局机关工作人员。选调采取业务考试、面试、民主测评、组织考核择优录选。此次选调,共有 6 名 35 岁以下、中专学历以上的局属事业单位工作人员进入局机关工作,进一步优化机关工作人员年龄、文化结构。

竞聘　2003 年 5 月,局印发《关于公开竞聘林政股股长等职位的通知》。同月,局与县人事劳动和社会保障局联合印发《遂川县林业局公开竞聘林政股股长等职位工作方案》,联合成立公开竞聘工作领导小组。竞聘条件为 43 周岁以下、中专以上文化程度、国家正式干部、基层事业单位须是副股级以上人员等。竞聘采取素质测试和组织考察相结合。此次竞聘产生林政股股长、人秘股副股长、森林公园管理处主任各 1 名。

引进　2000 年 6 月,局协同县人才交流中心,通过吉安市人才市场,引进吉安师范专科学院毕业生 1 名,签订聘用合同,人事档案挂靠县人才交流中心。2002 年聘为事业干部,正式调入局机关工作。

停薪留职　为妥善安置富余人员和拓展工作人员的发展空间,1995 年始,经本人申请,报局批准可停薪留职。停薪留职人员须每年与局签订合同,并交纳个人部分的养老保险和医疗保险等统筹费用。停薪留职期间不享受工资及其他福利待遇。1995 ~ 2006 年 3 月,共办理停薪留职 29 人次(其中 1 人返岗)。至 2006 年 12 月,全局共有 27 人停薪留职。

内部退养　按照 1997 年 4 月局劳动人事制度改革实施方案,经单位同意,工作人员男满 50 周岁、女满 45 周岁以上的,可办理内部退养手续。其内部退养费,按工作人员现有工资套正常退休工资标准计算后,降 10 个百分点计发。按照 2004 年局人事制度改革精神,内部退养条件调整为工龄满 20 年以上,男满 50 周岁、女满 45 周岁,或工龄满 30 年以上的。2005 ~ 2006 年,全局共有 22 人办理内部退养。

内部提前退休　按照 1997 年 4 月局劳动人事制度改革实施方案,经单位同意,工作人员男满 58 周岁、女满 53 周岁以上的,可办理内部提前退休手续。退休后享受正常退休人员的退休待遇。到达法定退休年龄,按规定办理法定退休手续。当月底,有 5 人办理内部提前退休手续。2004 年内部提前退休条件调整为工龄满 30 年以上,男满 58 周岁、女满 53 周岁,或工龄满 35 周年以上的。从 2005 年 1 月起,在 2004 年以前已办理内部提前退休手续的 81 名人员提前进入县社保局发放工资。

离岗读书　1999 年始,经本人申请和局批准,可离岗读书。读书期间,每学期向局提供学校鉴定及成绩单,报局办公室备案,发给档案工资的 50%。读书期间的养老保险和医疗保险等统筹,个人负担部分由个人全额交纳。2006 年 12 月,局有离岗读书人员 2

人。1999～2006 年共有 7 人离岗读书。

厂圃改革 厂、圃先后进行分配制度改革，印刷厂实行“双置换”改制。

林业印刷厂改革 1995 年 1 月起，实行工效挂钩。经县人事劳动局、地税局批复同意，核定 1995 年实现税利基数为 1.05 万元，挂钩人数 14 人，工资总额基数为 4.56 万元，单列工资 1 万元，浮动比例为 1 ∶ 0.5。实行工效挂钩后，将固定工资制改为效益工资制，职工工资与经济指标挂钩。2001 年 9 月，由于市场、设备、管理等原因，企业在难以维持正常运作的情况下，提出实行“双置换”申请。10 月经局批复同意，按县国有企业“双置换”改革有关规定，实行整体改制。全厂职工一次性买断工龄，置换身份。买断工龄贡献补偿金计发为：基本补偿金 2000 元，工龄每满 1 年补偿 500 元。至当年 12 月，改制工作结束，12 名职工买断工龄与企业解除劳动关系。原企业资产由局收回，企业自然消失。

森林苗圃改革 1997 年 2 月，实行岗位工资制。制订《遂川县森林苗圃内部工资管理办法》，工资由岗位工资、职务工资、贡献工资三大块构成。贡献工资分为工龄工资和环境浮动工资。环境浮动工资享受的对象是在较艰苦地方长期从事生产的一线人员。工作岗位分为生产、技术、管理三类。2000 年不同岗位月工资为：生产岗位 288 元，技术岗位 360 元，管理岗位 336 元，新分配人员见习期内 268 元。职务工资月计发标准：主要负责人 118 元，副职 108 元，部门负责人 98 元，组长 60 元，未任职的圃委会成员 60 元。工龄每年 2 元按月计发，环境浮动工资每月 45 元。所有按月计发工资的人员，每月按套入月工资总额的 80% 计发，其余作为浮动工资，到年末根据个人工作绩效补发，全部完成任务的全额发还，否则按其所欠百分点扣除工资，并取消年终奖。1997 年后，实行一圃多策。育苗、畜牧养殖、渔业养殖实行承包，商店、服务部实行租赁。承包，以实现利润为中心，规定承包指标，将指标与工资奖金挂钩。苗圃承包，生产管理、技术能力较强的职工除完成本圃育苗任务外，还承包圃外农民水田育苗。效益最好的年纯收入可达 1.2 万元，是常年收入的 3～4 倍。养殖承包，全年除完成生猪养殖和池塘养鱼承包任务外，还发展禽鸭生产。2005 年 1 月始，实行租赁经营。租赁标的为办公大楼 1 栋，土地 53 亩。期限为 25 年，即从 2005 年 1 月 1 日起至 2029 年 12 月 31 日止。租赁期限分两个时段签订，在 20 年租赁期满后，双方再续订 5 年期限的租赁。租赁费总计为人民币 14 万元。租赁后仍保留遂川县森林苗圃牌子，接受上级考核，承担局职工在岗专业技能培训职能，其培训经费由局承担。2005 年 1 月，苗圃果园（雩田镇珊田）实行转让经营。转让项目包括果园 416 亩和原苗圃在珊田果园内的全部造林和绿化苗木及其设施。经营权转让期限为 26 年，即从 2006 年 1 月 1 日起至 2030 年 12 月 31 日止。转让金人民币 14 万元整。转让后，受让方享有果园的处置权和经营权、收益权。

林业工业公司改革

经过 20 多年的艰苦创业，林业工业公司已形成营林、木竹采运、林产品加工等多种经营体系。长期以来，为加快山区经济发展，安置城乡劳力，推进林区道路建设，加强科技示范等方面作出较大贡献，为国家和社会发展提供大量建设资金。林业工业公司是全县人员最多的国有森工企业，人员结构复杂，计划经济烙印很深。21 世纪初，随着经济体制改革的逐步深化，长期以来沉积的政企不分、责权不明、机制不活、机构臃肿、人浮于事、社会包袱重等历史深层次矛盾越发显现，导致企业经营效益滑坡。

1995年后，公司围绕增资源、增活力、增效益的目标，不断调整、优化产业结构，进一步推进国有森工企业改革与发展，实行统一经营为主，承包、租赁、股份合作制等多种经营方式并存的双层经营体制。不断深化企业内部用工制度改革，全面实行劳动合同用工制度，优化用人机制。建立完善"三考"（考试、考评、考核）竞岗激励机制，施行计时计件工资制，推行场（厂）务公开，精简机构，减少运营成本，提高工作效率。

随着木材市场放开，传统的木材经营优势失去，致使一些机构撤并，职能弱化，富余人员陡增。公司始终把妥善分流安置富余人员作为企业改革的重点，采取企业安置、个人自谋出路和社会帮助相结合，建立完善停薪留职停岗、挂靠安置转岗、租赁经营谋岗、有偿扶助变岗、内部退养退岗、体弱补偿离岗、贡献补偿辞岗等各种措施。到2000年底，分流安置人员达755人。县委、县政府把森工企业改制工作列入重要议事日程，多次召开专门会议进行工作部署。通过林地林木流转，盘活国有资产存量，筹措资金，交清企业所欠交的社保金。2004年12月31日前，为距法定退休年限不足5年的238名老职工比照正常退休办理社保代管手续，为企业的进一步深化改革奠定基础。

人事劳动制度改革　先后进行了劳动合同制度、停薪留职停岗等改革。

劳动合同制度　1995年12月，公司制发《遂川县林业工业公司实行劳动合同制度实施办法》，凡本公司在册职工，均应本着自愿、协商一致的原则与企业签订劳动合同或其他专项协议书，以法律形式确定双方劳动关系，明确双方责任权利。实行劳动合同制度取消各种身份界限后，全体职工均按"双向选择、公平竞争"的原则参与公司工作岗位和生产岗位的竞争，择优聘用。聘用的上岗者与企业签订劳动合同。合同期限分为固定期限、无固定期限和完成一定工作为期限3种。需长期稳定、关键性、技术性岗位人员以及在公司连续工龄满10年，或男满45周岁，女满40周岁，连续工龄满20年，能够适应公司工作安排，可与公司签订无固定期限合同。其余人员的合同期限根据工作岗位、劳动技能、身体素质、劳动表现及公司经营状况等实际情况，由双方协商确定。公司法人代表委托各基层单位负责人办理本单位职工与公司劳动合同的签订工作。至1996年1月，公司共与1190人签订劳动合同手续。

聘任　1996年始，公司辖属各生产经营单位每年根据年度经营管理方案定编定岗，择优聘任上岗，一年一聘。场长聘任工区主任、护林队长，工区主任、护林队长聘任施工员、检验员、护林员。聘任上岗后，人员结构进一步优化，工作效率提高。但在后来操作过程中，出现"近亲聘任"的现象。从2001年起，实行"三考"（考试、考评、考核）择优竞岗。

停薪留职停岗　凡有一技之长，在单位难以发挥其作用的职工，经本人申请，单位同意，可办理停薪留职手续，签订《停薪留职专项协议书》。停薪留职期间，单位不发工资和任何补贴。停薪留职者按本人月档案工资标准向单位交纳个人承担比例的养老保险金及其他义务金，履行《协议》规定义务者，可与单位在岗职工一样享受企业的工资晋级评定，纳入档案工资。至1998年，公司有停薪留职职工93人。1995～2006年，共办理停薪留职人员580人次。2006年，有停薪留职人员157人。

挂靠安置转岗　凡挂靠安置转岗者，工资关系等留存原单位，原单位不计发任何补贴。由新单位与其建立用工劳动合同关系，计发工资等一切待遇。转岗者须按其本人在

原单位的月档案工资标准向单位交纳国家规定个人承担比例的养老保险金等其他义务金。如遇原单位在岗职工工资晋级等，转岗者可一起参与评定，纳入档案工资。1995年后，公司共办理挂靠转岗职工385人次。2006年，公司无挂靠职工。

租赁经营谋岗　1997年，公司批转《大坑采育林场转换经营机制（试点）办法》，在大坑采育林场进行转换经营机制试点工作。将林场统一经营的果、茶、竹等山场，转换为本场职工自主租赁经营，职工与企业签订合同，明确双方责权。租赁经营的一切收入归租赁者所有。但租赁者必须在租赁经营期间自觉交纳规定的各项税费、租赁费、社会养老金及失业、生育、工伤、防洪保安等保险金和义务费。职工交清合同规定的各项养老金、保险金和义务费后，可按规定办理其工资晋级及劳动保护福利待遇等（只存档）。租赁期限为5年以上，具体以签订合同为限。可单独1人租赁经营，也可多人联合租赁单项经营，或者多人联合租赁多项经营。当年大坑采育林场有40余名职工签订租赁经营合同。在试点基础上，1998年3月，县林业工业公司印发《人员安置试行办法的通知》，制订租赁经营谋岗安置分流措施。此后，租赁经营在全公司各采育林场迅速推开。租赁项目由以果茶、毛竹、油茶为主向田、塘、土地、荒山、种养、商店、厂房租赁经营发展。是年，共有88名职工实行租赁经营谋岗。2002年，公司将949亩笋竹两用林和323亩金橘园以工资形式租赁给22名职工经营。

推行租赁经营谋岗后，由于部分承租者在实际操作中存在短期行为，重收益轻投入或只收不投，森林资源受到严重破坏。大多只租赁3～5年，又将山场退回公司统一经营，除商店、厂房租赁经营较平稳外，毛竹、果茶等项目的租赁都陆续收回，公司再重新安置职工。1995～2006年，公司共有135人次签订租赁协议。

贡献补偿辞岗　也称“双置换”。1999年以前辞去公职的员工，参照1994年《江西省国有企业富余职工安置实施办法》，凡满1年工龄计发1个月基本工资，一次性发给辞职职工贡献补偿金，职工与单位解除一切关系。2000年，补偿标准参照县国有工业企业“双置换”标准计发，即基本补偿金2000元，另工龄每满1年补偿500元。原已办理置换的，重新按新标准计算，差额补齐。截至2006年12月，共办理贡献补偿辞岗（双置换）职工108名。

内部退养　1998年公司人员安置办法规定，凡距法定退休年龄不足5年者，经个人申请，单位审核报公司批准同意后，可办理内部退养手续，与企业签订《退养专项协议书》。退养期间按其月基本工资的80%计发，不再享受企业的其他待遇，退养人员应按月档案工资向单位交纳个人应承担比例的养老保险金等其他义务金，达到退休年龄时，办理正常退休。至该年底，公司已办理内部退养职工141名。2001年调整为，凡男满50周岁、女满40周岁的职工，且在企业内未担任中层领导以上职务者，可办理内部退养退岗。其退养期间待遇按2000年12月企业造册发放的月标准工资（序号9技能工资）的70%计发退养生活费。2002年修改为，凡男年满49周岁、女满39周岁的职工，经本人申请可办理内部退养，工资按月标准工资的80%计发。至2004年，累计签订内部退养合同的职工348人，其中属县社保局代管职工234人。2005年，流转新江采育林场杉木林筹集改制资金，重点解决老职工的生活问题，将离法定退休年限不足5年的238名职工一次性给其交足社会养老金直接进入社保代管。对已办理内部退养但又未能进入社保代管的职工,从2005年1月起,参照社保代管职工待遇标准,由公司计发基本生活费。1995~2006年,公司共有退养人员650名。2006年公司有退养人员129名。

体弱补偿离岗休养 按1998年人员分流安置办法,凡在本企业从事工作15年以上的病、弱职工(工残职工除外),由本人申请,经单位职工代表大会认定,单位审查签署意见报公司批准,可与企业签订《离岗休养专项协议书》,单位按每月150元计发生活费,本人按月档案工资标准向单位交纳个人承担部分的养老金等其他义务金。至当年底,公司累计办理体弱补偿离岗休养人员112名。1995~2006年,共办理离岗休养人员450名。2006年,公司有体弱补偿离岗休养人员180名。

劳动分配制度改革 2000年1月,公司制发《关于深化企业职工养老保险制度改革的办法》,实施职工基本养老保险金新的交纳方法。实施范围:凡本企业在册干部、固定工、合同制工、大集体工(统称企业职工)及本办法通过实施后进入本企业就业的各类新分配的技校、大中专毕业生以及外单位调入人员和劳动部门按规定招收录用分配到本企业的学徒工、退伍安置人员(统称企业就业人员)。实施内容:凡1974年12月31日前参加工作的在册企业职工,按国家规定比例,以本人月档案工资额自2000年1月1日起向企业交纳月基本养老保险费。凡1975年1月1日以后参加工作的在册企业职员或进入本企业的各类就业人员,则以本人月档案工资额,按“$N = V \times [8\% + 18\% \div 25 \times K \times (25 - U)]$”公式计算出的金额,从2000年1月1日起向企业交纳月基本养老保险费。新的养老保险金交纳办法实施后,相对增加工龄较短的职工个人部分交纳金额。由于部分职工意见较大,从2003年7月起重新按《江西省企业职工基本养老保险制度办法》执行,即个人统一按工资基数的8%交纳。

林办工业改革 1995年后,因企施策,相继推行以租赁为主的多种经营方式,提高经济效益和稳定职工队伍。1997年4月,在对无法运转的林业汽车修配厂、林业汽车运输队关停后,仍在运作的工业企业均选择租赁经营。推行租赁经营的前期为内部职工承租以安排职工就业为合同主要内容之一,后期转向社会承租,不限制职工安排。由于经营管理、市场竞争等原因,21世纪后,承租企业经济效益普遍下滑。

原江西兴泉人造板厂是公司进行租赁经营较大的工业企业,也是租赁经营取得较好成效的企业之一。1995~1997年,由内部职工承租。承租前该企业亏损严重,难以运转。实行租赁经营后,改革人事用工制度,建立风险机制。根据每个干部、职工承担责任的大小,分别向公司交纳1000~25000元不等的风险抵押金。改革分配制度,对一线生产人员(含车间管理人员)实行工资、奖金、福利等收入与产品产量、质量、物耗、安全生产及遵守厂规厂纪等指标直接挂钩的计件工资制,对财物、后勤等部门也采取岗位浮动工资制。提升产品质量,加大技术改造,建立严格的质检网络。承租3年,累计实现工业总产值2367.97万元,实现利税683.99万元,上交公司租金300万元,提取固定资产折旧费19万元,职工福利费5万元,为职工交纳社保金6.5万元,年均安排职工140人以上。1995年和1996年,企业连续2年被县政府授予“强攻工业先进单位”称号,1996年获省林业厅“优秀企业”称号。该轮承包,是全公司乃至全县实行租赁经营企业经济效益较好的企业之一。2001年后,由于效益低下,内部职工无人承租,开始对外租赁。

森林公安局改革

1995年后，局内部改革，重点是人事制度的改革。通过推行国家公务员制度，实行双向选择等方法，加强干部管理，优化队伍结构。

国家公务员制度 1997年6月，按照县委、县政府《遂川县国家公务员制度实施方案》，林业公安分局为行使行政职能的事业单位，根据国家公务员条例规定，过渡为国家公务员。是年10月底，推行国家公务员工作结束，全局41名工作人员，经批准过渡为国家公务员。

2005年，在全省公务员招录中，通过文化与业务考试、面试、政审，经上级批准招录人民警察2名。至2006年底，分局共有国家公务员41人。

双向选择 2004年3月，在全局范围内实施"领导选民警、民警选领导"的双向选择。按照"因事设岗、以岗定人"的原则确定科（室）、所具体名额（各科室、所负责人按组织任命执行），选择分2轮进行。至2004年4月，全局7个派出所43人完成双向选择工作，在第一轮选择中有1人落选，经第二轮再选入岗。双向选择实施后，各股（室）、所人员搭配更趋合理、优化，工作合力增强。

五指峰林场改革

五指峰林场是县内建场时间最长、经营山场面积最大的国有林场。20世纪90年代以前，生产由国家计划安排，加之可伐资源丰富，材质好，经济效益一直优良。建场近半个世纪，为国家和地方提供大量的商品木材和建设资金，先后获得中国国营林场100佳单位、江西省林业先进单位、江西省农口优秀企业等称号。

林场为企业化管理自收自支事业单位，长期以来以营林为主，产品、经济结构较为单一。90年代初期，面对林业资源逐渐减少的状况，提出"以林促工、以工养林、多种经营"的发展思路。在稳定林业经营的同时，重点发展场办工业企业，兴建金泉工艺品有限公司（简称金泉公司）、金川聚脂制品公司（简称金川公司）。但由于体制、市场、设备、产品等原因，两公司自创办后一直经营不佳，并从初期的不景气，逐渐发展到后来濒临倒闭的地步，落下大量的债务和下岗职工。进入90年代中期，随着天然林、成熟林锐减，人工林销售市场疲软，经济效益持续走低，加上场办企业难以复苏，负债重，就业压力大，经济增长缺乏后劲，使林场发展步入困境。

1995年后，林场相继实施一系列改革，以提高经济效益、稳定职工队伍。改革经营管理体制，建立总场、分场二级法人制度，下放木材经营权，放活基层；改革劳动用工制度，实行定岗定责，改单位负责人任命制为聘任制，实行双向选择全员竞岗；改革分配制度，实施基层单位负责人年薪制；组建竹茶开发公司，发展周期短、效益高的竹、茶产业，培植新的经济增长点。

90年代中期后，通过改革加快场企脱困。对生产经营较为正常的五指峰大酒店、木材加工厂，以集体承租为主；对设备、资产较大，土地、厂房较多的金泉、金川公司采取化整为零，分块出租、出让方式经营；对工艺落后、资源枯竭，难以复苏的化工香料厂，转产发展街市贸易。2001年后，推行产权制度改革，将金泉、金川公司、化工香料厂列为重点改制企业，实行员工整体身份置换。对经营不佳尚能运作的木材加工厂，实行部分员工身份置换和租赁经营。林场始终把稳定职工队伍、照顾弱势群体作为改革发展的重要内容之一，除双置换外，还通过内部退养、退休、保职挂编等方法妥善分流安置富余人员，为林场的进一步深化改革减负奠基。

人事劳动制度改革　主要有劳动合同制度、竞聘上岗、内部退岗等。

劳动合同制度　1996年，实行劳动合同制度。以岗定员，按照“双向选择、平等竞争”原则，录聘上岗。上岗者通过签订劳动合同明确用工身份和权利、义务。当年全场122名上岗职工与单位签订为期5年的劳动合同。2001年、2005年分别有116名、96名竞聘上岗职工与单位签订各为期3年的劳动合同。

竞聘上岗　2002年9月，印发《五指峰林场全员竞聘上岗实施方案》，在全场范围内（除县管干部外）实施竞聘上岗。因事定岗，因岗定人。竞聘按先正股级，后副股级，再场机关财会、生产业务员，最后基层单位财会、生产、护林人员岗位4批次进行。方式分笔试、面试、民主测评、组织考核4方面择优录聘，直至聘满为止。录聘人员须与聘用单位签订聘用合同，一聘3年。对不服从聘用单位工作安排而产生岗位空缺的，由总场在落聘人员中择优补聘。竞聘上岗工作从当年11月16日开始，至次月底结束。共录聘上岗116人，其中正股级20人，副股级8人，生产、护林员54人，财务、工勤人员分别为21人、13人；待岗186人，退岗45人。竞聘上岗后，共精简管理人员32人。

2005年10月，印发《五指峰林场第二轮全员竞聘上岗实施方案》，启动第二轮竞岗工作。二轮竞岗较之一轮显著区别于，优先安排一线生产人员和建立考评体系等相关配套措施。建立的配套措施有考核体系、内部退岗等。考核体系要求对上岗干部职工进行一年一度考核，根据德、能、勤、绩、廉5个方面考核结果，划分为优秀、称职、基本称职、不称职4个等次。不称职者，属股级干部的降级使用，一般工作人员解聘下岗。年度考核结果作为下一轮竞聘上岗的重要依据，每次（年）评优的加3分，称职的加1分，基本称职的减1分，不称职的减3分。至当年12月底，二轮竞岗工作结束，通过竞聘，有96人上岗。其中，正股级15人，生产业务岗58人，财务、工勤岗分别为9人、10人；退岗67人，待岗180人。录聘上岗者与聘用单位签订为期3年的聘用合同。

内部退岗　包括内部退养、病退。1995年继续执行内部退养、病退制度。凡男满30年、女满25年工龄的职工可申请办理内部退养；身体病残不能坚持正常工作的，男满25年、女满20年工龄以上者可办理内部病退。内部退养工资按正常退休工资下降10%计发，内部病退按职务工资与津贴之和的60%计发。当年全场共有内部退养、病退职工31人。

1999年4月，取消职工内部退养、病退待遇，将1998年5月以前办理内部退养、病退职工的待遇统一调整为内部退岗待遇。规定职工男满28年、女满23年工龄，可办理内部退岗手续。退岗生活费按每月基本生活费143元，每年工龄补贴1元计发。2005年10月作出调整，职工男年满50周岁或工龄满28年，女年满42周岁或工龄满23年可申请内部退岗。2006年，退岗生活费调整为每月基本生活费210元，每年工龄补贴5元。当年全场共有内部退岗职工67人。

劳动分配制度改革　主要有年薪制、养老保险金内部交纳办法改革。

年薪制　1999年，实行分场场长年薪制，其他人员岗位工资制。场长最高年薪者可达8000～10000元，支部书记、副场长收入为场长年薪的90%。档案工资晋升按国家规定调整存入个人档案。实行场长年薪制后，上岗职工年均收入达到6500元以上。为进一步优化工资结构，2006年经场职工代表大会讨论通过，停止实行分场场长年薪制，全场干部职工一律按档案工资85%，另加职务津贴计发。其余15%与年度任务、效益挂钩，年终决算后计发。

养老保险金内部交纳办法　随着林场经济效益的持续滑坡，20世纪90年代中期后，单位欠交职工社保统筹金逐年增多，1999年3月印发《五指峰林场员工社保统筹金缴交办法》，改革原有社保统筹金个人部分个人交，单位部分单位交的做法，试行按工龄、贡献大小来计算个人应交金额。社会养老统筹金交纳比例为个人月档案工资的26%。计时人员全部由员工个人足额交纳；计件、承包、停薪留职人员由场和员工共同负担，其中个人部分（计3%）由个人全额交纳，单位部分根据员工对场贡献（以工龄为依据）大小按比例交纳。具体以25年为基准，满25周年以上者免交，工龄每少1年交纳4%，照此类推。实际金额列成计算公式为：个人应交统筹金费（元）＝档案工资×3%＋（1－工龄÷25）×档案工资×23%。工龄计算时间截止于上年度末，非在场工龄（组织部门调入的除外）和下放工龄折半计算。从当年1月起执行。新交纳办法的实施，照顾了工龄长的员工，相对增大工龄短职工的交纳比例。由于计时员工由个人全额交纳，工龄较短的职工占大多数，在一定程度上缓解单位交纳职工养老金的经济压力。2002年3月，印发《五指峰林场职工养老保险金缴交办法》，规定凡未参加改制的下岗人员，23%部分的养老金由单位和个人各交纳50%。从2002年1月起执行。

职工养老金内部交纳办法实施后，由于部分员工意见大和大量下岗职工没有稳定的经济收入，难以按内部规定交清个人应交养老保险金额，欠交剧增，至2004年底，全场累计欠交养老保险金320多万元。2005年3月印发《五指峰林场职工养老金缴交办法》，养老保险金交纳按国家规定标准执行。

经营管理改革　主要有二级核算体制、山林承包。

二级核算体制　1998年，由总场统一管理，各基层生产单位报账制改为总场、基层生产经营单位二级法人、二级核算制。当年1月，在竹茶开发总公司实行二级法人制。次年1月推行到西溪、滁洲、七岭分场。实行二级核算制后，划小核算单位，各基层生产经营单位成为自主经营、自负盈亏、自我发展的法人实体。在生产经营上，根据总场核定的木材采伐指标，自行组织生产销售，按总场年初核定的指标上交利润。实行二级核算制后，责、权、利相统一，各分场生产经营积极性普遍提高，取得较好的经济效益。木材市场进一步放开后，销售市场竞争激烈，为克服各分场信息不灵、沟通不畅、价格不一等现象和提高总场资金统一调度能力，2006年恢复总场一级法人、各分场报账制度。

山林承包　也称“工资山”。1998年初，总场将五指峰分场、大坝里分场毛竹山林承包给职工经营，以解决下岗职工就业问题。当年12月，总场印发《遂川县五指峰林场职工毛竹林、经济林承包经营方案》，从次年1月起，在全场推行山林承包。职工承包经营的山场作为职工的“工资山”。职工承包后，自主经营，收入归职工所有，林场不再计发工资、福利等。承包面积，毛竹林每人25亩，茶园、金橘林每人10亩。承包期限25年。承包者逐年向总场交纳土地租金，其标准为：毛竹林、茶园每亩年10元，金橘林第5年开始收取每亩年30元。承包山林职工的社会养老统筹金，由场与职工按比例共同承担，工资晋升进入个人档案，达到法定退休年龄办理退休手续。至当年底，全场共安排119名职工承包山林。实施山林承包后，虽然暂时分流安置大量富余人员，但大部分承包者并未实际参与经营管护，不久就将承包的山林委托山场所在的分场托管经营。2002年3月，经场职工代表大会讨论通过，收回职工工资山。至2006年3月，全场还有40名职工仍将承包毛竹山林委托分场经营。

场企改革　1995年后，坚持“以放活为主，以搞活为目的”的原则，深化场企改革。1997年，木材加工厂实行对外租赁经营，化工香料厂实行车间风险承包。各企业在实行新的经营方式后，通过强化管理，精简非生产性人员，压缩非生产性开支等措施，取得一定的经济效益。90年代末期，由于松脂资源严重短缺，化工香料厂长期处于半停产状态，为安排职工，利用临街闲置土地兴建店面11间，安排职工经营。2001年底，该厂停产歇业。2003年，筹措资金32万元，实行企业整体改制。置换身份25人（现金补偿置换19人），补偿一次性生活费至退休的7人，保职挂编、退岗各1人。木材加工厂经营状况也一直生产不正常，2002年停产。2003年引进浙江客商承租。至2005年底，该厂的19名职工3人置换身份，16人待岗。五指峰玉指茶厂多年由1名职工承包，安排4名职工上岗，承担其单位部分养老保险金的交纳。从2001年金泉、金川公司改制以来至2006年底，全场共置换职工身份187人，提前退休48人，保职挂编16人，挂编县人才市场1人。

金泉公司、金川公司改制　金泉公司、金川公司创办后经营状况一直不佳，特别是金川公司没有生产出合格产品。至2001年10月，两公司共累计负债达1473万元。1995年整顿，实行两块牌子一套人员。由于长期停产，两厂154名职工，除4名看守厂房外，其余全部待岗，下岗职工没有生活费。

为切实解决职工的实际问题，维护社会稳定，根据县政府2001年第7次常务会议有关精神，2001年10月制订《金泉金川公司改制实施方案》，实施以“双置换”为主要形式的产权制度改革。

改制工作分3步走：首先，筹措改制资金。将五指峰大酒店转让给县机关事业保险局，获得转让费500万元。其中，用于抵交1997年以来欠交的职工社会养老保险金300万元；支付中国长城资产管理公司南昌办事处债权资产处置费192万元，以剥离银行不良贷款1100万元。其次，办理职工提前退休。对符合提前退休条件的职工，单位与职工按一定比例一次性交足其距法定退休年龄的基本养老保险费后，由总场统一办理提前退休手续。改制后，有48名职工办理提前退休手续。最后，安置企业职工。安置方法：一是置换身份，即在编职工按自愿的原则实行“双买断”，发给补偿金，解除劳动关系。买断工龄人均基数2000元，另加每年工龄补偿金500元。职工工龄截止到2001年12月，按保头保尾办法计算，2002年1月1日起企业与职工解除劳动关系。改制后，共置换身份133人，支付补偿金95万元。二是保职挂编，即不愿意买断工龄的职工应与公司签订自谋职业协议。由其自行到社会保险机构办理养老保险续保手续。改制后，共有15人办理保职挂编手续。三是挂编县劳动人才市场，即由本人提出申请，将档案移交县劳动人才市场，由公司一次性补助其档案管理费2000元。改制后，1人办理挂编县劳动人才市场手续，另辞退费用工和解除挂编企业职工劳动关系各1人。至当年底，改制工作结束，两公司参加改制的151名职工全部得到安置。其后，厂房、仓库由总场对外租赁。

云岭林场改革

20 世纪 90 年代初期,云岭林场在计划经济模式的运作下,得到迅速发展,曾为全省速生丰产用材林基地和全省第一批世界银行贷款国家造林项目实施单位,取得较好的经济和社会效益。林场为企业化管理自收自支事业单位,90 年代中期后,由于管理体制、经营机制、产品结构及市场等影响,出现资源、经济危机和人员过多、债务负担重等诸多问题。林场以经济建设为中心,以稳定职工队伍、增加职工收入为重点,进行一系列改革。

实行山林承包经营责任制,分流安置富余人员,允许有一技之长的员工通过"保职挂编"走向社会,自谋职业、自我发展。鼓励职工在自愿的基础上,通过现金或山林林地作价补偿进行身份置换。建立和规范提前退休、内部退养等多种分流安置方式。改革管理体制,实行二级核算制度,调动基层积极性。全面推行劳动合同用工制度,精简机构,通过竞聘上岗、双向选择等优化用人机制。改革分配方式,实行内部工资制,推行贡献计分制和基层单位主要负责人年薪制度。转换企业经营机制,改大包大揽为承包、租赁、股份合作制等。关停并转效益低、管理乱、污染大的企业。

人事劳动制度改革 主要有劳动合同制度、竞聘上岗、保职挂编、双置换、内部退养、提前退休。

劳动合同制度 1995 年 11 月,场印发《关于全面实行劳动合同制度工作实施方案》,推行全员劳动用工制度改革,因事设岗,定岗定编,双向选择。当年底,全场 436 名职工除 29 人退休外,其余 407 人均与单位法人代表签订劳动合同。

竞聘上岗 90 年代中期后,场机关、各分场陆续实行竞聘上岗制。2002 年 1 月制发《云岭林场全员竞聘上岗试行方案》,在科级干部以下的全体场属人员中实行竞聘上岗。竞聘,实行自愿选岗、全员竞聘、择优上岗,考试与考核相结合。基本形式:全场中层干部、业务人员通过考试、考核择优聘用;护林人员、勤杂人员核定工作任务、明确工作目标投标聘录。场优先安排幼林抚育、间伐、森工等林业生产一线、环境比较艰苦工作的职工。至当年 3 月底,全场 420 名职工,竞聘上岗 111 人,其余除退休、退养人员外,尚有未聘人员 180 名实行挂编待岗。聘用期结束后,实行末位淘汰,根据德、能、勤、绩、廉情况及测评结果,按 10% 比例淘汰中层干部和业务员,淘汰后的空缺,按照考试考核结果竞聘上岗。2004 年 4 月,实行"双向选择",取代"竞聘上岗"。

保职挂编 也叫停薪留职。随着保职挂编人员的逐渐增多,2002 年制发《云岭林场改制方案》,进一步规范为保职挂编,一是与单位签订自谋职业协议,按期向单位交纳个人的社保统筹金,单位不负担任何费用。超过 6 个月不交社保统筹金者,单位给予除名;二是挂编县人才交流中心,自行全额交纳养老保险金,总场不支付补偿金和其他费用。至 2006 年 12 月,全场共有保职挂编人员 140 名。

双置换 2002 年 2 月,林场印发改制方案,在职工自愿申请的基础上,允许职工选择用货币或山林林地折价进行一次性补偿,转换职工身份,与单位解除劳动关系。货币补偿标准,每人基数 2000 元,每年工龄 500 元。山林林地作价补偿的,按照森林资产评估方法,将山场指定范围的山林林地作价,根据货币补偿金额折算置换山林面积,划定山场地块,交由职工自主经营。如遇国家政策或建设需要调整的,场以相同林价的山林交换。现金补偿置换身份的,补偿工龄计算时间截止到 2001 年 12 月 31 日;山林林地作价补偿置换身份的，截止时间为其申请时间的前1个月月底。当年62名职工用货币置换身份。至2006年12月，全场累计置换身份人员65人。

内部退养　1997年林场规定，凡1991年以前参加工作未聘上岗的职工，实行按贡献分享受生活补贴（每分10元），个人按场规定标准交纳个人养老基金，停职退养。2002年《云岭林场改革方案》规定为：凡男满50周岁和工龄满30年，女满45周岁和工龄满25年者，经个人申请单位批准办理内部退养。退养人员基本生活费每月160元，1年工龄每月计发2元。自行交纳个人部分养老金。内部退养的年龄、工龄必须同时符合规定，否则，年龄或工龄每少1年，生活费递减10元，照此类推。1997～2006年，全场共有内部退养人员41人。

提前退休　2002年，为照顾年老体弱职工的生活，经与县劳动部门协商同意，对男满55周岁、女满45周岁和经劳动部门认定的，从事有毒有害繁重体力工种人员男满52周岁、女满42周岁以上的干部职工实行提前退休。由单位和个人按各50%的比例一次性交足其距法定退休年龄前基本养老保险费，由劳动部门办理提前退休手续。退休期间按正常退休生活费的80%发给。达到法定退休年龄时办理正常退休手续。单位女干部经本人申请，可以比照女工人的法定退休年龄提前办理退休手续。当年一次性办理提前退休35人。

分配制度改革　先后进行了贡献计分制、年薪制改革。

贡献计分制　1995年6月，场印发《职工贡献计算暂行办法》。职工对场的贡献一律采用记分制。计分内容分为基准分、加分、扣分等类项。每工作1年得1分基准分。在林业分场工作并从事按件计酬工作、获奖、任职给予加分，按工作环境优差，在双桥、衙前及横岭、碧洲和巾石分场工作，分别加0.5分、0.4分、0.3分。计件、承包工资每千元纯收入加0.2分；行政处分、经济处罚、违纪、违法等相应扣分。贡献分用作法人、集体财产享有份额确定、职工晋升、晋级、分房、病休、退养工资、医药费等福利待遇计算及家属农转非、推荐报考内招学校、就场安置等待遇享受的主要依据，分多优先。随着下岗、外出自谋职业者增多，实际操作中难以量化计分，2002年停止执行。

年薪制　1997年1月，云岭林场制订《年薪制实施办法》，对下属单位主要负责人实行年薪制。年薪包括所有工资费用。未经批准，享受年薪制人员不得再报领其他任何费用。年薪由基础工资和挂钩工资两部分组成。实施范围为，各分场场长、木材经营部经理和第一、第二、第三产业公司经理。当年所有试行年薪制人员，月基础工资统一为240元，挂钩工资按不同工作项目计算，在年终根据工作量及工作业绩进行全面考核量化后计算补发。1998年、1999年实行年薪制人员的月基础工资分别为300元、360元。2000年停止执行年薪制。

经营管理改革　主要有二级法人制度、山林承包。

二级法人制度　也称二级核算制度。1995年始，改总场统一经营、核算，分场报账制为总场、分场二级法人制度。实行二级法人制度后，总场按年初木材指标数核定各分场年上交利润，下放木材生产管理权限，建立较为合理的分级核算制度，严格区分生产费用与管理经费。至2006年，二级法人制度仍在实行。

山林承包　1998年11月经场职工代表大会表决通过，林场试行《山林承包经营责任制方案》,自 1999 年 1 月起在全场范围内将部分用材林划给场内部职工承包经营。每个职工必须承包用材林,未承包用材林山场的职工,场不与其建立劳动关系。经济林实行自愿承包。承包经营期限,用材林以主伐完止,分块主伐的伐完一块终止一块。经济林为 29 年,期满后可转入新一轮承包。承包均限 1 处。用材林为 1 个小班以上、300 亩以下,经济林 10 亩以下。承包的山场由职工自行管理,但采伐必须事先提出申请,按规定进行作业设计上报批准后方可进行,并按林政管理有关规定进行生产和销售。用材林山场签订合同时,按总林价的 2% 向场交纳风险金(列抵林价),经济林按每亩每年 5 元的标准向场交纳土地使用费。

实际操作办法:首先,对碧洲、巾石、双桥、横岭、衙前 5 个分场的联营造林用材林进行区划调查,按照"集中连片,便于经营管护"的原则,每个分场划出部分山林;其次,对划出的山场分地块进行林价估算,按职工贡献分多少依次选择承包地块;最后,职工与场部签订《用材林承包经营合同》。至 2000 年 6 月,计有 354 人次与场签订承包经营合同,共承包经营用材林面积 4496.87 公顷(占全场经营面积的 30.5%)。其中,261 人承包用材林 4473.6 公顷,93 人承包经济林 23.27 公顷。累计交纳承包风险金 37.64 万元。

实行山林承包经营后,当年就有部分承包者进行间伐抚育,取得经济效益。但在实际操作中产生不少问题:承包经营者短期行为严重,间伐强度大;主、间伐材在按原联营协议兑现分成上容易产生矛盾;少数职工有山无责,包而不管甚至弃管。为强化森林资源管护,经单位动员,个人申请,至 2002 年春,全场 95% 以上的职工陆续将承包的山林退回林场统一经营。

场企改革 主要有承包、租赁和股份合作制。

承包、租赁 20 世纪 90 年代中期后,场办工业企业以承包、租赁经营形式为主。1994 年 4 月至 1996 年 6 月、1995 年 10 月至 1996 年 6 月,竹艺厂、制革机械厂先后实行承包经营。1995 年后,机制砖厂、家具厂、香粉厂、食用菌厂实行租赁经营。机制砖厂由福建客商承租,食用菌厂由内部职工承租。实行承包、租赁后,各企业加强管理,产销适路,经济效益普遍增长,1995 年全场林办工业产值达 654.73 万元,利税 10.22 万元。次年利税达 23.8 万元,创历史新高。90 年代末期后,由于经营管理、市场竞争等原因,承包、租赁企业效益下滑。

股份合作制 1996 年,按照县政府《关于国有工业企业产权制度改革实施意见》,将原有国有小企业改造成内部职工持股的股份合作制新企业。通过宣传发动,清产核资、资产评估、制定方案、募集股金等程序,是年底,将竹艺厂、家具厂合并成立木竹制品厂。1997 年 1 月按股份合作制运作,产生董事会、监事会、厂长等。股份制实行全员购股,股金分基本股和职务股,按股分红。实行股份合作制后,职工主人翁意识增强,企业自主权扩大。但职工参股资金占企业资本金比重太小,企业并未能按真正意义上的股份合作制运作,加之产品单一,销路不畅,积压严重,经济效益严重滑坡。1998 年 5 月,撤销木竹制品厂,退回个人集资股。

第二章

森林资源

1995年后,遂川把林业建设的重点转移到发展高效林业,提高林业综合效益上,经济林和林副产品生产得到长足发展。通过建立野生动植物疫源疫病监测体系,强化森林资源源头管理,野生动植物资源保护得到加强。完善林业发展各项政策措施,进一步激发全社会造林护林的积极性,有力促进森林资源稳步增长,生态环境明显改善。2002年二类森林资源调查表明,全县森林面积177399.1公顷,占林业用地面积245615.7公顷的72.2%;活立木蓄积量1003万立方米(比1994年增长38.7%),居江西省第二位;森林覆盖率达77.4%,超过全省平均水平(60.05%)17.35个百分点。

第一节　森林面积和蓄积

20世纪90年代中期后,着力抓好封山育林、森林防火、病虫害防治等林木管护工作;合理营造混交林,加大低产林改造力度,逐步改变针叶林比例过大、树种单一、资源分布不均、单产偏低的状况;推广改燃节柴、改灶节柴、以电(沼气)代柴、控制烧材消耗等措施,实现森林面积、森林蓄积和森林覆盖率"三增长"。

森林面积

全县于1994、1999和2002年进行3期二类森林资源调查。3期二类调查的技术标准有变化。1999年后2期调查划分森林面积的标准一致,但与1994年不同。1994、1999、2002年3期二类森林资源调查显示,全县土地总面积311776公顷不变。林业用地面积,1994年245619.4公顷,1999年245858公顷,2002年245615.7公顷。1999~2002年3年减少242.3公顷,主要原因是道路和工业园区建设征用占用林地所致。森林面积,1999年169508公顷,2002年177399.1公顷,3年增加7891.1公顷,年均增加2630公顷,增长率为1.55%。2002年森林面积占全县土地总面积的56.9%,按龄组分幼龄林40099公顷,中龄林61960公顷,近熟林20643公顷,成熟林27215公顷,过熟林6837公顷。近成过熟林占森林面积的30.8%。毛竹林面积,1994年17000.7公顷,1999年18039.3公顷,2002年20644公顷。2002年比1994年增加3643.3公顷。2002年除竹林以外的森林面积中,人工林面积57713公顷,占36.8%;天然林面积99043公顷,占63.2%。2002年规划的生态公益林面积为118794公顷,占全县土地总面积的38.1%。其中,已实施的国家重点公益林为29444公顷,占全县土地总面积的9.4%。急需进行抚育间伐的人工中幼林面积8969公顷,占全县用材林面积75068.3公顷的11.9%。

1994、1999、2002 年林业用地一览

表 2－1－1　　单位:公顷

年份	林业用地合计	地类				林种						
		森林面积	灌木林面积	疏林地面积	无立木林地面积	荒地	防护林	特用林	用材林	薪炭林	竹林	经济林
1994	245619.4	136315.1	73515.4	12283.0	14292.2	8885.7	6676.8	154.5	98959.5	13523.6	17000.7	65057.3
1999	245858.0	169508.0	65932.0	1362.0	4563.0	4493.0	67538.0	1948.0	74215.0	7557.0	18149.0	521518.3
2002	245615.7	177399.1	63272.9	1175.6	437.8	3330.3	70322.3	1603.4	75068.3	9605.8	20643.9	30578.1

森林蓄积

二类调查数据反映:全县活立木蓄积,1994 年 723.8 万立方米,1999 年 886 万立方米,2002 年 1003.8 万立方米。2002 年比 1994 年增加 280 万立方米,年均增加 35 万立方米,增长率为 4.8%。毛竹 1994 年全县 3163.9 万株,1999 年 3956.6 万株,2002 年 4654.3 万株。2002 年比 1994 年增加 1490.4 万株。

森林蓄积的增长,来源于 20 世纪 90 年代初"灭荒"造林的林木到 2002 年已进入计蓄积阶段,五指峰林场商品材基地、云岭林场速生丰产林基地以及林业工业公司、乡村集体林场的幼林均进入蓄积生长高峰,县城周围乡镇的封山育林区林木已郁闭成林,四旁绿化成效明显。按龄组分:幼龄林 1994 年 693284 立方米,1999 年 1329376 立方米,2002 年 1082247 立方米。中龄林 1994 年 1910369 立方米,1999 年 2519029 立方米,2002 年 3588705 立方米。近熟林 1994 年 1098317 立方米,1999 年 1516031 立方米,2002 年 1698457 立方米。成熟林 1994 年 1973189 立方米,1999 年 2099405 立方米,2002 年 2339925 立方米。过熟林 1994 年 852157 立方米,1999 年 976185 立方米,2002 年 824278 立方米。各龄组蓄积变化情况,2002 年与 1999 年对比幼龄林减少 247129 立方米,表明全县消灭荒山后,大面积造林减少;中龄林蓄积增加 1069676 立方米,表明全县后备森林资源丰富;近熟林和成熟林蓄积渐次增加,可伐资源越来越多;过熟林减少 151907 立方米,表明森林采伐科学合理。森林蓄积中,按优势树种分,杉木蓄积 1994 年 4565857 立方米,1999 年 5810315 立方米,2002 年 6578410 立方米,2002 年比 1994 年增加 2012553 立方米。马尾松蓄积 1994 年 321441 立方米,1999 年 591924 立方米,2002 年 783950 立方米,2002 年比 1994 年增加 462509 立方米。国外松蓄积 1994 年 12246 立方米,1999 年 100967 立方米,2002 年 156682 立方米,2002 年比 1994 年增加 144436 立方米。阔叶树蓄积 1994 年 1627772 立方米,1999 年 1936819 立方米,2002 年 2014570 立方米,2002 年比 1994 年增加 386798 立方米,表明阔叶树保护力度加大。活立木蓄积中,2002 年新江、五斗江、衙前、双桥 4 个林区乡镇的蓄积量之和占全县 1003.8 万立方米的 35.4%,国营两场一司(五指峰、云岭林场,林业工业公司)蓄积量之和占 32.8%,其他 19 个乡镇蓄积量之和占 31.8%。

2002 年,全县平均森林蓄积单产为 3.58 立方米/亩。其中:国营林森林蓄积单产为 4.49 立方米/亩,集体林森林蓄积单产为 3.24 立方米/亩。集体单产是国营单产的 72.3%。

1994、1999、2002年森林蓄积量一览

表2-1-2　　单位:立方米、万株

年份	活立木总蓄积	森林蓄积按优势树种分								毛竹
		杉木	占总蓄积%	马尾松	占总蓄积%	国外松	占总蓄积%	阔叶树	占总蓄积%	
1994	7237929	4565857	63.1	321441	4.4	12246	0.17	1627772	22.5	3163.9
1999	8860234	5810315	65.6	594924	6.7	100967	1.10	1936819	21.9	3956.6
2002	10038228	6578410	65.5	783950	7.8	156682	1.60	2014570	20.1	4654.3

森林覆盖率

据二类调查统计,遂川县森林覆盖率1994年为67.3%,1999年为75.8%,2002年为77.4%。2002年比1994年提高10.1个百分点,比全省森林覆盖率60.05%高出17.35个百分点。全县23个乡镇和两场一司,2002年覆盖率达80%以上的有9个单位,在70%~79.9%之间的有4个单位,在69.9%以下的有13个单位。五指峰林场为99.8%,云岭林场为99.3%,县林业工业公司为98.3%。全县森林覆盖率分布不均,北部为84%,中部为72.5%,西部为73.8%,东部为67.9%。

2002年全县森林资源分布一览

表2-1-3　　单位:公顷、立方米

单位	面积						活立木蓄积					森林覆盖率(%)
	林业用地合计	其中					总蓄积	森林蓄积按优势树种分				
		森林面积	灌木林面积	疏林地面积	无立木林地面积	荒地		杉木	马尾松	国外松	阔叶树	
泉江镇	12799.1	7854.1	4886.3	0	34.0	24.7	145678	52543	82691	1655	524	69.5
珠田乡	5307.0	3472.1	1751.5	82.2	0	1.2	116193	53717	61304	0	10	63.3
巾石乡	9868.0	7430.5	2434.4	3.1	0	0	192787	53002	75550	441	51517	74.0
大坑乡	11456.3	5693.8	5538.8	173.1	15.3	35.3	371768	220331	11921	0	109011	86.4
雩田镇	13759.9	10600.5	3113.1	10.2	27.1	9.0	221427	83964	119144	972	2230	68.0
枚江乡	2621.8	2105.0	516.8	0	0	0	72505	25809	41296	734	2107	51.1
碧洲镇	5282.2	5060.1	222.1	0	0	0	45662	3558	25978	1635	0	68.1
衙前镇	10596.3	9188.5	1380.1	0	27.7	0	680379	484047	5125	1795	85896	80.0
双桥乡	5248.8	4850.9	389.3	0	8.6	0	375244	304369	9577	0	49488	76.5
新江乡	12686.0	12243.2	277.0	142.1	23.7	0	1312147	1151470	44209	190	65726	82.9
五斗江乡	16423.0	14682.9	1638.5	29.6	71.0	1.0	1189354	583891	9701	0	419198	90.8
草林镇	9188.5	3866.8	4684.6	571.3	0	65.8	77205	56423	5882	0	0	68.5
禾源镇	7666.0	2211.7	5138.7	0	1.2	314.4	78699	54117	11189	0	5	74.5
西溪乡	2930.7	1240.8	1688.3	0.6	0	1.0	64988	34277	16676	1019	4843	60.9

续表 2-1-3

单位	面积						活立木蓄积					森林覆盖率(%)
	林业用地合计	其中					总蓄积	森林蓄积按优势树种分				
		森林面积	灌木林面积	疏林地面积	无立木林地面积	荒地		杉木	马尾松	国外松	阔叶树	
堆子前镇	7861.5	2877.8	4976.6	0	7.1	0	172987	143534	11879	0	13	82.8
黄坑乡	3368.9	2593.3	754.6	4.2	8.5	8.3	187121	121847	51943	366	0	50.4
高坪镇	7819.0	5801.0	1685.2	0	0	332.8	190729	154186	15658	0	8656	68.8
汤湖镇	5969.2	3490.3	2463.6	4.7	10.6	0	144599	114486	15022	0	1062	65.7
左安镇	9541.0	5557.3	3562.2	8.1	5.7	407.7	196112	131443	45487	0	236	65.7
南江乡	2977.9	1421.2	1553.1	0	3.6	0	40663	20302	12624	0	0	67.4
大汾镇	14552.9	10382.9	3908.4	85.5	0	176.1	337363	197947	19301	281	95770	71.7
戴家埔	9871.9	4180.3	5215.6	35.8	0	440.2	456623	423490	131	0	10250	81.2
营盘圩	5193.8	2290.7	1593.7	8.4	0	1301.0	72305	15467	13127	0	29413	62.9
五指峰林场	19793.7	16953.4	2800.4	5.3	18.9	15.7	1078822	610623	39610	21933	385909	99.8
云岭林场	15197.5	14430.1	675.8	0	91.6	0	857253	621937	8908	111988	98273	99.3
林业工业公司	17554.5	16848.1	415.7	11.4	83.2	196.1	1356597	861630	30017	10655	425202	98.3
县苗圃	80.3	71.8	8.5	0	0	0	3018	0	0	3018	0	44.9

第二节　树　种

县境属中亚热带常绿阔叶林区域，森林资源丰富，树种繁多。至 2006 年，全县有木本植物 1300 余种（包括变种和引进树种）隶属 120 余科 370 余属。其中，裸子植物 10 科 22 属 30 余种，被子植物 110 余科 350 余属 1300 多种。

发现树种

1995~2006 年，县内发现毛金竹、南方铁杉、黄金间碧玉竹（花竹）。

1997 年，在五指峰林场大坝里分场发现毛金竹林，面积 126.7 公顷，约 27.85 万株，竹子眉径 3~8 厘米。毛金竹属禾本科刚竹属，学名 Phyllostachys nigra var. henonis，主要分布在四川、河南等地，江西有零星分布。该竹种生长快，繁殖力强，耐瘠薄土壤，抗低温。

1999 年，七岭林业管理所技术人员在万洋山主峰（海拔 2120.4 米）的南风面脚下，发现南方铁杉群落。南方铁杉属松科铁杉属，学名 Tsuga tchekiangensis。该树种耐寒，质地坚硬，生长于润凉高山地带。

同年，在大汾镇鹿坑村花竹组花竹洞约 200 平方米的毛竹林中发现有黄金间碧玉竹

（别名花竹）分布，约30株，枝繁叶茂，长势良好。五指峰林场大坝里分场也有分布，面积约3公顷。黄金间碧玉竹（花竹）属禾本科竹亚科刚竹属，学名p. bambusoides var. castilloni（Marliac）H. de Lehaie，竹干黄色，在每一竹节上，具有宽窄不等的纵长绿色条纹。黄金间碧玉竹（花竹）外形美观，质地坚韧，适用于编织篾器、工艺品和美化庭院。

引进树种

1995年后，引种栽培的树种，早园竹有雷竹、早竹、哺鸡竹、高节竹，用材树种有东京野茉莉、“中潜三号”杨、邓恩桉，果树有脐橙、琯溪蜜柚、沙田柚、玉环柚、丁佡杨梅、浙江东魁杨梅、柰李、芙蓉李、布朗李、大五星枇杷、早花露桃、早霞露桃、砂子早生桃、浏阳四斤桃、九家种板栗、魁栗、毛板红板栗、巨峰葡萄、黑奥林葡萄、龙宝葡萄、藤稔葡萄，茶树有福鼎大白茶。云岭林场1995年从浙江等地引种雷竹、早竹、哺鸡竹、高节竹，建立早园竹基地24.6公顷。林业工业公司大坑采育林场1996年1月，也引种栽培早园竹0.7公顷。林业局于1997年从吉水县芦溪岭林场引进东京野茉莉种子在县森林苗圃育苗，次年春在枚江乡中团村试种东京野茉莉33.3公顷获得成功。1999年引种栽培琯溪蜜柚28万株，浙江东魁杨梅1000株，布朗李2万株，脐橙10万株。是年，县内遭受百年不遇的大冻害，琯溪蜜柚绝大多数冻死。2002年引进“中潜三号”杨，在珠田、雩田、碧洲等乡镇进行山下再造800公顷，造林总株数达7万余株，造林后发生天牛严重危害。2006年日元贷款项目造林中，从湖南省靖州侗族苗族自治县引进邓恩桉苗木造林18.2公顷。其中泉江镇下坑村朱木坑造林15.1公顷，五指峰林场造林3.1公顷。

珍稀濒危树种

1996、1999、2002、2004年县内开展4次古树名木、珍贵树种和野生植物调查，县境有国家Ⅰ、Ⅱ级保护的珍稀濒危树种17种（含栽培种），省Ⅱ级保护树种11种，省Ⅲ级保护树种21种。

国家保护Ⅰ级：银杏、南方红豆杉、苏铁、水杉、大院冷杉；国家保护Ⅱ级：樟树、楠木、花榈木、沉水樟、厚朴、凹叶厚朴、喜树、福建柏、鹅掌楸、长苞铁杉、连香树、野茶树。省级保护Ⅱ级：南方铁杉、罗汉松、观光木、杜仲、青钩栲、乐昌含笑、半枫荷、紫荆、天竺桂、桂花、紫薇；省级保护Ⅲ级：紫茎、青皮木、华南桂、红楠、黄檀、猴欢喜、小果石笔木、重阳木、大叶青冈、紫树、井冈山杜鹃、长蕊杜鹃、背绒杜鹃、白玉兰、饭甑稠、水丝梨、柏木、竹柏、实心竹、楮树、草珊瑚。

古树名木

1996年10月，县绿化委员会牵头，组织林业工作站20名技术人员对分布在全县“四旁”（村旁、路旁、宅旁、水旁）的古树名木进行普查，全县共有古树名木779株。按树种分：银杏31株，樟树320株，皂角1株，玉兰2株，枫香41株，木荷72株，枳椇3株，红豆杉46株，榨树7株，女贞2株，马尾松28株，白花树1株，楠木110株，楮树5株，梓树1株，柏树46株，杉12株，石楠5株，苦槠11株，杞木1株，报春花1株，桂花4株，野八角3株，鼠刺1株，铁树1株，罗木石楠4株，枫杨3株，罗汉松6株，黄檀1株，鸡爪漆1株，漆树6株，青冈栎1株，柿树1株，钩栲1株。

2004年5～6月，县林业局组织开展古树名木调查，全县古树、珍贵树木、大树有26个树种共计800株。按保护级别分，其中国家Ⅰ级有银杏、红豆杉和苏铁3种，计157株；

国家Ⅱ级有樟树和楠木2种,计445株;省Ⅲ级有桂花、柏树和槠树3种,计46株。按树龄结构分,500年以上的有38株,300～500年的有76株,200～300年的有253株,100～200年的有368株。按径级分,胸径50～100厘米的有417株,101～150厘米的有207株,151～200厘米的有106株,200厘米以上的有24株。

主要古树名木 有以下7种:

南方红豆杉 在大坑乡下长龙村水口组。树干胸径1.37米,树高30米,树冠覆盖面积约400平方米,树龄约700年。西溪乡文坳村石湖组老屋背也生长1株,胸径1.35米,树高26米,树冠覆盖面积约340平方米,树龄约800年。

古银杏 在巾石乡巾石村10组夏湖塘。树干胸径2.47米,树高28米,树冠覆盖面积约160平方米,树龄1000余年。巾石村8组李屋和新安村9组杨屋也各生长1棵1000年以上的银杏树。

古樟树 在双桥乡双溪村江口组过河洲。树干胸径3.05米,树高达26米,树冠覆盖面积约1000平方米,树龄650年左右。泉江镇西庄村河坝里樟树阔叶林中,有1棵樟树胸径0.72米,树高12米,树冠覆盖面积120平方米,树龄约100年。

黄檀树 在汤湖乡良洞村境内。胸径0.9米,树高30米,冠幅30平方米,树龄约200年。

古杉树 在高坪镇高坪村大段组。胸径1.1米,树高21米,东西冠幅为8.9米,南北冠幅为7.5米,树龄250年以上。古杉树主干10米高处生长着3根小毛竹。

罗汉松 在大坑乡高倚村。树干围径3.6米,树龄600多年。

椤木石楠 在左安镇鹤坑村海螺组梁仙庙对面。胸径0.7米,树高10米,树龄近200年。在其树高约3米处长出1株枳椇,胸径达16厘米,树高约5米,并已挂果。

第三节 经济林

1995年后,林业生产的重点转移到高效林业建设上,着力调整造林的林种结构,大幅度提高经济林比例,发展果业工程。

油茶

产地 遍布全县各乡镇,以丘陵、低山地带较多,山区、平原也有小面积或零星种植。巾石、禾源、堆子前、横岭、南江、草林、上坑、大坑、珠田、左安、碧洲为主要产地。

品种 按成熟采摘期分为“秋分籽”、“寒露籽”和“霜降籽”。按类型分有白花油茶、遂金籽、野生红花油茶和大果油茶。其中遂金籽是县内推广的油茶农家小种群优良品种,皮薄且脆,抗病力强,出油率高。

发展措施 成立以分管林业的副县长为组长的“遂川县油茶产业化领导小组”,县林业局局长和乡镇长为小组成员,下设办公室于林业局营林股,具体负责油茶产业化日常工作。为加大油茶低产林改造力度,林业局设立油茶股,并以林业局林业技术推广站和林业科学研究所为骨干开展油茶科研与技术推广活动。县政府对油茶生产的林农制定技术扶持和一定的优惠政策,提供优良种苗造林,扩大油茶良种种植面积。1999年3月遂川被国家林业局、中国经济林协会评为“中国名特优经济林油茶之乡”。

面积 据二类森林资源调查数据反映,1994 年全县油茶面积 63553 公顷,1999 年 49804 公顷,2002 年 28731 公顷。2002 年比 1994 年减少 34822 公顷,减少 54.8%。减少的原因主要是:一部分改种形成果木林;一部分荒芜后为别的林木覆盖,成为其他林种。

产量 受经营管理和自然气候的影响,油茶大、小年明显。1995 年全县茶油产量 820 吨,1995 年后全县年茶油产量一般在 800~2000 吨之间。2002~2004 年,吉安市林业局在遂川设油茶产量调查点进行的专项调查表明,全县茶油产量 2002 年 1969 吨,2003 年 1399 吨,2004 年 3063 吨。2006 年全县茶油产量 1498 吨。

茶叶

产地 茶园主要分布在汤湖、戴家埔、堆子前、七岭、大坑、高坪、左安、大汾等乡镇。

发展措施 20 世纪 90 年代中期后,茶叶被列为全县农业产业化发展的重点,制定政策、措施,扩大种植面积,提升产品产量。县内出现一批经营大户,县水利局、粮食局、计委等县直部门与汤湖乡联合创办 10 多个面积在 10 公顷以上的茶园。戴家埔茶厂、七岭茶厂等自有茶园达到 10 公顷以上。1995 年,全县新建茶园 250.5 公顷。1999 年 9 月县委、县政府印发《县果茶产业化领导小组关于茶叶产业化经营的实施意见的通知》,把“抓基地建设”作为推动茶叶产业化经营的工作重点,在区域布局上,根据全县气候和土壤条件,茶叶生产布局分为西部山区和北部地区。继续抓好新种,扩大茶园面积。实行高起点、高标准、高质量、规范化建园。采取“三改”(改园、改土、改树)措施,全面实行低产园改造。2000 年,全县茶叶面积达到 2766 公顷。之后,茶叶生产稳步发展。狗牯脑茶、老仙茶生产已分别成为汤湖镇、戴家埔乡的支柱产业。林业经营单位也因地制宜发展茶叶生产,林业工业公司汤湖采育林场发展茶园面积 28.8 公顷(国有 9.7 公顷,租赁 19.1 公顷),新江采育林场发展茶园 2.4 公顷,共计 31.2 公顷。

名茶简介 主要有狗牯脑茶、老仙茶、毛峰茶、龙泉玉指茶、南风面茶、顶上春毫茶等。

狗牯脑茶 原产于汤湖镇的狗牯脑山上,因山形似狗头,故名狗牯脑山,狗牯脑茶也因此而得名。其茶山海拔 1100 多米,土壤、气候条件独特,长年云雾缭绕,茶树生长因日照短,多散射光,使芽叶持嫩性强,氨基酸、咖啡碱、芳香物质等含量丰富。该茶外形紧结秀丽,条索匀整纤细,颜色碧中微露黛绿,表面覆盖一层柔细软嫩的白绒毫,莹润生辉。茶水清澄而略呈金黄,喝后清凉芳醇,沁人肺腑,口中甘味经久,且有提神醒脑、消食去腻、益肝利肾之效。每年的 3 月下旬新茶开始上市。主栽品种有选育的地方良种狗牯脑小叶种以及先后从福建引进的福鼎大白、福云 6 号等优良品种。至 2003 年,茶场规模由原狗牯脑茶厂基地扩展到璜石、竹管洞等 3 个基地,茶园面积近 133.33 公顷,产量 45.21 吨。2006 年全县狗牯脑茶园面积 666.7 公顷,产量达 118 吨。

1995 年,狗牯脑茶获’95 国际食品及加工技术博览会金奖。1997 年,获江西省统计局信息咨询中心颁发的狗牯脑茶产量、销量、销售额和市场占有率在全省同行业评比第一的荣誉证书,还被评为北京第三届中国农业博览会名牌产品。1998 年,获江西省技术监督局颁发免检产品证书。1999 年,获农业部茶叶质量监督检验中心颁发的 1998 年度绿茶全国统检合格证书。2001 年,获中国绿色食品发展中心颁发的“绿色食品(AA 级)”

证书。2003 年，获北京中绿华厦有机食品认证中心颁发的“有机食品”证书。2004 年批准为中华人民共和国原产地域保护产品，首次准予直接进入欧盟市场。2005 年，列入全国茶叶名典及联合国政府采购目录。

老仙茶　产于海拔 1100 米的戴家埔乡戴家埔村双桥岭，原名圣绿茶，后来为避免与其他地方的圣绿茶同名而易名为老仙茶。其特点是：外形紧细秀丽，略有白毫，汤色嫩绿明亮，板栗香明显，滋味鲜爽耐泡，回味特甘，叶底完整。20 世纪 90 年代后，对传统老式茶园进行大面积改造，规模化建成一批良种茶园，品种由单一的群体种发展到福鼎大白、福云 6 号等多种优良品种，加工技术通过培训班、现场演示、师带徒等多种形式得以普及。包装由散装、纸塑等普通包装发展到铁听盒、铝箔复合保鲜等包装。销售由县内逐渐辐射到北京、上海、广东、深圳、香港、台湾等大中城市和地区，小量销往东南亚国家。经营形式从一家一户到乡村茶厂（场）、到“公司＋农户”、经营网点一体化运作。至 2006 年，老仙茶茶园发展到 333.3 公顷，茶叶产量 55 吨。

该茶 1995 年获中国农业博览会银奖，2000 年获江西省农业厅江西优质名茶奖，2003 年“老仙”牌商标被认定为江西省著名商标。

毛峰茶　又称遂川毛尖。主产于汤湖镇，高坪、左安、堆子前、大坑等乡镇也有少量生产。由于其原料只用清明前茶树的一芽一叶，加工后白毫较多，锋苗显露而取名“毛峰”。其特点外形细嫩，锋苗显露、汤色黄亮、香醇味浓、叶底嫩黄。1994 年产量 10 吨。2006 年茶园面积 133.3 公顷，产量 20 吨。以一家一户分散加工，县内销售为主。

龙泉玉指茶　产于五指峰林场大坝里梨树洲。1995 年有茶园面积 8.7 公顷，产量 2 吨。1999 年产量 1.14 吨。2006 年茶园面积 13.33 公顷，产量 3 吨左右。该茶因其独特的地理环境和加工方法，具有“色绿天然而耐泡，香醇醉人幽馥而持久，味道甘醇浓郁而鲜爽，形弯纤细显毫而匀称”的特色。该茶 1996 年注册“龙泉玉指茶”商标，同年获江西省林业科技成果展示会金奖，1997 年获江西省优质名茶奖和吉安地区“消费者信得过产品”称号。1998 年获国际名茶、茶制品、茶文化展览会“推荐产品”称号。2005 年 11 月获中国绿色（AA）和有机食品证书。

南风面茶　产于原七岭乡。因产地位于著名的南风面（山脚下）而得名。系 20 世纪 80 年代中期新创制的高档绿茶类眉形名茶。该茶外形条索紧结，白毫较少，汤色清澈透明，滋味甘醇，嫩栗香明显，芽叶较完整，黄绿明亮。

1989 年成立七岭茶厂，茶园面积 20 公顷。2006 年，茶园面积达 100 公顷，产量 15 吨。该茶有纸盒、塑料袋等多种小包装。销售以县内为主，部分销往南昌、吉安、赣州等地。

顶上春毫茶　主产于汤湖镇，由江西同洲绿色食品开发有限公司统一收购，分级后包装销售。该茶条索细嫩、白毫显露、汤色黄绿、香气高雅、滋味爽口、回味略甘、易泡速沉、叶底完整明亮，是比较典型的绿茶类眉形名茶。2002 年注册“罗霄山”牌商标。2003 年获得绿色食品（AA 级）及有机食品证书，产量 14.9 吨。2006 年茶园面积 66.7 公顷，产量 12 吨。

1995～2006 年全县茶叶生产情况

表 2－3－1　　单位:公顷、吨

年份	面积							产量						
	全县	其中						全县	其中					
		汤湖镇	戴家埔乡	堆子前镇	大坑乡	七岭乡	大汾镇		汤湖镇	戴家埔乡	堆子前镇	大坑乡	七岭乡	大汾镇
1995	2183	779	272	383	171	100	40	458.0	112	45	51	30	0.9	16
1996	2384	779	252	383	174	100	40	482.0	115	55	52	33	8.5	19
1997	2388	794	255	363	191	100	40	475.5	130	60	51	35	5.5	22
1998	2342	794	274	343	208	100	32	488.6	140	65	51	38	3.6	22
1999	2727	830	278	311	216	244	43	545.0	141	67	52	39	41.0	20
2000	2766	923	281	333	216	247	45	539.0	143	68	48	35	46.0	22
2001	2561	960	282	325	220	247	46	544.0	163	68	43	35	51.0	14
2002	2591	972	529	316	220	－	147	584.0	174	112	40	36	－	45
2003	2726	1096	529	316	220	－	147	560.0	179	111	43	35	－	40
2004	2661	1163	529	262	220	－	65	621.0	220	113	47	36	－	51
2005	3766					－		653.0					－	
2006	4000					－		900.0					－	

注:2002 年七岭乡并入戴家埔乡。

果树

果园主要集中分布在堆前、大坑、上坑、西溪、黄坑、南江、大汾、草林等丘陵地带,以及巾石、雩田、枚江、泉江、盆珠等平原地区。县内西部山区由于海拔较高,土壤瘠薄,果园分布较少。品种主要有金橘、温州蜜桔、元红桔、甜橙、柚、梨、桃、李、板栗、白果、猕猴桃、杨梅、枇杷、柿、枣、葡萄、石榴、刺梨等。

20 世纪 90 年代后,千家万户小面积零星种植与集中连片种植竞相发展。乡办、村办果园和种植大户充分利用缓坡地带和低山丘陵连片种植,果园面积迅速扩大。但品种结构不尽合理,优质水果面积较小。1995 年全县果园面积 432.7 公顷,1997 年增至 3873 公顷,水果总产量 11990 吨。1997 年,全县实施“百里金橘长廊”果业开发工程。次年,完成果业开发面积 607.33 公顷,其中金橘基地完成 156.67 公顷,琯溪蜜柚完成 410.13 公顷。1999 年县林业局在大汾长岗坪兴建果业基地。是年 9 月,县委、县政府印发《县果茶产业化领导小组关于果业产业化经营的实施意见的通知》,制订全县果业生产的总体布局,西部山区和丘陵地带的草林、黄坑、禾源等 13 个乡镇以发展金橘为主;平原地区的泉江、雩田等 6 个乡镇以发展橙、柚类为主。同时,根据立地条件,适当发展桃、李、板栗等其他水果生产。在政策上给予扶持,一是实行资金投入政策,把国家扶持遂川实施果业开发的各种项目资金捆绑使用,有机结合,重点投放;二是实行利益保护政策,逐步建立果业大户风险保护政策;三是坚持农业开发等各项优惠政策。把金橘生产作为果业产业化的重点,列入全县“九五”计划和 2010 年远景规划。此后,全县果业生产迅速发展。至 2003 年全县果园面积 3794 公顷,产量 7953 吨;2004 年全县果园面积 3552 公顷,产量 10322

吨;2005 年全县果园面积达到 5400 公顷,产量 21000 吨。2006 年全县果园面积 6000 公顷左右,产量约 27000 吨。

金橘 又名金柑。20 世纪 90 年代中期后,扩大种植面积和推广嫁接新技术。主产区除西部丘陵地带的堆子前、大坑等乡镇外,迅速扩大到草林、西溪、大汾、黄坑、南江、左安等地,泉江镇也有少量种植。1993 年后,由千家万户的零星种植,逐步向集中连片种植发展。1995 年全县种植面积 2533.33 公顷,产量 7500 吨。1996 年全县种植面积 3000 公顷,产量 9000 吨。1997 年建设"百里金橘长廊",全县新增金橘种植面积 266.67 公顷。同年,云岭林场在衙前嵩岭国有山场种植金橘 9.33 公顷。1998 年,县林业工业公司草林采育林场租赁草林镇源溪村林地高标准建立金橘园 21.53 公顷(2004 年与源溪村解除租赁合同,同时将橘园退回给源溪村)。1999 年林业局兴建大汾长岗坪果业基地,2003 年转让给翔云药业公司。1999 年全县金橘面积达 3000 公顷,年产鲜橘 5000 吨。到 2003 年出现一大批金橘种植大户,全县种植 5 亩以上的大户有 442 户。是年,全县金橘面积 3028 公顷,产量 5353 吨,分别占全县果树种植面积和产量的 80% 和 67%。2006 年,全县金橘面积 5666.7 公顷,产量 2.2 万吨。遂川金橘的种植面积、产量列全国四大金橘主产区(江西遂川、广西融安、浙江镇海、湖南浏阳)之首。1997 年 8 月,遂川被中国特产之乡推荐暨宣传活动组织委员会命名为"中国金桔之乡"。2004 年 11 月,"遂川金桔"商标经国家工商行政管理总局批准注册。

温州蜜桔 主要分布在枚江、雩田、泉江、巾石、珠田和北部山区的双桥等乡镇。20 世纪 90 年代中期后,市场供大于求,发展趋缓。1994 年,县林业工业公司大坑采育林场在场部罗坊种植 1.8 公顷,1998～2004 年租赁给职工经营,到 2006 年因果树老化且病死树较多,已无经营价值,全部砍除。1997 年,全县温州蜜桔面积 161 公顷,产量 1555 吨。2006 年 66.7 公顷,产量约 2000 吨。

甜橙 主要分布在枚江、泉江、左安等乡镇。品种主要有美国纽贺尔脐橙和朋娜。脐橙种植的水肥管理和技术要求较高,经营户逐渐摸索出一条猪—沼—果的生态种果模式,效益显著,并迅速在平原种植大户中得到较快推广。2006 年,全县甜橙面积 33.3 公顷,产量 100 吨。

柚 有甜柚、酸柚。广种于房前屋后。主产区在泉江、雩田、枚江、巾石、珠田等平原乡镇。品种有遂川早熟甜柚、沙田柚、江坝柚、金沙柚、斋婆柚以及引进的高产良种沙田柚、琯溪蜜柚、玉环柚等。1997 年,全县柚类面积 31.53 公顷,产量 50 吨。1998 年,云岭林场租赁盆珠、枚江两地山场种植琯溪蜜柚近 100 公顷,雩田、枚江、碧洲、巾石、泉江、珠田、盆珠、上坑等 8 个乡镇种植 400 公顷。1999 年冬季大寒,琯溪蜜柚大部分被冻死。2006 年全县柚类面积 13.3 公顷,产量 60 吨。

梨 主要品种有二宫白、长十朗、新世纪、翠冠等。主要分布在枚江、巾石、泉江、雩田、营盘圩等乡镇。2006 年,全县有梨园面积 66.7 公顷,产量约 500 吨。

桃 全县都有种植,品种多为当地毛桃。新引进推广的良种有早花露、早霞露、砂子早生、浏阳四斤桃等。2006 年全县桃园面积 66.7 公顷,产量 1500 吨。

李 种植历史较长。主要分布在草林、枚江、巾石、碧洲、泉江、雩田等乡镇,以当地品种为主。引进的新品种有棕李、芙蓉李、布朗李等。枚江、巾石、碧洲、雩田、泉江有成片的李园。1997年,全县发展到78.6公顷,产量183吨。2006年面积80公顷,产量980吨。

板栗　产地集中在盆珠、大汾、草林等乡镇。引进的新品种有九家种、魁栗、毛板红等矮化、速生、早熟的嫁接良种,主要分布在枚江、泉江、巾石、草林等乡镇,其中枚江、草林连片种植面积20公顷以上。1997年,全县种植面积发展到180.8公顷,产量99吨。2006年面积26.7公顷,产量90吨。

猕猴桃　分布于山区,以野生资源为主,人工种植较少。以新江、衙前、双桥、五斗江、大坑、碧洲较为集中。全县猕猴桃年均产量约300吨左右。品种有中华猕猴桃、毛花猕猴桃和硬齿猕猴桃。

元红桔　原为传统品种,后因引进温州蜜桔等良种,种植面积萎缩,濒临灭绝。

其他果树,如杨梅、枇杷、柿、枣、葡萄、石榴、刺梨、草莓等,主要于房前屋后零星种植。县内还曾引进巨峰、黑奥林、龙宝、藤稔葡萄、丁岙杨梅、大五星枇杷等优良品种。

桑树

主要分布于新江、左安、双桥、大坑、珠田、草林、汤湖、堆子前、大汾、五斗江、南江、雩田、衙前等乡镇。品种主要有湖桑"荷叶白"、"桐乡青",杂交桑"沙伦×109"和"粤桑2号"。

遂川蚕桑形成规模化、集约化经营始于20世纪80年代末,兴于90年代初,跌于90年代中期,后又逐渐恢复发展。1994年全县桑园面积发展到1800公顷。1995年下半年,受国际国内大市场影响,蚕茧价格由原中准价14元/公斤跌到9元/公斤,全县桑园面积连年锐减,1995年1009.2公顷,1996年600公顷,1998年降到166.66公顷。1998年4月,县政府制订《关于恢复发展我县蚕桑生产的意见》,将原县蚕丝公司和县缫丝厂合并组建县茧丝绸公司,推行"公司+农户"的发展模式。在市场行情不景气的情况下,与蚕农签订包有偿提供桑苗和蚕种、蚕具、蚕药,包收购蚕茧,实行保护价收购的"三包一保"生产合同。1998年后,相继在左安、新江、双桥等乡镇建立"三高"桑园基地,推广方格簇结茧技术。2002年,全县桑园面积恢复到592.47公顷。2006年为583.55公顷。

第四节　林副产品

全县林副产品资源丰富。1995年后,特别是进入21世纪以来,不断开发新品种,为山区农民脱贫致富,发展林业经济,寻求新的经济增长点。

土特名产

竹笋　传统土特名产,县内主要林副产品之一。品种按采挖期分为冬笋、春笋,按加工方式不同分玉兰片、水煮笋等。1995年后,全县加大毛竹低产林改造力度,清明至谷雨季节实行封山禁笋,逐步建立毛竹丰产林基地和笋竹两用林基地,以发展毛竹资源,提高竹笋产量。20世纪90年代末期,泉江镇谐田冬笋收购市场,每年元旦至春节期间,从各圩场收购的冬笋集中于此销往上海、浙江一带,丰年交易量达40万~60万吨。全县年均产竹笋2400余吨。1995年全县水煮笋286吨。五指峰林场2006年产竹笋200吨。

香菇　80年代前以野生为主,此后人工室外栽培增多。90年代起在新江、五斗江、衙前等乡镇进行室内栽培。1999年,五斗江乡利用采伐剩余物,采取“公司+农户”的经营模式,引进省外能人包技术指导,包产品销售,大力发展反季节地埋袋装香菇。是年,全乡香菇培植发展到80余户,培育香菇45万袋,获纯利80余万元。同年,五指峰林场培育袋装地埋香菇20万袋。2006年全县产鲜菇15吨左右,主要销于县内市场,香菇鲜食和制干食用均鲜香爽口,营养价值高,销路一直较好。

木耳　生长于腐朽的油桐、拟赤杨及阔叶树类树干上,是一种低热量营养食品。20世纪90年代末期始,实施天然阔叶林保护工程,严禁利用阔叶树原木培植香菇、木耳。受资源限制,木耳生产萎缩,产量逐年降低。

蜂蜜　遂川养蜂,历史悠久。主要分布在大坑、五斗江、衙前、新江、双桥、碧洲、大汾、戴家埔、营盘圩等乡镇。品种有中蜂和意蜂,中蜂居多。多在偏僻山坑丛林中设蜂箱,分散饲养。1987年大坑乡大洲村与省养蜂研究所联合开发蜂蜜产业,生产的野桂花蜂蜜销往北京、上海、湖南等10多个省。蜜蜂采花树种主要有野乌桕、野桂花、刨花楠、拟赤杨、槠树、油茶等。90年代后,蜜源植物减少,饲养量下降。全县年均产蜜200吨左右。2003年全县养蜂7152箱,产量121吨。2006年营盘圩乡所产蜂蜜每公斤售价高达50元,成为名优特产走俏市场。

森林蔬菜

竹荪　又名竹笙、竹参,属真菌门担子菌纲鬼笔目鬼笔科(Phallaceae),是寄生在枯竹根部的一种隐花菌类,体内没有叶绿素,不能进行光合作用。开头略似汽灯纱罩。长成后有深绿色的菌帽,雪白色圆柱状的菌柄,粉红色的蛋形菌托,在菌柄顶端有一围细致洁白的网状裙,从菌盖向下铺开,整个菌体十分俊美,色泽鲜艳,稀有珍贵,被人们称为“真菌之花”,“菌中王后”。竹荪长在深山老林,多野生在竹类的腐竹根上,产量极少。竹荪珍稀味美,营养丰富,清火润肺,是一种食药兼用的理想天然保健食品。随着科技的发展,人们在竹林中采用竹荪菌丝接种林间栽培方法,后来发展到利用竹片、竹屑、竹蔸等材料栽培竹荪。

遂川竹荪人工栽培始于20世纪90年代初期,主要产地为衙前镇、双桥乡。衙前镇竹类资源丰富,竹加工企业较多,加工产生大量竹屑,该镇充分利用竹屑作培养土培植竹荪。当地林农摸索出竹荪生产的有效方法:先是制种,将杂木屑加营养料、水分装袋后灭菌,冷却至30℃以下,然后接种(原料)培养(20～25℃条件)2个月,成栽培种,再播种,在每年农历2～3月,选择排水条件好的田块整地做床,畦面上开好条沟,每亩下竹屑6000公斤,最后按“品”字形播种,覆土覆膜。2个月后掀膜盖稻草或搭荫棚。竹荪现蕾后加强水分管理,及时采收后烘干。

90年代末,该镇积极扶持竹荪生产专业户,建立竹荪生产联合体和示范点,竹荪生产逐步扩大。1998年,建立竹荪生产基地50多亩,年产干荪3000公斤左右,产值约35万元。2005年,衙前镇竹荪人工栽培面积发展到200余亩,干竹荪售价每公斤达160元,2006年跌到每公斤100元。受市场影响,竹荪栽培面积减少。是年,双桥乡东垓村栽培竹荪20亩,衙前镇上芫村栽培竹荪12亩左右。

红薇菜　蕨菜类,生长于海拔700米以上的山地。主产地为营盘圩、滁洲、七岭、戴家埔。原料天然无污染,产品经煮、揉、晒多道工序制作而成。加工成的红薇菜主要作菜食,味道鲜美可口。具有清热解毒、杀虫镇痛及降血压、抗衰老、平衡人体生理功能等功效,赢得广大消费者的青睐,成为餐桌上的珍品。20 世纪 80 年代以野生为主,90 年代后期开始在营盘圩、高坪等地少量人工栽培。2000 年始,营盘圩乡红薇菜生产渐成规模,到 2004 年产销量达 10 吨。2006 年,购价每公斤 70 元左右,销价每公斤 96 ~ 116 元。是年,全县产红薇菜 50 吨左右。产品销往日本、东南亚等发达国家和地区及国内市场,品牌效应逐渐形成。

苦斋　别名败酱草、苦菜、黄花龙菜。药菜兼用,清热解毒。以嫩叶做汤或炒食,略有苦味,但很清口。产于新江、五斗江、衙前、双桥、高坪、营盘圩、大坑、堆子前等山地丘陵,以野生为主,也有少量人工栽培。20 世纪 90 年代中期,产量逐渐增长。农户上山采摘后或卖鲜货或制作干品包装销售。年产干货 5 吨左右,以县内及井冈山等周边县市销售为主。

药材

品种主要有川牛膝、独活、续断、杜仲、厚朴、黄栀子、白果、云木香、吴茱萸、蒿木、白花蛇舌草、雷公藤、夏枯草、郁金等。

1995 年以前,主要以七岭、营盘圩、戴家埔等西部山区药农小规模种植为主。90 年代中期始,县委、县政府加大调整农业产业结构,药材种植得到进一步重视,种植规模迅速向丘陵、平原乡镇发展。林业部门也积极把药材种植列为林业生产的重点之一,建立基地,加大投入。云岭林场于 1993 年,在场部塘背种植黄栀子 4.5 公顷,1995 年产量 0.75 万多公斤,产值 2.6 万多元。1996 年新种 8.9 公顷。翌年,在衙前嵩岭国有山场种植厚朴、杜仲 7.33 公顷。2000 年,在盆珠和枚江两地高标准兴建黄栀子药材基地近 100 公顷,其中盆珠基地 72.4 公顷,2002 年起挂果。2003 年始由职工个人承包,期限 24 年,第一年上交 1 万元,以后每年上交 1.6 万元。枚江基地 24.5 公顷因疏于管理而失败。2003 年,场部塘背 13.4 公顷黄栀子基地由广东嘉裕牧业有限公司征用。林业工业公司大坑采育林场于 1997 年种植黄栀子 5.2 公顷,2002 年产果 2000 余公斤,2005 年起租赁给个人经营。1998 年,全县完成药材种植 193.9 公顷。2000 年,县政府制订《关于加快农业产业化进程的决定》,把药材种植列入全县“重点扶持”的产业之一。在加大资金投入的同时,采取“公司 + 基地 + 农户”运作模式,发展药材种植。县医药公司在戴家埔、营盘圩、堆子前、枚江等乡镇创办药材基地 160 公顷,年产药材最高达 170 吨,产值 140 万元。江西翔云药业有限公司在营盘圩、戴家埔、大汾、珠田等乡镇建立种植基地 200 公顷。江西三越药业有限公司在高坪、上坑、新江林场、云岭林场建立药材种植基地 54 公顷,带动农户 1200 户,户均增收 320 元。至 2003 年,全县药材种植面积 396 公顷。2006 年,全县药材面积 424 公顷,产药 394 吨。

第五节　野生动物

鸟类

据1998年野生动物资源调查、1999年夏候鸟迁徙通道鸟类专项调查及2002～2006年鸟类环志统计,县境分布野生鸟类有14目35科212种。

调查结果显示:每年9月上旬至10月下旬经遂川候鸟通道迁徙停歇的候鸟有池鹭、牛背鹭、中白鹭、大白鹭、夜鹭、草鹭、绿鹭、小白鹭、黄苇、栗苇鳽、黑鳽、紫背苇鳽、黑眉鳽、金眶鸻、金腰燕、游隼、黑水鸡、白胸翡翠、蓝翡翠、鹌鹑、白胸苦恶鸟、蓝歌鸲、棕头鸦雀、极北柳莺、栗头鹟莺、红头穗鹛、白头鹎、红头穗鹛、灰眶雀鹛、鹊鸲、矛斑蝗莺、仙八色鸫、蓝胸秧鸡、白眉地鸫、虎纹伯劳、红尾伯劳、董鸡、大山雀、双斑绿柳莺、冕柳莺、暗绿柳莺、暗绿锈眼鸟、红喉鹛、冠纹柳莺、巨嘴柳莺、红嘴相思鸟、针尾沙锥、白腹蓝姬鹟、黑水鸡、黑卷尾、大杜鹃、红角鸮、扇尾沙锥、斑胁田鸡、棕三趾鹑、小鸦鹃、红胸田鸡、毛脚燕、普通秧鸡、黄脚三趾鹑、苍鹭、大沙锥、水雉、火斑鸠、小杜鹃、中杜鹃、红翅凤头鹃、灰头麦鸡、鹰鹃、噪鹃、普通翠鸟、斑姬啄木鸟、白脊鸟令鸟、烟腹毛脚燕、山鹨、田鹨、领雀嘴鹎、绿翅短脚鹎、灰背椋鸟、白腹姬鹟、褐胸鹟、北灰鹟、乌鹟、红尾歌鸲、橙头地鸫、栗耳凤鹛、画眉、绣脸钩嘴鹛、棕颈钩嘴鹛、褐柳莺、黄眉柳莺、淡脚树莺、强脚树莺、鳞头树莺、黑眉苇莺、厚嘴苇莺、栗头鹟莺、小蝗莺、红头长尾山雀、叉尾太阳鸟、红胸啄花鸟、褐顶雀鹛、黄腹树莺、金眶鹟莺、白腰雨燕、领鸺鹠、丘鹬、暗灰鹃、小鳞(胸)鹪鹛、黑枕黄鹂、三宝鸟、蚁䴕、乌鸫、红脚苦恶鸟、领角鸮、云雀、小云雀、北红尾鸲、松雀鹰、树鹨、普通夜鹰、白眉(姬)鹟、小燕尾、白冠燕尾、红尾水鸲、蓝矶鸫、灰林䳭、栗鹀、灰头鹀、小鹀、黄胸鹀、小田鸡、白喉斑秧鸡、四声杜鹃、斑头鸺鹠、乌鹃、矶鹬、彩鹬、棕背伯劳、黄嘴栗啄木鸟、斑文鸟、发冠卷尾等百余种。其中,国家Ⅰ级和Ⅱ级保护的种类有20多种。受《中日候鸟保护协定》保护种类30余种,受《中澳候鸟保护协定》保护种类5种。

兽类

县境兽类有:豹、穿山甲、水鹿、果子狸、大灵猫、小灵猫、狗獾、猪獾、豪猪、野猪、华南兔、黄麂、苏门羚、毛冠鹿(乌獐)、花面狸、鼬獾、黄鼬、黄腹鼬、云豹、黑麂、梅花鹿、猕猴、藏酋猴、豺、黄喉貂、斑林狸、金猫、鬣羚。随着生态环境的改善,野猪数量增多。2004年,县林业局组织各林业工作站对全县范围内野猪种群、数量情况进行专项调查,全县23个乡镇均有野猪分布,约有野猪472群2600余头。

爬行动物

有鳖、鹰嘴龟、尖吻蝮、眼镜蛇、乌梢蛇、红点锦蛇、烙铁头蛇、中国水蛇、菜花蛇、滑鼠蛇、王锦蛇、五步蛇、金环蛇、银环蛇、竹叶青等。

两栖动物

有泽蛙、棘胸蛙、蝾螈、中华蟾蜍、斑腿树蛙、黑斑蛙、虎纹蛙、大鲵等。

珍稀动物

县境珍稀兽类有:国家一级保护3种,即:豹(*Panthera pardus*)、云豹(*Neofelis nebulo-*

sa)、黑麂(Muntiacus crinifrons)。国家二级保护12种,即:猕猴(Macaca mulatta)、藏酋猴(Macaca thibetana)、穿山甲(Manis pentadactyla)、豺(Cuon alpinus)、黄喉貂(Martes flavigula)、斑林狸(Prionodon pardicolor)、水獭(Lutra lutra)、大灵猫(Viverra zibetha)、小灵猫(Viverricula indica)、金猫(Felis temmincki)、水鹿(Cervus unicolor)、鬣羚(Capriconis sumatraensis)。

珍稀鸟类有:国家一级保护2种,即黄腹角雉(Tragopan caboti)、白颈长尾雉(Syrmaticus ellioti)。国家二级保护有26种,即鸳鸯(Aix galericulata)、燕隼(Faico subbuteo)、白鹇(Lophura nycthemera)、草鸮(Tyto capensis)、领角鸮(Otus bakkamoena)、勺鸡(Yellow necked koklass pheasa)、东方角鸮(Oriental Scops Owl)、鹰鸮(Brown HaK Owl)、领鸺鹠(Collared Owlet)、斑头休鹠(Barred Owlet)、短耳鸮(Short - eared Owl)、黑冠鹃隼(Black Baza)、白尾鹞(Northern Harrier)、松雀鹰(Besra)、雀鹰(Eurasian SparrowhaK)、普通鵟(Common Buzzard)、红隼(Common Kestrel)、灰背隼(Merein)、仙八色鸫(Fairy Pitla)、褐翅鸦鹃(Greater Coucal)、雕鸮(Eurasian Eagle Owl)、红腹锦鸡(Golden Pheasant)、赤腹鹰(Chinese SparrowhaK)、红角鸮(Scops Owl)、小鸦鹃(Lesser Coucal)、黑翅鸢(Black - winged kite)。

[illegible] 黑麂(Muntiacus crinifrons)[illegible] 12 种 [illegible] (Macaca mulatta)[illegible] (Macaca thibetana)[illegible] (Capricornis sumatraensis)[illegible] (Viverra zibetha)[illegible] (Viverricula indica)[illegible] (Cervus unicolor)[illegible]

[illegible]

第三章

森林资源培育

1995年,全县尚有暂不记荒山8933.22公顷。为彻底消灭荒山,各乡镇把灭荒任务落实到山头地块,积极组织劳力造林,并在1996、1997年先后进行2次飞机播种造林。消灭荒山后,遂川把森林资源培育的重点转移到提高林业综合效益上,相继实施山上再造一个遂川、跨世纪绿色工程、国家重点公益林、山下林业建设、退耕还林工程、长江防护林工程等一系列林业项目建设。同时,加大幼林抚育、低产林改造和抚育间伐力度。12年间,坚持以营林为基础,大力造林,普遍护林,全县实现了森林面积、活立木蓄积和森林覆盖率"三增长",遂川林业建设进入可持续发展新阶段。

第一节　种苗　花木

种苗

1995年起,林木采种,从以国营为主,迅速发展到集体、个人采种,从采单一种树种发展到采多种树种,从就地采种发展到引进良种。并对母树选择、采种季节和种子采收方法、处理、贮藏、检验等制订技术规程,保证种子质量。育苗种子来源有单位自采、县内收购和县外调入3种途径。育苗树种由以往针叶树种为主转向以阔叶树种为主,每年育苗树种达50个以上,珍贵园林绿化树种育苗比例逐年提高。主要树种有杉、松、油茶、樟树、木荷、刨花楠、枫香、米老排、苦楝、喜树、杜仲、厚朴、马褂木等。育苗形式,逐步由国营、集体计划育苗向合同育苗、市场调节苗木转变。育苗主体,以县森林苗圃、五指峰林场、云岭林场森林苗圃为龙头,积极带动个体专业户育苗的快速发展。苗木销售,从与林业部门签订包销合同转向育苗户自主销售。2000年,全县育苗110亩,其中县苗圃35亩,五指峰林场11亩,云岭林场33亩,集体31亩。是年,推广芽苗切根移栽、生根粉浸种、菌根拌种、种子消毒等营林技术,育苗质量明显提高。2005年,全县容器育苗实行招投标制。2006年全县育苗86.4亩。1995~2006年,全县共育苗3662.4亩。

县森林苗圃育苗　1995年,育苗42亩,产苗227.2万株,其中阔叶树育苗占16%。2000年育苗43亩。其中,马尾松8亩、杉木3亩、木荷4.5亩、枫香8亩、酸枣3.3亩、意杨3亩、杜英1亩、兰果树1亩、东京野茉莉3亩、桤木1亩、马褂木0.5亩、香樟1.8亩、天竺桂0.5亩、小叶女贞1亩、白玉兰0.6亩、金橘2.8亩。2001年,选择中国林科院、南京林业大学选育的"中潜3号"杨树,建立杨树苗木培育基地56亩。并采用"苗圃联农户"的方式,与农户签订苗木包销合同,按市林业局编印的《杨树育苗技术要点》进行生产,是年产苗16.8万株。2005年起,由林业局职工租赁经营。是年育苗210亩,产苗木约150万株。其中造林苗木34万株,绿化苗木116万株。2006年育苗80亩。

五指峰林场育苗　1995年,调进种子400公斤,其中杉100公斤,马尾松50公斤,阔叶树250公斤。2003、2004年自采阔叶树种子分别为1100公斤和750公斤。1995~2001年,苗圃由职工承包经营,育苗近200亩。职工与总场签订育苗包销合同,按苗木品种、质量计价育苗。主要树种有杉、松、酸枣、马褂木、枫香、木荷、喜树等。2002 年 9 月，林场建立职工股份制林木种苗基地。至 2005 年共育苗 350 多亩。其中大田育苗、移栽大苗 50 多亩，山上培育野生苗木 300 多亩。主要培育南方红豆杉、深山含笑、香樟、金叶含笑、乐昌含笑、枫香、木荷、无患子、杜英、伯乐树、马褂木、杨梅、桤木等苗木。小苗主要供应县内造林，大苗用于城市绿化，销往九江、上海、江苏、浙江等城市。到 2006 年共销售造林苗木 100 余万株，城市绿化苗木 30 多万株，产值达 200 余万元。

云岭林场森林苗圃育苗 1995 年育苗 51 亩，产苗 165 万株，主要培育杉、松、阔叶树苗木。1999 年，林场机构改革，撤销森林苗圃，改设云岭花木公司。根据市场需求主要培育绿化苗木为主，一年生造林苗木为辅。是年，育苗 16 亩，产苗 70 万株。2003 年创历史最高，育苗 412 亩，产苗 836.2 万株，其中造林用苗 174 亩，绿化苗木 238 亩。2004 年公司解散。1995～2003 年，外调种子育苗 808 亩，产苗木 1822.4 万株，花卉 2.6 万盆。造林苗木树种有杉、松、枫香、木荷、苦楝、黄栀子等，多为自产自销；绿化苗木树种有杨树、深山含笑、乐昌含笑、杜英、马褂木、刨花楠、观光木、木莲、白玉兰等，主要外销。

林业工业公司育苗 1995 年育苗 11 亩，其中杉木 3 亩，马尾松 5 亩，阔叶树 3 亩。1996 年育苗 13 亩，其中酸枣 4 亩，杉木、木荷各 1 亩，马尾松 3 亩，湿地松 4 亩。1997 年后不再育苗，造林所需苗木向社会育苗户购买。

1995～2006 年全县育苗情况

表 3－1－1　　单位：亩、万株

年度	育苗面积	苗木总产	年度	育苗面积	苗木总产
1995	280.5	1290.52	2001	155.5	699.90
1996	248.3	1233.60	2002	412.9	601.92
1997	186.8	834.20	2003	539.5	887.09
1998	137.0	226.40	2004	716.0	766.47
1999	128.0	556.70	2005	661.6	861.37
2000	110.0	495.50	2006	86.4	306.90

花木

20 世纪 90 年代中期前，遂川花木培育以五指峰林场、云岭林场、林业工业公司为主。90 年代末期后，花木业受市场效益走高的驱动稳步发展，1999 年全县花木面积 148 亩，计 442.47 万株。其中花木 131.5 亩，花卉 16.5 亩。2002 年 9 月，县委、县政府印发《关于大力发展花木产业的实施方案》，把花木产业作为调优农业结构、发展农村经济的支柱产业来抓。制定优惠政策，在土地租赁、资金投入、税费优惠等方面给予倾斜，营造花木产业发展的良好环境。是年，在高速公路连接线、105 国道、雩新公路旁建立花木产业带，面积 1558 亩。2003 年，雩田镇龙脑村建立花木生产基地，培育花木面积达 100 亩。随着市场经济的发展，花木产业主要以个体办基地形式为主。同年，县林业部门 16 名职工利用技术特长参与花木基地建设。年内，通过招商，新增花木业主 11 户，其中雩田镇 2 户、泉江镇 4 户、大坑乡 2 户及森林苗圃、五指峰林场、云岭林场各 1 户。当年底，共有燕南飞花木公司等 18 家投资商建立花木基地 645 亩，累计投资 340 万元。全县共培育花木 5283 亩，比1999年增长34倍。1999～2003年，全县累计种植花木6074.6亩。2004年，充分借助退耕还林工程，不断发展壮大花木产业。以优惠政策吸引花木投资商12户，面积456亩，投资额为230万元。是年，全县花木培育面积6249亩，其中，建立花木基地5640亩。2005年，完成花木产业面积5500亩。花木品种主要有：红花继木、瓜子黄杨、黄叶女贞、茶花、苏铁、玫瑰、雪松、柏树、杜英、桂花、香樟、杜鹃、含笑、玉兰、米兰、茉莉、红翅槭、金边黄杨、千年矮、红豆杉、罗汉松、吴茱萸、龟甲冬青、红楠、女贞、天竺葵、月季等。

县森林苗圃为全县花木培育基地之一。1995年，通过扦插技术，培育1年生绿化苗木3亩，品种有雀舌黄杨、瓜子黄杨、塔柏、意大利杨、栀子花、茶花、雪松、法国梧桐、法国冬青、夹竹桃、绒柏、紫玉兰等。培育2年生以上绿化苗木12亩，有雪松、黄杨类、柏类、茶花、樱花、紫荆、杜鹃等40多个品种计4万余株。1996年，从广州引进花卉品种17个，添置全光雾插设备1套，建花卉大棚2000平方米。之后扩建花圃地30亩，建金橘盆景基地18亩，发展花卉品种56个。1997年，从省种苗站购进ABT生根粉，应用于扦插移栽、花木盆景等生产，取得良好效果。1998年起开展的"ABT生根粉在金桔盆景及花卉、绿化苗木生产上的应用推广"项目研究获得成功。是年起，经营方向由传统培育造林苗木转向培育花木为主，开始承揽县内园林绿化工程。是年，建立花卉基地，培育金橘40万株，雪松、杜鹃、黄杨类、柏类苗木计3.5万株；草本类花卉2500盆，多种室内观叶植物1000盆，树桩盆景100盆；苏铁2000盆，南洋杉300盆，金橘20000盆。1999年新建金橘采穗圃20亩，同年获"全国花卉生产示范基地"称号。2005年培育绿化苗木116万株。

第二节　植树造林

1995～2006年，林农自愿投资造林的积极性提高，以国家投资为主体的造林向非公有制造林转变，私有造林成为新热点。实施退耕还林工程，注重生态环境建设。调整林种和树种结构，经济林比例明显提高，果业工程造林涌现大批专业户。营造林方式以封山育林为主，植树造林向多元化、高效林业发展。

人工造林

1995年，全县完成人工造林3482.33公顷。其中五指峰林场造林304.13公顷，云岭林场650.47公顷，林业工业公司413.4公顷。1999年春，上坑乡与县东林公司联合开发山地，在上坑、下坑村营造以苦楝、桐棉松为主的工业原料林100.67公顷。2001年春，在黄练、上坑营造80余公顷，造林成活率达98%以上。1995～2006年全县人工造林19857.89公顷，其中国有人工造林5655.21公顷，集体(民营)人工造林14202.68公顷。国有人工造林中，五指峰林场共造林1251.73公顷，云岭林场2531.48公顷，林业工业公司1872公顷。

迹地更新　对采伐迹地、火烧迹地进行人工更新造林。1995年，全县迹地更新632.53公顷。2003年10月，执行省森林防火总指挥部、林业厅《关于禁止炼山造林的紧急通知》，采伐迹地停止炼山造林。为了促进更新跟上采伐，2004年起，全县实行采伐林木交纳造林保证金制度，即皆伐每亩或择伐每2立方米林木交纳造林保证金100元，待造林验收合格后返回。2006 年 11 月，根据省森林防火总指挥部办公室《关于加强当前炼山造林管理工作的紧急通知》，县森林防火指挥部规定：与井冈山市行政区域交界的毗邻山场和赣粤高速公路及其连接线、105 国道沿线两侧等山场禁止炼山，其余采伐迹地需炼山造林的单位或经营户，在炼山前五天提出申请，到当地林业工作站领取、填写《炼山造林申报表》，经当地林业工作站实地踏查，乡镇政府审查同意，报县森林防火指挥部核准，并按每块山场（同一山场一次炼山面积不超过 20 公顷）1000 元的标准交纳炼山保证金方可炼山。同年，全县迹地更新面积 903.53 公顷。1995～2006 年全县迹地更新面积 7706.67 公顷。

山下造林 2001 年，响应市委、市政府关于大力发展山下林业的号召，充分挖掘土地资源，推动林业建设从山上向山下转移。对集中连片的坡地和滩涂地，零星的"四旁"地进行规划。是年，县林业局率先在草林镇大坪村进行山下林业建设试点，面积 3.87 公顷，种植苦楝及意大利杨、酸枣等 8600 株，成活率达 96%，通过市林业局年终验收。2002 年，珠田、雩田、碧洲、巾石、南江、枚江定为全县山下林业建设实施乡镇。组织对各实施乡镇拟实施山下林业建设的地块进行外业调查，编制作业设计。是年，选用"中潜三号"杨为造林树种，在山下林业建设规划区域的"四旁"或河边滩涂地按作业设计实施造林。按要求完成集中连片 69.4 公顷、零星 9600 株的山下林业造林任务。经验收，山下林业造林保存连片面积 35.73 公顷，零星 8160 株，合计 41327 株，完成市下达计划 3 万株的 137.8%，造林成活率达 95% 以上，植株年均高生长量大于 1 米。2002 年建立相应的山下林业建设档案。2003 年，山下林业建设地块纳入退耕还林工程建设范畴。

义务植树 20 世纪 90 年代后，全民义务植树渐趋制度化。1995 年 1 月，县财政局、物价局、绿化委员会联合下发《关于贯彻执行〈江西省义务植树绿化费收缴和使用管理办法〉的通知》，规定凡在县境范围的行政事业单位、全民和集体所有制企业（含乡镇企业）、中外合资企业、私人企业及领取营业执照的个体工商户等，男 18～60 周岁、女 18～55 周岁，每人每年应完成义务植树 4 株。每年 3 月 12 日植树节前后，城乡各地开展义务植树活动，在城镇街道、公路两旁、机关庭院和义务绿化基地植树。增强公民绿化意识，改善生态环境。

2001 年 3 月 21 日，县委、县政府领导和县有关部门干部职工 500 余人前往泉江镇北门营造"世纪纪念林"。2004 年 3 月 12 日，县四套班子领导和县林业局机关干部职工、佳新购物商厦员工等 400 余人到神山寺森林公园义务种树，种植木荷、火力楠、火炬树、金叶含笑等 3000 余株。次年植树节，县委、县政府主要领导及班子成员和林业局等县直机关干部职工以及遂川中学、瑶厦中学、职业中学师生近千人，在神山寺森林公园义务植树。2006 年植树节，县委、县政府主要领导及四套班子领导带领县委、县政府机关、县直单位的干部职工和泉江中学、遂川电脑学校师生及县新大新购物中心职工共 1300 余人，在县城北石坳子进行义务植树。1995～2006 年，全县累计义务植树 1976.45 万株，最高年份 2000 年达 423.74 万株。

城镇绿化 20 世纪 90 年代中期后，城镇绿化逐渐向规模化、园林化方向发展。1997 年，县城乡建设环境保护局制定县城绿化计划，主要在县政府大院、工农兵大道、东路大道、龙川大道、交通路进行绿化。绿化树种主要有：法国梧桐、香樟、小叶女贞、雀舌黄杨、塔柏、马尼拉草、晒柏球、雪松、含笑、茶花。随着经济的增长和城镇规模的拓展延伸以及人们对生活环境质量要求的提高，城镇绿化美化与基础建设同步发展，城市绿化美化水平逐年提高。2000 年后，新建井冈山大道等园林景观路。县城主要街道绿化面积达 4.18 万平方米。

中心城区主要街道绿化一览

表 3－2－1　　单位：平方米

道路名称	树种	绿化面积	道路名称	树种	绿化面积
井冈山大道	香樟	8000	新西路街	香樟	500
南进出口	香樟	6000	交通路	桂花	100
川江路	桂花	1200	文献街	天竺桂	3000
龙川大道	香樟	4000	工农兵大道	香樟	12000
东路大道	香樟	1000	银云路	香樟	6000

城镇绿化加快休闲广场及小游园建设，城东广场、城南广场、中心广场、府前广场、奥宇广场、东路小区沿江景观带、神山寺森林公园等陆续投入使用。城镇绿化采取拆墙造绿、拆违建绿、立体绿化、单位庭院绿化、居住小区绿化等措施，提高绿视率，丰富城市景观。绿化总面积 43.2 万平方米，投资 2898 万元。2006 年，全县有园林化单位 10 个，中心城区绿化覆盖率达 32.2%，绿地率 28.3%，人均公共绿地面积 8 平方米。绿化树种主要有香樟、四季桂、雪松、金叶女贞、变叶女贞、日本女贞、杜鹃、桂花、红　木、金边黄杨、瓜子黄杨、杜英、栀子花、枫香、乌梅等常绿树种。

飞机播种造林

1995 年，全县有 1000 米以上高海拔荒山 5666.67 公顷，土层薄，植苗造林成效低。1996、1997 年进行 2 次飞机播种造林。1996 年飞播造林是县内历次飞播造林时间最长的一次，前后历时一个半月（3 月 6 日至 4 月 20 日）共飞行 12 架次，飞行作业空时 27 小时。飞播区域涉及扬芬、禾源、汤湖、左安、高坪、七岭、滁洲、戴家埔、营盘圩 9 个乡镇及五指峰林场、林业工业公司，共 14 个播区。总飞播面积 4690.13 公顷。种子由地区林业局种苗站提供，使用马尾松和黄山松种子 9000 公斤。飞播经费 26.3 万元，平均每公顷 55.5 元。1997 年度飞播造林播区面积 1885 公顷，有效面积 1678.67 公顷，分 4 个播区，涉及雩田、左安、大汾、戴家埔 4 个乡镇。

飞播结束后，县林业局与播区乡镇、村签订管护协议，由乡镇、村组织专人护林，林业局给予适当的经费补助。2001 年 9 月，国家林业局飞播造林检查组到遂川检查 1996、1997 年飞播造林成果，检查结果良好。

1995～2006 年全县造林一览

表 3－2－3 单位:公顷

年度	造林合计	人工造林							飞播造林	义务植树（万株）
		合计	杉	马尾松	湿地松	阔叶树	竹	其他		
总计	26203.23	19857.89	3910.88	4240.22	1283.55	5735.70	1543.97	3143.55	6345.34	1976.45
1995	3482.33	3482.33	934.33	1016.40	284.07	495.93	215.87	535.73	0	198.5
1996	7669.47	3002.80	462.33	1075.13	674.67	498.00	292.67	0	4666.67	131.00
1997	4848.60	3169.93	538.73	1845.67	61.27	81.00	298.07	345.20	1678.67	138.10
1998	1242.67	1242.67	230.67	86.80	5.00	53.20	348.13	518.87	0	266.03
1999	956.27	956.27	243.80	54.07	0	36.27	154.53	467.60	0	141.15
2000	607.67	607.67	142.80	13.33	0	216.53	19.47	215.53	0	423.70
2001	918.00	918.00	230.93	18.87	0	181.20	13.33	473.67	0	328.40
2002	2151.99	2151.99	39.12	5.75	0	1588.15	118.63	400.33	0	97.71
2003	2000.00	2000.00	81.37	59.60	25.07	1668.92	43.76	121.29	0	21.11
2004	800.00	800.00	128.77	64.60	8.20	502.51	39.51	56.40	0	75.35
2005	838.33	838.33	263.13	0	196.57	376.09	0	2.53	0	75.60
2006	687.90	687.90	614.90	0	28.70	37.90	0	6.40	0	79.80

第三节 低产林改造

低产林包括林相残破的天然次生林和人工低产用材林。次生林改造是对人为或自然因素破坏后形成的林相残破、无经营前途的残次林及竹林进行有效改造。稀疏或低产用材林分的改造方式主要是更换目的树种和补植，造林树种选择不当的林地，按适地适树的原则选择 1～2 个树种重新造林；因管理不善而使林木生长参差不齐的林地或疏林地，采用大穴大苗进行补植，使林木达到合理密度，形成林相整齐的林分。1995 年，疏林补植 22155 亩，建立封改造结合丰产林基地 23000 亩，毛竹低改 37303 亩。1996 年，林业工业公司实施赣中南毛竹林低改项目，完成毛竹低改 5300 亩。其中大坑采育林场 3500 亩，新江采育林场 800 亩，草林采育林场 700 亩，五斗江采育林场 300 亩。申请赣中南毛竹低改项目贷款 45 万元。该项目主要技术措施是：宜垦则垦，宜铲则铲或全刈，砍除杂灌，将杂灌平铺于林地。茬高控制在 10 厘米以下，对竹蔸贯通竹节，以利腐烂。毛竹林中胸径 10 厘米以上过密的阔叶树进行环割，胸径 10 厘米以下阔叶树予以砍除，每亩保留 1～3 株阔叶树，以防风雪折压造成倒伏。同时保留红豆杉、樟树、楠木、檫树、柏树等珍稀树种，对毛竹林逐株号字建档。次年，林业工业公司毛竹低改 3336 亩。

1997 年始，改变"重造轻改"的做法，加大低产林改造步伐。对林区主要乡镇存在的疏林地、次生林地进行技术改造。1997～1999 年，疏林补植合格面积 10264 亩，低产林改造 86375 亩。其中，五指峰林场 1999 年毛竹低产林改造、号字建档 1247 亩。为加快竹产业建设步伐，推进农村经济的发展，2000 年 8 月，县林业局制发《遂川县 2000～2004 年油茶产业和竹产业建设的实施意见》。竹林改造采取砍杂垦复、封山禁笋、疏笋育竹、号竹经营、合理施肥、竹阔混交、合理采伐等措施提高竹林经营水平。是年，完成疏林补植4340 亩，低产林改造 8372 亩（含人工针叶林改造 3605 亩），毛竹垦复 24397 亩。2006 年，县林业局下发《遂川县稀疏残次林（竹林）改造管理暂行办法》，明确稀疏残次林和低产竹林的认定标准。采取以全面改造为主，综合改造为辅，同时保留珍贵和有价值的阔叶树。为加大改造力度，“十一五”期间（2006～2010 年）每年安排 40% 的木材生产计划（毛竹林改造 10%）用于稀疏残次林改造。对连片面积 100 亩以上，每亩出材 2 立方米以下，木竹加工企业建立的工业原料林基地，遭受严重病虫、火灾或其他自然灾害的稀疏残次林优先列入审批计划。1995～2006 年，全县低产林改造 599890 亩。其中五指峰林场 1112 亩，云岭林场 3509 亩，林业工业公司杉木次生林改造 6379 亩。

第四节　抚育　间伐

抚育

幼林抚育　1995 年，县政府把抚育纳入乡镇年度目标管理进行考核。全县抚育 9 万亩。此后，林业部门把幼林抚育作为一项中心工作，用材林造林后连续抚育 3～4 年，直到幼林郁闭为止，做到造林一片，成林一片。幼林抚育方式，仍为全刈、穴抚、全刈穴抚或全刈条抚。在用材林中除去杂草藤灌和多余的萌芽条，新造幼林进行松土培土。对萌芽更新造林 1～2 年后的幼林，只保留紧靠泥土向上的健壮萌芽条 1～2 根，以集中养分，促进萌芽生长。2006 年全县幼林抚育 9.2 万亩。1995～2006 年全县幼林抚育 69.59 万亩。其中五指峰林场 8.27 万亩，云岭林场 25.75 万亩，林业工业公司 15.37 万亩。

油茶垦复　1995 年后，将油茶生产作为全县农业生产的支柱产业，把油茶垦复纳入各乡镇每年的目标管理考核，对每亩 50 株以上油茶林逐年垦复。1995 年，全县油茶垦复 38.1 万亩。2000 年 8 月，林业局制定《遂川县 2000～2004 年油茶产业和竹产业建设的实施意见》，坚持因地制宜，适地适树，以抚育改造为主，发展油茶生产，油茶垦复面积逐年增加。2000～2003 年，在砂子岭建立了油茶优良无性系采穗圃，面积 85 亩，引入优良无性系 10 余个。并在南江乡选用无性系嫁接苗建立油茶丰产示范林 500 亩。2003、2004、2005 年，全县油茶垦复面积分别为 38.12 万亩、38.16 万亩、38.28 万亩。1995～2005 年，全县油茶垦复累计面积 199.81 万亩。

1995～2006 年全县幼林抚育面积一览

表 3－4－1　　　　单位：亩

年度	幼林抚育面积	年度	幼林抚育面积
1995	89955.0	2001	30535.0
1996	79926.0	2002	22123.5
1997	107862.0	2003	33091.0
1998	64667.0	2004	84568.0
1999	30088.0	2005	30000.0
2000	31078.0	2006	92000.0

间伐

20世纪90年代中期，全县灭荒造林的大部分人工林还是幼林，1995年抚育间伐安排1万立方米。1998年中幼林面积已达86万亩。为提高林分质量，是年4月，县林业局下发《关于切实抓好抚育间伐及杉木大径级材培育的通知》，切实加强人工林抚育间伐工作和森林资源源头管理，培育大径级木材，鼓励林权单位及时搞好中幼林间伐。每年间伐前由生产单位搞好作业设计，国营单位年度林木采伐作业设计由所在地林业管理所参与，落实伐区责任人，报林业主管部门审批后实施。未划为国家公益林的其他防护林、特种用途林，只允许抚育、更新性质的间伐。间伐强度，根据经营目的、树种特性、林分密度、林龄、立地条件等综合因素确定。第一次间伐，伐去全部被压木和过密的少量上层林木。人工林伐去原有株数的25%～35%或蓄积量的10%～25%。第二次间伐，伐去原有株数的15%～30%或蓄积量的10%～20%。培育杉木大径材的林分，在早期采用强度较大的间伐，最后一次间伐，每亩一般保留80～100株。培育中、小径材的林分，采用强度较低的2～3次间伐。1999年，五指峰林场抚育间伐0.23万亩。是年，林业局批复同意林业工业公司利用1999年林业专项贷款资金，对新江、五斗江、大坑、草林、汤湖5个采育林场1985～1989年营造的立地条件好的部分杉木人工林进行抚育间伐立项，合计面积0.7万亩。

2002年，抚育间伐生产按《江西省人工杉木林抚育间伐作业设计工作细则》进行设计和号树施工，间伐仍坚持“砍小留大，砍密留稀，砍劣留优”的原则，间伐方式以下层抚育伐、综合抚育伐为主。杉木间伐材在生产过程中原则上只间伐胸径14厘米以下的立木。每年在森林采伐限额内，根据中幼林抚育的实际需要，优先安排年度抚育间伐计划，实行采伐计划单列，间伐指标不够可以使用主伐材指标，主伐不得占用间伐材指标。间伐材在计征林业规费上享受优惠政策。2006年，进一步规范抚育间伐管理，林业局制发《遂川县抚育间伐管理暂行办法》，明确规定间伐条件、技术要求、计划申报、采伐、调运管理等内容。郁闭度低于0.6的不能间伐，间伐后的用材林4年内不能主伐，间伐后郁闭度不能低于0.6。间伐申请人在实施抚育间伐前须签订抚育间伐质量保证书，按每立方米30元的标准交纳质量保证金。验收合格的，开具合格证，退还质量保证金；质量合格的间伐，其间伐材放行不受径级限制。人工用材林抚育间伐符合技术要求的，立木胸径小于10厘米，可以不纳入木材生产计划管理，只列抵限额。

1995～2006年，全县间伐面积累计55.56万亩，其中国营25.05万亩，集体30.51万亩。累计出材32.76万立方米，其中国营13.76万立方米，集体19万立方米。12年间，五指峰林场累计间伐面积9.16万亩，出材66158立方米；云岭林场间伐10.27万亩，出材42410立方米；林业工业公司间伐面积5.62万亩，出材28974立方米。

第五节　林业项目建设

1995年起，遂川抢抓林业发展机遇，相继引进和启动一大批林业项目。建立严格的项目管理责任制，规范林业项目建设。“严管林、慎用钱、质为先”，确保林业项目工程的顺利实施,推动全县林业更好更快的发展。

世界银行贷款林业项目

共实施3期。第一期为“世行贷款国家造林项目(NAP)”,第二期为“世行贷款森林资源发展和保护项目(FRDPP)”,第三期为“世行贷款贫困地区林业发展项目(FDPA)”。

世行贷款国家造林项目　20世纪80年代末,遂川仍有大面积宜林荒山,在短时间内“灭荒”需要大量资金投入。面对这种情况,遂川县积极争取世行贷款“国家造林项目”。1989年2月完成可行性研究。4月,省林业厅批准立项。1990年8月县政府与吉安地区计划委员会签订转贷协议,9月实施单位云岭林场与县政府签订执行协议。1991年项目正式实施,建设期5年,由云岭林场独立承担。

项目计划　设计营造速生丰产用材林5000公顷,其中杉木2960公顷,马尾松685公顷,火炬松624公顷,湿地松416公顷,阔叶树315公顷。总投资1248.85万元,其中世行信贷资金739.45万元,国内配套资金509.45万元。

工程管理　执行林业部《环保规程》,禁止全垦和条垦,一律采用穴垦整地;对山顶大多数留“帽”,清山时有选择性地保留一些阔叶树;抚育以刈除杂灌、局部松土培蔸为主,禁止全铲,并对林内天然阔叶树予以保留。采取先施工后报账,施工不合格不报账的制度。把好施工检查验收关,一级苗上山率达96%以上;落实责任制,实行施工员报酬与施工面积和质量挂钩。

实施结果　1991~1995年,到位资金总额1707.1万元,其中信贷资金957.5万元,配套资金749.6万元。完成项目造林5802.1公顷,占全县灭荒面积的10.4%,比计划净增802.1公顷,得到省项目办的认定。按树种分:杉2618.7公顷,马尾松782.3公顷,火炬松65.1公顷,湿地松1535公顷,阔叶树801公顷。按年度分:1991年1438公顷,1992年1860公顷,1993年1100公顷,1994年1050公顷,1995年354.1公顷。期间累计完成幼林抚育25827公顷次。经全省统一组织检查验收,造林当年的面积核实率、小班达标率、成活率、树高生长量和树高生长量达标率、树高株数达标率5项指标综合达标率为115%。2006年9~11月,云岭林场根据省林业厅外资项目办公室的要求,开展该项目的评估调查。调查结果表明,该项目造林保存面积5624.61公顷,保存率达96.9%。林分总蓄积量563829立方米。造林保存面积按年度分:1991年1430.64公顷,1992年2001.99公顷,1993年1043.36公顷,1994年894.18公顷,1995年254.44公顷。因火灾等原因损失林分面积177.49公顷。林分总蓄积量中,按树种分:杉木431683立方米,松类126281立方米,阔叶树5865立方米。

世行贷款森林资源发展和保护项目　1993年完成可行性研究,1994年9月吉安地区林业局调查设计队完成总体设计。是年,县政府与吉安地区签订转贷协议。实施单位云岭林场与县政府签订执行协议,项目转入正式实施阶段。项目建设期1995~1999年。

项目计划　设计营造速生丰产用材林1500公顷,其中杉木510公顷,马尾松300公顷,湿地松90公顷,阔叶树100公顷,毛竹垦复500公顷。总投资574.52万元,其中世行贷款344.72万元,国内配套资金229.80万元。

实施内容　累计调入育苗种子886公斤,良种使用率达100%。育苗坚持良种稀播,大力推广芽苗截根移栽技术,拉大一、二级苗木的差价,三级苗木不准出圃用于造林,利用经济杠杆提高苗木质量。实施“195”工程,即保证栽植一次性成活率达95%以上;实行施工承包责任制和目标管理责任制,把质量、成效与工资报酬挂钩。1995～1999年,投入资金552.3万元,其中信贷资金296.91万元,配套资金255.39万元。实际集约经营用材林面积由1500公顷增加到1673.4公顷,净增173.4公顷。按树种分:其中杉685.4公顷,马尾松232.6公顷,火炬松134公顷,阔叶树21.4公顷;毛竹垦复600公顷。按年度分:1995年296.3公顷,1996年545.9公顷,1997年434公顷,1998年295.1公顷,1999年100.1公顷。共完成幼林抚育6312公顷次。经全省统一检查验收,造林当年各项指标全部达标。

世行贷款贫困地区林业发展项目 该项目实施宗旨是在持续发展和社区参与的基础上,在中国中西部的贫困地区发展森林资源以支持减轻贫困,发展林业和改善环境。1997年县政府向省林业厅提出项目实施申请,省林业厅同意遂川实施。同年,县政府向省林业厅提交项目可行性研究报告,5月份完成项目总体设计。1998年10月,由省林业设计院主持,完成项目实施区域的林业社区评估工作。同年12月完成1999年的作业设计工作。1999年县与各项目实施主体签订转贷协议,项目实施全面启动。

项目计划 设计新造用材林1755.1公顷,经济林975.9公顷,毛竹低改705.2公顷,合计总规模3434.2公顷。计划投资2171.48万元。项目建设期1999～2005年。

实施内容 推广杉木、油茶优良无性系造林及金橘、毛竹丰产等技术。至2005年,完成项目面积3779公顷,其中用材林新造487.8公顷,毛竹林低改和新造面积1963.8公顷,经济林新造1327.4公顷。用材林按树种分:杉133.2公顷,马尾松24公顷,阔叶林330.6公顷。经济林按树种分:油茶236.3公顷,金柑(橘)482公顷,茶叶118.7公顷,板栗27.2公顷,脐橙51.9公顷,梨24.6公顷,其他386.7公顷。毛竹按作业方式分:低改1947公顷,新造12.3公顷,另新造雷竹4.5公顷。实际总投资2116.13万元,占计划投资的97.45%。实施范围有营盘圩、戴家埔、黄坑、大坑、堆子前、南江、大汾、泉江、雩田、左安、五斗江、双桥等乡镇及五指峰林场、云岭林场、林业工业公司、森林苗圃、长岗坪林果场共17个单位,6892户造林户、49个联合体、23个集体林场、5个国营单位。

1999年,五指峰林场开始实施贫困地区林业发展世行贷款项目。至2003年,共完成金橘、茶叶、枫香、花椒等造林212.6公顷,毛竹垦复416.2公顷,利用项目资金150万元。云岭林场1999年开始实施,2002年基本结束。完成项目造林229公顷,总投资21.80万元。林业工业公司1999～2002年完成项目造林68.7公顷,毛竹垦复152.3公顷。至2003年2月,项目到位资金35.78万元。

实施成效 2001年10月29日至11月11日,省项目办对县年度FDPA项目新造林、幼林抚育、毛竹垦复等内容进行一次全面的检查验收,1999年度完成抚育总面积100.4公顷,合格面积100.4公顷,合格率100%。2000年度完成抚育总面积349.3公顷,合格率100%。2001年度FDPA项目造林面积656.1公顷,造林成活率95.9%,平均高生长量与标准的比率171.06%,单株生长量达标率100%。该年度抚育总面积656.1公顷,合格率100%。毛竹抚育总面积490.9公顷,合格率100%。毛竹垦复全垦508.5公顷,达标率100%。根据1999～2005年各年度年终造林质量检查报告计算,整地合格率为94.6%,栽植合格率为94.7%。良种使用率98.9%,一级苗使用率90%,面积核实率

100%，平均生长量与标准的比率66%，株数达标率67%，环保合格率92%。经2005年幼林摸底调查，全县项目造林保存面积3779公顷，其中一类林（林分生长量、保存率都达标）面积444.67公顷，占12%；二类林（林分保存率，生长量未达标，需经强化抚育后才可达标）面积1994.04公顷，占53%；三类林（林分生长量、保存率都未达标）面积1340.28公顷，占35%。项目涉及到17个乡镇场，受益村102个，农户6892户，人口27302人。

绿色通道建设

项目内容主要是对公路、铁路、河渠、堤坝沿线进行绿化美化。1995～1997年，遂川对105国道绿化带进行规划建设。按照宜林则林，宜果则果，宜竹则竹的原则进行绿化带建设。实行果木林、竹林、风景林、用材林相结合，造林、栽花、种草相结合，封造改相结合。至1997年，105国道绿化带完成建设总面积12182.2公顷。1998年对遂川范围105国道、遂桂公路、遂井公路、遂新公路4条主要干线两旁2～5公里范围内的山地、丘陵进行建设规划。至2000年，105国道形成以马尾松、杉木树种为主的乔木林分景观以及油茶、果树为主的经济林带。遂桂线形成以油茶、金橘、茶叶为主的经济林带。遂井线形成以油茶、金橘为主的经济林带。遂新线形成以杉木等乔木林分及竹林为主用材林林带。2001年，根据吉安市政府制发的《吉安市绿色通道建设实施方案》，遂川县在"十五"期间（2001～2005）规划建设绿色通道14333.3公顷，重点抓好105国道遂川段和遂桂、遂井、遂新公路两侧及遂川江两岸的绿化工作，按照"谁绿化谁所有，谁投资谁受益，谁经营谁得利"的原则，由林业、水利、交通、城建、公路段等部门具体负责实施。是年，完成105国道遂川段绿化建设5186.5公顷，比市计划1429.3公顷增加2.63倍，其中造林绿化面积3914公顷，改造面积347.1公顷，封山育林4800公顷。总绿化率达95%。2002年，完成105国道绿色通道建设4965.9公顷，占计划3811.5公顷的130.3%。全长47.6公里的105国道遂川段绿化率达到92%。至2006年，105国道遂川段绿化建设累计面积22334.6公顷。

国家重点公益林项目

2001年，遂川根据《国家公益林认定办法》和《江西省国家公益林认定工作操作细则》，在1999年森林分类经营区划调查基础上开展国家公益林区划认定工作。成立遂川县国家公益林认定工作领导小组，制定《遂川县国家公益林认定工作方案》。县林业局组织技术人员，对项目实施范围和内容进行全面区划认定，编制区划认定成果资料，由县政府向市政府行文申报。2002年，省林业厅、财政厅下发《关于森林生态效益补助试点实施方案的批复》，同意遂川县编制的森林生态效益补助资金试点实施方案，批准全县国家重点防护林试点面积44.17万亩。涉及除五斗江、碧洲、双桥、黄坑4个乡镇外的全县其他25个乡镇及五指峰林场、云岭林场、林业工业公司3个国有单位。2006年国家重点公益林面积增加到49.17万亩。

实施规模　2001年44.17万亩。按林种分，水源涵养林5.01万亩，水土保持林39.16万亩。按权属分，国有17.12万亩，集体27.05万亩。在国有山场划入国家重点公益林中，五指峰林场9.93万亩，云岭林场2.29万亩，林业工业公司4.90万亩。在集体山场划入国家重点公益林中，达万亩以上的有泉江、衙前、草林、西溪、堆子前、高坪、大汾、戴家埔、营盘圩等乡镇。按地类分，有林地30.91万亩，疏林地0.30万亩，灌木林地

12.96 万亩。

2006 年 49.17 万亩，按林种分，水源涵养林 5.01 万亩，水土保持林 44.16 万亩。按权属分，国有 20.64 万亩，集体 28.53 万亩。在国有山场划入国家重点公益林中五指峰林场 12.59 万亩，云岭林场 2.29 万亩，林业工业公司 5.76 万亩。按地类分，有林地 35.91 万亩，疏林地 0.30 万亩，灌木林地 12.96 万亩。

组织　管理　成立遂川县森林生态效益补助资金试点工作领导小组，组长由县政府县长担任，领导小组成员由县计委、财政、林业、监察、审计局等单位及试点乡镇场的主要领导组成。领导小组下设办公室于林业局，由林业局分管的副局长兼任办公室主任，并从相关单位抽调人员负责日常工作。县政府县长为项目建设第一责任人，林业局局长为项目建设法定负责人，林业局分管副局长为项目技术负责人，县林业调查设计队为技术设计单位，各项目建设单位法人是各试点区项目建设负责人，实行项目管理终身负责制。各项目建设单位与县人民政府签订责任状。县项目领导小组办公室制发《遂川县国家公益林护林员管理暂行办法》，选聘专职护林员管护国家公益林。集体山场专职护林员与林业工作站，国营山场专职护林员与国有单位签订管护合同。林业工作站、国营林场、林业工业公司与县公益林办公室签订监管合同，县项目领导小组办公室每年组织技术人员进行检查验收。验收合格，及时给付管护工资；发现问题，按规定扣减其管护工资。管护合同一年一签，考核合格，可续签合同。

列入国家重点公益林（即国家重点防护林）的山场，落实《江西省国家重点防护林和特种用途林保护管理办法（暂行）》，实行封山育林。县林业局通过“四个强化”（强化宣传、护林队伍建设、责任、档案建设）抓好国家重点公益林管护。

资金补助（补偿）　补助范围：补助资金用于确认为国家重点公益林的防护林和特种用途林的保护和管理费支出，包括管护人员费用，森林防火、森林公安和病虫害防治等费用，资源监督管理费用，林区道路维护费用等。补助标准：按重点防护林和特种用途林管护面积计算，实行总量控制，中央财政平均按 5 元/亩·年的标准进行补助。其中，管护人员费用 70%（即按 3.5 元/亩·年的标准进行补助）；森林防火、森林公安、病虫害防治 3 项费用各 4%，共 12%；资源监测管理费用 15%；林区道路维护费用 3%。使用原则：严格执行《江西省森林生态效益补助资金管理办法实施细则（暂行）》，实行专款专用。补助资金中的管护费用按管护面积和管护标准由省下达到各市、县（区）；森林防火、森林公安和病虫害防治费用，资源监测管理费用，林区道路维护费用，由省集中掌握，统筹安排。2005 年，按照省林业厅、财政厅《江西省〈中央森林生态效益补偿基金管理办法〉实施细则（暂行）》的通知，原国家公益林补助资金改为国家公益林补偿基金。补偿范围为原试点范围内国家公益林，中央补偿基金补助标准平均为每年每亩 5 元，其中 4.5 元用于补偿性支出，0.5 元用于森林防火和森林公安补助支出。是年 4 月，国家公益林补助试点工作结束，全县 44.17 万亩试点面积，全部纳入中央森林生态效益补偿基金范围，国家公益林补偿开始实施。7 月，遂川县森林生态效益补助资金试点工作领导小组办公室印发《遂川县〈中央森林生态效益补偿基金管理办法〉实施细则》（暂行）。补偿范围为原列入的森林生态效益补助资金试点范围内的国家重点公益林。不同权属的重点公益林，补偿性支出分别采取以下补助方式：国有林场经营管理的重点公益林，国有林地的补偿性支出归国有林场所有。联营山场的林地林木补偿费按以下标准执行:林地补偿费每年每亩1元,归原山林权主;林木补偿费每年每亩1元,未开发新造林地归原山林权主,已开发新造林地归国有林场;专职护林员管护工资每年每亩1.5元,技术人员、管理员工资每年每亩0.5元。村集体的重点公益林,由林业工作站和专职护林员共同管护,林业工作站为管护管理单位,承担公益林技术工作和专职管理工作,专职护林员由林业工作站和村委会采取公开招聘方式产生,专职护林员的工资为每年每亩1.5元,管护管理单位人员工资为每年每亩0.5元,林地补偿费每年每亩1元,林木补偿费为每年每亩1元;公益林每亩0.5元补植和抚育费由县林业局统一管理。

试点效益　国家公益林实施以来,其经济、社会、生态效益日趋显著。44.17万亩的国家公益林占全县林业用地面积的12%,区域覆盖全县90%的行政区域和国有林场,所处地段均为全县重点水源涵养林和水土保持林区,这些地段随着项目的实施发挥出明显的生态作用,全县每年每亩国家公益林地可蓄水76立方米,全年可净增森林蓄水量3356万立方米。实施国家公益林项目,全县每年可增加林木蓄积10.6万立方米,改善了现有林分结构,提高森林资源质量和抵抗各种自然灾害的能力。遏制了生态环境的恶化,从而营造良好的生产和生活环境,提高广大人民群众的生活质量。2005年,争取国家公益林管护资金226.17万元。2001~2005年全县共获得中央财政补助资金1027.09万元。其中五指峰林场获得补助款208.2万元,云岭林场获得补助款22.55万元,林业工业公司获得补助款59.32万元。

退耕还林

2002~2005年实施。重点在水土流失严重、土壤日趋沙化、地力衰退的地区实施。县退耕办和项目实施乡镇认真执行《退耕还林条例》,按照国家林业局提出的“严管林、慎用钱、质为先”的方针,加强退耕还林工程质量管理,全面完成退耕还林工程建设任务。

组织机构　2002年3月,成立县退耕还林工程领导小组,县长任组长,分管农林水的县委副书记、副县长为副组长,林业、计划委员会、财政、粮食、土管、农业、农发行等单位的主要负责人为成员。设办公室于林业局,由林业局局长兼任主任,副主任由林业局分管退耕还林工程的副局长兼任。从农业、林业、财政、粮食等部门抽调专业技术人员6人办公。办公室负责全县退耕还林工程的技术指导及组织实施的日常工作。各项目实施乡镇场也相应成立以乡镇场长为组长,分管领导为副组长(兼任办公室主任),各林业工作站站长和乡镇专业技术人员为成员的退耕还林工程领导小组和办公室,具体负责本乡镇场的退耕还林工程的组织实施。

实施范围　包括23个乡镇,2个国营林场及林业工业公司,共计面积82000亩(其中坡耕地造林34000亩、荒山荒地造林38000亩、封山育林10000亩)。按实施年度分,2002年,全县退耕还林15000亩,其中国有单位1206.2亩,各乡镇13793.8亩。国有单位中,五指峰林场退耕还林255亩;云岭林场896.2亩;林业工业公司55亩(其中大坑采育林场35亩,五斗江采育林场20亩)。2003年,全县退耕还林15000亩,其中国有单位3086亩,各乡镇11914亩。国有单位中,五指峰林场1014亩;云岭林场926亩;林业工业公司1146亩(其中新江采育林场571亩,五斗江采育林场152亩,大坑采育林场343亩,草林采育林场80亩);2004年,全县退耕还林12000亩,其中国有单位1972亩,各乡镇10028

亩。国有单位中，云岭林场854 亩，林业工业公司1118 亩（其中大坑采育林场75 亩，草林采育林场 969 亩，汤湖采育林场 74 亩）。2005 年，泉江镇封山育林 1800 亩，营盘圩乡5000 亩，五指峰林场 3200 亩。

政策规定 坚持"谁退耕、谁造林、谁经营、谁受益"的原则。退耕还林后实行封山禁牧、舍饲圈养。退耕户在完成退耕地还林后，按 1 ：1 的比例完成相应的宜林荒山荒地造林，管护好退耕还林新造林地，造林后 3 年内成活率达 85% 以上，3 年后的保存率达 80% 以上，农户方可凭退耕还林手册（农户验收卡）享受国家退耕还林的政策补助。补助标准，2002～2003 年退耕地每年补助原粮 150 公斤/亩。2004 年 7 月开始改为折合现金补助 210 元/亩·年。国家规定按报账制办法发放补助粮食。退耕还林第一年，粮食补助分 2 次兑付，第一次在完成整地并经县政府指定的主管部门检查验收合格后兑付，第二次在退耕还林成活率验收合格后兑付。以后每年在幼林抚育、管护验收合格后一次性兑付。

退耕地还林和荒山荒地造林补助种苗、造林费 50 元/亩。退耕地生活费补助 20 元/亩·年。粮食和现金补助年限，经济林 5 年，生态林 8 年。封山育林封育管护费补助 5 年，10 元/亩·年（包括制作封禁标牌及临时标牌）。为解决退耕还林荒山造林生产经费，县退耕还林工程领导小组 2003 年制发《关于合理分配退耕还林工程现金补助的通知》，对国家现金补助的 20 元/亩·年进行合理分配，即生态林补助 8 年，经济林补助 5 年。其具体标准为，用于退耕还林荒山造林 97 元/亩，退耕地还林 51 元/亩。退耕还林以营造生态林为主，营造的生态林比例以县为核算单位，不得低于 80%。对超过规定比例多种的经济林，只给种苗和造林补助费，不补助粮食和现金。

各项目实施乡镇、村对退耕户的退耕还林面积、造林树种、成活率以及现金和粮食补助发放等情况进行公示，确保国家政策原原本本兑现到位。

实施结果 2004 年 4 月 15～25 日，省退耕还林复查组对全县 2002、2003 年度退耕还林进行省级复查。复查组对雩田镇 2002、2003 年度和堆前镇 2003 年度实施的退耕还林进行全查。复查的面积核实率达 100%，面积合格率为 98.2%。2005 年 9 月 10～30 日，县退耕办、审计局联合组成审计工作组，对全县各乡镇 2002～2004 年的退耕还林工程国债资金的使用与管理进行专项审计。2006 年 7 月 11～24 日，国家林业局华东规划设计院对雩田镇和西溪乡历年实施的退耕还林进行全面核查，核查的面积核实率达 100%。退耕还林后，县政府对退耕地颁发林权证。

至 2005 年底，国家已投资 3004 万元。按补助类别分：退耕还林粮食补助折合现金 2373 万元（共兑现粮食原粮补助 287.65 万公斤，其中 2002 年 225 万公斤，2003 年 62.65 万公斤。2003 年原粮补助未兑现完的改为现金补助）；退耕还林种苗费补助 360 万元；退耕还林生活费补助 226 万元；2005 年退耕还林封山育林管护费 45 万元。通过项目实施，扩大了森林面积，提高了森林覆盖率，同时极大地提高了茶叶、金橘、吴茱萸、厚朴等经济果木林的经营水平，保持水土作用明显。据测算：保水效益，年保水量 420 万立方米，保水效率为 16.8%；保土效益，保土量 820 万吨，保土效率为 81.6%。

2002～2005年退耕还林实施面积统计

表3-5-1　　　　单位:亩

乡镇	2002年实施面积		2003年实施面积		2004年实施面积		2005年实施面积
	坡耕地	荒山	坡耕地	荒山	坡耕地	荒山	封山育林
合计	15000.0	15000.0	1500.0	15000.0	4000.0	8000.0	10000.0
泉江	446.3	3686.5	3816.3	2586	330.6	2229.0	1800.0
珠田	737.2	43.0	2334.2	365.0	71.1	0	0
巾石	273.8	0	1993.0	501.7	569.1	310.0	0
大坑	356.4	190.3	288.4	229.0	0	80.0	0
于田	786.9	689.4	940.8	1068.0	76.5	414.4	0
枚江	1004.7	185.0	775.6	917.9	267.1	34.8	0
碧洲	189.8	27.5	339.8	79.0	133.3	38.0	0
衙前	1124.0	100.0	211.2	0	0	0	0
双桥	1321.2	45.4	230.0	185.0	377.2	190.0	0
新江	1232.6	117.1	193.7	368.0	0	1322.0	0
五江	694.6	600.6	357.2	648.0	61.2	440.0	0
草林	742.3	4108.8	144.6	1679.6	0	578.0	0
禾源	325.6	0	214.2	56.5	99.5	0	0
西溪	517.1	87.9	187.3	109.0	0	56.0	0
堆前	0	361.0	175.4	549.0	0	0	0
黄坑	126.0	58.0	228.8	182.0	58.0	51.0	0
高坪	658.1	0	119.7	180.0	418.2	135.0	0
汤湖	873.0	1992.0	579.8	0	338.1	30.0	0
左安	672.9	570.0	175.8	50.0	76.5	50.0	0
南江	128.3	39.0	168.0	111.0	0	0	0
大汾	866.3	704.7	453.6	696.0	14.0	0	0
戴家埔	666.8	0	442.4	76.0	739.3	0	0
营盘圩	1256.1	242.6	630.2	1277.3	370.3	70.0	5000.0
云岭林场	0	896.2	0	926.0	0	854.0	0
五指峰林场	0	255.0	0	1014.0	0	0	3200.0
林业工业公司	0	0	0	1146.0	0	1117.8	0

重点火险区综合治理工程项目

2001年11月,国家林业局批准井冈山重点火险区综合治理工程项目立项,遂川县五斗江区列为项目建设范围。2003年4月,县成立井冈山重点火险区综合治理工程五斗江区项目建设领导小组,分管林业的县委副书记(县森林防火指挥部指挥长)任领导小组组长,县林业局局长及项目区内的乡镇场长、林业工业公司经理任副组长。领导小组下设办公室,具体负责项目的实施、检查、监督、验收及项目资金的管理、审核、下拨等。同月,项目建设领导小组制定《井冈山重点火险区综合治理工程遂川五斗江区实施细则》,对项目建设的5个系统分别落实项目建设责任人，明确质量责任及工程进度。同年6月，项目建设进入全面实施阶段。至2006年6月，遂川五斗江区项目建设完成。

实施范围 包括五斗江乡，新江乡，大坑乡大洲村，堆子前镇河簌、集龙村，大汾镇和平村，滁洲乡（后并入大汾镇）上坳、庄坑、石门岭村，五指峰林场及林业工业公司新江、五斗江采育林场，共6个乡镇32个行政村，2个国有林业单位的13个分场（工区），面积7.29万公顷。

实施内容 主要包括扑救指挥、信息收集处理、防火宣传教育、通讯、林火监控5个系统建设。

扑救指挥系统 2003年10月，由省防火办统一招标采购，配备森林防火宣传车、运兵车各1辆；2004年6月，安装森林防火指挥决策系统软件1套，建立起五斗江项目区森林防火电子沙盘和地理信息平台。是年10月，购置油锯4台、割灌机2台、望远镜3架、风力灭火机20台、GPS定位仪2台，灭火弹400枚、二号扑火工具2500把及砍刀、消防铲等扑火工具。

信息收集处理系统 2003年12月，县防火办配置电子计算机、笔记本电脑、激光打印机、传真机、摄像机、数码相机等办公设备，基本实现全县森林防火信息收集处理科技化、现代化和办公自动化。

防火宣传教育系统 2004年7月，在雩田镇至新江乡的公路边制作安装1块长12米、宽4米的钢制宣传牌。同年8月，在项目区内乡镇场主要公路旁安装规格为2米×1.2米搪瓷宣传牌40块。

通讯系统 2004年10月，在原有的森林防火无线电通讯网络基础上，添置超短波基地台6台、转信台2套、车载电台3台、手持对讲机24部，森林防火通讯网络进一步完善。2005年12月，县防火办值班电话安装电话通讯记录器，通过通讯记录器录音，记录查询火情报告、扑救、指挥、调度的全程情况。

林火监控系统 2005年7月，由山东泰安华新电子技术开发公司承建施工，在五指峰林场五指峰分场瞭望台五楼南北两侧各安装一个林火自动监控摄像云台，监控图像经电信光缆传输至县防火办值班室，建成全县第一个林火自动监控系统。在值班室通过电脑和监控电视，值班员可对五指峰分场瞭望台周围80平方公里范围内的林火实行自动监控。为进一步完善林火自动监控系统网络建设，基本实现全县林火自动监控，2006年5月，县林业局经请示省林业厅批准，调整项目中通讯系统建设资金30万元，林业局自筹资金70余万元，共投资100余万元，在五斗江乡车坳村、泉江镇新寨村下舍山顶及原县城电视差转台办公房顶新增3个林火自动监控点，同时将林业局机关大会议室改建成县森林防火指挥中心。新增的3个监控点及原五指峰分场瞭望台监控点的监控图像全部传至县森林防火指挥中心，通过指挥中心的电脑控制平台和监控电视墙，可对县境北部重点林区、环井冈山边界地区及县城周边的雩田、枚江、巾石、珠田、泉江、大坑、禾源等乡镇的林地实行林火自动监控，监控范围达400平方公里。县森林防火指挥中心和林火自动监控系统建设，走在全省前列。该系统有利于领导科学指挥扑救，使森林火灾早发现、早扑灭。

项目投资 项目投资概算206.18万元，其中国家投资101.7万元，地方配套资金

104.48 万元;实际到位资金总额 181.6538 万元,其中国家拨款 80.19 万元,地方自筹配套资金 101.4638 万元。

日本政府贷款造林项目

日本政府贷款造林项目是向发展中国家提供的具有开发援助性质的优惠资金项目。该项目年度资金规模大,采购条件优惠,贷款用途广。贷款年利率 0.75% ~1.5%,还款期30~40 年(含10 年宽限期);宽限期内(1~10 年)还当年利息。第11 年始等额还本及当年利息,至第40 年全部偿还本息。项目贷款坚持“谁借、谁用、谁受益、谁担风险、谁偿还”的原则。

项目计划　省林业厅外资项目办公室对“日本政府贷款江西造林项目”县级总体设计实行招投标方式确定设计单位。2004 年 4 月,县林业局项目办和调查设计队参加投标,为项目招标中标单位。是年 7 月,县林业局项目办公室、林业调查设计队组织编制《日本政府贷款江西省遂川县营造林项目总体设计文件》。总体设计项目建设规模 8431.4 公顷,其中防护林 4838.5 公顷(包括封山育林 1900.9 公顷),低效林改造 1104.2 公顷,毛竹低改 807.9 公顷,次生阔叶林改造 2007.6 公顷,防护林新造 817.9 公顷。用材林 3361.2 公顷,包括中幼林抚育 2529.9 公顷,工业原料林新造 831.3 公顷。经济林新造 231.7 公顷,包括杜仲新造 60.4 公顷,其他经济林 171.3 公顷。实施时间为 2004 ~2009 年。

实施主体　封山育林,以绿源林业有限责任公司及神山寺森林公园为实施主体,林权单位参与生产和管护;毛竹工程,以乡镇个体或联合体为实施主体,以其自身所有的有价物(林权证或房产证等)对资金作全部责任担保;次生阔叶林改造,主要以绿源林业有限责任公司为实施主体,以林权证对资金作担保,该公司租赁林权单位山场,公司享有完全的经营权。用材林中的中幼林抚育间伐,主要以五指峰林场、云岭林场、林业工业公司为实施主体,经营体制可随着主体体制的变化而变化,还贷资金以现有的中幼林作担保;安排各乡镇实施的以村集体(村办林场)为实施主体。工业原料林新造,以乡办集体(村办林场)和个体为实施主体。经济林,以大户和民营企业为实施主体,均以林权证作抵押,办理贷款手续。

组织管理　县成立项目建设领导小组,县长为组长,分管县领导为副组长,林业、计委、财政、银行等部门主要负责人为成员。设领导小组办公室于林业局,具体负责项目实施、管理的日常工作。

制定《遂川县日本政府贷款苗木管理办法》。实行种苗质量负责制,规范苗木调运程序。实行项目资金专款专用,规范支付流程。实行有价物担保制度。封山育林实施 5 年,达到标准每年支付总贷款金额的 20%。低效林改造达标,第一年支付总贷款金额的 74%,第二年支付 24%,第三年支付 2%。毛竹低改达标,第一年支付总贷款金额的 84%,第二年支付 8%,第三年支付 8%。次生阔叶林改造达标,第一年支付总贷款金额的 75%,第二年支付 22%,第三年支付 3%。防护林新造达标,第一年支付总贷款金额的 82%,第二年支付 17%,第三年支付 1%。用材林新造达标,第一年支付总贷款金额的 78%,第二年支付 15%,第三年支付 7%。中幼林抚育间伐达标,第一年支付总贷款金额的 78%,第二年支付 20%,第三年支付 2%。经济林新造达标,第一年支付总贷款金额的

72%,第二年支付 15%,第三年支付 13%。

实施结果 2004 年,完成项目面积 1719.4 公顷,发放贷款 49 万元。其中,衙前镇上芫村、双镜村,五斗江乡车坳村、三和村、丰禄村,巾石乡东坑鑫山林场,个体户共完成毛竹低改 207 公顷,共发放贷款 28.64 万元。新江乡范背村、富民村、横石村,五斗江乡办林场、车坳村、丰禄村,云岭林场,五指峰林场,林业工业公司共完成中幼林抚育 566.1 公顷(其中五指峰林场抚育间伐 105.7 公顷,云岭林场 182.4 公顷,林业工业公司 130.9 公顷),贷款 18.21 万元。神山寺森林公园、绿源林业有限责任公司共完成封山育林 946.3 公顷,发放贷款 2.15 万元。2005 年,完成项目面积 2673.5 公顷,发放贷款 90.98 万元。同年 6 月,在项目贷款历史上第一次使用林权证抵押方式贷款。绿源林业有限责任公司封山育林 958.6 公顷;新江乡范背村、三联村、新江村、乡办林场,绿源林业有限责任公司,大坑乡办林场,神山寺森林公园和五指峰林场、云岭林场、林业工业公司以及个体户共完成新造林面积 405 公顷(其中五指峰林场新造林 2.5 公顷,云岭林场 120.7 公顷,林业工业公司 167.8 公顷),共发放贷款 52.56 万元;毛竹低改完成面积 297.8 公顷,发放贷款 10.62 万元;次生阔叶林改造面积 62.5 公顷(其中五指峰林场 42.8 公顷),发放贷款 5.52 万元;中幼林抚育间伐完成面积 851.1 公顷(其中五指峰林场完成抚育间伐 338.1 公顷,云岭林场 84 公顷,林业工业公司 168 公顷),发放贷款 12.51 万元;低效林改造 98.5 公顷(其中五指峰林场 42.8 公顷,神山寺森林公园 55.7 公顷),发放贷款 9.77 万元。2006 年度,完成项目面积 1813.8 公顷,发放贷款 198.8 万元。其中新造林面积 679.7 公顷,毛竹低改 368.3 公顷,中幼林抚育 765.8 公顷。在新造林面积中,按林种分,防护林 328.4 公顷,用材林 345.6 公顷,经济林 5.7 公顷。按实施主体分,其中五指峰林场完成项目造林 20.4 公顷,云岭林场 28.7 公顷,林业工业公司 180.2 公顷,绿源公司 50.3 公顷,金星木业 192.9 公顷,大坑乡办林场等集体单位 115 公顷,个体户 92.2 公顷。毛竹低改面积中,南京大有公司完成 158.1 公顷,衙前镇政府 18.2 公顷,个体户 192 公顷。中幼林抚育面积中,云岭林场完成 472.1 公顷,林业工业公司 278.7 公顷,泉江镇个体户 15 公顷。2004 ~ 2006 年,共完成日元贷款项目面积 6206.7 公顷,占总体设计面积的 73.6%。

长江防护林工程建设

2004 年冬,遂川启动长江防护林工程。2005 年 1 月 8 ~ 20 日,市森林资源监测中心派员进行长防林工程规划设计。是年,全县完成 13000 亩长防林工程建设任务,并于 2006 年 7 月 11 ~ 24 日通过国家林业局华东规划设计院核查验收。

组织机构 2005 年 1 月,成立遂川县长江中下游重点防护林体系建设工程领导小组,由分管林业的县委副书记任组长,县委农工部部长和县政府副县长任副组长,县林业局、发展计划委员会、财政局、监察局、审计局主要负责人为领导小组成员。领导小组下设办公室于林业局,由林业局局长兼任办公室主任。成员由林业局营林、林政、财务、防火、森防等股室负责人组成。办公室设生产管理组、封育保护组、计划财务组等。

建设布局 项目建设以赣江一级支流为主线,以生态环境脆弱的小区域为治理单元。宜封则封,宜造则造,宜补则补,实行封、改、造、管相结合,坚持因地制宜,适地适树的原则,合理配置树种,积极推广运用优质速生阔叶树种,同时与生物防火林带建设相结合,建成以阔叶树为主的针阔混交林,提高植被覆盖率和地力,控制水土流失。

根据遂川具体情况,在荒山荒地和火烧迹地营造针阔混交林,阔叶树比例在30%以上;在疏林地或低效针叶纯林通过补阔进行改造;对具有天然下种或萌蘖能力强的疏林、无立木林地、宜林地灌丛以及低质、低效有林地、灌木林地进行封禁,连续封山5年。建设范围为治理地段相对集中连片的泉江、雩田、珠田、草林等乡镇及五指峰林场、云岭林场、碧洲镇(翔云药业公司实施)。建设总规模13000亩,其中荒山或火烧迹地造林2338亩,疏林或低效针叶纯林补植4162亩,封山育林6500亩。按实施主体分,五指峰林场688亩,云岭林场1017亩,翔云药业公司442亩,泉江镇233亩,雩田镇8369亩,草林镇1088亩,珠田乡1163亩。

施工管理　项目建设单位按批准的实施方案和作业设计组织实施,做到"七不准",即:不准随意变更作业设计,不准炼山造林,不准全垦整地,不准大面积营造针叶纯林,不准远距离调运苗木(特别是有检疫性病虫害的区域更应严禁从其调入苗木),不准截留、挪用中央资金,不准搞项目重复建设。组织施工做到"五定五有",即:定任务、定资金、定标准、定措施、定职责,有项目实施方案、有作业设计、有项目负责人、有技术档案、有统一的项目标志牌。封山育林做到"五有",即:有封山禁牌、有专职护林员、有乡规民约、有业绩奖惩措施、有县政府批文。在管理上实行"五定三挂钩",即:定人、定范围、定任务、定目标、定报酬,报酬与完成任务、质量和效益挂钩。

县林业局营林股和乡镇场技术人员组成质量监督小组,负责辖区内的建设质量、进度、技术培训与指导,对施工单位与护林人员进行资格认定,监督检查整地质量、苗木质量、造林质量、抚育质量、封山育林禁牌设置、封育方式、封育措施和封育成效等,分阶段分项目按照作业设计要求的标准和进度进行质量管理,确保每一道工序合格后再进入下一道工序。在工程建设中,首次引入项目监理制。聘请吉安市金鑫林业技术咨询服务有限公司,对项目工程建设的进度、质量、资金等全过程进行监理。

资金管理　项目投资主要用于人工造林、封山育林、幼林抚育、森林"三防"、作业设计、科技推广、工程监理、检查验收、宣传等,其中直接用于营造林的资金不低于80%。项目建设资金由国债资金与地方财政配套资金组成。实行报账制,专款专用,先施工、后报账,严格按计划规范使用资金。项目管理机构接受省、市、县林业主管部门定期或不定期的资金检查和审计。项目计划总投资162.5万元,其中中央预算内专项资金(国债)130万元,县财政配套资金32.5万元。至2005年,中央预算内专项资金实际到位117万元。

第四章
森林资源管理

遂川始终注重抓住森林资源源头管理这条主线，充分利用经济、行政、法律等手段，明确职责，完善措施，建立齐抓共管、互相监督的工作机制。封山育林成效显著，森林防火基础设施条件改善，森林病虫害防治有力。严格林木采伐许可证管理和伐区管理制度，坚持木竹凭证采伐、运输、经营、加工制度，强化征用占用林地审核审批制度。落实野生动植物保护管理措施，增强群众的野生动植物保护意识。实施林业综合行政执法试点工作，整合林业行政执法力量，林业治安秩序进一步好转。森林资源监测专业化水平提高，山林权属争议调处工作规范有序。在政策调控下，先后取消部分林业收费项目，林农负担减轻。

第一节　林木管护

建立和强化县森林公安、乡镇场护林防火机构、村护林组织三级管护网络和功能，把严防乱砍滥伐、森林火灾、森林病虫害贯穿于林木管护全过程。国家重点公益林、退耕还林等林业项目封山成为封山育林的主体，封山育林效果明显。森林消防组织健全，制度落实，基础设施条件改善，林火自动监控系统和指挥系统设备先进。森林病虫害防治有力，1995～2006年未发生松毛虫严重危害。

封山育林

1995年，县成立封山育林领导小组，把封山育林纳入乡镇造林绿化责任考核内容。各乡镇场落实管护机构，有计划地发展封山育林，做到造封并举，造一块，封一块，成林一块。县林业局对全县封山育林作出具体规划，确定封山范围，重点在国道、省道两旁和飞播林地、新造林地、幼林地、疏林地以及封禁后能天然下种更新的林地进行封山育林。在组织形式上，乡镇场的封山育林由各单位自封自管；县城附近生态脆弱区，以行政村为单位进行合作封山。是年，全县建立乡镇场级护林组织46个、村级203个，有专兼职护林员852人，封山育林面积47506.67公顷。

1996～1997年，县西部山区实施飞机播种造林，新增飞播林地封山面积4666.67公顷。1999年8月，在泉江镇新寨村建立县级封山育林示范点721.93公顷。2001年，实施国家森林生态效益补助资金试点项目，新增封山面积29444公顷。2002年起，实施退耕还林项目，新增封山面积5466.67公顷。此后，20世纪80年代末和90年代初新造的幼林已郁闭成林，新造林地封山面积减少，林业项目封山育林面积逐年增大。2006年，全县封山育林面积达56993公顷。

通过提高封育技术，完善管护措施，一些生态脆弱区成为生态良好地区。20世纪80年代初，巾石乡属全县水土流失严重乡镇之一，每逢雨季，小溪小河泥沙淤积，梯田崩坡；旱季一到，小河干枯，人畜用水曾靠县消防队从县城运水解决。1985年起，该乡界溪、东坑、南坑、沙田、罗文、汤村、坵坊7个村先后实施全面封山，生态环境逐年改善，水旱灾害减少。1998 年,县内出现严重干旱,巾石境内仍溪水长流,林茂粮丰。2003 年起,巾石境内还建起 3 座小水电站。县城附近乡镇昔日的“癞痢山”,如今已松林茂密。2004 年 8 月,遂川被国家林业局评为“全国封山育林先进单位”。

自封自管 长期以来,国有林(含联营山)、集体林分别由五指峰林场、云岭林场、林业工业公司和乡村集体林场组织封山育林。封山方式有 3 种:新造林地、边远山区、河流两岸、水土流失严重、恢复植被困难的宜封地实行全封;有一定目的树种,生长良好,森林覆盖率较高的进行半封;根据封山区域具体情况,将封育区划片分段进行轮封。各单位都设有护林员巡护森林,制止破坏森林资源的行为,对造成破坏的,协同单位护林组织或辖区森林公安派出所处理。

国营封山 五指峰林场、云岭林场和林业工业公司专设科室管理护林防火工作,制定《护林防火管理考核实施办法》,层层签订责任状,每年进行检查。分场、采育林场设护林防火办公室,配有专职督查员。在主要林区路口设置宣传标语和禁牌,指定护林员,明确管护范围、职责和要求。工区除单位安排专职护林员外,还聘请一批当地村民担任临时兼职护林员。对护林员实行动态管理,护林工资与执行封山标准、森林防火、林地保护等工作绩效挂钩。是年,有专兼职护林员 484 人,封山面积 18240 公顷。1996 年,林业工业公司投资 8.2 万元,修建护林棚 6 幢,改善边远山区护林条件。1998 年,云岭林场双桥分场与万安潞田交界的撑腰石、青山子、义凹等山场发生严重盗伐,在森林派出所协助下,对边界地区进行重点整治,并调整工区布局,增加边界地区护林力量,重新组建执勤室。2005 年,林业工业公司配合森林公安进行林区整治,打击偷盗林木行为,收缴非法木材 170 立方米。2006 年,五指峰林场配合林业综合行政执法大队开展林业清理整顿,维护封山育林区的秩序稳定。2006 年,全县国有林封山育林面积 17193 公顷。

集体封山 集体林木管护由乡、村办林场确定封山育林范围、方式和措施,立牌禁约,选配护林员。1995 年,着重对 20 世纪 80 年代末以后的新造幼林地进行全封,当年封山面积 10266 公顷。1996～1997 年,西部山区 9 个乡镇飞机播种造林后,对飞播林地进行全封。2001 年起,封山育林的重点转向公益林、退耕还林等项目封山。2001 年,25 个乡镇实施国家森林生态效益补助资金试点项目,全封面积 18566 公顷。2002 年,23 个乡镇开始实施退耕还林项目,至 2004 年累计新增封山育林面积 4333 公顷。2006 年,全县集体林封山育林面积 22899 公顷。

合作封山 1995 年,县林业局与县城附近乡镇的 72 个行政村签订协议,继续进行合同封山,验收合格的,由林业局按每年每亩补助 0.4 元管护费。1997 年,主要分布在雩田、枚江、珠田、盆珠、泉江、瑶厦、巾石、碧洲、禾源、草林、横岭、上坑等乡镇的合同封山区植被得到恢复,林木郁闭度均达 0.6 以上,部分封山区开始进入间伐期。为巩固封山育林成果,在合同封山的基础上,林业局与封山单位按照自愿的原则签订合作封山协议。合作封山采取全封方式,每个村有 1～3 名专职护林员,按《森林法》及《村规民约》规定管护山林。合作封山区林业管理所有专职管理员,负责封山育林的管理、检查、验收和档案的建立与更新。1998 年起,林业局营林股每年对林业管理所实施的验收进行抽检,合格的,按每年每亩补助 0.6 元管护费;不合格的,扣减不合格面积,按验收合格面积给予补助。间伐收入按林业局 20%、封山单位 80% 的比例分成。是年,执行《遂川县合作封山育林管理办法》,封山区密切注意防范森林火灾,做好森林病虫害预测预报和防治工作,对林相不合理的林分进行改造,征占用封山区林地或林地林木发生流转,经批准后相应核减封山面积。同时,建立乡村护林员工作考核制度,每年对护林员的出勤、能力、工作态度、工作效果进行考核。2003 年,林业局制定《遂川县合作封山育林验收、核查标准》,解决验收标准不统一的问题。2006 年,全县有合作封山村 74 个,专职护林员 133 人,封山育林面积 16901 公顷,验收合格面积 13996 公顷。在合作封山中,涌现出一批责任心强的护林员,枚江乡办林场护林员廖洪清,获国家林业局"1999 年度全国先进护林员"称号。

1995 ~2006 年全县合作封山育林情况

表 4 -1 -1　　单位:公顷、元

年度	封山育林面积	验收合格面积	补助费	年度	封山育林面积	验收合格面积	补助费
1995	19031	16173. 33	97040	2001	19031	16126. 67	145140
1996	19031	16100. 00	96600	2002	18527	15006. 67	135060
1997	19031	16106. 67	96640	2003	16901	14673. 33	132060
1998	19031	16120. 00	145080	2004	16901	16065. 27	144587
1999	19031	15973. 33	143760	2005	16901	14917. 60	134258
2000	19031	16186. 67	145680	2006	16901	13996. 00	125964

森林消防

网络建设　1995 年,县森林防火指挥部指挥长由县委分管林业的副书记兼任,县委农工部部长、县人武部部长、分管林业的副县长及林业局局长任副指挥长,林业、交通、文化广播电视、气象、卫生、教育、民政、财政、计划、公安、法院、检察院、森林公安、电信、移动通信等单位负责人为成员。指挥部下设办公室于林业局,由林业局分管领导兼任办公室主任,配备 4 名工作人员负责森林防火日常工作。是年,乡镇场有森林防火指挥分部 33 个,村有森林防火指挥所 343 个。2003 年,乡镇场森林防火指挥分部更名为森林防火指挥所,由单位主要负责人任所长,每个指挥所 5 ~7 人。村防火指挥所更名为森林防火指挥组,村主要领导任组长,村干部和部分村民小组长为成员,形成县、乡镇场、村、组四级森林防火网络。2005 年 1 月,县森林防火办公室升格为副科级单位,10 月,配备专职主任 1 名。2006 年,全县有森林防火指挥所 25 个,指挥所人员 230 人,指挥组 303 个,一线指挥员 2100 人。

1995 年 7 月,组建县专业森林消防队,队员 30 人,队址设云岭林场,负责全县森林火灾紧急扑救和林区野外用火监督管理工作。1998 年 9 月,森林防火指挥部在林业局、林业工业公司和公安森林分局机关抽调人员组建机关应急森林消防队,有兼职队员 46 人。原专业森林消防队队员回原单位。2002 年 8 月,森林防火指挥部组建森林消防大队。由林业局机关、乡镇场应急消防队及卫生、电信、广电、交通、公安等部门组成扑火队、医疗队、通讯队、运输队、后勤队。指挥长兼任大队长,下设 26 个分队,队员 1100 人。2005 年 9 月,根据省、市森林防火指挥部要求,组建遂川县森林消防专业队。在林业工业公司和当年分配到林业局的退伍军人中选聘28名队员，由林业局选配2名正副队长，在珠田乡坑口设址办公。森林消防专业队配有运兵车、宣传车、超短波基地电台、GPS定位仪和扑火工具及扑火装备，承担全县森林火灾扑救及突发性事件的处置。2006年，全县完善和健全农村义务森林消防队307个，队员达1.2万余人。

为提高森林消防队伍战斗力，指挥部不定期地组织多层次、多形式的培训和演练。2004年3月，乡镇场主要负责人、森林防火指挥人员先后参加市、县组织的防火基础知识、科学指挥扑救及扑火安全技术技巧业务培训。各乡镇场组织义务森林消防队员进行业务培训和扑火演练。针对当地防火扑火特点，新江、五斗江、衙前、双桥、左安、黄坑、西溪、雩田等乡镇还组织应急扑火队、巡逻队人员进行临战训练。2002年11月，全市第一届森林消防演练比赛中，县林业局机关应急森林消防队获全市第一名。2004年9月，县组队参加全省森林消防演练，获省森林防火总指挥部通报表彰。2006年9月，遂川获得吉安市人民政府森林防火指挥部2006年度目标管理考核第一名。

制度建设 1995年，森林防火指挥部建立森林防火值班、野外用火、火灾报告、火灾处置和防火设备使用5项制度。1998年9月，县森林防火指挥部制定《森林火灾扑救预案》。是年11月，成立县森林火灾损失鉴定委员会，由防火办、营林股、林政股、林业调查队的专业技术人员组成，负责森林火灾损失评估鉴定工作。2001年4月，执行国家林业局、公安部《关于森林和野生动植物刑事案件管辖及立案标准的通知》，对过失引发森林火灾，有林地过火面积2公顷以上的，列为刑事案件，追究当事人的刑事责任。2003年10月，根据省森林防火指挥部、省林业厅《关于禁止炼山造林的紧急通知》，把禁止炼山造林作为一项制度来落实。2004年6月，根据县委、县政府《关于进一步加强森林防火工作的意见》，各乡镇场每年向县政府签订《森林防火管理责任状》。每个乡镇场按单位5000元、党政主要负责人各500元的标准，向县森林防火指挥部交纳森林防火责任金。2006年2月，执行县政府制定的《遂川县处置森林火灾应急预案》，从组织指挥体系及职责任务、预警监测信息报告和处理、火灾扑救、后期处置、综合保障、奖励与责任追究等方面作出明确规定，确保在处置森林火灾时反应及时，决策科学，措施有力。

基础设施建设 每年投入一定资金改善林区防火条件，增强控制火灾能力。1995年，全县修建防火线1200公里，林带715.6公里，林道352.5公里。防火通讯网络布及各主要林区，全县设置无线电台45台，修建瞭望台9座，在林业大楼八楼屋顶新建1座森林防火专用通讯铁塔。配置森林防火指挥车1辆。2003年，新增森林防火宣传车、运兵车各1辆，新建森林防火专用物资库150平方米，添置风力灭火机20台，割灌机2台，二号扑火工具2500把，砍刀、消防铲500把，油锯4台。防火办还配备计算机、传真机、通讯记录器等，基本实现扑火装备科学化、办公自动化。2005年7月，在五指峰林场五指峰分场瞭望台顶安装1套林火自动监控系统设备，设南、北两个监控点，监控范围约80平方公里。2006年5月，将林业局机关大会议室改建成县森林防火指挥中心，并在五斗江乡车坳村牛湖坳、县城原电视差转台（银山）山顶、泉江镇新寨村下舍自然村山顶分别增设林火自动监控点，监控范围400平方公里。每个监控点配备高倍数镜头和高清晰度摄影机，监控拍摄的彩色图像与五指峰瞭望台顶的监控图像，均通过电信光缆传至县指挥中心。指挥中心配有监控电视墙和计算机控制平台，安装视频矩阵切换器、中心控制服务器、彩色监控器、高亮度工程摄影机、100 吋背投折射屏、系统管理计算机等。指挥部领导可在指挥中心直接对火灾现场进行指挥调度。

火灾损失　1995 年,全县未发生森林火灾。2004 年春,久旱无雨,天干物燥,2 月 15 日中午 11 时至 12 时 20 分,碧洲镇珠湖村、泉江镇良头村、南江乡南洞村先后发生森林火灾。1995～2006 年全县共发生火灾 43 次,损失面积 707.5 公顷,损失活立木蓄积 30310 立方米,烧毁幼树 38 万株,造成经济损失 406 万元。发生森林火灾的主要原因是野外用火控制不严,尤以烧田塍引发火灾居多。

火灾案例　1998 年 4 月 18 日上午 11 时,滁洲乡竹坑村村民黄某烧田塍引发森林火灾,受害森林面积 26.53 公顷,烧毁林木活立木蓄积 1243.8 立方米,灾情损失 35.98 万元。肇事者黄某因失火罪被判刑 2 年。

2000 年 2 月 28 日中午 12 时,盆珠乡泽江村焦坑组村民周某因烧田塍引发森林火灾,受害森林面积 24 公顷,烧毁幼树 6 万株。肇事者被追究刑事责任。

2004 年 2 月 14 日中午 12 时左右,草林镇冠溪村虎形组农民郭某在田边吸烟不慎引发森林火灾,过火面积 127.4 公顷,其中受害森林面积 110.66 公顷,烧毁林木蓄积 2617 立方米,直接经济损失 33 万元。肇事者被依法逮捕。

2004 年 2 月 15 日 11 时左右,南江乡南洞村洞源组竹板坑农妇张某,在家门口的责任田边烧田塍引发森林火灾,过火面积 62.8 公顷,其中受害森林面积 52.4 公顷。烧毁林木蓄积 3097 立方米、幼树 1.85 万株、毛竹 0.5 万株、房屋 4 间,造成经济损失 15.34 万元。肇事者当场被烧死。

1995～2006 年全县森林火灾一览

表 4－1－2

年度	次数	损失面积（公顷）	烧毁林木		经济损失(万元)	
			立木蓄积（立方米）	幼　树（万株）	林木损失	扑火耗资
1995	0	0	0	0	0	0
1996	3	51.6	583	8.0	16.0	0.3
1997	1	2.6	78	0.8	1.9	0.7
1998	5	62.3	13058	5.0	50.1	0.6
1999	2	17.9	545	0	13.0	2.8
2000	4	64.1	4228	6.0	45.7	0.2
2001	2	33.6	438	7.0	34.0	0.9
2002	3	6.9	40	0.8	2.1	0.8
2003	12	161.9	2648	6.6	52.9	4.8
2004	5	250.5	8321	3.4	166.4	5.9
2005	5	49.9	295	0.4	4.0	2.2
2006	1	6.2	76	0	0.4	0.3

护林联防

1995 年以来,遂川县仍属湘、粤、赣第四、五联防区及吉安市第一联防区的护林联防组织成员。联防区之间互通信息,协调行动,制止毗邻省、县边境区的乱砍滥伐,防止森林火灾和森林病虫害蔓延,协助处理山林纠纷,共同保护森林资源。2000 ~ 2001 年,遂川为吉安市第一联防区值班县,主持当年护林联防工作并组织召开第十一次护林联防会议。2000 年,遂川为湘、粤、赣第四联防区值班县,主持召集第三十九次护林联防会。2005 ~ 2006 年,遂川为湘、粤、赣第五联防区值班县,主持召集第三十一次护林联防会。县各联防单位每年派员参加各联防片区会,总结护林联防工作,明确边界联防职责,表彰先进,加强合作。2003 年 7 月 28 日,井冈山主峰发生森林火警,县森林防火指挥部立即调集应急森林消防队员 50 人,于 29 日早晨登上井冈山主峰,同周边县市消防人员一道将山火扑灭。同年 8 月,县森林防火指挥部获市委、市政府通报表彰。

森林病虫害防治

网络建设 县森林病虫害防治检疫站负责全县森林病虫害检疫防治工作,为林业局下属事业单位。设有检疫室、药物药械仓库,配备检疫车 1 辆、计算机 1 台、显微镜 2 台,电冰箱 1 台、电热恒温箱 1 台、干燥箱 1 台及其他检疫设备。2000 年,被国家林业局认定为标准站。1995 年,在泉江、珠田、巾石、雩田、枚江等乡镇设立 25 个虫情测报观察点,从林业管理所和乡镇营林员中选配 30 名专(兼)职虫情测报员,封山育林区的村护林员担任兼职虫情观察员。2005 年,增设 44 个生态公益林森林病虫害监测点,新增乡镇场监测员 44 名。2006 年,全县设森林植物检疫网点 7 个,有专职检疫员 7 人,兼职检疫员 17 人;设虫情监测点 63 个,有专(兼)职测报员 26 人,村级虫情观察员 133 人。

主要病害 1995 ~ 2006 年,县域常见林木病害有 28 种。新发生病害有柑桔溃疡病、松枯梢病、杨树溃疡病、杨树生理性黄化病、柑桔黄龙病、拟松材线虫病 6 种。

柑桔溃疡病 是由一种为黑腐黄单胞杆菌柑桔变种的细菌引致的病害,危害柑桔叶片、枝梢与果实。1998 年 11 月,在森检对象普查时首次发现柑桔溃疡病例,发生面积 14. 2 公顷,以双桥为重。该病与树龄、管理、天气情况有关,一般以幼树发病重,适时合理修剪的果园发病轻,夏梢抽长时雨水多的年份及品种混杂、经营分散的果园发病重。

松枯梢病 病菌主要侵染马尾松、湿地松和火炬松等松树,但以马尾松受害最严重。1998 年,泉江、雩田、枚江、珠田、巾石等乡镇的松林发生松枯梢病 44. 3 公顷。病害主要发生在嫩梢伸长的后期,感病树的芽、梢枯死,大多不发新梢,部分松树死亡。

杨树溃疡病 又称溃疡病、腐烂病、枝枯病。2002 年在县境退耕还林新造的杨树林中发生。该病开始时在树干或枝条上产生圆形或椭圆形变色病斑。病斑组织水渍状,环绕枝干后,病斑以上枝干枯死,也可引起整株枯死。

杨树生理黄化病 又称缺绿病。2002 年在沙滩和偏碱性土壤中营造的杨树林普遍发生。该病影响杨树根系对铁元素及其他微量元素的吸收,使叶片变黄变白。

柑桔黄龙病 该病病原为韧皮杆菌,其传播途径近距离靠带菌的木虱,远距离靠带病的苗木和接穗。21 世纪初,部分桔农盲目从黄龙病发生疫区调苗或接穗,致使该病传入县域。2005 年初,双桥、枚江、巾石、雩田和泉江等乡镇发生柑桔黄龙病 333. 3 公顷,尤以椪柑受害最重。

拟松材线虫病　主要危害黑松、马尾松、黄山松等树种。2005 年 7 月,在泉江镇东门村金山组石坳仔和神山寺森林公园内首次发生拟松材线虫病,危害面积 9.3 公顷,其危害相似于松材线虫病。

防治措施　坚持“预防为主,综合防治”的方针,采取多种方法进行防治。

普查监测　1998 年 11 月至 1999 年 8 月,对全县森林植物检疫对象进行普查。普查面积 13.4 万公顷,占应检树种面积的 90%。通过普查,基本摸清全县森林病害的种类、分布、危害及发生发展状况。为严控松材线虫病传入,2002 年始,每年组织技术人员对全县范围内的松林展开专项调查,建立监测预防机制。2003 年 10 月至 2004 年 12 月,林业系统抽调 20 名技术员,在全县开展林业有害生物普查,结果表明,县境有害生物达 17 种。

疫区控制　严禁疫区苗木及接穗调运到无病区、新区种植或繁殖。2005 年 4 月,根据县政府《关于柑桔黄龙病防治和扑灭工作的通知》,农林部门严把植物检疫关,杜绝带病苗木和接穗传入无病区。

化学防治　苗圃地常见病害通常采用生石灰或硫酸亚铁作土壤消毒剂,用 0.5% ~1% 高锰酸钾稀释液作种子消毒剂,用 1% 等量式波尔多液作幼苗保护性杀菌剂。已感病的林木使用多菌灵、百菌清、甲基托布津、三环唑等内吸性杀菌剂喷洒。1999 年,经地区林科所专家考证,遂川防治后的松针褐斑病得到根治;松梢枯病由 20 世纪 90 年代初的 86.7 公顷减少到 40 公顷。

疫区改造　为控制病害传染源,对药物防治无效的病木彻底挖除烧毁,进行疫区改造;感病较轻的加强抚育管理,增施有机肥,及时消除病枝叶,保持树势壮旺,提高林木抗病能力。

主要虫害　1995 年,有常见森林虫害 45 种,其中以马尾松毛虫危害最大。新发生的虫害有油茶梢蛀蛾、萧氏松茎象、遂川斑腿蝗、杨小舟蛾、分月扇舟蛾、杨扇舟蛾、暗斑螟 7 种。

油茶梢蛀蛾　又名茶蛾,危害油茶、山茶。幼虫先潜食叶肉,留下表皮,呈黄褐色圆斑,后期蛀食枝梢,致使芽梢停止生长,枯萎易折,嫩梢枯死。1996 年,在禾源乡首次发生油茶梢蛀蛾危害,危害面积 300 公顷,次年上升到 400 公顷。全县其他乡镇的油茶林危害较轻。

萧氏松茎象　严重危害湿地松。1997 年,在云岭林场碧洲分场的珠湖、达泉、水东 3 个林班首次发生,发生面积 269.7 公顷。幼虫在树干基部树皮下蛀食韧皮部和形成层,形成一条蛀道,损伤和切断树木生长所需的有机物输送通道,造成大量松脂外流,导致树木整株或成片枯死。2003 年 1 月,县森防站组织技术人员对全县范围内 3533 公顷湿地松进行全面调查,发生面积达 2600 公顷,占湿地松面积的 73.5%。

遂川斑腿蝗　属斑腿蝗亚科。该虫食性很杂,是一种暴食性害虫,危害板栗、桃树、杂草等多种植物。2002 年 6 月,在草林冲电站山坳河流旁的树林及植被上,各龄蝗蝻和成虫同时发生,虫口密度一般为每平方米 1000 只,最高达 5000 只,危害枫杨面积 13.3 公顷,扩散危害小灌木、乔木、杂草面积 19.7 公顷。经省农林病虫害专家鉴定,该虫属省内首次发现新蝗种,故命名遂川斑腿蝗。

杨小舟蛾　主要危害杨树,在县内每年发生 5 ~6 代。虫蛹在树下草丛和表土层内越冬,幼虫啃食杨树叶片,严重时将杨树叶吃光。

分月扇舟蛾　主要以幼虫食害叶片。2003 年 6 月,在泉江、珠田、枚江等乡镇的杨树林中发生,危害较轻。

杨扇舟蛾　又名白杨天社蛾,主要以幼虫危害杨树和柳树。2003 年 6 月在杨树林中发现,危害轻。

暗斑螟　属鳞翅目虫螟蛾科,主要危害喜树,在县内 1 年繁殖 4 代。林木被害后,轻者树势迅速衰弱,枝条大量干枯,重者整株枯死。2003 年在遂川中学校园内首次发生。

防治措施　针对不同的害虫,采取不同的防治方法,重在综合治理。

化学防治　杨树的食叶性和蛀干性害虫,采用化学农药喷洒或注射性防治;竹蝗、遂川斑腿蝗等害虫,在蝗虫越冬和跳蝻活动初期进行药物喷杀,减少害虫基数。马尾松毛虫虫源地,使用"灭杀毙"、"绿得宝"等农药进行防治。2001 年 6 月,对高虫口密度的松林使用仿生农药"灭幼脲"喷雾防治,防治面积 800 公顷。2002 年后,为减少环境污染,保护害虫天敌,极少使用化学农药防治森林虫害。

生物防治　1995 年起,县森防站每年调购"白僵菌"6～10 吨,配备背负式喷雾喷粉机 4 台,由当地村委会组织劳力,对泉江、雩田、枚江、珠田、巾石等乡镇的松林进行松毛虫春防。至 2006 年,共使用"白僵菌"96 吨,累计防治面积 4 万公顷。春防效果调查显示,松毛虫僵死率年均在 50%～80%之间。

人工摘卵　2001 年夏,泉江、雩田、枚江等乡镇的部分松林发生松毛虫危害,经春防后,仍有一些山场出现第一代松毛虫卵块。县政府发出积极防治松毛虫的紧急通知,根据"谁经营,谁防治"的原则,有关乡村组织劳力上山采摘卵块,采卵面积 67 公顷。

建设综防林　通过林相改造,封山育林,马尾松纯林补阔等手段,提高植被覆盖率,培养害虫天敌,实施以虫治虫措施,抑制和减少森林虫害。1996～1999 年,在 105 国道遂川段两旁 1 公里范围内建成 6000 公顷综防林。

实施治理工程　1999 年,遂川被列为国家级松毛虫工程治理项目区,泉江、雩田、枚江、碧洲、巾石、珠田、盆珠、上坑、草林等乡镇为工程治理区域。2000 年始,采用封山育林、纯林改造、疏林补植、保护天敌、人工摘卵、生物农药防治等综合技术措施进行治理。至 2003 年,项目共投资 109.98 万元,治理松林面积 2.4 万公顷。20 世纪 80 年代末,全县马尾松毛虫年均发生面积 1827.33 公顷,年均成灾面积 884.1 公顷,实施项目 3 年间,松毛虫年均发生面积 884 公顷,年均成灾面积 16.67 公顷,比 20 世纪 80 年代末分别下降 51.6%和 98%。

植物检疫　检疫机构健全,队伍稳定,职责明确,措施到位。县森防站负责全县的产地和调运检疫,高坪木材检查站负责省际过境的调运检疫,五指峰林场、云岭林场、林业工业公司和森林苗圃负责辖区内苗木产地检疫,木材办证点负责木竹、苗木及其他森林植物产品放行时的调运检疫。

产地检疫　范围包括种苗繁育基地、种子园、母树林、贮木场及加工点、种苗集贸市场等。对生产、经营森林植物及产品的单位和个人,在生产期间或调运前进行检疫。检疫合格的发给《产地检疫合格证》,在有效期内凭此证换发《植物检疫证书》后,所检产品方可进入市场。检疫不合格的,发给《检疫处理通知单》,按要求进行除害处理。1999

年，县森林苗圃获省林业厅"无检疫对象苗圃"称号。

调运检疫　调运森林植物及其产品，实施检疫检验和检疫处理，防止危险性病虫随植物及产品传播蔓延。1995 年 2 月起，从外省引进林木种苗及其他繁殖材料，在引进前到地区森检站办理"引进林木种苗检疫审批单"。出县的森林植物及其产品由县森林植物检疫办证点实施调运检疫。检疫合格的，直接办理《植物检疫证书》。发现有危险性病虫的，通知受检方按规定进行除害处理。2003 年 1 月始，调运检疫实行电脑办证，全国联网。

第二节　林政管理

包括对森林、林木、林地保护和利用，野生动植物保护及木竹经营加工企业的监督管理。县林业局负责全县森林资源的管理和监督。森林派出所、林业工作站、木材检查站和林业综合行政执法大队负责本辖区森林资源源头保护管理。通过制定完善木材采伐、检验、运输、营销、木竹加工、森林资源转让等管理办法，建立规范有序、良性运作的林政资源管理体系。推行服务承诺、公开办事、采伐和造林作业设计同时报批及责任追究制度，年终结合目标考核兑现奖惩。至 2006 年，全县没有超限额采伐，未发生重大破坏森林资源案件，没有出现因工作失误而造成重大事故和职务违法现象。2005 年 8 月，遂川被国家林业局评为"全国森林资源管理先进单位"。

采伐管理

采伐限额管理　省批准的年森林采伐限额总量和按采伐类型、消耗结构的各分项限额，均为县年森林采伐林木蓄积的最大限量。1995 年以来，森林采伐限额仍实行全额管理办法，一是全面抓好商品材、农民自用材及烧材的森林采伐消耗管理，尤其对商品材的采伐、销售、运输进行"三总量"控制，实行采伐限额与木材生产相结合；二是全面抓好主伐、抚育间伐和其他采伐的采伐管理，做到限额指标、采伐方式、山场地块"三落实"；三是抓好凭证采伐。在实际操作中，遵循不突破、不挪用挤占、不截留和顺向调整原则，坚持采伐限额以及木材生产计划实施分单位、分项目独立控制。1995 年，遂川实际消耗 321263 立方米，占省核定年采伐限额活立木 358634 立方米的 89.5%。1996～2000 年，县年均实际消耗 317594 立方米，占省核定县"九五"期间年采伐限额活立木 352063 立方米的 90.2%。2001～2005 年，县年均实际消耗 229851 立方米，占省核定县"十五"期间年采伐限额活立木 284440 立方米的 80.8%。2006 年，年实际消耗 448343.2 立方米，占省核定年采伐限额活立木 662436.2 立方米的 67.68%。1995～2006 年，上级累计核定遂川商品材生产计划 1679037 立方米，县实际采伐 1435360 立方米，占计划的 85.5%。采伐限额总量和分项限额均没有突破。

计划管理　1995 年，国有林的采伐计划直接下达到五指峰、云岭林场和林业工业公司。水电专项材、造林绿化专项材、重点商品材和世行贷款还贷材等专项采伐指标主要安排在国营单位。集体林采伐计划下达到乡镇，分解到乡、村办林场，由林场统一管理。这种集中管理办法便于控制采伐量，但也存在有资源无指标，有指标无可伐资源的现象，挫伤林农造林护林的积极性。2003、2005 年，先后制定完善县级森林采伐管理暂行办法。

计划申报　年度木材生产计划的申报，由林木所有者在当年 10 月份根据可伐资源情况，国有林权单位向林业局申报，林业局审核后向上级林业主管部门申报；集体和个人所有的林木凭林权证和可伐资源状况，向林地所有权行政村提出申请下年度采伐计划，以村为单位进行审查后公示，公示无异议的报当地林业工作站审核，经乡镇政府审定公示，统一报林业局汇总向上级林业主管部门申报。

计划下达　上级批复的年度木材生产计划，由林业局会同县计划部门及时下达并在县电视台公示。国有林权单位的木材生产计划由县直接下达；集体林权单位的木材生产计划下达到乡村，由林业工作站公示；木材加工企业营造的工业原料林基地（面积在 1 万亩以上的），木材生产计划由林业局直接下达。低产低效林改造、成过熟的人工用材林、定向培育的工业原料林在计划内优先安排。森林资源转让的林木采伐由转让方所在村申报、审核，未经过规范流转、未取得林木所有权证的受让林木不安排采伐指标。

计划调剂　年度木材生产计划实行出材总量控制。国有林权单位允许在设计林班内调剂，集体林权单位的林木所有者允许在本村范围内调剂，基地的林木所有者允许在本基地内调剂，但必须以书面形式报林业局或其委托单位同意调剂后采伐。对当年没有用完的年度采伐计划，所结存的采伐限额按规定报批后结转到下年度使用，但在 1 个五年计划内不得突破。

伐后措施　皆伐、更新采伐、低产林改造采伐的迹地，最迟在次年 3 月份前完成更新造林，未按时完成更新造林的，取消该采伐单位下年度采伐计划。择伐、抚育间伐和卫生伐的林地，采伐后进行封山育林和抚育。

林木采伐许可证管理　1995 年，林业局林政股有专人负责全县林木采伐许可证的核发和回收联核查工作，建有林木采伐审批和采伐证管理台账。委托基层林业管理所负责辖区集体林木采伐许可证的核发。计划内商品材的采伐，由采伐林木的单位、个人申报采伐作业设计，经审批后核发林木采伐许可证。林农自用材的采伐，由林农提出申请，经乡村审核同意后，报当地林业管理所，在核定的采伐限额内核发采伐证。持证单位和个人必须按采伐证规定的地点、面积、树种、数量进行采伐。对证明文件不齐全、权属不清以及上年度采伐后未完成更新造林的，一律不核发林木采伐许可证。全省林木采伐年度统一为每年 1 月 1 日至 12 月 31 日。森林采伐限额、森林总采伐量限额指标和木材生产限额指标的年度执行期与林木采伐年度一致，禁止跨年度使用。但商品木竹的运输可延长到次年的第一季度。2000 年，执行省林业厅《关于加强林木采伐许可证核发管理工作的通知》，核发林木采伐许可证实行一小班（地块）一证制。国有林木的采伐，以伐区调查设计的小班为单位，不得跨小班发证。集体或个人林木的采伐，采伐地点落实到山头地块，注明四至，不允许多小班一证或一证多户。

抚育间伐管理　为使人工林培育适应木材市场需要，提高林分质量，每年安排适度的抚育间伐。1995 年后，抚育间伐力度逐年加大。1998 年，全县中幼林面积达 5.73 万公顷，且大部分郁闭成林。是年安排抚育间伐材生产计划 2.4 万立方米，占年商品材计划的 27.11%，并对间伐材的育林基金收费基价实行调减政策。2001 年，林业局制发《关于规定杉木间伐材放行规格的通知》，规定杉木间伐材在生产过程中原则上只间伐胸径 14

厘米以下的立木。间伐材下山前，由当地林业管理所核实数量。2003年起，人工用材林抚育间伐胸径10厘米以下的不纳入年度木材生产计划，但纳入采伐限额。2005年，执行省委、省政府《关于深化林业产权制度改革的意见》，毛竹和10厘米以下的间伐材不纳入木材生产计划管理，林业局按上级批准下达的采伐限额总量，由林木所有者向当地林业工作站提交《采伐申请表》，林业工作站核定后，报林业局即申即批。即申即批的首要条件必须是以培育森林资源为目的的抚育间伐。2006年，制定《遂川县抚育间伐管理暂行办法》，对间伐条件、技术要求、计划申报、采伐调运管理进一步规范，明确由林业工作站负责抚育间伐质量的监管，及时制止采伐过程中出现质量问题。

阔叶林保护管理　1995年，县下达年度木材生产计划时，不安排以阔叶树为主的天然异龄林皆伐。1997年，县严格控制阔叶树采伐限额，不突破阔叶林年度采伐计划，不与针叶树采伐限额串抵，将纤维板、活性炭、木竹地板、竹筷、竹凉席等木竹制成品、半成品纳入采伐限额管理。3月起，阔叶树原木出省，由地区林业局办理放行手续。1998年，执行省林业厅《关于加强阔叶林资源保护管理报告的通知》，对疏林、人工低产林及大面积针叶纯林采取补植阔叶树的办法，大力培育针阔混交林。在木材生产中，改变以往采伐阔叶次生林"剃光头"的做法，不允许在天然残次林迹地上炼山和全垦整地。1999年，林业局印发《关于进一步加强阔叶树资源保护的通知》，采取封、改、补、造等措施培植阔叶林资源。并规定阔叶树原木不得销售出县，不得利用阔叶树原木培殖香菇、木耳。自用材、烧材不得消耗阔叶树。2000年，森林分类经营改革后，对原始林、阔叶林、生态脆弱地区的天然林及水源涵养林采取保护措施。

伐区管理　1999年，林业局印发《关于国营林业单位伐区管理有关规定的通知》，林业管理所技术人员参与国营林业单位采伐作业设计，组织伐中检查和伐后验收，落实伐区管理责任人。由责任人建立分小班设计出材量、伐中检查出材量、伐后验收出材量台账，作为办理"县内集材单"的依据。2003年，伐区管理执行伐区设计、发证、拨交、验收制度。林业工作站对批准的采伐作业设计进行实测验收，发现越界、超面积、超数量采伐的，由林业局追究相关责任人的责任。2004年，林业局下发《关于加强森林采伐管理有关事项的通知》，采伐作业设计由林业调查设计队负责审核，林政股批复。2005年，国有林权单位的林木采伐作业设计自行组织完成。集体、个人及其他经济组织的林木采伐作业设计由林业工作站协同林业技术服务中心完成。分户经营的零星采伐填写《采伐申请表》，由林业工作站核实，交林业技术服务中心编制简易作业设计汇总，报林业局审批。林权单位和林木所有者落实伐区责任人，林业工作站落实监管人，负责伐区检查和验收，严把伐前审批、伐中检查、伐后验收关。

伐前设计审批　年度木材生产计划下达后，国营林权单位和乡村集体林场，及时将计划落实到采伐山场。国有林的采伐由国营林场自主安排，自行设计。集体林的采伐，委托当地林业管理所（站）按要求编制伐区林木采伐设计书。林业局审核作业设计，符合采伐规定的予以批复。

伐中监督检查　对伐区生产进行经常性检查，检查有无超量采伐、越界采伐和异地采伐。发现问题及时纠正，并填写《伐中检查登记表》，作为伐区验收依据。

伐后质量验收　五指峰、云岭林场和林业工业公司的伐区自行组织验收，乡村集体的由林业管理所(站)组织伐区验收。验收人员按规定认定伐区质量、出材数量,检查各项生产指标是否与设计相符,合格的填写《伐区验收合格证》,不合格的进行补课。及时将伐区总结和各类木材实际生产数量及采伐剩余物的生产量报告林业局。

禁伐规定 1998 年 3 月始执行省林业厅、地区林业局规定,凡生长状况良好的樟树,特别是村前屋后的风景林和 200 年以上的古树,一律不准砍伐。1999 年 1 月后,严禁采伐 105 国道、遂井线、遂桂线和县乡公路沿线的风景林、阔叶林及各种古树名木、母树,严禁烧木炭、生产活性炭和砍伐阔叶树生产木片、单板和香粉,严禁砍杂木棍,严禁对天然阔叶次生林砍光重造。2003 年 4 月,实施《遂川县森林采伐管理暂行办法》,严禁对天然阔叶林进行皆伐,列入国家重点公益林补偿资金试点项目的森林不得安排商品性采伐。2005 年,实施《遂川县森林限额采伐管理暂行办法》,严禁采伐公益林中的阔叶树和自然保护区的林木,严禁采伐列入国家和省级保护的珍稀树种,严禁对生态脆弱的森林进行皆伐。

运输管理

木材检验 1995 年,木材检验分 2 大块,江南木材市场集材的木材,由五指峰、云岭林场和林业工业公司的木材检验员进行检验,旧房料和毛竹由林业管理所的检验人员负责检验。当年全县有木材检验员 200 余人,沿用双码检尺方法。2003 年 4 月,实施《遂川县木材检验管理暂行办法》,统一执行国家技术监督局 1995 年批准实施的木材检验国家标准。木材检验员由持有《木材检验员资格证书》的人员担任。国营单位的木材,由本单位的木材检验员检验;乡村集体的木材,由当地林业工作站或林业工业公司的木材检验员凭林业工作站的通知单检验。检验人员按规定填具《木材检验记录表》,分项记录单位、检验地点、检验时间、材种、长度、径级、等级、检验员、记码员、划码员、复核员、根株、材积及运输车辆号等具体内容,检量时逐根打上斧印,装车后画上封仓线。2005 年 4 月,完善木材检验管理办法,集体、个人及其他经济组织的木材,改由林业技术服务中心凭林业工作站开具的通知单进行检验。

办证 1995 年,木材运输证实行专人办证、专柜保管、存根及时归档的管理制度。是年,县有 30 人取得省林业厅颁发的办证员资格证,负责办理全县的木材运输证。木材运输凭证有《县内木材集材运输凭单》和《县内木材运输证》。《县内木材集材运输凭单》限国营林业单位生产的商品材、林业工业公司收购乡村林场的商品材和代购代销的间伐材使用,由林业管理所凭 3 家木材经营单位的申报单和检验码单签发,从起点到江南木材市场全程有效。《县内木材运输证》由林业管理所按相关规定办理,其办证依据为:地方工业用材凭采伐证、林业经营单位的销售发票和办证证明,毛竹凭采伐证,木竹制品凭放行指标和加工许可证,采伐剩余物凭《伐区验收报告》的批复数量,旧木料凭林业局批示单,自用材凭林业局批准放行的自用材采伐证,旧家具凭户口迁移证或工作调动单直接办理。销售出县的木材,由林业局办证点办理省内木材运输证。销售出省的木材,由林业局办理出县放行后,交地区林业局设遂川代办点转办出省木材运输证。省专项商品材凭省林业厅《特许证》采伐和销售。1996 年 10 月 1 日起,松香、松节油及松香二次加工产品的调运,由省地森工部门办理运输凭证。1997 年 5 月,林业局下发《关于以木竹为原料的产品均须办理运输证的通知》,次月起,原未列入办证的纤维板、活性炭、机制纸、土纸、火柴、香粉等均须办理运输证。2001 年 2 月 16 日起，停止使用《县内木材集材运输凭单》，县内集材统一使用《县内木材运输证》，在证中备注栏加盖“集材专用章”。跨县集材运输使用《江西省木材运输证》，在备注栏加盖水运或铁运“集材专用章”。从外省购进木材，须有省批边境木材检查站验证签章的木材运输证；沿途无木材检查站的，须出具所在地林业主管部门或其委托单位验证盖章的运输证。2003 年始，从林区运出木材及木竹制成品、半成品，凭林木采伐许可证、森林植物检疫证和林业规费票证，统一使用市林业局印制的《县内木材运输证》办理运输手续。从外县购进木材及其制成品、半成品，经加工后运销出县的，凭原购进地的运输证或其他有效证件办理放行手续。木材运输坚持一车(船)一证、货证同行的办证和验证制度。

放行　木材检查站(哨)负责木材的放行管理。检查人员执行任务时不少于 2 人参加，实施检查时主动出示检查证件，按法定程序履行检查职责。木材检查人员检查过往木材时，查验运输证、森林植物检疫证，货证相符的予以放行。对货证不符，无运输证，重复使用运输证、检疫证，使用伪造运输证、检疫证，擅自涂改运输证、检疫证，偷漏规费 6 种情形之一的，扣留所运输的木材，按有关林业法律法规处理。1998 年 7 月，执行《江西省木材检查站管理监督办法》，木材检查人员执行任务时，按规定查验有关票证，登记木材流量。对手续不全、货证不符的，可在当事人补交规费、补办手续后放行。依法扣留的违法违章木材，在 7 日内按规定处理。2000 年，执行《江西省木材运输检查人员行为规范》、《江西省违章运输木材行政处罚程序规范》、《木材检查站行政执法错案追究制度》，实施林业行政处罚的每个案件，都要达到事实清楚、定性准确、程序合法、手续完备、处理恰当。检查人员在实施检查或行政处罚中存在的错误事实，经依法认定为错案的，造成的经济损失由站长承担 40%，办案人员承担 60%。同年 3 月，林业局下发《关于规范办理出县商品材放行手续的通知》，出县商品材、木竹制品、半成品及外县集材，启运前到林政稽查队申请货证核查，木材办证点见核验手续后办理运输放行。2003 年 4 月，执行《遂川县木材运输检查管理暂行办法》，检查人员全部着装、亮证上岗、文明检查。2004 年 6 月，执行《江西省木材运输监督管理办法》，检查人员按法律程序检查木材和行政执法，继续实行责任追究制度和检查环节监督制。1995～2006 年，检查站累计收缴违章运输木材 4249 立方米，罚没款 152.4 万元，补征育林基金 38 万元。

木竹经营与加工管理

木竹经营管理　1995 年，全县商品材统一集材到江南木材市场交易，集体林区的间伐材由林业工业公司在市场设专点代购代销，旧房料、采伐剩余物、毛竹及木竹制品由持证经营者购销。取得林业、工商部门证照的经营者可到木材市场购买木材，从事贩运经营。林业、工商部门制定《木材市场管理暂行办法》，建立调运、交验、销售、发货制度。市场实行调运、交验、检尺、结算、装卸、放行一条龙办公服务。2003 年 4 月，实行林业经营体制改革，取消地方工业用材、重点加工企业用材、切块商品材供材计划，把木竹经营权下放到林权基本单位，林权所有者可直接销售自己生产的木材。持有木竹经营证照的单位和个人，可直接进林区购销木材，当年办理木竹经营许可证 38 份。2004 年 8 月实施林业产权制度改革后，木竹经营全部市场化。2005 年，完善 2003 年制定的《遂川县木竹营销管理暂行办法》，允许县内外客商进木竹产地经销商品木材，林业局不定期发布“木材销售最低指导价”，提供市场行情服务。木竹销价由供需双方议定，严禁欺行霸市和压级压价，严禁买卖无合法来源的木材，严禁倒卖林木采伐许可证和转让木材经营许可证。进入流通领域的所有木竹及其制品必须依法凭证销售、运输，林业部门在源头征收育林基金和森林植物检疫费。

木竹加工管理 注重加工企业用材管理，清理整顿无证加工企业，完善加工许可证审批和年审制度。

企业用材 1995 年，地方工业和乡镇企业用材由县根据企业生产规模下达用材计划，实行保量不保价的供材办法。企业用材主要安排国营林业生产经营单位就近的林场、分公司按供销合同规定的材种、数量定点供应，按质论价。企业凭用材计划和供材合同到当地林业管理所开具调单购材。同年 6 月，为缓解企业用材供需矛盾，县组织计划、林业、国营 3 家林业经营单位和有关加工企业召开调度会，重点解决供需数量、时间、价格和管理方面的问题。提出改革采运方式，鼓励企业与乡村联营办基地，限制松杂木原材出县等措施。1998 年 3 月，在衙前乡召开企业用材调度会，对加工企业供材实行“四保护四限制”措施，即：保护投资额大、附加值高、利税高、综合效益高的企业，限制投资额小、附加值低、利税低、综合效益差的企业。对资源破坏性大的香粉厂、单板厂进行清理。2000 年，执行县委、县政府《关于推进个体私营经济大发展的决定》，凡为县企业生产提供的县外木竹等原材料，有关部门不准设卡、检查、处罚。同年，县从下达给有关乡镇的商品材计划中按 5% 的比例，切出一块指标用于增加当地乡镇企业加工用材。2002 年 6 月，针对一些企业滥购无证木材现象，重申《关于进一步加强县内加工用材管理的通知》，要求木竹加工企业自觉维护林业生产正常秩序，不得收购无证木材或其他无合法来源的木材。为保证企业用材，规定小径杉条、小径杉原木、杉木棍、小径湿地松条木和采伐、加工、造材剩余物优先供给县中纤板、刨花板、细木工板厂等企业，原则上不运输出县。2003 年 4 月，取消木竹加工用材计划，实行企业用材市场化管理，企业可直接进山收购木材。2005 年 12 月，遂川林业要素市场开业后，开始施行《遂川县商品林活立木、林地转让管理暂行办法》，企业可通过市场竞买所需的活立木或林地使用权，培育后备森林资源。2006 年，实施《遂川县工业原料林基地建设管理暂行办法》，经林业局认定的工业原料林基地，经营单位可自主确定采伐年龄和采伐方式。经林业要素市场规范流转的稀疏残次林改造成工业原料林的，可优先安排木材生产计划。新造工业原料林基地生产的木竹用于县域木竹加工企业，可享受育林基金减半征收的优惠政策。

凭证加工 从事木竹加工的单位和个人，必须向林业、工商部门申办证照，一年一审。1995 年，林业局对 105 国道旁经营木竹制品的个体户、县城和圩镇的家具加工户及以木竹为原料的其他个体工商户进行全面清理整顿，重点清理无证加工和乱收乱购木竹行为。1997 年 4 月，清理碧洲土纸加工企业，核定碧洲镇土纸加工企业 11 家。2001 年，对草林、碧洲境内木竹加工企业进行清理，取缔无证加工户 16 家，关闭无证锯板厂 3 家、竹制品厂 1 家。2002 年 6 月，县规定新引进的木竹加工企业必须经林业、计划部门审批后，方可申请进工业园区办厂。9 月，执行省林业厅《关于加强木竹经营加工企业管理的紧急通知》，招商引资不以牺牲环境为代价，在引进大型木材加工项目时，须先考虑县森林资源的承受能力，做好资源论证工作，严格审批程序。2003 年，执行市政府《关于清理整顿林产工业企业促进全市林产工业快速健康发展的意见》,对规模在年耗原材料100立方米以下、工艺落后、技术含量低的木竹加工企业不予审批;林区乡镇木竹加工企业耗材量超过企业所在乡镇原料供应能力的限制审批;浪费资源,破坏植被和生态环境的香粉企业不予审批;已进入工业园区的细木工板生产企业予以保留,新上的细木工板企业耗材量已超过县内原料供应能力的不予审批。当年,全县386家木竹加工单位(户),市政府仅审批发证83家,其余未批的停办或转产。2004年,对已批准的林产工业企业实行年度审核制度,每年1月1日至4月30日为年审时间。年审前由县收集企业有关产品、安全生产信息报市林业局。对存在下列7种情况之一的不予年审:加工所需原材料与批准使用的原材料不相符合的;生产的产品与批准产品不相符合的;存在严重的安全隐患,设施设备不符合要求的;收购和加工非法来源木材,当年受到林业行政处罚和治安、刑事处罚的;产品质量未达标的;严重污染、破坏生态环境,环保部门勒令停产的;浪费严重,木材综合利用率达不到60%的。年审不合格或没有参加年审的企业必须关闭,收回并注销加工许可证。当年,全县新批企业4家,通过年审企业83家。2006年3月,3家企业因停产或厂商撤资原因未通过年审,市林业局年审核准遂川木竹加工企业84家。

林地管理

队伍　林业局负责全县林地的建设保护和规划利用,依法对征用、占用林地进行审核审批管理,查处违法征占林地行为。1995年,林业局分管林政的副局长负责林地管理,林政股设专职管理人员,具体负责林地的调查、登记、统计,审查征占用林地申请,建立林地管理档案和登记台账。1996年,每个林业管理所有1名兼职林地管理员,负责辖区的林地管理工作。2004年,每个林业工作站设置林地管理员岗位,负责征占用林地初审和搜集相关材料的工作。2005年7月,执行国家林业局《关于依法加强征占用林地审核审批管理的通知》,把林地管理的落脚点放在基层。每个林业工作站在站务公开栏公开林地征占审核审批操作流程、收费标准、依据和举报电话号码。建立林业工作站林地征占用管理责任追究制、站长负责制。

审核审批　20世纪90年代初,征占用林地审核审批的主体不明,程序不清,致使林地管理工作滞后。1995年6月,执行《江西省林地保护管理试行办法》,征占用林地必须申领《使用林地许可证》,用地单位凭证办理权属变更。是年6~9月,清查登记使用林地从事非林业生产情况。据清查统计,全县无证占用林地建房、建窑的有200户,面积85亩。1997年7月,县林业局、土管局联合下发《关于加强林地管理的通知》,规定建房需要占用林地0.2亩以下的,到当地林业管理所领取《使用林地申请表》,经林业管理所审查签署意见后,到乡镇土地管理所按规定办理用地手续。县直单位占用林地到林业局领取申请表,审核交费后,到土地管理部门办理审批手续。当年,首次审核审批占用林地面积1.16亩,占1992年以来全县累计占用林地面积493.26亩的0.02‰。

2000年1月,《森林法实施条例》发布施行。规定勘查、开采矿藏和修建道路、水利电力、通讯等工程,需要占用或者征用林地的,用地单位向县级以上林业主管部门提出用地申请,经审核同意后,土地主管部门凭《林地审核同意书》依法办理建设用地审批手续。2001年7月,实施省林业厅《占用征用林地审核审批管理办法》,长期占用或征用林地的,由省以上林业主管部门审核。临时占用除防护林、特种用途林以外的其他林地面积2公顷以下以及森林经营单位修筑直接为林业生产服务的工程设施使用林地的，由县林业局审批。农村居民建房需占用林地，以行政村为单位编制规划，落实地块，向林业局提出申请，逐级报省林业厅审核。林业管理所负责办理征占用林地审核的申报，申请材料齐全的，派出 2 名有资质的林业技术人员进行现场查验，制定森林植被恢复措施。县林业局在审批权限内，对临时占用林地的即申即批。需要上级林业主管部门审核的，由县林业局在《使用林地申请表》相关栏目签署意见，逐级上报审核审批。当年，全县审批临时用地面积 93 亩。2002 年，林业局组织人员深入建设单位宣传林地保护政策，督促占用林地的单位和个人办理审核审批手续，并抽调森林公安、林政稽查人员进行征占用林地专项整治，使林地管理出现新的转机。是年，赣粤高速公路遂川段建设需征占用巾石乡、碧洲镇沿线林地 1285.8 亩，林业局协同建设单位参与组织使用林地申请材料，按规定逐级上报国家林业局审核，首开遂川上报审核长期占用林地先例。此后，审核办理县工业园区、五指峰林场黄草河、左安镇浙临、营盘圩东营电站和县殡仪馆等征占用林地手续。2005 年 10 月，县政府制定《关于小水电开发建设项目联审暂行办法》，要求林业局加强对水电工程征占用林地的监管工作，督促水电工程开发建设项目业主依法办理征占用林地审核审批手续，当年县境新增的小水电工程建设项目均已办理征占用林地审核手续。2002~2006 年，全县审核办理工程建设项目占用林地 85 起，面积 772.9 亩；审批临时用地 83 起，面积 201.6 亩；办理农民占用集体经济组织林地建房 30 起，面积 3.3 亩。

清理整顿 2002 年 9 月，关闭巾石界溪采矿场、雩田砂子岭砖瓦窑厂，拆除一批非法建筑，督促 30 多户占用林地建房户补办审批手续。2003 年 9 月，在全县范围内开展征占用林地排查摸底工作，重点调查《森林法实施条例》施行后占用林地情况，据统计，全县违法占用林地 49 起。2004 年 4 月，执行省林业厅《关于开展征占用林地清理整顿大检查的通知》，各林业工作站在上年排查摸底的基础上，逐项逐块填报《违法占用林地建设项目汇总表》，督促用地单位限期办理征占用林地审核审批手续，进行自查自纠。5 月，林业局成立查处非法征占用林地执法工作组，由分管林政的局领导任组长，各林业工作站成立执法小组，集中打击乱征滥占林地和不批也占、少批多占、化整为零审核审批林地行为。重点查处干扰严重、久拖不办和林业工作站查处困难的案件。至当年 11 月底清理整顿结束，全县共补办征占用林地工程建设项目 65 起，其中，省林业厅补办审核同意项目 25 起，县补办审批临时用地项目 40 起，审核审批面积 118.9 亩。关闭非法采石取土场 5 家，批捕非法占用林地业主 1 人，收取森林植被恢复费 52.87 万元，罚没款 11.6 万元。经过清理整顿，全县乱征滥占林地现象明显减少。

野生动植物保护

野生动物保护 重点加强宣传教育，落实保护措施，进行综合治理。2002、2005 年，县林业局被省林业厅分别评为“野生动植物保护管理和自然保护区建设先进单位”、“野生动植物和湿地保护工作先进单位”。

网络建设 1995 年，县野生动物资源保护领导小组由县政府分管林业的副县长兼任组长，下设办公室于林业局。2000 年 5 月，设立野生动植物资源保护管理站，与绿化办合署办公。各乡镇林业管理所有兼职管理人员 21 人。2003 年 2 月，调整县野生动物保护领导小组，林业、公安、环保、工商、森林公安、医药公司为成员单位。2004 年 3 月，野生动物保护管理站与林政股合署办公,负责野生动物保护的日常工作。2005年4月,林业局成立野生动物疫源疫病监测工作组,局长任组长,成员由野保、绿化、森防检疫等业务股室负责人和高坪、戴家埔林业工作站站长共10人组成,负责监测的组织协调工作。是年5月,遂川鸟类环志站被确认为全国首批野生动物疫源疫病监测站,为吉安市唯一的鸟类监测站,纳入全国陆生野生动物疫源疫病监测网络体系。配有监测专用车、电脑、摄像机、望远镜、数码相机和防护工具。在营盘圩、戴家埔、汤湖、高坪、泉江等乡镇建立观察点5个,有监测人员15人,形成县、乡管理和监测网络。

保护措施 开展野生动物调查,加强经营、驯养管理,整治滥捕乱猎和非法经营野生动物的行为。

宣传 1995年起,在每年的江西省爱鸟周(4月1~7日)、宣传月(11月)、禁猎期(4~11月),林业局出动宣传车,举办知识讲座,张贴宣传标语,放映电视录像进行广泛宣传。林业管理所利用墙报、黑板报刊出专栏,在逢圩日发放宣传单,宣传野生动物保护的有关法律法规。下乡工作时,进村入户入校园宣传保护野生动物的意义,提高全民野生动物保护意识。1995年12月15日,群众举报有人在大汾集市贩销短尾猴,县野生动物保护站与当地林业管理所赶赴现场,将2只短尾猴放归深山老林,对当事人进行处罚。2002年后,每年候鸟迁徙季节,很少发现捕鸟、毒鸟现象。

调查 1998年9月,林业局抽调16人组成4个调查工作组,采取样带调查方法,对县境野生动物进行全面调查,2000年8月外业调查和内业资料整理全部结束。基本查清县域野生动物资源的种类、分布情况及野生动物的驯养、利用、贸易和管理现状,为保护与管理提供依据。随着森林资源保护力度的加大和群众对野生动物保护意识的增强,野生动物数量增加。据2004年调查,县境野猪增多,直接危害山区人民群众的生产安全,并多次发生野猪伤人事件。

办证 根据"加强资源保护,积极驯养繁殖,合理开发利用"的野生动物保护管理方针,1996年,林业局依法办理驯养繁殖许可证5份,野生动物及其产品经营许可证4份。2001年,经营户发展到15户,年办理运输出境蛇类6960公斤,兽类900公斤,收取野生动物资源保护管理费2.37万元。同年,打击非法运输经营野生动物的行为,查处非法经营案件7起,吊扣执照1份,行政罚款2.67万元。2003年5月,为配合"非典型肺炎"防控工作,防止疫病在人与野生动物之间相互传染蔓延。防控期间,除科学研究需要外,禁止一切猎捕、出售、收购、运输、邮寄和在市场上销售野生动物及其产品;停止一切审核上报、审批猎捕及经营利用、运输出口野生动物申请;暂不核发野生动物活体及其产品的进出口证明书。

综合治理 采取保护与惩处相结合的手段,不定期地开展专项整治活动。1999年9月15日至10月底,林业、工商、森林公安3家联合清查高坪、五斗江、滁洲3个农贸市场及县城泉江大桥南端三岔路口野生动物交易点,整治营盘圩、高坪候鸟通道。共查处乱捕滥猎和非法贩运野生动物案件21起,收缴并放生蛇类618条、鸟类560只、兽类25头(只),没收网具32张,农民自动拆除捕鸟网具95张,收缴鸟铳350把。2000年开展"野生动植物保护法律法规执行年"活动,对餐馆、集贸市场、饲养户、运输行业进行重点整治。2003年春,开展代号为"春雷行动"的打击破坏野生动物资源犯罪活动专项斗争,县森林公安和野生动物保护站在全县范围内重点整治滥捕乱猎和非法经营野生动物的行为,将缴获的野生动物全部放生。同年6月10日至7月5日,开展代号为“飓风行动”的打击破坏野生动物违法犯罪专项活动,切断“非典型肺炎”的传播途径。共检查野生动物经营户18户,宾馆、饭店32家,清查集贸市场11个,取缔非法经营场所12个,收缴银环蛇70公斤,水蛇625公斤,查处违法案件28起,处理违法人员12人。为防止重大野生动物疫源疫病对人类和野生动物造成巨大危害,提高在重大野生动物疫情发生时的快速反应和应急处理能力,有效控制重大传染病的暴发流行,2005年4月和6月相继制订《遂川县重大野生动物疫源疫病监测防治预案》、《遂川县重大野生动物疫源疫病防治应急预案》。是年冬,县内发生高致病性禽流感,全县按预案要求进行防控,扑灭疫情。

野生植物保护　开展古树名木普查,严格采集报批制度和禁伐措施。

普查　1996年10月,林业局组织20名技术人员,对分布在县境“四旁”的古树名木进行普查,摸清全县古树名木资源总量、种类和分布状况。当年,还对县域红豆杉分布情况进行专项调查。调查显示,红豆杉主要分布在西溪、大汾、滁洲等乡镇,以西溪乡最多。1999年3～7月,在全县范围内开展重点野生植物资源调查。2002年6～9月,林业局对树龄在100年以上的树木和具有历史、文化价值及纪念意义的树木进行普查。2003年7月,在全县开展野生植物经营利用调查,摸清花木基地经营面积、从业人员、野生植物采集品种、移栽数量、苗木产量及加工企业年需要数量、原料来源、年产品产值等情况。2004年,林业局开展古树名木、珍贵树种调查及挂牌保护工作。对列入国家、省重点保护植物名录树种,树龄200年以上的树木,树龄100年以上、胸径50厘米以上的珍贵树木、大树及形态特异、林产品名贵的树木进行调查,统一编号挂牌,落实管护单位和管护人。

禁伐　20世纪90年代初,针对人工林资源稳步增长,珍贵树种资源急剧减少的状况,县明确规定禁伐珍贵树种。对零星分布的古树名木由林木所有者予以保护和管理,禁止采伐。1995年3月,林业局、公安局、法院、检察院4家联合印制《关于在全县开展严厉打击破坏森林资源犯罪活动专项斗争的通知》,把破坏珍稀植物列为重点打击对象,严厉打击违反禁伐规定,破坏珍贵树种和古树名木的行为。1996年12月,执行地区林业局《关于切实加强我区樟树资源保护的通知》,对采伐枯死、风折、倒毙的樟树或工程建设等确需砍伐樟树,均须逐级上报审批。进行清山造林等林业生产活动时,保留樟树和其他珍贵阔叶树。2000年,外地来县收购珍稀树木的人员增多,滥采乱挖樟树、杜鹃、桂花的现象突出,林业局从源头保护入手,加强林区秩序整治,下发紧急通知,禁止采挖、贩运、销售省三级以上保护野生植物。为保护禁伐树种,在占用林地进行工程建设时,实行保树施工措施。2003年,雩田—新江公路扩建,在横岭木材检查站东线100多米处,有3棵古树正处新路扩宽范围。建设单位不惜劳力、财力凿石扩路,给树“留位”。2005年8月,桂花、罗汉松、紫荆、黄檀等树种列入省重点保护野生植物名录。2006年4月,县公安森林分局开展代号为“绿剑行动”的专项整治活动,打击违反野生植物保护禁令,严重破坏野生植物的行为。侦破雩田罗某非法采伐樟树案、五斗江乡江某非法采伐南方红豆杉案。

采集　1997年1月始,执行《中华人民共和国野生植物保护条例》,严格野生植物采集、销售、运输审批程序。禁止采集国家一级保护野生植物;采集国家二级和省一、二级重点保护野生植物,须经县林业局审核上报,向省林业厅申请《特许采集证》;采集省三级重点保护野生植物的,由县林业局审核上报,向地区林业局申请《特许采集证》;非重点保护野生植物的采集利用,由县林业局根据资源情况确定当年的采集限额,逐级上报省林业厅审批。2000 年 11 月,执行市林业局关于办理野生植物采集、销售、运输审批程序的规定,除特殊需要外,不得申请采集国家重点保护野生植物。确需采集,须逐级上报审核,并由当地林业管理所负责采集的监督、验收。需外销的,凭交纳野生植物资源保护管理费票据及《特许采集证》办理野生植物运输手续。为满足国家重点建设工程需要,2002 年 3 月,经省林业厅批准,同意遂川采伐新建赣粤高速公路沿途胸径 25 厘米以上樟树 104 株,移栽胸径 25 厘米以下樟树 7 株;批准五指峰林场采挖初植密度较大的鹅掌楸 7000 株,樟树 1000 株,楠木 300 株。当年,堆子前久渡至营盘圩公路改线,久渡郑屋地段 1 棵高 30 米、胸径 1.1 米、冠幅 400 平方米的古樟树横拦新路,五指峰林场采取高杆截枝方法,用吊车带宿土,将古樟移植于泉江镇卜村村 105 国道旁的林场圃地,首开县成功移植大古樟的先河。同年 7 月,省林业厅批准采挖双桥乡潭溪村古罗汉松 1 株,出售给湖南省重修炎帝陵用。此树高 14 米,胸径 140 厘米,冠幅 80 平方米,树龄 800 余年。湖南出价 13.5 万元,当年 7 月 7 日移植于炎帝陵行礼台右侧。2004 年,执行《江西省树木资源采挖利用管理暂行办法》,重申采集审批程序。申请采挖国家一级重点保护野生树木,报国家林业局审批;申请采挖国家二级及省一、二级重点保护野生树木及胸径 50 厘米以上、树龄 100 年以上的人工珍贵树木,报省林业厅审批;申请采挖省三级重点保护野生树木及胸径 20~50 厘米以下、树龄 50~100 年的人工珍贵树木,由市林业局审批并发放采集证;采挖其他树种,由县林业局审批并发林木采伐许可证。2002~2006 年,经上级林业部门批准,全县采伐枯死樟树 34 株,采集桂花树 22 株、罗汉松 23 株,采集移植绿化苗木 6.13 万株。

第三节 林业治安管理

着力抓好林业治安队伍的网络、基础和作风建设。林业行政执法单位齐抓共管,积极组织巡查,开展专项斗争和治安整治,严厉打击破坏森林资源的违法犯罪活动,确保林业治安秩序稳定。

网络建设

1995 年后,林业执法队伍建设不断加强,到 2003 年,已构建以森林公安为主,林业稽查大队、林业工作站、国有林场护林队、乡村护林员参与的齐抓共管、群防群治的林业治安网络。森林公安改革管理模式,落实森林派出所责任区负责制,构建起责任区民警与国有林场、辖区村组干部群众相互配合的防范网络。每年定期召开村级治保和护林队会议,专题研究分析、布置安全防范工作,加强边界地区联防,建立群防群治和联防协查网络。2005 年,全县已形成林业局机关、森林公安、林业综合行政执法大队、林业工作站和乡镇场、村、组林业治安管理网络,有专职管理人员 220 人,乡镇场和村级护林员 735 人。

治安巡查

森林派出所始终坚持把林区巡查作为源头管理的基础工作，组织人员在林区进行经常性巡查。每年春节及“黄金周”节假日期间，坚持24小时巡查。在木材生产季节，协同林业工作站对伐区实行动态管理，关注采伐、制材、集仓过程的每个环节，及时发现和制止滥伐盗伐林木的行为。在木材流通中，加大巡查力度，防止不法人员进入林区收购盗伐滥伐木材，打击无证运输、非法收购木材等破坏森林资源的违法犯罪活动。1995 ~ 2006 年，森林公安和林业综合行政执法大队在巡查中缴获非法木材 4384 立方米。

治安整治

针对某一时期林区治安出现的混乱现象，集中力量进行重点整治。1995 年 7 月，结合全省农村治安集中整治工作，在新江乡开展以打击杀人、抢劫、盗窃等破坏社会治安和盗伐、滥伐林木等破坏森林资源为中心的集中整治，查破刑事案件 1 起、林业行政案件 48 起，收审 1 人、治安拘留 8 人。1997 年 4 月，开展春季林业治安整治，查处毁林案件 22 起，收缴非法木材 78.9 立方米。2000 年 3 月，森林公安在全县范围内开展春季护笋行动，整治竹林区域 6 个，查处破坏笋竹资源案件 48 起，取缔非法竹笋加工点 1 个，处理违法人员 52 人次，收缴非法采挖的春笋 750 公斤。2003 年 4 月，森林公安对新江、衙前、五斗江乡镇境内的 14 家木材加工企业的违规经营活动进行清理整顿，规范林区乡镇木材加工企业守法经营行为。后又 5 次组织力量整顿县内木材加工企业的违规经营活动，共清理整顿无证木竹加工企业 31 家，收缴非法木材 298.57 立方米，处理各类违法人员 103 人次，罚没款 9.7 万元。2005 年 12 月，森林公安协同林业综合行政执法大队，重点整治泉江镇范围内无证木竹加工厂，共清理整顿木材加工企业 12 家，收缴非法木材 50 多立方米。1995 ~ 2006 年，全县共开展各类治安整顿 413 次，处理各类违法人员 5240 人，收缴非法木材 2 万多立方米。

专项斗争

针对某一时期出现的突出问题，根据上级统一部署，集中力量开展专项斗争。1995 年 3 月 1 日至 4 月 30 日，根据《吉安地区开展严厉打击破坏森林资源违法犯罪活动专项斗争实施方案》要求，在全县开展为期 2 个月的专项严打。县成立领导小组，从公安、林业、法院、检察院等单位抽调 64 人，共查处各类涉林案件 72 起，破获犯罪团伙 5 个，处理违法人员 197 人，其中逮捕 5 人，治安拘留 8 人。1996 年，根据吉安地区人大工委办公室等 5 家《关于在全区开展为期一百天的专项打击破坏森林资源违法犯罪活动的紧急通知》，开展“百日林业严打”活动。整治“难点”、“热点”地区 4 个，查破各类案件 32 起，处理违法犯罪人员 89 人，收缴非法木材 73 立方米，杉床板 100 副，罚没款 6.4 万元。同年 11 月 1 日至 1997 年 5 月底，在全县组织开展严厉打击毁林犯罪的“严打冬季、春季攻势”。共查处各类案件 155 起，处理违法人员 412 人，收缴非法木材 248.5 立方米。2003 年 4 月 9 日零时至 4 月 19 日 24 时，根据国家林业局森林公安局的统一部署，在全县范围内开展代号为“春雷行动”的打击破坏野生动物资源违法犯罪专项斗争；同年 6 月 10 日至 7 月 5 日，开展代号为“飓风行动”的专项斗争。两次行动共查处各类案件 28 起，收缴放生野生动物 5000 余只(条)。9 月 25 日至 12 月 10 日，在全县开展代号为“霹雳行动”的打击破坏森林资源犯罪活动的专项斗争，共查处各类案件 15 起，其中刑事案件 2 起，摧毁犯罪团伙1个,成员6人,收缴非法木材72.56立方米。2004年,森林公安在全县开展侦破森林火灾案件大会战专项行动,抽调30多人,组成4个工作组,共侦破森林火灾刑事案件16起,处理违法犯罪人员15人次,其中逮捕13人,刑拘2人。2005年3月,执行县委、县政府《关于在全县开展严厉打击破坏森林资源违法犯罪专项整治活动的通知》,打击不法分子借改革之机破坏森林资源的违法犯罪活动,确保县林业产权制度改革顺利进行。从林业局、公安局、法院、检察院、公安森林分局抽调60多人,组成5个工作组,开展专项整治行动。共查处各类森林案件54起,其中刑事案件10起,治安案件3起,林业行政案件41起。查破犯罪团伙2个,成员10人。处理违法人员137人次,其中逮捕10人,刑事拘留4人,治安拘留5人,林政处罚118人,收缴非法木材256.39立方米。2005年4月1日至12月底,根据上级的统一部署,先后开展代号为"绿色旋风"的一号、二号行动。共查处各类森林案件615起,其中刑事案件21起,治安案件9起,林业行政案件585起,处理各类违法人员703人,其中逮捕18人,刑事拘留21人,治安拘留14人,林政处罚650人。收缴非法木材1492立方米,收缴放生省级重点野生保护动物蛇类657条,罚没款95.36万元。2006年4月,市林业局、中级人民法院等6家联合制发《关于开展严厉打击破坏森林资源违法犯罪专项整治实施方案》,县林业、法院、检察、公安、监察等单位,从4月20日至12月,在全县范围内开展代号为"绿剑行动"的专项整治。共查处各类森林案件343起,其中刑事案件16起,治安案件5起,林业行政案件322起。共处理各类违法人员362人次,其中逮捕2人,刑拘4人,判实刑2人,判缓刑1人,治安拘留6人,治安罚款4人,林政处罚341人次。集中整治木材加工单位12家,取缔野生动物非法经营场所2个,收缴非法木材575立方米,收缴重点保护野生动物蛇类175条、其他蛇874条,罚没款21万元。

案件查处

县公安森林分局为全县查处破坏森林资源刑事案件、治安案件的专职机构,1995~2006年共查处各类森林案件3424起,其中刑事案件116起,治安案件215起,森林行政案件3093起。处理各类违法人员6556人次,其中刑事处罚813人次,治安处罚198人次,收缴木材6808.4立方米,收缴各类非法猎杀、倒卖野生动物4142头(只),罚没款869.74万元。

典型案例

1995年1月20日,接群众举报,五指峰林场大坝里分场采伐的木材被盗,可能经泰和销往浙江。县森林公安立即组织人员分赴大坝里分场和泰和、井冈山查找线索,当晚在井冈山市长坪乡的中烟查获被盗杉原木19支,计4.46立方米,并将盗窃、销赃木材的王某、张某依法逮捕。

2002年7月10~11日,大坑乡高倚村曾某,擅自在下长窝的自留山上采伐国家二级保护珍贵树木楠木7株,计2.136立方米,以每立方米200元的价格卖给赤坑村张某、肖某。之后又转手倒卖给刘某、邓某。根据《最高人民法院关于审理破坏森林刑事案件具体应用法律若干问题的解释》,曾某以涉嫌非法采伐珍贵树木罪被逮捕。张某、肖某、刘某、邓某以涉嫌非法收购珍贵树木罪被逮捕。

2002年9月14日,3名不法分子企图强行拉走大坑木材检查站查扣的非法木材,并持刀威胁检查人员。县公安森林分局接到报案后,局主要领导立即带领治安股民警赶赴现场,制止事态发展,并展开调查取证。依照《中华人民共和国治安管理处罚条例》,依法对3名违法人员给予治安拘留10天的处罚。

1995～2006年县公安森林分局查处森林案件一览

表4－3－3

年度	查处案件数									收缴木材(立方米)	罚没款(万元)	处理人员(人次)
	合计(起)	其中										
		盗伐	滥伐	非法收购	非法经营野生动物	失火	刑事案件	治安案件	其他			
1995	278	16	13	164	2	0	6	33	44	257.5	47.74	599
1996	254	14	8	95	5	0	17	52	63	203.7	31.90	563
1997	251	16	15	165	4	0	0	24	27	395.0	51.0	415
1998	214	28	29	123	2	0	2	8	22	450.0	43.0	537
1999	231	12	20	158	9	2	2	17	11	571.7	99.9	499
2000	234	22	13	156	3	6	6	11	17	436.2	46.0	307
2001	262	24	18	161	6	0	0	17	36	361.0	51.0	315
2002	191	22	12	117	6	0	6	11	17	645.0	65.7	404
2003	206	22	10	105	4	13	15	18	19	809.2	77.5	500
2004	273	46	31	128	6	23	20	4	15	743.0	106.0	688
2005	641	164	173	184	28	28	28	12	24	1400.0	120.0	801
2006	389	42	67	223	8	2	14	8	25	536.1	130.0	928

第四节　森林资源监测与调查

机构

1995～2002年,林业局林业调查队与营林股合署办公。2003年8月1日,林业调查设计队独立办公,为林业调查规划设计丙级资质,有专业调查队员8人。2004年3月,成立森林资源监测站,与林业调查设计队合署办公,两块牌子,一套人员。主要职责:负责组织实施县一、二类森林资源连续清查复查和三类调查设计及造林成效、新成林、新增资源、消耗结构调查,指导林业工作站、林场监测员开展森林资源建档、管理和数据更新,对乡镇场森林资源监测和木竹消耗年报的真实性进行核查,负责县级森林资源监测年报的编制。森林资源监测体系实行市、县、乡镇场三级管理,乡镇林业工作站和五指峰、云岭林场及林业工业公司有专职监测员,参加辖区一、二、三类调查和消耗量调查,建立档案,掌握资源数据及动态情况，更新森林资源档案资料，据实编报森林资源年报。2006年，林业工作站和国有林业单位共有森林资源监测员20人。

二类调查

以县级行政区域为调查单位，以满足森林经营方案、总体设计、林业区划与规划设计、县级森林分类经营和编制县级森林采伐限额等需要而进行的森林资源调查。1999、2002年开展两期森林资源二类调查。基本摸清全县森林、林地和林木资源的种类、数量、质量、分布及消长变化，客观反映调查区域的自然、社会经济条件与经营管理状况，综合分析与评价森林资源与经营管理现状，提出对森林资源的培育、保护、利用意见。

1999年7月，县抽调五指峰、云岭林场，林业工业公司和林业管理所75名林业技术人员，组成35个外业工组，7个外业质量检查组，开展全县森林二类资源调查。采用小班分类区划调查和县级固定样地复查同时开展的调查方法，通过抽样控制蓄积，结合小班调查把蓄积落实到山头地块，抽样调查采用1 ：5万地形图，小班区划调查采用1 ：2.5万地形图。样地、小班因子统一按全区编制的林业电算编码作外业调查记载，将外业采集的数据输入微机，建立数据库。此次调查共完成样地调查923个，小班调查27473个，面积311776公顷。经省、地、县质检组抽检，全部达优。是年，将林种划分为公益林和商品林两大类实行分类经营和管理。

2002年7月，根据省林业厅统一部署，再次开展县级森林资源二类调查。林业局抽调林业技术人员90人，组成35个外业调查组，7个质检组，依照省林业勘察设计院和森林资源监测中心制定的《江西省县级森林资源二类调查实施细则》及《江西省县级森林资源调查质量管理办法》，采用抽样控制与小班调查相结合的方法。样地调查利用1999年布设的923个0.08公顷县级有效固定样地进行复查，小班调查用1 ：1万地形图进行区划、调绘和调查，共完成样地调查923个，小班调查24320个。调查资料卡片经输机运行，总体蓄积调查抽样精度达90.5%，样地复位率达99.8%，样木复位率达91.8%，符合省二类调查实施细则的精度要求。两期二类调查结果显示，全县土地总面积不变，但林业用地面积减少，有林地面积上升，森林覆盖率提高，活立木总蓄积增大，生长量大于消耗量。

连续清查

即为制定和调整林业方针政策、规划、计划，监督检查森林资源消长目标责任制的执行，县每隔5年开展1次连续清查。连续清查以省级固定样地调查为主，每个固定样地布点标准为8公里×8公里，在遂川行政区域内共落入48个样地，样地号为1907～1954号。1996、2001、2006年对省级固定样地分别进行第四、五、六次复查，每次连清复查均通过上级验收。2006年6月开展的省森林资源连续清查，首次采用卫星影像图，进行判读区划和生态环境因子监测。

三类调查

即作业设计调查。为满足造林、抚育间伐设计和林分改造、伐区设计等进行的调查。林业调查设计队独立办公后，林业调查业务量增大。2003年8月，完成县民政局综合福利院地形图测绘。11月，受中国人民保险公司遂川支公司委托，对衙前镇衙前村金田坑发生的森林火灾进行损失调查。2004年5月，参与中日造林项目招投标及总体规划的外业调查和内业工作。6月，对桐木堑水利水电工程库区淹没林木进行调查。7～11月，受林业工业公司和金星木业公司委托，对新江林场杉木林面积和蓄积进行调查，完成调查面积1495.87公顷。2005年，受枚江乡中团村委托，完成集体林杉木、马尾松面积和蓄积量调查。9月，根据县“村镇规划建设领导小组”安排，对大坑、左安、巾石3个乡镇的21个村进行现状地形图测绘。2006年2～5月，参与完成市、省级公益林调查与成果资料编报。5月下旬，完成新江乡石坑村流转山场森林经营方案编制。6月，完成五斗江乡5个自然村现状图测绘。

第五节　山林权属争议调处

机构

1994年6月，县调解处理山林权属争议办公室设林业局办公，由林业局1名副局长兼任办公室主任，有工作人员3人。2003年10月，设专职办公室主任1名。2004年冬，根据县林业产权制度改革外业勘界工作的需要，建立县、乡、村三级山林权属争议调解体系，县有山林权属争议调处员9人（其中专职4人），乡镇有调解员92人，村有协调员1232人。

权属争议与调处

调处原则　执行《江西省山林权属争议调解处理办法》，坚持“逐级负责，分级调处，主动协商，着重调解”的原则。做到调处工作“三优先”，即优先调处可能引发群众性械斗事件，优先调处干扰政府正常工作、群众正常生产生活秩序及哄抢滥伐林木的事件，优先调处涉及国有林权属争议案件。2004年4月，执行市林业局《关于做好山林权属争议调处工作的通知》，进一步明确山林权属争议应坚持公开、公平、公正的调处原则，集体办案原则，主动协商、着重调解的原则，重大案件优先调处的原则。

调处程序　公民之间，公民与全民所有制或集体所有制单位之间发生的山林权属争议，由山林坐落地所在乡镇人民政府进行调处；跨乡镇的，由县山林权属争议办公室调解，县人民政府处理。全民所有制单位之间，集体所有制单位之间，全民所有制单位和集体所有制单位之间的山林权属争议，发生在县内的，由县山林权属争议办公室调解，达不成协议的，由县人民政府作出处理决定；跨县的由辖区市人民政府或市林业行政主管部门调处。山林权属争议采取先调解，争取协商解决的办法；调解无效的，由负责调处的人民政府作出处理决定。对处理决定不服的，在规定的时间内，向上一级人民政府申请复议，对复议结果仍不服者，在限定时间内向人民法院起诉，由人民法院进行调解或判决。2005年8月，执行江西省林业产权制度改革领导小组《关于切实做好山林权属争议调解处理工作的紧急通知》，村小组与村组之间的山林权属争议，由行政村负责调处；行政村与行政村之间的，由乡镇政府负责调处；乡镇与乡镇之间的，由县政府负责调处；县与县之间的，由设区的市政府负责调处。

调处方法　1995年后，县内山林纠纷调处案件主要由县调解处理山林权属争议办公室承办，乡村组织调解较少。在实施林业产权制度改革过程中，各乡镇建立“个人与个人纠纷不出组，组与组纠纷不出村，村与村纠纷不出乡”的山林纠纷调处工作机制，将矛盾化解在基层。各级组织把山林纠纷调解工作纳入同级林改目标管理责任制范围，县、乡均已制定重大纠纷突发事件预案。为解决20世纪80年代林业“三定”期间个别山林权证中存在的界址不清、相互重叠、证地不符、一山多证等历史遗留问题，衙前、双桥、新江、五斗江等主要林区以村为单位成立以老党员、老干部、老同志为成员的“三老会”，对林改期间出现的各种纠纷进行调解，把矛盾化解在萌芽状态。各乡镇在不违反山林调处政策法规的前提下，制定指导本乡镇山林调处的具体办法。在林改中，对界址不清的，明确以山林权证载明的四至界址为准；四至界址有争议的，按四至界址载明山场最近的地物标为准；无明显地物标的，以其载明的面积为准。对外业勘界时出现的山林纠纷，如能现场调解的，调解后勾绘地形图予以确定。不能及时调解的，待调解后再定界勾图。

调处数量　1995～2006年，全县山林权属争议案件共1987起，面积5239.7公顷。已调解1917起，面积4641.5公顷，案件调处率为96.5%。在全部山林权属争议案中，国营与集体之间的17起，其中调处14起，行政处理1起，上级处理1起，法院判决1起，调处率为100%，调处面积303.7公顷；乡村之间1902起，其中调处1802起，行政处理37起，上级处理5起，法院判决7起，调处率为97.3%，调处面积3679.1公顷；跨市、县争议68起，其中协商解决47起，上级行政处理1起，上级调处2起，调处率为73.5%，调处面积658.7公顷。林改期间，山林权属争议调处数量增多。2005～2006年，全县调处山林权属争议1859起，占发生争议1929起的96.4%，占1995年以来累计调处总数的97%。

典型案例

一、遂川县林业工业公司五斗江采育林场与井冈山企业集团朱砂冲林场“上狗子脑”（蓝窑里）山林权属争议

“上狗子脑”（蓝窑里），坐落于遂川县五斗江乡庄坑口村大湾里，是国营遂川县林业工业公司五斗江采育林场的国有林，解放前为遂川县五斗江刘姓“仁学堂”的祠众产，土改时划为国有林，一直归属遂川县林业局所有，并先后由五指峰林场、五斗江采育林场管理经营。1997年4月，经省林业厅批准，井冈山企业集团朱砂冲林场雇请民工在“老雅山”的“桃子坪”一带山场上采伐林木，因民工对山场界址不明，采伐到相毗邻的“上狗子脑”山场，被五斗江采育林场发现后，引发山林权属争议。

1997年7月3日，井冈山企业集团朱砂冲林场以调处该场与黄坳乡农户的纠纷为由到遂川查出一份遂川县井冈山区原名石溪乡梨坪村骆唐桂、骆业木、骆呈保“蓝窑里”《土地证存根》，由此而认定“蓝窑里”山林是该场职工骆呈保、骆才良家的祖业。骆氏入场后，该户的山林、土地应归林场所有。

经行署山调办调查、验证、实地勘察山场，查明的情况是：争议山场“狗子脑”的名由，是因骆氏在山上种过蓝，故叫“蓝窑里（蓝窑窝）”。争议范围：东从海拔961米高程的山顶向南沿山冲中间溪水至河，南是上、下狗子脑之间的河，西和北是该山脊分水（即海拔1110米至961米高程的山脊），面积约610亩，系松杂木为主，间生杉、毛竹的原始林分。朱砂冲林场的井石字782号土地房产证存根，与遂川县档案记载的原始件相符。经勘察，证上记载的山名与实地相符，且有骆氏房址、浸蓝的靛池和祖坟佐证；证上记载的四至，东西界址相符，南北界址不符。五斗江采育林场的“狗子脑”国有林的文书和表册，是

1953 年和 1964 年的原始件,可作为“狗子脑”国有林山林权属的证据,虽然没有四址范围,但国有林的山名是“狗子脑”,应包括争议的“上狗子脑”山在内;遂林证字 32202 号山林所有权证,不能作为县际山林权属的证据。争议双方均称进行过长期经营管理,因争议山场地处边远山区,交通极不方便,双方都没有作过认真的正式经营管理。

行署认为:井冈山企业集团朱砂冲林场有土改时的土地房产所有证,遂川县林业工业公司五斗江采育林场有土改时划定国有林的证据,依据有关规定,土地改革时期人民政府核发的土地房产证以及土地改革时期划定为国有林的证据,均为确定山林权属的有效证据,具有同等效力;同一山林权属争议双方持有同等效力权属证据的,应视为重复分配。因双方调解未果,吉安地区行署于 1998 年 4 月 7 日作出吉署处字〔1998〕第 1 号处理决定书,处理决定:“上狗子脑(蓝窑里)”的山林属土地改革时期重复分配的天然林,应按山权、林权各半的原则并结合自然地形划分山林权属界址。1998 年 10 月 16 日,双方当事人及县山调办人员按处理决定,到实地划定山林权属界线,埋设界桩,划定遂川面积 217.8 亩。

二、“岭排岭老”(石子岭老)山林权属争议

“岭排岭老”(石子岭老)山场位于砂子岭飞机场西南侧,山林面积约 70 亩。2002 年遂川县泉江工业区招商引资,计划在砂子岭实行有偿征地。争议山场涉及征地面积约 50 亩。在勘测作业阶段,县森林苗圃、雩田镇中洲村委会、泉江镇谐田村一、二组对“岭排岭老”(石子岭老)的权属发生争议。

谐田村争议的理由是:(1)本村持有山场的《土地证》和《山林所有权证》,权属明确、四至界址清楚。(2)解放后该山场一直由本村的第一、二组耕作、管理,并营造了马尾松林。中洲村争议的理由是:(1)解放前该山场是本村郭姓人的众产,族谱上有文字、山图记载。(2)解放后本村组织劳力在此山集体造林 3 次,砍伐 2 次,有经营管理事实。(3)谐田村《土地证》和《山林所有权证》所载“石子岭老”东西界址与争议山场实地界址不符,属“张冠李戴”。县森林苗圃认为:此山属 1958 年县委、县人委下文征用的土地范围,一直归国营林业单位经营使用,从未退还任何村、组。几十年来,山上松林由国营林业单位检疫监测、抚育管理,该山场的权属应归森林苗圃。

经联合调查组调查核实:1958 年 11 月 18 日,遂川县委、县人委下达《关于国营五指峰垦殖场建立花果园和育苗需征用土地的通知》,在砂子岭征用集体 2000 亩山场,建立“国营砂子岭花果园”(现为县森林苗圃)。当时征地的界址:东至寨下岭口;南至飞机场和岭排、雩田、和平;西至网埠店;北至长盛下田。三方争议的“岭排岭老”(石子岭老)包含在上述范围内,此后并未退还有关村、组。1982 年 11 月 20 日,县调处山林纠纷办公室对谐田大队与中洲大队争议“石子岭老”一案,下发《关于吊销瑶厦公社谐田大队与中洲大队在砂子岭查处山林纠纷案的通知》。文件明确“谐田大队与中洲大队争议的这块山场包含在 1958 年被征用的山场范围内,而从 1966、1972 年的《协商会议纪要》中查找,都没有发现把这块山场划归集体的任何根据,所以该块山场仍然应归国家所有”。谐田村的《山林所有权证》是单方在国家征用土地上填造的,自然无效。中洲村提出的解放前的证据不能作为山林权属的依据。所以该山场权属应归县森林苗圃。

2002 年 6 月 26 日,联合调查组组织争议三方进行调解,达成如下协议:

1. 县森林苗圃本着让利于民的原则,放弃对征地补偿费的要求,由雩田镇中洲村委会,泉江镇谐田村一、二组分别与县工业化建设领导小组签订土地征用协议。四周界址：东以与城溪相邻机耕路为界,南以北澳陂水渠为界,西以岭排山脚及水库为界,北以城溪新岭上水沟为界。面积64亩。

2. 土地征用协议签订后,上述争议山场使用权归县工业化建设领导小组,争议三方不得提出权属要求。

三、县林业工业公司与新江乡政府"南坑仔、李西坑、猫公坑、枇杷佘"山林权属争议

2005年5月,新江乡政府在林业产权制度改革外业勘界勾图时,发现"猫公坑"山场林木被县林业工业公司流转给金星木业有限公司采伐,引发了对"猫公坑"山场山林权属争议。2005年8月新江乡政府在"李西坑"山场采伐,县林业工业公司提出争议,双方于2005年11月分别向县山调办提出调处申请。

经县山调办调查取证,实地勘察山场,查明的情况是:争议山场"南坑仔、李西坑、猫公坑、枇杷佘"4块山场连片坐落于新江乡范背村大块林班南坑仔山场范围内,面积782.4亩。因该4块山场没有土地证,在1956年江西省搞用材林基地设计绘制经营图时划为国有(现县林业工业公司新江采育林场)。自1974年7月起,原新江公社与新江采育林场对上述4块山场权属争执不休,双方均开展了营林采伐等林事活动。林业"三定"时,1984年6月30日,新江乡政府填发12736号《山林所有权证》。1984年12月19日,新江乡政府与新江采育林场签订《关于新江大块南坑仔山林纠纷的协议书》,确定了山场范围,约定如无土地证,则山权林权归国家所有。1985年2月10日,县调处山林纠纷办公室作出遂调处〔1985〕字第5号文《关于新江大块南坑仔国有林与范背村山林纠纷的处理意见》,明确该争议山场的山权和林权均属国家所有,由新江乡政府填发《山林权证》给新江采育林场。由于新江乡政府对《协议书》的第一款确定的"山场以1956年省林业厅调查设计处测绘的图纸为准"有所争议,纠纷仍未彻底解决。经县山纠办再次调解,双方签订《关于新江大块南坑仔山林纠纷的补充协议书》(遂调处字〔1987〕第9号文),明确划定南坑仔国有林与乡有林枇杷佘接界的具体界址,对新江乡政府执存的遂林证字第12736号《山林所有权证》第三栏"南坑仔"一栏注销作废。1989年10月24日填发给县林业工业公司新江采育林场《山林所有权证》中,新江范背村大块山场内将南坑仔山场大范围(含争议的四块山场)列入权属范围,造成重证现象。新江乡政府争议的理由:一是"南坑仔"争议山场一直是该乡范背村范围,且多年来由乡林场经营管理;二是按照山调有关规定,同一争议有多次协议的以最后一次协议为准,1987年的补充协议中只作废一块山场"南坑仔",那么其余山场的权属仍属新江乡政府。

县林业工业公司争议的理由:一是争议山场从1956年规划设计时划归新江采育林场,1985年协议又已明确为国有;二是1989年所发山林权证中包括了争议山场属新江采育林场。

经县山调办调查取证,反复给争议双方做工作,寻求共同点,在双方互谅互让的基础上达成了共识,签订了协议,明确"李西坑"归新江乡政府所有,"猫公坑"归县林业工业公司所有,"南坑仔、枇杷佘"山场重新划定界址,双方各自管理各自范围的山场。林改确权发证按本次协议所确定的权属和四周界址发证。

四、雩田镇茂园村委会与本村八斗坑组“八斗坑第五坑”山林权属争议

2005 年 11 月 3 日，遂川县雩田镇茂园村八斗坑组 22 户村民联名向县林改办提出申请，要求解决“八斗坑第五坑”山林权属及经济收益分配等问题。

经调查，“八斗坑第五坑”坐落于雩田镇茂园村八斗坑组，1953 年发土地证给八斗坑组村民，此前山场一直为八斗坑组经营管理。1970 年，原茂园大队在八斗坑第五坑办村办药场，将八斗坑组、古塘口组、茂园组的部分山场无偿收归村有办药场，面积 700 余亩，其中八斗坑组 500 余亩。当时的大队干部未经相关村民小组群众同意，用行政命令手段将山场强行归属大队。1982 年药场改办村办林场，400 余亩为原有的油茶林和毛竹林，新造杉林 300 多亩。1984 年林业“三定”时，村委会将村办林场山场填发林权证在村委会名下，同年冬将林场发包给李锦志等 3 人承包，承包期 20 年，收益按承包人 7 成、村委会 3 成分配。2004 年合同期满，村委会决定将此山场拍卖。八斗坑组要求归还山权，分享拍卖山场收益，遭村委会反对，由此引发纠纷。

县山调办会同雩田镇政府开展了协商调解工作，通过调查取证，组织争议双方座谈，单位分别做调解工作，最终达成共识，形成了调解协议书。林权山权归村委会，村委会一次性补偿八斗坑组人民币 2 万元。

第六节　专项经费管理

包括育林基金及林业专项收费的征收和管理。1995 年起，林业规费实行分块征收办法：县内流通的木材及出县的毛竹和林副产品，由林业管理所征收；省内流通的木材及木竹制品，由木材市场办证点征收；木材市场交易的木材及出省的木竹制品，由吉安地区（市）林业局设砂子岭代办点征收。代办点所征规费交入地区（市）林业局预算外专户，年终按分成比例统一结算。县级实行收支两条线管理，所征规费交入县财政预算外专户储存，支出按县财政审查同意的用款计划拨付使用。上交省、地部分执行“定额上交，计划安排，少收不减，一年一定”的办法。2002 年 7 月起，执行新的林业规费管理办法，政策性收费全部交入地方国库，纳入县级财政预算，年终上交省、市分成部分。

育林基金

征收　1995 年，执行 20 世纪 80 年代末的征收标准，木材经营单位按收购后第一次销售价的 12% 计征；集体、林农直销的按第一次成交价的 15% 计征。各类木制成品、半成品和林副产品折合耗材量计征，折算标准：笋干每公斤折毛竹 2 根，土纸每担折毛竹 13 ~ 15 根，香粉每吨折木材 1.5 立方米。

1998 年 8 月，执行《江西省育林基金及维简费征收使用管理办法》，育林基金的征收范围为：原木、原条、各种用途的小材小料、旧房料及商品薪材，毛竹、篙竹、小山竹和杂竹，板材、锯材、木炭、木片、竹凉席、竹片、竹筷等木材制品及半成品，竹笋、松香、活性炭等以木竹为原料生产的林产品。征收标准分国有林、集体林育林基金 2 大类：国有森工企业、林场等企事业单位经营（包括联营山场）的木竹及批准注册的木竹经营单位经销的木竹，按第一次销售价或收购后的第一次销价的 12% 计征；乡村集体林场、林农直接销售给用户或木材市场的木竹以及委托国有木竹经营单位代销的木材，均按第一次成交价的15%计征。林业局制定统一的木竹销售基价，按销售基价乘计征比例征收育林基金。

1999年，执行省林业厅规定，对袋装香菇不征收育林基金。

2001年起，对五指峰、云岭林场国有林育林基金和维简费实行定额上交办法，按省定主伐商品材每立方米390元，抚育间伐材每立方米200元，商品竹每百根500元的基价，分项套算计征比例，年终根据当年下达的木材生产计划与林业局结算，除上交部分外，其余返还国有林场。

2002年，执行国家财政部公布保留的政府性基金的通知，将维简费并入育林基金项目。是年起，为优化投资环境，对松香、竹笋、香菇、木耳等林副产品和丛生竹、小杂竹免收育林基金及一切林业规费。

2003年，育林基金征收标准调整为不分国有、集体、个人，统一按木竹销价的20%计征。

2004年9月，全省统一育林基金计费价格，定向培育的工业原料林，10厘米以下间伐材计费价格为每立方米180元。县商品材原木计费基价分3档：10～14厘米每立方米为300元，16～20厘米每立方米为360元，22厘米以上的为400元（其中20厘米以上杂木为450元）。标准竹每根征收育林基金1元，小于标准竹的毛竹按每1市寸0.1元征收育林基金。1995～2006年全县征收育林基金9658.34万元。

使用　育林基金分生产性和非生产性支出两大类。生产性支出项目包括造林、育苗、良种引进和繁育、中幼林抚育、封山育林、造林规划设计和验收、采伐迹地更新、营林生产配套设施设备、营林贷款利息和贴息、森林资源管理、森林病虫害防治、护林防火、林业科技、科技成果推广补助。非生产性支出项目包括各种专业会议费用、专项报表印刷费、专业护林人员及林业管理人员经费、设备设施购置及维修费、征管业务费。林业局计划财务股具体负责基金的征收、结算和管理。

1995～2002年，国有林育林基金按省20%、地（市）10%、县10%、林场60%的比例分成，集体林育林基金按省、地各20%、县60%的比例分成。2003年后，县收育林基金纳入同级国库管理，国有林育林基金分成比例调整为省、市、县各10%，场70%；集体林育林基金分成比例调整为省10%、市20%、县70%。年终按比例上交省、市部分，返还林场比例部分。2005年，省调整集体林育林基金分成比例，省、市共让利7%补助给乡镇，即省、市、县、乡镇四级分成比例为8%、15%、70%、7%。1995～2006年，全县累计上交育林基金2410.99万元。

1995 ~ 2006 年全县育林基金征收上交情况

表 4 - 6 - 1　　单位：万元

年度	征收数	上交省、市数	年度	征收数	上交省、市数
1995	784.44	24.26	2001	679.48	216.48
1996	727.80	255.93	2002	579.80	118.82
1997	605.93	241.55	2003	864.86	276.87
1998	396.26	236.44	2004	1132.08	246.35
1999	687.27	192.51	2005	1113.43	173.88
2000	714.57	249.40	2006	1372.42	178.50

维简费

原名更新改造资金，1995 年改为维简费。

征收　维简费的征收范围与育林基金相同。2003 年，维简费并入育林基金收费项目。征收标准按国有林木材销价的 8%、集体林木材销价的 10% 计征。木竹制品、半成品及林副产品折合耗材量征收。1995 ~ 2002 年，全县累计征收维简费 3130.77 万元。

使用　主要用于扩大林业再生产、林区道路的延伸维护、防洪保安工程、设备更新和技术改造、技术革新、新产品开发、房屋维修和建筑等项目的补助费。维简费的分成比例、管理办法与育林基金相同。1995 ~ 2002 年，全县累计上交维简费 954.81 万元。

1995 ~ 2002 年全县维简费征收上交情况

表 4 - 6 - 2　　单位：万元

年度	征收数	上交省、市数	年度	征收数	上交省、市数
1995	480.22	10.52	1999	392.11	128.33
1996	397.77	132.21	2000	403.71	166.26
1997	359.33	132.21	2001	410.30	144.30
1998	256.29	157.61	2002	431.04	83.37

护林防火费

征收　1995 年，护林防火费随同育林基金、维简费的征收范围，木材按每立方米 2 元的标准计征，毛(篙)竹折合立方米征收(毛竹 100 根折 1 立方米，篙竹 300 根折 1 立方米)。2000 年取消护林防火费收费项目。1995 ~ 1999 年，全县累计征收护林防火费 118.24 万元。

使用　护林防火费按省 10%、地(市)20%、县 70% 的分成比例使用。县级分成部分主要用于林区道路建设、森林防火装备更新、防火通讯设备等。1995 ~ 1999 年，全县累计上交护林防火费 28.61 万元。

1995～1999 年全县护林防火费征收上交情况

表4－6－3 单位:万元

年度	征收数	上交省、市数	年度	征收数	上交省、市数
1995	24.34	4.00	1998	16.05	7.55
1996	28.59	5.61	1999	26.77	5.64
1997	22.49	5.81			

林区保护建设费

征收 1995 年,林区保护建设费与育林基金、维简费的征收范围相同,销售木竹按每立方米 5 元的标准计征。2003 年停止收费。1995～2002 年全县累计征收林业保护建设费 525.67 万元。

使用 国有林按省、地(市)、县、场1 :1 :1 :7,集体林按省、地(市)、县1 :2 :7 的分成比例使用。县级分成部分主要用于林区道路建设、河道整治和各项生产工程设施建设及小型设备购置、固定资产的更新和维修等。1995～2002 年,全县累计上交林区保护建设费 135.99 万元。

1995～2002 年全县林业保护建设费征收上交情况

表4－6－4 单位:万元

年度	征收数	上交省、市数	年度	征收数	上交省、市数
1995	51.56	9.14	1999	63.36	14.09
1996	54.36	12.35	2000	65.23	19.40
1997	53.84	14.52	2001	66.59	2.50
1998	58.07	18.87	2002	112.66	45.12

森林植被恢复费

征收 1996 年起,执行《江西省征占用林地收费暂行办法》,经批准占用、征用林地的单位,按每平方米 1～4 元向县以上林业主管部门支付森林植被恢复费,农村中小学工程等占用林地按低限减半收取。2003 年,执行国家财政部、林业局《森林植被恢复费征收使用管理暂行办法》,按不同的地类统一征收标准:用材林、经济林、薪炭林林地和苗圃地,每平方米收取 6 元;未成林造林地,每平方米收取 4 元;防护林地和特种用途林林地每平方米收取 8 元;国家重点防护林和特种用途林林地,每平方米收取 10 元;疏林地、灌木林地,每平方米收取 3 元;宜林地、采伐迹地、火烧迹地,每平方米收取 2 元。农民按标准建设住宅占用林地,“十五”(2001～2005 年)期间暂不收森林植被恢复费。1996～2006 年,全县累计收取森林植被恢复费 160.7 万元。

使用 1996 年,森林植被恢复费按省 10%、地 20%、县 70% 的比例分成,全额纳入同级预算外专户,实行收支两条线管理。2003 年起,列为政府性基金,纳入财政预算管理。同时,调整分成比例,按省 20%、市 10%、县 70% 安排计划使用,县级分成部分专款用于森林植被的恢复和抚育管理。1996～2006 年，全县累计上交森林植被恢复费 54.86 万元。

1996～2006 年全县森林植被恢复费收交情况

表 4－6－5　　单位：万元

年度	征收数	上交省、市数	年度	征收数	上交省、市数
1996	0	0	2002	7.23	0.99
1997	0.004	0	2003	12.66	0
1998	0.130	0	2004	56.29	18.95
1999	1.560	0	2005	31.36	13.70
2000	4.530	0	2006	42.14	21.12
2001	4.800	0.1			

绿化费

征收　1995 年，执行《江西省义务植树绿化费收缴和使用管理办法》，凡无故不履行植树义务的适龄公民和未完成义务植树任务的单位，按每人每年 4 元标准交纳绿化费（男性 18～60 岁，女性 18～55 岁；农民和在校学生除外）。凡有特殊原因，不便履行义务植树的单位，可用交纳绿化费的方式完成植树任务。1997 年调整收交标准，按每人每年 12 元标准交纳。1995～2006 年，全县累计收取绿化费 65.58 万元。

使用　1995～1996 年，绿化费按省 3%、地 5%、县 92%的比例分成，1997 年，调整为省 3%、地 7%、县 90%。县级分成部分主要用于义务植树基地，城乡绿化重点工程的苗木、劳务、管护和配套设施以及绿化等费用开支。1995～2006 年，全县累计上交绿化费 2.13 万元。

1995～2006 年全县绿化费收交情况

表 4－6－6　　单位：万元

年度	征收数	上交省、市数	年度	征收数	上交省、市数
1995	0.74	0	2001	1.03	0.16
1996	0.04	0	2002	1.52	0.20
1997	0.85	0	2003	14.85	0.40
1998	1.02	0	2004	14.22	0.40
1999	0.52	0.08	2005	10.47	0.40
2000	0.62	0.05	2006	19.7	0.44

森林植物检疫费

征收　1995年，执行《江西省森林植物检疫收费及其使用管理办法》，征收范围为：调运的森林植物，林产品及采种基地、良种基地、苗圃、林场及专业队、专业户等生产的种苗，在调运或产地检疫时收取森林植物检疫费。征收标准：木竹调运检疫按木材每立方米2元、毛竹每根0.02元，苗木产地检疫按销价的8‰收取。1995～2006年，全县累计收取森林植物检疫费295.93万元。

使用　森林植物检疫费按省、市各20%、县60%的比例分成。县级分成部分用于发展森检事业，包括检疫检验业务费，产地检疫和疫情调查费，扑灭和封锁疫区的检疫对象及新发现的危险性病虫害，购置检疫交通工具、检疫仪器、设备、药品费，检疫人员业务培训费，兼职检疫员补助和临时工资，奖励有功人员等。1995～2006年，全县累计上交森林植物检疫费93.3万元。

1995～2006年全县森林植物检疫费收交情况

表4-6-7　　单位：万元

年度	征收数	上交省、市数	年度	征收数	上交省、市数
1995	21.34	8.54	2001	23.52	8.49
1996	23.27	3.40	2002	21.88	7.82
1997	19.39	7.84	2003	20.12	6.47
1998	11.61	1.50	2004	27.59	5.92
1999	22.34	7.32	2005	35.23	7.82
2000	22.99	8.98	2006	19.20	19.20

林业内部审计

县林业局审计股负责对全县木竹经营、加工单位或个人漏交育林基金的行为进行专项审计。

1995年，审计木材经营单位和木竹加工企业用材，追交流失的育林基金、维简费14.68万元。1996年，专项审计全县林业规费，查补育林基金31.48万元。1998年，通过用材审计，追交少征、漏征育林基金、维简费6.86万元。2001年，对县内木材集材单位进行集材专项审计，查补育林基金、维简费2.29万元。1995～2006年，审计追交育林基金和林业规费共72.34万元。

第五章

林业基础设施建设

林业部门通过政府支持、社会融资和自筹资金，加大基础设施建设投入。1995年以来，县林业局以标准化林业工作站和规范化木材检查站建设、机关效能建设为契机，筹资1000余万元，改造和增加基础设施。2006年5月始，局机关及局直属单位，全面实行电子信息化办公和管理。五指峰、云岭林场和林业工业公司为改善林区道路和职工的工作与生活环境，12年来投入基础设施建设资金达1000余万元。至2006年，全县林业系统累计投入资金2000余万元，新建、改建林区公路，完善房屋设施，建立自动化办公网络，为林业发展增强后劲创造了条件。

第一节　林区公路

1995年，全县林区大部分村通公路，小溪木竹流放改为汽车运输，溪堰、水道主要用于农业灌溉。1998年，实施县政府《加快公路建设实施意见》，林区公路建设进一步加快。2004年3月，县委、县政府为形成快捷的县域公路网络，开展为期2年的公路交通建设大决战。在争取上级资金和计划扶持的同时，大力筹措地方配套资金，投入公路建设。至2006年，县内林区乡镇已实现100%通沥青或水泥路，林区行政村100%通公路。

林业部门抓住县乡公路建设发展的机遇，加快林区公路新建改建步伐。1995年以来，五指峰林场除投资新建文暖公路外，还坚持每年安排资金对辖区内的林区公路实行长期养护。1997年，林业工业公司投资14万元，养护林区公路54公里，被省、地评为先进养护管理单位，其中新江至车坳公路被评为省级文明林区公路。2000年，林业工业公司投资11万元，养护五斗江至车坳、车坳至新江林区公路，全长38公里，该路段当年被评为吉安市文明林区公路。至2006年，全系统累计投入林区公路建设资金423万元，其中林业局36万元，五指峰林场157万元，云岭林场30万元，林业工业公司200万元。发达的公路交通，使木材运输便捷，巡山护林效率提高。

新建公路

1995～2006年，全县新建林区公路6条，总长101.61公里。总投资5905.6万元，其中国家投资5842.6万元，林业部门投资63万元。

上堆公路　上坑—大坑—堆子前镇。1997年4月开工，2001年11月竣工通车。为四级泥结碎石路面公路，全长34.6公里，路基宽6.5米，路面宽4.5米。新建桥梁10座，其中七坪桥长114.3米。总投资1835万元。

扬禾公路　扬芬—禾源镇。2000年5月开工，2002年12月竣工通车。为四级泥结碎石路面公路，全长22.1公里，其中新修9.7公里，改造12.4公里，路基宽4.5～6.5米，路面宽3.5米，新建桥梁7座。总投资1055.6万元。

双潞公路　双桥乡—万安县潞田。2001年6月开工，2002年底竣工通车。为四级泥结碎石路面公路，全长5.9公里，路基宽4.5～6.5米，路面宽3.5米，新建桥梁6座。总投资452万元。

长五公路 大坑乡长隆村—五斗江乡。1998年6月开工,2005年建成四级泥结碎石路面公路,2006年底完成四级水泥路面工程。全长28公里,路基宽6.5米,路面宽5米,新建桥梁1座。总投资2500万元。

大水公路 新江采育林场大块—水口段,地处新江乡范背村境内。1995年9月由林业工业公司投资兴建,1996年6月竣工通车。为四级泥结碎石路面公路,全长3.01公里,路面宽4.5米,总投资20万元。

文暖公路 西溪乡文坳村—暖水村大牛岭。1996年冬由国营五指峰林场投资兴建,1997年10月竣工。为四级泥结碎石路面公路,全长8公里,路基宽4.5米,路面宽3.5米。总投资43万元。

1995年以后,林区乡村(组)公路发展较快,主要采取民办公助、民工建勤方法解决建设资金。新修的林区乡村(组)公路多为土路或泥结碎石路面,多数达到乡村简易公路标准,有的达到四级公路标准,所建公路桥梁均为永久性设计。

改造公路

1995～2006年,全县林区公路改造为四级以上水泥或沥青路面的有11条。1997年,雩田至云岭判官岭公路改造成路面宽4.5米四级沥青公路。2003年,雩田至横岭公路改造成三级沥青路面。2004年,横岭至新江公路改造为三级沥青路面;黄坑至西溪、盆珠至大坑、衙前至双桥3条公路均改造为四级水泥路面。2005年,上坑至大坑公路改造为四级水泥路面,雩田至云岭林场公路改造为三级水泥路面。2006年,大坑至堆子前、左安至洋溪(原扬芬乡)2条公路改造为四级水泥路面,大汾至湖南清泉公路改造为三级水泥路面。有的林区行政村公路也改造为沥青或水泥路面。

第二节 专用房屋

1995年以来,全县林业系统累计新建专用房屋29037平方米,其中办公用房及附属建筑14552平方米,职工宿舍等生活设施11288平方米,厂房仓库3197平方米。至2006年,林业系统共有专用房屋84593平方米,其中办公及附属用房28565平方米,职工宿舍等生活设施39118平方米,厂房仓库16910平方米。

林业局

1997年10月,在砂子岭兴建的林业综合服务楼竣工,建筑面积2000平方米。1998年,改造局机关老办公楼,改砖木结构为砖混结构,建筑面积2484平方米。2000年,森林苗圃在雩田镇珊田新建生态经果工程管护房,建筑面积1004平方米。2002年,改造局机关职工食堂,新增建筑面积500平方米。同时,安排资金先后兴建、改造和维修木材检查站、林业管理所等基层单位专用房,逐步改善职工生活和工作环境。2006年7月,新建林业要素市场竣工,占地面积6000平方米,建筑面积1785平方米。至2006年,累计新增专用房屋21670平方米,其中办公及附属用房13421平方米,职工宿舍等生活设施8249平方米。是年,林业局系统有专用房屋40605平方米,其中办公及附属用房22395平方米,职工宿舍等生活设施12310平方米,厂房仓库5900平方米。

林业工作站　1995年,大部分林业管理所有自建的办公和居住房屋,共计面积6400平方米。1997年,投资兴建高坪、雩田、新江林业管理所专用房。同时,陆续对部分原有林业管理所的专用房进行改造和维修。2004年,改建双桥林业工作站专用房。2006年5月,新建的巾石林业工作站专用房竣工,占地面积314.9平方米,建筑面积600平方米。至2006年,除泉江、大坑、戴家埔、禾源、左安工作站租(借)房屋办公外,其他林业工作站都有自己的专用房屋,共计面积11800平方米。

木材检查站　1995年,县内4个省批木材检查站中,横岭、大坑检查站建有专用房屋,其他2个站租(借)房屋办公。1997年,兴建高坪检查站(林业管理所)专用房1栋。1998年,兴建五斗江木材检查站专用房。至2006年,每个木材检查站均有产权完整的站房和值班室,共计建筑面积2789平方米。其中,横岭木材检查站有办公站房490平方米,值班室36平方米,厨房和餐厅80平方米;高坪木材检查站有站房1370平方米,值班室50平方米;五斗江木材检查站有站房290平方米,值班室48平方米;大坑木材检查站有站房380平方米,值班室45平方米。

护林哨　1999年,兴建大汾护林哨专用房,拥有产权完整的办公站房和值班室,建筑面积350平方米。2006年碧洲护林哨仍租房办公,未建独立哨房。

林业工业公司　1995年,投资18万元兴建大坑采育林场长隆工区住房,建筑面积576平方米。2000年,投资55.4万元在新江乡圩镇兴建新江采育林场砖混结构专用房屋1栋,建筑面积1015平方米。同年,投资33万元兴建五斗江采育林场洞口工区住房,建筑面积634平方米。2002年,因新江乡圩镇建设,拆除新江采育林场60年代建造的土木结构房屋1栋,面积400平方米。2006年,公司共有专用房屋11240平方米,其中办公及附属用房1520平方米,职工宿舍等生活设施3820平方米,厂房仓库5900平方米。

森林公安局　1995年以前,下辖7个派出所均与所在地林业管理所、木材检查站或林场共用办公场所。1999年,投资40多万元兴建五斗江森林派出所办公楼,占地面积890平方米,建筑面积600平方米。2005年,投资近50万元兴建新江森林派出所办公楼,占地面积1998平方米,建筑面积499.8平方米。此外,投资10多万元对大坑、汤湖、云岭派出所的房屋进行维修。

五指峰林场

1995年,有专用房屋27819平方米,其中办公用房4719平方米,生产厂房7000平方米,宿舍等生活设施16100平方米。1996年新建草林横店汽修车间1幢,面积3000平方米。1997年在县城新建五指峰大酒店,建筑面积5000平方米。并先后对部分职工宿舍等生活设施进行改造。2001年,让售五指峰大酒店房屋,减少建筑面积5000平方米。至2006年,全场共有专用房屋31000平方米,其中办公及附属用房5000平方米,职工宿舍等生活设施16000平方米,厂房仓库1万平方米。5个分场和6个工区均有自建的专用房屋。

云岭林场

1994年底,有专用房屋14902平方米,其中办公用房1021平方米,宿舍8568平方米,厂房仓库5313平方米。1995～1999年,投资133.57万元,新建专用房屋3186平方米。其中,1995 年,场驻县城办事处附属用房新增建筑面积 193 平方米,衙前分场新建办公及住宿用房 785 平方米,碧洲分场新建办公及住宿用房 609 平方米。1999 年,巾石分场新建办公楼竣工,建筑面积 614 平方米。后因拆旧房改建、转让、拍卖等原因,减少专用房屋 5100 平方米。至 2006 年,全场共有专用房屋 12988 平方米,其中办公及附属用房 1170 平方米,宿舍等生活设施 10808 平方米,厂房仓库 1010 平方米。5 个分场均有自建的专用房屋。

第三节　办公设施

电子信息化设施

随着计算机应用的蓬勃发展,林业系统办公设备逐步完善和更新。2005 年,林业局有笔记本电脑 9 台,长城牌计算机 19 台,联想牌计算机 22 台,台式组装计算机 14 台,打印机 27 台,传真机 4 台,复印机 4 台,扫描仪 3 台,交换机 3 台,宽带路由器 1 台。2006 年 4 月,建设高标准总控机房,新增戴尔 1100 电脑 57 台,笔记本电脑 3 台,黑白激光打印机 33 台,彩色激光打印机 1 台,浪潮服务器 1 台,机柜 1 个,交换机 4 台,投影仪 1 台,扫描仪 1 台。是年 5 月始,局机关全部实行电子信息化办公,内部局域网重新整合,实现与政府网对接。安装专业化办公管理系统,机关行政事务实行网络化管理,建立电子档案。干部职工 1 岗 1 机,基本实现无纸化办公,提升工作效能和质量。同时,增加森林防火监控系统监测点,完成监控指挥中心暨多功能视频会议系统建设,建立和完善遂川林业公众信息网站和网上公务查询系统。下辖各基层单位均有 1～2 台电脑。

五指峰林场 2001 年购置电脑 1 台,2003 年购传真机 1 台,2005 年新增电脑 4 台,2006 年购电脑 18 台,打印机 14 台,复印机 1 台,5 个分场及县城办事处各配有电脑 1 台。云岭林场 1997 年购置电脑 1 台、传真机 1 台,2002 年购笔记本电脑 1 台,2006 年新增戴尔电脑 14 台、传真机 1 台,5 个分场各配有电脑 1 台。

其他设施

1995 年,每个林业管理所配有公用自行车 3～6 辆,五斗江、衙前林业管理所各有"黎明"牌小型汽车 1 辆。全县林业管理所都已开通程控电话。各所有营林生产测量仪器 2 架以上,绘图工具齐全。1996 年,加大对林业管理所基础设施建设的投入,经国家林业部验收,24 个林管所全部达标。1997 年,林业局购置 4 台背负式喷雾、喷粉器和病虫害防治检疫设备。是年,泉江林业管理所配置"五十铃"双排座汽车 1 辆。1999 年,有 12 个林业管理所配备了摩托车。2002 年,建立鸟类环志与保护站,从鄱阳湖候鸟保护区购置 2 座特制专用木棚,配置地面卫星接收器、鸟类环志工具等设施。2004 年,局机关购置"索尼"数码摄像机和"佳能"数码相机各 1 台。2005 年 1 月,林业局购置 15 组档案密集架,建立林权档案室。同年,配置了野生动物疫源疫病监测专用汽车、电脑、摄像机、检疫设备和防护工具。2006 年,修筑环志站至打鸟岗网场水泥阶梯路 1 公里,并架设 2 公里的捕鸟诱灯专用高压电线。是年,林业局有工作用车 12 辆,摄像机 2 台,数码相机 5 台。林业工业公司有工作用汽车 6 辆,其中"五十铃"双排座汽车 5 辆,小车 1 辆,5 个采育林场共有工作用摩托车 16 辆。各个林业工作站的生产仪器等设施配置完善,达到正常开展工作的要求。木材检查站通过规范化建设,除配备计算机和打印机外,还配有执法专用摩托车、对讲机、照相机、探照灯等设施,其中,大坑检查站还配有执法摩托艇。森林派出所配有执法汽车、摩托车、传呼机、勘验箱、数码相机等设施。五指峰林场有汽车 3 辆,云岭林场有汽车 1 辆,2 场下辖分场均已安装固定电话,配有生产仪器等设施。

此外,全县林业系统的生活和娱乐设施得到明显改善。1995 年后,各基层单位均已接通有线电视或安装卫星电视接收器,设有娱乐室、图书室。五指峰森林派出所建起健身房。有的还添置了空调、电冰箱、彩色电视机、影碟机、音响功放等。各单位职工食堂的设施也有较大改善,为职工创造了良好的生产、生活环境。

第六章

森林资源利用

遂川积极把林业建设融入县域经济与社会发展的全局之中，合理利用森林资源，充分发挥林业的生态、经济、社会三大效益。林产工业逐步成为县域经济发展的支柱产业，1996 年全县林业工业产值突破亿元大关，遂川被省林业厅评为全省发展林业产业先进单位。随着经济体制改革的逐步深入，国有、集体林办工业陆续转换机制，非公有制林业工业迅速发展，一批工艺先进、投资规模较大的木竹加工企业相继落户县工业园区，形成规模化、产业化新格局，木竹产品逐步实现粗加工向精深加工转变，产品种类日趋丰富。通过林业生态工程建设，生态环境质量明显改善，森林生态体系整体功能增强，森林旅游业初步兴起。2006 年，全县商品木竹销量比 1995 年增长 2.6 倍；木竹加工产值达到 5.3 亿元，比 1995 年增长 13 倍。

第一节　木竹销售

营销方式

1995 年，木竹营销仍实行林业部门独家经营，全县的商品材统一集材在县江南木材市场交易。林业工业公司在第一市场挂牌经营，五指峰林场、云岭林场在第二市场挂牌经营。集体林区的间伐材由林业工业公司在江南木材市场设专点代购代销。市场设立零售点，实行批零兼营。旧木料及毛竹，由木竹经营者直接进山与林农产销见面。

1996 ~ 1998 年，杉木销售量占木材总销量的 51%，松、杂木除安排地方工业用材外，每年有 2 ~ 3 万立方米外销。外销木材以原木为主，经销者根据市场需求制材，长度多在 2 ~ 4 米。毛竹以销原竹、整车调运为主。1999 年，根据县内松、杂木可伐资源情况，开始禁伐天然阔叶林，不准杂木原木调运出县，加大杉木营销比例。2003 年，杉木销量占木材总销量的 83%。同时，增加杉木抚育间伐计划，除小部分原木外销，大部分木竹销给县内木竹加工企业，改变以往销售原材为主的经营方式。

2003 年 4 月，实施县委、县政府《关于深化林业经营体制改革的意见》，改革木竹营销体制，全面放开木竹经营。持有林业、工商证照的单位和个人，可直接进入林区购销木材。2004 年 8 月，实施林业产权制度改革，木竹经营全部市场化，允许林权所有者自主销售木竹。取消各级政府和部门限制林权所有者自主经营的政策措施和县、乡、村出台的所有木竹收费项目，调减育林基金征收基价。木竹买卖公平交易，竞标拍卖成为主要的销售方式。2005 年 12 月，成立遂川林业要素市场，为林木所有者和木材经营者提供交易平台，买卖双方通过市场向社会发布公告，进行公开、公平、公正交易。

1995 ~ 2006 年，全县累计销售商品木材 1435360 万立方米，毛竹 831.95 万根。其中，林业工业公司销售木材 522060 立方米，实现销售收入 26181.5 万元。五指峰林场销售木材 132843 立方米，实现销售收入 6830 万元。云岭林场销售木材 125577 立方米，销售收入 6394 万元。

1995～2006 年全县商品木竹销售一览

表 6－1－1　　　　单位:立方米、万根

年度	木材合计	商品材			地方工业用材				毛竹
		小计	杉	松杂	小计	杉	松	杂	
1995	68600	68000	42370	25630	600	–	300	300	33.00
1996	88500	70000	45000	25000	18500	–	7800	10700	50.00
1997	94500	80000	48000	32000	14500	–	3800	10700	50.00
1998	93900	80000	48000	32000	13900	–	4800	9100	50.00
1999	94000	80000	52000	28000	14000	–	11200	2800	50.00
2000	94000	80000	50500	29500	14000	–	11200	2800	66.80
2001	101900	76300	46540	29760	25600	8000	11450	6150	77.00
2002	79020	71620	49960	21660	7400	–	5050	2350	65.50
2003	146020	146020	122960	23060	–	–	–	–	82.50
2004	135841	135841	89099	46742	–	–	–	–	101.28
2005	185268	185268	139671	45597	–	–	–	–	89.37
2006	253811	253811	212284	41527	–	–	–	–	116.50

销售价格

1995 年,木竹经营价格随行就市,五指峰、云岭林场及林业工业公司 3 家经营单位根据市场行情公布当日交易价格,并以公开竞标方式实行优材优价。江南木材市场交易的木竹价格上扬,与市场建前(1994 年 7 月)比,木竹平均销价提高 7% 左右。大径级杉木提高幅度最大,每立方米提高 80 元以上,松木每立方米提高 40 元左右。毛竹价格为尺竹每根 3.5 元左右,旧木料价格每立方米 300 元左右。每立方米杉条木、杉原木平均价格分别为 350 元、600 元左右,每立方米红心杉价格普遍在 800 元以上,杉木棍价格 180 元左右。每立方米松木平均价格达 900 元,杂木平均价格 450 元左右。原竹主要销往广东、山东等省,旧木料主要销往省内的高安、丰城和省外的江苏等地。木材产品除省内销售外,还远销江苏、广东、安徽、湖北等省。是年,全县销售商品材 6.8 万立方米,毛竹 33 万根。江南木材市场实现销售收入 4800 万元,上交税金近 600 万元,经营企业实现利润 370 万元。同年,县根据木材市场价格行情,提高集体林木收购价格,调幅为 16%～51%。

1996～1997 年,木材市场的木材销价继续上涨,每立方米红心杉老山材销价高达 1700 元。1998 年,木材市场疲软,价格下跌。2000 年以后,县内木竹加工企业迅速发展,木竹销价回升。2003 年 4 月经营体制改革后,木材可在产地销售,减少中间环节,木竹销价提高。2006 年,销售材种有杉条木和松、杉原木及其各类木竹制品、半成品。主要产品的销售价格为:每立方米杉原木 650～900 元,松原木 450～800 元,人造板 900～2000 元。木竹产品主要销往广东、上海、江苏、浙江、安徽、湖北、福建等省市。

第二节　木竹加工

遂川的木竹加工企业由小到大，产品种类从少到多。据县第三次工业普查资料，1995年县内有木竹加工企业60家（其中落户砂子岭工业区4家），全县木竹加工产值3632万元。1997年后，个体私营经济迅速发展，木材加工量增大。1999年，全县59%的松杂木、40%的毛竹及木材采伐剩余物供给县内企业加工增值。2002年，木竹加工企业增至365家。为保护和合理利用森林资源，2003年始，对木竹加工企业进行清理整顿，除县委、县政府特批的上规模加工企业外，严格加工企业审批程序，按照产业发展导向控制新办企业。当年，市政府批准遂川木竹加工企业83家。2005年，市政府批准县内木竹加工企业89家（落户县工业园区28家）。主要产品有中密度纤维板、木胶合板、竹胶合板、异型胶合板、细木工板、齿接板、锯材、仿真门、杉木复合板、木地板、竹地板、缝纫机台板、家具、公园椅、球丁、木珠、伞柄、像架、蜡烛台、折扇、蚊香、木桩图片、木柄锹、竹笈、办公用品、铅笔、火柴、装潢细板、玩具、根雕、笋罐头、土纸、竹凉席、竹麻将席、竹帘、竹香签、竹棉签、竹筷、树脂、松香、松节油、香粉等。2006年，市林业局年审核准县内木竹加工企业84家。全县木竹加工产值达5.3亿元，比1995年增长13倍。

家具

县内个体家具从业者遍及城乡。20世纪90年代后，随着生活水平的提高，家具产品逐步向多样化、高档化发展。社会需求量增大，规模生产厂家增多。1995年，生产企业主要有雩田镇家具厂、衙前胶合板厂家具厂、大坑乡木竹工艺厂、珠田小溪木竹加工厂、禾源乡木业社等。是年，全县生产木制家具15.6万件，竹制家具1.4万件。1997年9月，林业开发公司在砂子岭工业区成立江南家俬有限公司，经营木材加工、家具及办公用品制造。20世纪90年代末，中高档家具开始大量上市，形成生产规模的民营企业先后落户砂子岭工业园区。主要品种有星级宾馆配套家具、板式拆装家具、办公用具、实木沙发、公园椅和各种专用桌椅等。2006年，县内有家具生产企业20余家，其中，泉江、草林、衙前、堆子前、禾源、雩田6个乡镇有12家。落户县工业园区的企业有遂川翔龙家具厂、金桥家具厂、友森木业制品厂、龙泉家具厂、三邦木业有限公司、云龙木竹制品厂、鸿发木竹加工厂、东林木竹加工厂8家。全县年产家具50余万件。

锯材

1995年，锯材以机械生产为主。是年，主要生产企业有县木材厂、盆珠乡综合厂、瑶厦铁木厂、枚江乡农机站锯板厂等。全县锯材年加工量29045立方米，其中普通锯材26737立方米，特种锯材2308立方米。随着房地产开发的兴起，市场对锯材的需求量越来越大，品种以杉木锯材为主，松杂木利用量不断增加。此后，禾源、营盘圩、七岭、南江、巾石、泉江、大汾、五斗江、上坑等乡镇先后兴办锯材加工厂。为保护森林资源，县政府和林业主管部门清理整顿高耗低值加工企业，关闭无证企业。2000年始，严格控制新增木材加工企业，重点发展木材深加工和高附加值企业。2006年，县内有锯材加工企业13家，全县锯材年产量3万余立方米。

板材

20 世纪 90 年代初，县内板材有木工板、松木胶合板和纤维板。1995 年后，相继开发中密度纤维板、杂木胶合板、竹胶板、复塑高强度竹帘胶合板、异型胶合板、细木工板、装潢板、齿接板、杉木复合板、木竹地板等产品。一批板材加工企业先后落户县工业园区。2005 年，板材加工企业由 1995 年的 6 家发展到 25 家，其中落户县工业园区的有 12 家。全县年产板材 9.7 万立方米，产值 1.8 亿元。其中人造板产量由 1995 年的 1.1 万立方米增至 5.3 万立方米，增长 3.8 倍。2006 年，县内有板材加工企业 28 家。

中密度纤维板 采用干法生产工艺，利用木材生产中的枝桠、树梢、边皮、锯屑等剩余物，经削片、蒸煮、施蜡、热磨、施胶、铺装、预压、热压、锯边、砂光等流程生产的板材。1994 年县林业局、乡镇企业局、五指峰林场、云岭林场、林业工业公司 5 家合办遂川县东林企业有限公司。1995 年 5 月，共同投资在砂子岭县工业区内兴建中密度纤维板生产线，先后购置拥有国际先进水平的奥地利产热磨机、沈阳重型机械厂配套生产的气流铺装成型机和 1350 吨 15 层热压机、江苏苏州林机厂生产的 6 砂架重型宽幅砂光机、广西梧州锅炉厂生产的 15 吨循环硫化床锅炉。累计投资 4978.5 万元，建起吉安地区最早的中密度纤维板厂，成为县内设备最先进、生产规模最大的木材加工企业。1998 年 8 月，以松、杂木的枝桠材为原材料，试产中密度纤维板 2184 立方米。2000 年批量生产，年产量 19640 立方米，占设计能力 3 万立方米的 65.5%。2001 年 7 月，由江西林森木业有限公司租赁经营，经过技术改造，年生产能力达 4 万立方米。最高年产的 2003 年，产量达 32630 立方米，产值 3557.9 万元，销售收入 3687 万元，上交税金 205 万元。2004 年 7 月，县东林企业有限公司整体拍卖后，成立遂川绿洲人造板有限公司，是年产量 22669 立方米。

遂川绿洲人造板有限公司　地处砂子岭县工业园区，厂区占地面积 62038.44 平方米，建筑面积 9882.22 平方米。2004 年 7 月，江西绿洲人造板有限公司（上海绿洲实业有限公司控股的子公司）与广东佛山市商羽投资控股有限公司合作，在吉安市招投标中心公开拍卖中竞得原县东林企业有限公司整体资产，成立遂川绿洲人造板有限公司，注册资本 1600 万元，资产 2400 万元。股权比例分别为 51% 和 49%。使用奥地利进口生产设备，专业制造中密度纤维板。品种有 1220 毫米 ×2440 毫米 ×9 毫米、12 毫米、15 毫米、16 毫米、18 毫米“林森”牌中密度纤维板。产品一级品率 93%，合格品率 98%。主要销往广东、浙江及省内。2005 年，生产中密度纤维板 31867 立方米，产值 3473 万元，销售收入 3326 万元，利润 92 万元，上交税金 298 万元。年耗松、杂木枝桠材 8 万吨。2006 年，生产中密度纤维板 3.75 万立方米，产值 4875 万元。

胶合板 用原木蒸煮及旋切成单板，再经胶粘剂胶合热压而成的一种多层木质板材。1995 年，县内胶合板生产企业有衙前胶合板厂和金源竹材胶合板有限公司 2 家，年产量 7373 立方米（木胶合板 6020 立方米，竹胶合板 1353 立方米），产值 2051.2 万元。1999 年 5 月，秀州公司与台湾锦坤公司合资在砂子岭工业区兴建竹地板厂，主要生产条形本色平压、本色竖压、碳化平压、碳化竖压 4 个种类竹地板和高级复合板，经浙江销往欧美和韩国。2000 年后，遂川荣华木制品有限责任公司、井冈板材有限公司、扬宏竹胶板厂、康鑫木竹制品厂、永慧装饰材料有限公司等胶合板生产企业落户砂子岭工业园区。

2005年，全县有木竹胶合板生产企业7家，年产量1.1万立方米，产值2962.9万元。产品除销售省内外，还远销广东、福建、广西、湖南、浙江、上海、湖北等地。2006年，产量2.25万立方米，产值5075万元。

遂川县秀州建材股份有限公司　位于衙前圩镇，前身是衙前胶合板厂。创建于1980年10月，企业占地面积3.7万平方米，建筑面积1.5万平方米。系省级先进企业和农业产业化经营省、市级龙头企业。1993年11月更名遂川县秀州股份有限公司（保留遂川县胶合板厂名称）。1995年生产"秀州"牌胶合板6020立方米。1997年1月，易名遂川县秀州建材股份有限公司。2000年2月，与中南林学院签订年产5000立方米径向竹篾帘复合板技改工程竣工试产。2001年4月，终止与台湾锦坤公司合资兴办的江西锦秀木业有限公司联营合同，其一切产权归秀州建材股份有限公司。2002年7月，该公司竹胶板生产线和竹地板厂分别实行租赁经营。2005年，公司有木胶板、竹胶板、竹地板、花岗岩板、家具等生产设备各1套。木竹胶合板年生产能力1.2万立方米，竹地板年生产能力3万平方米。年耗材量为松杂木12350立方米，毛竹64万根。建有工业原料林基地7239公顷（其中毛竹林623公顷），活立木蓄积量15万立方米，毛竹蓄积量126万根，绝大部分林木已进入采伐期。

1995年，"秀州"牌Ⅱ类针叶材胶合板、复塑高强竹帘胶合板获全国第三届科技人才技术交流展示会科技成果金奖。次年，复塑高强竹帘胶合板由省经济委员会论证为江西省新产品，"秀州"牌Ⅱ类针叶材胶合板获首届江西乡镇企业名牌产品奖。2003年，"秀州"牌胶合板获江西名牌产品奖，"秀州"牌胶合板和复合板系列产品获中国企业品牌推进委员会中国著名品牌奖。2004年，"秀州"牌竹胶合板模板由省经济贸易委员会论证为江西省2003年度新产品。

1996年7月，该公司获省委、省政府省级文明单位称号。1997年4月，获省政府最佳经济效益奖。同年8月，获农业部乡企局全国文明乡镇企业称号。1999年6月、2000年12月，由农业部分别授予全国乡镇企业管理先进单位、全国乡镇企业质量管理先进单位。2003年2月，江西省农业产业化经营工作领导小组授予农业产业化经营省级龙头企业称号。

细木工板　以杉木为原料，采用机拼生产工艺，经锯料、干燥、清边、定宽、刨板、断板、人工摆板、上胶、拼板、贴面热压等流程制作而成的一种板材。20世纪90年代以前，县内仅生产不经过贴面热压的细木工芯板。2000年后，受市场细木工板需求量增大的刺激，先后有遂川洪林木业有限公司、瑾晟木制品厂、浩瀚细木工板厂、众和木业有限公司、森荣木制品厂5家企业落户砂子岭工业园区生产细木工板。2003年6月，浙江客商在县工业园区投资兴办江西金星木业有限公司，生产规模为年产细木工板及木制品3万立方米。2004年3月，江西赣绿木业有限公司落户工业园区，生产规模为年产齿接板8.5万张、贴面细木工板7万张、夹心板2.5万张。2005年，全县有细木工板生产企业8家，年耗木材4.3万立方米，年产细木工板2.7万立方米，产值5575万元。2006年，生产细木工板3.5万立方米，产值4200万元。

江西省金星木业有限公司　位于砂子岭县工业园区。2003年6月，浙江省松阳县客商投资兴办，次年竣工投产。厂区设原江南木材市场第一市场内，占地面积40206平方米，建筑面积19700平方米，年生产细木工板能力3万立方米。2005年，主要产品有“施佳”牌高档细木工板和集成板，产量20502立方米，产值4818万元，销售收入3589万元，税金264万元，年耗木材30854立方米。公司通过租赁林业工业公司新江采育林场国有及国村联营山场，建有工业原料林基地1667公顷，活立木蓄积量24万立方米。生产的细木工板达到环境标志产品技术要求，获环境标志产品“十环”证书。产品主要销往国内各大城市建材市场及国外市场。2006年7月，该公司成为德华兔宝宝装饰新材股份有限公司（全国首家板材制品上市公司）的全资控股子公司。

火柴

县内火柴生产企业始于1970年兴办的县火柴厂。1995年，该厂有职工590人，生产普通火柴25.3万件，产值1350万元，实现利税84.6万元。同年12月，投资624.2万元的中、高档火柴生产线技术改造项目通过省级验收。1996年，按照《中华人民共和国公司法》规范企业名称，更名江西燎原轻工股份有限公司。1997年10月，实行“双置换”改制，改制后新组建股份合作制企业，易名遂意火柴厂。此后，因气体打火机逐步取代火柴引火及液化气灶的广泛使用，火柴销售市场萎缩，生产量大幅减少。产量最低的2002年，只生产普通火柴6.3万件。2004年10月，火柴厂实施破产改制。2005年4月，企业资产公开拍卖，浙江客商竞买成交后，新组建遂川县鑫燊火柴制造有限公司。该企业年生产能力20万件火柴。主要原材料为拟赤杨和松木。

造纸

机制纸　1995年，县内机制纸生产厂家有县造纸厂和左安、大汾、碧洲3家乡办造纸厂。产品主要有纸袋纸、蓝色牛皮纸、黄色牛皮纸、瓦楞纸、箱板纸。是年，以松木为原料生产纸袋纸1494吨，左安、大汾2个厂分别生产瓦楞纸775吨、箱板纸603吨。是年全县产值855万元。此后，大汾、碧洲造纸厂先后停产，左安造纸厂仅生产少量瓦楞纸。

县造纸厂为全县最大的机制纸生产企业，拥有2条机制纸生产线，年生产能力达5000吨。1996年，处于停产状态，仅完成工业总产值193万元，累计亏损421万元。1998年6月至2003年3月，由宜丰县客商租赁经营。至2003年3月，该厂资产负债率高达231%，同月20日依法实行破产。是年6月，企业整体资产由个体私营者竞买，新组建遂川县众诚纸业有限公司。2005年，该公司以小山竹、黄竹等为原料生产牛皮纸3665吨，实现工业总产值1806万元，上交税收105万元。产品远销广东、上海、浙江、安徽、湖北、湖南等省市。

土纸　县内土纸生产历史悠久。碧洲镇为主要产区。20世纪90年代后，随着半机械化、机械化生产的发展，手工艺作坊式生产先后歇业停办。1995年，土纸年产量10万担。1996年，全县土纸产量达15万担。1997年，为避免毛竹资源过度消耗和环境污染，县对一些耗材量大、效益低、未办理加工许可证的土纸生产厂家进行整顿，碧洲镇土纸加工企业由37家减至15家。此后，土纸年产量保持在10万担左右。产品除省内销售外，还远销广东、福建、山东、湖北、安徽、港澳地区及出口东南亚国家。2006年，全县土纸产量仍保持在15万担左右。

工艺品

折扇　手工制作，乡镇企业为主要生产厂家，大汾镇为主产区。20世纪90年代中后期，由于电风扇的普及，折扇市场逐渐萎缩。1995 年，遂川折扇有 12 个品种 18 种花色图案，年产 150 万把。2000 年，县政府制发《关于加快全县乡村集体企业产权制度改革的通知》，折扇厂实施改制。2006 年，县内折扇由个体私营户加工，年产量 10 万把左右，产品由经销商转销国内各地和东南亚国家。

此外，1995 年有 2 家乡办企业生产木碗、积木、如意烙花筷等工艺品。至 2005 年，有 10 家企业生产木竹工艺品，其中遂川浦东木制工艺品有限公司、三邦木竹工艺品有限公司、天叶工艺品有限公司、荣盛工艺品厂、傲天工艺品厂等企业落户县工业园区。主要产品有积木玩具、如意烙花筷、伞柄、刷子柄、像架、木珠、高尔夫球丁、木梳、根雕、蜡烛台等。2006 年，有 12 家企业生产木竹工艺品。

其他木竹制品

铅笔　1995 年，浙江义乌市客商在新江乡富民村独资兴办遂川县明胜制笔有限公司。企业占地面积 3230 平方米，建筑面积 1700 平方米，年生产能力 3500 万支铅笔。产品主要有"明胜"和"小天才"牌铅笔，是年生产铅笔 2600 万支，销售收入 180 万元。最高年产 1998 年生产铅笔 3400 万支。产品始销浙江和省内，后逐步拓展到广东、福建以及东南亚国家。2005 年，生产铅笔 1500 万支，产值 120 万元，年耗木材 300 立方米。

竹席　县内民间素有利用传统工艺生产竹席的历史。20 世纪 90 年代初，引进新工艺，开始机械化生产。经过高温、高压和防霉防虫加工处理后的竹凉席，具有通风透气、舒适、凉爽、经久耐用等特点以及保健按摩功效。江西金泉工艺品有限公司用进口设备生产的日本式竹凉席，高雅美观，年生产能力 25 万平方米。1995 年全县有竹凉席生产企业 5 家，主要品种有"金泉"牌竹凉席，空心保健竹凉席、竹麻将席、大片竹凉席、拉丝竹席等。2006 年，有 3 家企业和少数个体私营户生产竹凉席，年产量 1 万余床。

此外，1995 年，全县有 3 户企业兼生产卫生筷和竹筷，1 户企业生产纺织木配件，1 户企业生产皮革制造专用木转鼓，2 户企业兼产竹香签。2006 年，有 4 户企业生产竹帘，2 户企业分别生产竹香签和竹棉签，2 户企业兼产竹筷。

第三节　林产化工

1995 年，县内有共大松香厂、碧洲松香厂、五指峰林场化工香料厂、五斗江化工香料厂、新江活性炭厂、遂川县化工厂 6 家林产化工企业。年生产松香 747 吨、松节油 115 吨、活性炭 270 吨。2006 年，有新海化工有限责任公司、松川林产化工有限公司、江苏三笑集团遂川日化有限公司、遂川三林香业有限公司、华森炭厂 5 家企业，均落户砂子岭工业园区。主要产品有"新海"牌萜烯树脂、增黏树脂、松香、松节油、蚊香、环保炭等。

松香　松节油

20 世纪 90 年代中期后，随着松脂资源减少，松香、松节油产量逐年下降。1995 年，全县松香、松节油生产企业有共大松香厂、五指峰林场化工香料厂、碧洲镇松香厂和五斗江化工香料厂。4 户企业均采用直接加热滴水法生产工艺，年产松香、松节油 862 吨。1998 年，省林业厅印发《江西省松脂采集规定（试行）》，规范采脂行为。2002 年 1 月，县政府下发《关于切实加强松香生产管理的通知》，建立松脂加工企业审批制度、松脂凭证采割管理制度，制定松脂采集规划，严格采脂技术规程，改进采脂操作工艺。同年 8 月，县政府提出《关于清理整顿林产工业企业，促进全县林产工业健康发展的意见》，关闭采用滴水法生产工艺加工松脂的林产化工企业，禁止新上规模小于 3000 吨/年间歇蒸气法工艺和采用滴水法工艺生产松香、松节油项目。松脂的采割管理和采割规程，必须严格执行《江西省松脂采集规定（试行）》。2004 年，全县开展松脂采集专项整治，清理整顿非法采脂松林 170.87 公顷，取缔非法采集松脂加工户 1 家，摘除不规范采脂袋 2 万个。同年，浙江客商在砂子岭工业园区投资兴办遂川县松川林产化工有限公司，生产规模为年产松香、松节油 3000 吨。2005 年，县政府下发《关于加强松脂采集管理，促进松香生产健康发展的通知》，明确松脂采集实行属地管理，集体林权单位的采脂林木由所在地乡镇政府管理，国有林权单位的采脂林木由所属国营林场管理。根据省、市决定，全县停止新上松香生产企业，加大精深加工力度，提高产品附加值，延长产业链。是年，县内仅有松川林产化工有限公司 1 家企业生产松香、松节油，年产量 300 余吨，均由遂川县新海化工有限责任公司收购后深加工为树脂外销。2006 年，生产松香、松节油 259 吨，产值 2090 万元。

树脂

1992 年，新江乡政府及各村共同投资在砂子岭工业区兴办遂川县化工厂。1993 年 6 月正式投产，年产 300 吨萜烯树脂。2001 年 8 月，该厂部分职工联合出资承债式买断原企业整体资产，组建遂川县新海化工有限责任公司，为林产化工深加工企业。2003 年，企业年生产能力达 3000 吨萜烯树脂和 6000 吨松香树脂。主要产品有“新海”牌萜烯树脂，HA、HB、HQ 和 HR 系列增黏树脂，HM 系列涂料树脂，HN 系列油墨树脂。2005 年，生产萜烯树脂 1500 吨，增黏树脂 1200 吨，实现工业总产值 2302.8 万元，产品销售收入 2203.6 万元，上交税金 64.9 万元。产品销往北京、上海、天津、沈阳、广州、山东等地。2006 年，生产树脂 3000 吨，产值 3600 万元。

蚊香

1995 年，遂川上坑蚊香厂生产蚊香 5 万盒，1996 年停办。此后，仅有个体私营者利用县内香粉资源小规模生产蚊香，设备较为简陋，生产工艺较简单。2002 年 6 月，江苏三笑集团在砂子岭县工业园区兴办遂川日化有限公司，生产“睡得香”牌蚊香，年产量 140 余万件。2003 年，引进福建三林公司在县工业园区投资兴办遂川三林香业有限公司，与江苏三笑集团遂川日化有限公司配套生产蚊香坯。2005 年，遂川三林香业公司生产蚊香坯 146 万件，产值 3192 万元，销售收入 2536 万元，税金 118 万元，年耗香粉材 1300 立方米。2006 年，生产蚊香 200 万件，产值 6000 万元。

炭类

人造炭 1995 年后，为保护阔叶树资源，从严控制烧木炭。1999 年始，根据省、市、县有关规定，严禁烧木炭。2003 年 9 月，县内个人投资在砂子岭工业园区创办遂川县长和裕环保炭厂，利用木屑试产环保炭，当年竣工投产。次年生产环保炭 200 余吨，产值 32 万元。2005 年 6 月，县内私人合伙在工业园区兴办遂川县华森炭厂，长和裕环保炭厂并入该厂，是年共生产环保炭 300 余吨，年耗木屑 800 余吨。产品除省内销售外，远销广东、上海、浙江等地。2006 年,生产环保炭 500 吨。

活性炭　以杂柴、枝桠材等采伐剩余物为原料,采用物理水蒸气法生产的一种多孔径炭化物,具有良好的吸附特性,主要用于化工行业。1995 年,新江乡新江村活性炭厂生产活性炭 50 吨,1996 年停办。县职业中学新江横石活性炭厂多年停产后,2000 年由福建客商租赁该校的厂房和设备,易名遂川县兴达活性炭厂,以木屑为原料生产活性炭,年生产量 160 吨,年耗木屑 400 立方米,2004 年停产。

竹炭　为高性能活性炭,其作用与活性炭一样。2002 年始,五斗江乡先后有 2 家私营企业利用毛竹加工剩余物生产竹炭,因产量低,市场竞争能力不强,效益较低等,2005 年均已转产。

第四节　林副产品加工

香粉

生产历史悠久。用水碓打烂香栲树加工成粉末的传统方法,逐步由机械化加工碎粉所代替。1995 年,全县年产香粉 1000 余吨。产品除供应省内制香厂制作蚊香、神香、卫生香、化妆品和其他灭虫药外,还远销广东、广西、湖南、湖北、浙江、福建、河南等省区。2002 年,吉安市政府下发《关于清理整顿林业工业企业,促进全市林产工业快速健康发展的意见》,停止审批工艺落后、浪费资源、破坏植被和生态环境的香粉企业。是年 10 ~ 12 月,在全县开展林产工业清理整顿,关闭香粉厂。2003 年经上级批准,同意遂川三林香业有限公司生产蚊香坯,年耗香粉材 1300 立方米。2005 年,经林业主管部门同意,三林香业有限公司委托遂川绿源林业有限责任公司代理加工香粉 500 余吨。

藤编　棕编

1995 年后,塑料、竹制品大量上市,县内利用野藤编织藤椅、藤沙发、藤睡椅、藤篮等产品产量逐年下降。2000 年,县竹藤厂推行“双置换”改制。其后,乡镇藤编企业先后歇业,仅有少数个体加工户少量生产。根据市场需求,偶有个别经营者收购野藤销往广东等地。

随着尼龙、塑料制品的丰富,棕编生产大幅下降。1995 年后,县内棕编产品主要有棕绳,均为个体户生产。多为县内自销,部分销往周边县市。每到水稻收割前,是棕绳销售的旺季。此外,县内个体私营者以销定产,编织少量棕床垫、小棕垫、棕帚等产品。

笋制品

1995 年,全县加工笋罐头 1738 吨。其中县罐头食品总厂生产清水笋罐头 750 吨,县外贸罐头食品厂生产水煮笋 285 吨,滁洲、营盘圩、堆子前、高坪、戴家埔、七岭等乡村办企业生产盐渍笋、水煮笋 748 吨。1997 年,县罐头食品总厂生产清水笋 1042 吨。同年 9 月,该企业实施“双置换”改制,11 月新组建山珍罐头食品有限公司和龙泉罐头食品有限公司。2003 年 12 月,县龙泉罐头食品有限公司的“罗霄山”牌罐头商标获江西省著名商标。次年 1 月,该公司更名罗霄山罐头食品有限公司。2005 年 3 月,县山珍罐头食品有限公司整体拍卖,原厂址由吉安伟业公司竞买后进行房地产开发。至该年底,县罐头生产企业有罗霄山罐头食品有限公司、外贸罐头食品厂、玉宁罐头食品厂、永鑫食品罐头厂和堆子前、戴家埔、滁洲等乡村办罐头厂。主要产品有原汁冬笋、水煮笋、小竹笋等罐头。全县年产笋罐头3000余吨,其中罗霄山罐头食品有限公司生产原汁冬笋罐头1000吨,是年该公司当选为中国罐头协会第三届理事会理事。

茶油

县内茶油加工由传统手工操作的“木榨”,逐步改为机械化作业。机械设备由立式小型螺旋榨油机,发展到卧式液压榨油机,既降低劳动强度,又提高了出油率。1995 年 9 月,县油脂化工厂正式投产,采用枯饼浸出新工艺,使茶籽出油率提高4%以上。1997 年 10 月,县油脂化工厂租赁给永丰县客商生产“绿海”牌茶油。此后,县内粮食部门的油脂加工基本停产,乡村集体和个体、联户仍有各种型号榨油机进行季节性加工。2003 年,县内个体户投资成立江西正和天然食品有限公司,引进自动化榨油和高级烹调油精炼、包装等整套压榨精炼生产线,生产“老嘉公”牌茶油。2004 年,县个体私营者投资在西溪乡圩镇兴办江西五百里井冈特产有限公司,采取“公司 + 基地 + 林农”经营模式,研究开发、生产、销售油茶产品。拥有配套油茶产品生产线2条,年生产规模为加工油茶籽2500吨,初榨茶油500吨。“五百里井冈”商标经国家商标局注册。2005 年,该公司在西溪乡创建油茶基地6000亩,实现销售收入920 万元,产品除省内销售外,还远销上海、广东、福建和港、澳、台地区及东南亚国家。“五百里井冈”牌压榨一级茶油,通过了中国绿色食品发展中心“绿色食品”质量认证和国家质量检验检疫总局 QS 质量认证。是年,该企业被评为遂川县产业化经营龙头企业,并吸收为中国粮油学会油脂专业分会、县林产工业协会会员单位。

第五节　森林旅游

随着旅游业的兴起,森林旅游逐渐成为人们融入自然、返璞归真的心理追求。20 世纪 90 年代中期后,遂川加大生态工程建设力度,积极开发神山寺森林公园、白水仙、汤湖茶林、万福仙、大坝里、南风面、热水洲、遂川西部候鸟通道等森林旅游景点,景区开发逐渐步入可持续发展的生态旅游轨道。

神山寺森林公园

位于城郊北面,东邻城郊蛤蟆塘,南连县城,西接右溪河,北以县城至盆珠公路为界。总面积970 公顷。2000 年 6 月,省林业厅批复,同意建立遂川县神山寺省级森林公园。2001 年 3 月,华南理工大学建筑学院和县林业局联合完成森林公园总体规划和核心娱乐区详细规划。公园分为核心娱乐区、水库游览区、山林游览区、滨江游览区和经营管理区。规划景点主要有“三点(塔)四线(径)一区”:三塔为“花之塔”、“风之塔”、“泉之塔”,坐落公园三面;四线为花径、林径、风径和水径,为公园的 4 条主要线路;一区即核心娱乐区。以建成游览、观光、疗养、健身、文化娱乐等功能兼具的森林公园。

2001 年始,神山寺森林公园建设被县政府列为每年重点抓办的实事之一。至 2005 年,先后完成 3 个村 9 个村民小组 58. 7 公顷征地工作,对公园实施低效林改造和封山育林措施，建成环园公路1.5公里，在公路两侧栽种雷竹2000多株，园内补种阔叶树1万多株。2006年，在公园核心区建立马褂木示范林基地30余亩，栽种马褂木1800株，建立邓恩桉速生丰产林基地8亩，成功移栽大树19株。

白水仙

为省级重点风景名胜区。位于"翠竹之乡"碧洲镇白水村。境内物种丰富，属次生原始林区，总面积5000公顷。景区内瀑潭竹海、奇石幽岩、山深林密。以白水仙庙为中心呈环形分布，有仙女瀑布、仙女浴盆、水口峰、一线天、鹰嘴岩等30多处景点。山前塑一白水仙女雕像，入口处拾阶而上，踏上林间小道，再深入百步，便是大树荫蔽，涧流潺潺，鸟语花香，良好的生态自然景观美不胜收。

白水仙庙 位于景区中心一处幽静空旷的山坳，庙宇依山而建，内有菩萨3尊，时有游人香客来此求神算卦，庙内香火终年不熄。建庙缘于一民间传说，清同治《龙泉县志》载："昔有三姐妹学道于岩，遇仙授予丹砂，白日飞升，后人立祠祀之，疾病、岁旱祈祷辄应。"

仙女瀑 位于白水仙庙左侧，瀑布高达116米，呈三叠式，第一叠山泉从林中逸出，于豁口处飞流直下，落差86米，宽数丈，犹从天降，声震耳鼓，令人震撼。《龙泉县志》载："岩上有瀑布，泉注射数丈，若仙人缟衣而立，又云仙女显迹。"白水仙名，盖源于此。仙女瀑布脚下，又形成两级玉瀑悬空飘飞，落差仅次于仙女瀑。中间那叠宽阔而雄厚，从高高的山崖飞洒而下，飘逸如纱。第三叠瀑布落差次之，水流较缓，飞落飘洒。三级瀑布首尾相衔，恰似一条柔盈玉带，上挽蔚蓝深邃的天穹，下坠山色空濛的谷底。另在仙女瀑周邻还有瀑布3处，瀑声相闻。

仙女浴盆 在白水仙庙前约300米处的"玉液瀑"陡壁下，悬嵌一宽丈余、深逾两丈的石盆，俗称"仙女浴盆"。石盆天工斧凿，实为罕见。泉水从顶部泻注，形成巨大涡旋，复从盆沿溢出。相传三姐妹学道之时常在此处沐浴戏耍，后均成仙。

水口峰 海拔约895.9米，为县境东部最高峰。阳春三月，满山杜鹃竞相开放，红艳如火。若晴天登上水口峰，山川秀丽尽收眼底。晨望日出，霞光喷薄，气势雄浑壮丽。高峰远眺，苍茫赣江如白练横亘，飘向天际。

一线天 进入景区约5公里的盘山公路旁，豁然出现一条因地壳运动断裂而成的巨大山槽，长约200米，深300米。槽壁陡峭，泉水从岩峰中渗出，汇成细流，悬空直泻。人入槽底，仰天翘望，但见天留一线。离槽口不远有一洞穴，深幽莫测，泉流终年不断，形成深潭。若立对面山头遥望，"一线天"则如一道狭长的剑痕，将巨大的山体当中劈开。一谣曰："一线天，一线天，一线天里有花仙，花仙住在仙人洞，仙人洞胜御花园。"

鹰嘴岩 仙女瀑左侧山峰上，巍然耸立一块酷似山鹰的巨岩，岩体呈墨褐色，嘴尖如钩，傲视苍穹。与仙女瀑仅一壑之隔，相传山鹰暗恋对面的仙女，但又不敢吐露心迹，只好日夜在远处窥视，从古至今，相思千年。

另外，白水仙景点还有白玉石、撑腰灵石、棋盘巨石、蛇龟崖、悬崖飞鼠、回天崖、二士崖、幽情崖、鲤鲢洞、燕子窝、四松迎客、情侣古樟、七女侍母、绿荫走廊、天马行空、马迹等20余处，各具奇情异趣，引人遐思。

汤湖茶林

地处汤湖镇，距县城 60 公里。汤湖被吉安市定为大井冈旅游循环（井冈山—炎帝陵—汤湖）重点旅游景点之一，不仅温泉驰名，更是享誉中外狗牯脑茶的原产地，有茶园 1200 余公顷。省城乡规划设计院完成的汤湖旅游开发总体规划设计，规划为三大单元景点，即湖光山色（含电站大坝、水上俱乐部、快乐岛）、茶园览翠（含茶园览翠、茶苑品茗、狗牯脑茶坊）、泉涌珠沸（含地热研究所、皇华山、汤湖温泉、汤湖仙居）。境内拥有全县最大的电站（安村电站），为生态度假旅游业创造了良好的硬环境。

汤湖温泉 清同治《龙泉县志》载："大鄢泉有白气如沸可熟羊豕。"昔有自然泉十数处，主泉称"大汤湖"、"小汤湖"，泉周九个土墩，泉水顺坡而下，古传为"九龟下潭"。温泉地表水温为 55～83℃，热水涌水量每昼夜 2050 立方米，孔口最大压力 1.88 公斤/平方厘米，为江西第二大温泉。泉水无色透明，有较强烈的硫化氢气味，水质好，自行喷流，含有二氧化硅、钙、钾、钠、酸、氟、镁等多种化学元素，常浴此泉可防治高血压、心脑血管病、关节炎、皮肤病等。温泉四周山清水秀，林木繁茂，四季如春，素有"江西小海南"之称。1999 年，福建客商在汤湖圩镇旁投资兴建温泉山庄，建有假山、木屋、温泉喷涌、小竹林、热带养殖等 10 余处景观及住宿、餐饮、大小泳池、温泉桑拿、浴室、品茗等休闲娱乐设施，集休闲、康疗、观光、品茗为一体。每年接待游客达 2 万人次。

狗牯脑茶园 位于离温泉 1.5 公里的狗牯脑山。园内茶树蓊郁，云雾缭绕。放眼远眺，一片片茶林逶迤连天，一个个亭角翩然临风，一脉脉山径在绿海中迂回。狗牯脑茶文化底蕴深厚，其制作始于清嘉庆年间，汤湖木商梁为镒，水运木材到南京销售，因突遇洪水，木材全部冲失，流落南京，遇精于制茶的太湖女子杨氏收留并结为夫妇，后双双携茶籽返乡，在当地的狗牯脑山上开垦小面积茶园种植，独创制茶工艺，世代相传。《遂川县志》载："狗牯脑茶始则面小而量少，视为珍品，历来为贡品供帝王享用。"该茶因制作精细，色、香、味俱佳，荣获国际、国内数十项大奖而享誉海内外。

安村库区 位于汤湖镇白土村安石冲河段，河两侧高崖突兀，高山嵯峨，水面宽阔，凌空横亘一座雄伟的安村电站大坝。坝高 67 米，坝顶宽 4 米，最大坝长 216 米，将蜿蜒的左溪河拦腰截断，使四五公里的河道豁然聚成宽阔的湖面。水位深 60.7 米，面积 26.68 万平方米，水库总库容 1965 万立方米，形成一幅"高峡出平湖"景致。

万福仙

坐落在雩田镇彭汾村海拔 488.8 米的山峰上。始建于晋朝，此后为历代道教场所。群山郁郁葱葱，林涛滚滚，竹影摇曳，尽头处一堵马蹄形峭壁坐北朝南凌空屹立，犹如一把巨大的金銮殿龙椅。山脚拾级而上，经头天门、二天门约 1.5 公里便到万福仙。道观庙宇共有 10 处，即正殿、金鼎脑、地母殿、观音殿、三官宫、真君殿、恩师宫、祖师洞、文昌宫和兵马殿，建筑面积约 600 平方米。内塑玉皇大帝、水真君、文昌帝君、观音、佛祖、地母、九天玄娘等大小菩萨神像 31 尊。万福仙常有僧人留住，终年香火袅袅，年接待香客近 10 万人次。此外，山中还有金鸡孵蛋、龙含玉珠、棋盘石、百福寨、象嘴洞、酒壶岩、森罗洞、聚仙洞、神龟洞等景点 10 余处，且各具奇情异趣和神话传说。

南风面

位于罗霄山脉群峰之巅，海拔 2120.4 米，为江西境内第一高峰。坐落于戴家埔乡阡陌村境内，西接湖南省炎陵县，西北与井冈山相连。南风面周围的姐妹峰，海拔都在1800米以上，壮观奇特，形象各异。

南风面植物垂直分布明显，物种丰富，景致独特。山上生长的数千亩高山寒竹，四季苍翠。山壑间有清泉倾泻的飞瀑，雾气中生。山域生长着种类繁多的植物，一些濒临灭绝的珍稀野生动植物能在这里看到，如娃娃鱼、刺胸蛙、黄鹿、红豆杉、南方铁杉等。且盛产牛膝、西芎、玄参、升麻、独活等名贵中药材。还有红薇菜、苦菜、竹笋等天然绿色食品。

南风面，寓丰富的自然和人文景观于一体。在这里流传着美丽的神话和历史故事。湖洋顶曾是炎帝神农的洗药池。山下依稀可见仙女沐浴过的澡池，天兵天将对弈过的石棋盘。太平军曾在山中筑寨练兵，三国东吴参军罗霄曾在此山屯兵点将。南风面山脚下的阡陌村内，仍保留有大革命时期苏维埃政府主席办公旧址、红军后方医院、造币厂等历史遗址。

大坝里

位于五指峰林场场部西北55公里，西界湖南省炎陵县，东、南、北倚井冈山市。距井冈山茨坪45公里、距遂川县城98公里，从遂井公路的黄坳小溪洞行进仅28公里。主峰平水山海拔1779.4米。五指峰林场大坝里分场址设梨树洲，建有专用房屋、篮球场、电视卫星接收器等。

大坝里是遂川县自然保护小区，国家重点公益林林区，野生动植物保护区。区内奇峰叠嶂，古木参天，溪水潺潺，四季云雾缭绕。形态各异的植物群争奇斗艳，五彩缤纷。黄绿相间的花竹林，属南国特色彩林罕见景观。茶园连片，还有竹笋、香菇、苦菜、红薇菜等天然绿色食品。平水山以山顶平缓而得名，长芭茅、灌木，属省级动植物保护区的缓冲地带。

大坝里是井冈山革命根据地的组成部分。1929年初，彭德怀率领工农红军在第三次反“围剿”中，曾利用大坝里的险要有利地形，安全突围进军赣南与毛泽东、朱德会师。

热水洲

位于大汾镇岭下村，温泉所在地与井冈山旅游区山水相连，离井冈山市仙口2.5公里、茨坪36公里，属“大井冈”旅游经济圈范围。热水洲温泉沿河堤、河床呈泉眼群带状分布。水温64℃以上，日流量2000吨，含氟、硫磺、硒等多种微量元素。温泉附近原始森林茂盛，奇峰怪石间飞瀑如练，苍松似海，风光秀丽，四季如春，气候宜人，有蛤蟆望天、森林瀑布、石笋奇山、双龟望月、好汉坡等景点。是疗养保健、休闲度假待开发的理想旅游资源。

第六节　林办工业

1995年，林业系统有林办工业22家，产值1650万元。随着改革的逐步深入，林办工业投资主体单一，产品档次低，管理体制落后等弊端凸现。1997年后，按照县委、县政府的部署，林办工业转换企业经营机制，实行一厂一策，推行承包、租赁等形式，逐步实施产权制度改革。至2006年，全部林办工业仅存3家，均实行租赁经营。

林业局直属工业

1995年，局直属工业有林业印刷厂、林业地毯厂、硫酸铜厂、林业建材厂。同年9月，硫酸铜厂由县金矿租赁经营。由于硫酸铜生产耗电量大、产品成本高、严重污染环境等原因，1996年9月停办。林业建材厂主要生产人造大理石，因化工原材料奇缺，1997年撤销。其他两个厂均先后停办，2006年无局属工业企业。

林业印刷厂 厂址设砂子岭森林苗圃内。1988年9月兴办，局属集体所有制企业。主要印刷日记本、账簿、票证、文件袋、材料纸、信封、练习本等办公、学习用品，1995年产值24万元。20世纪90年代末，由于受市场经济影响，营销业务逐步淡薄。2001年10月，按照县企业改制有关规定，实行“双置换”改制，12名职工领取一次性经济补偿金后解除劳动合同，按社保条例安置职工，年底结束企业改制工作。

林业地毯厂 位于珠田乡坑口村。1992年6月兴办，局属集体企业。1994年3月，由浙江义乌柳青地毯厂租赁经营，生产半成品地毯运至浙江再加工为成品销售。1995年后，因产品销售不景气，企业连年亏损。1997年2月撤销地毯厂，企业职工由哪里来回哪里去。1998年6月，原企业的场地、房屋以及部分固定资产移交给林业局管理。

五指峰林场办工业

1995年，有工业企业4家，其中合资企业2家，场办企业1家，国有企业1家。2002年，除木材加工厂仍实行租赁经营外，3家企业停办。2006年，场办工业有木材加工厂1家，实行租赁经营。

木材加工厂 1995年生产煤锹柄30万只、镐柄25万只、锯木柄40万只、拼花地板5000平方米、光坯地板6000平方米、锯材200立方米、板材加工100立方米，产值76.1万元，利税34.3万元。年耗松杂木、枝桠材2500立方米。产品销往本省的新余以及天津、上海、浙江、江苏等省市。1997年实行租赁经营，1998～2001年承包经营。2003年始，引进浙江客商租赁经营。2005年，主要生产门窗料，产值280万元，利税70多万元，年耗木材4000立方米。

化工香料厂 1995年，生产松香18吨，松节油1.8吨。此后，因松脂资源缺乏，1998年始基本停产。2003年企业改制，7名职工提前退休，25名职工置换身份，领取一次性经济补偿金后解除劳动关系。企业固定资产由西溪分场管理。

江西金泉工艺品有限公司 1995年，因受市场影响，大部分产品积压。是年9月，与金川聚脂制品有限公司合并经营。

江西金川聚脂制品有限公司 1995年9月，与金泉工艺品有限公司合并，两块牌子一套人员。2001年公司改制，133人置换身份，15人保职挂编。厂房、仓库实行租赁经营，办公楼由五指峰林场驻县办事处使用。

云岭林场办工业

1994年底，场办工业有8家，均属集体企业。1995年，单片厂、香粉厂、食用菌厂、火腿厂先后停办。保留的制革机械厂、竹艺厂、家具厂、机制砖厂4家企业实行租赁经营。是年场办工业完成产值314.2万元、利润11.9万元、上交税金6.1万元。1996年7月，机制砖厂继续租赁经营，另3家推行股份合作制改造。1997年1月，3家股份制企业合并，成立云岭木竹制品厂。同年10月，更名为云岭木竹制品有限公司。1998年5月，该公司停办撤销。2005年8月，云岭机制砖厂因外商征用厂址而停办。至此无场办工业企业。

制革机械厂　始建于1988年，原为横岭乡的乡办企业。1993年1月，由云岭林场承包经营，同年9月，以租用设备方式，将厂址从横岭迁至云岭林场工业小区。1995年生产制革转鼓32台，同年10月实施承包经营。1996年7月，推行股份合作制改造。1997年1月，并入云岭木竹制品厂。

机制砖厂　1994年5月始，租赁经营。1995年生产机制砖412.5万块，1998年产量660万块。2005年8月，落户云岭的广东嘉裕牧业公司征用该厂所在地，机制砖厂停办，制砖设备因老化而报废。

竹艺厂　1994年4月始租赁经营。1995年生产竹凉席15567平方米。1996年7月进行股份制改造，是年竹凉席产量39237平方米，产值212万元。1997年1月并入云岭木竹制品厂。

家具厂　1994年7月兴办，位于云岭工业小区，有家具生产线1条。主要产品有中高档办公桌、会议桌、餐桌、椅等各式家具，是年8月始租赁经营。1996年7月股份制改造，次年1月并入云岭木竹制品厂。

木竹制品厂　1996年7月，制革机械厂、竹艺厂、家具厂3家改制后合并成立，1997年1月始按股份合作制形式正式运营。同年10月，更名为遂川县云岭木竹制品有限公司。是年，生产竹席7787.9平方米，家具386件，产值220.9万元。此后，因产品积压严重，一直处于半停产状态。1998年5月，撤销木竹制品有限公司，企业资产和账务移交林场管理，退还职工入股股金，原公司人员统一安排到各分场。

林业工业公司办工业

1995年，公司办工业企业有6家，其中全民所有制3家、集体企业2家、合资企业1家。是年完成工业总产值1200万元。随着市场经济的发展，企业实施转制。先后撤销林业汽车运输队、林业汽车修配厂、机制砖厂、木材厂4家，至2006年，有公司办工业企业2家，均实行租赁经营。

林业汽车修配厂　1995年，完成产值72万元，利税8.4万元。此后，因市场竞争能力低，经济效益大幅下降。1997年4月，根据有关文件精神，撤销县林业汽车修配厂。其债权债务划入县林业工业公司，人员安置到各采育林场。

机制砖厂　1994年始实行租赁经营。1995年，生产机制砖642万块，产值81.6万元。2002年，砂子岭工业园区扩大规模，机制砖厂土地全部被征用。是年5月，撤销机制砖厂。其债权债务划入县林业工业公司，职工安置到各采育林场。

木材厂　1994年，生产锯材1500立方米，利用边角废料生产包装箱600立方米，产值165万元。1995年1月撤销，并入木竹经营部，职工由木竹经营部安排。

江西兴泉人造板有限公司　1995年始，由林业工业公司职工租赁经营，是年生产纤维板3804立方米，产值549万元。1996年获省林业厅优秀企业称号。1999年5月，更名遂川县龙泉人造板厂，生产细木工板、水泥模板。2001年5月，由福建客商租赁经营，改称遂川县海龙人造板厂，2002年3月，终止合同。同年11月，由县内个人合伙租赁经营，易名遂川县云天建材有限责任公司，主要生产建筑模板。2005年，产量2100立方米，产值 500 万元。

江西遂川金源竹材胶合板有限公司 1994 年 8 月建成并试产。1995 年,竹胶合板生产线投产,年产竹胶板 1353 立方米,产值 337 万元。1996 年 6 月始,由青岛金源公司租赁经营。1997 年青岛租赁者回青岛后未再返遂川,导致该公司连续停产。2001 年 8 月,吉安宝庆人造板有限公司租赁厂房和部分设备,更名为遂川宝庆人造板厂,2002 年 6 月提前中止合同。是年 7 月,再次由个人租赁厂房及部分设备,易名遂川扬宏竹胶合板厂。2005 年,生产竹胶板 2000 立方米,产值 600 万元。

第七节 林业效益

林业经济是全县国民经济的重要组成部分,20 世纪 70 ~ 80 年代,林业收入占县财政收入的“半壁江山”。20 世纪 90 年代后,随着各种经济的发展,林业在全县财政收入的比重仍可谓“三分天下有其一”。遂川基本消灭宜林荒山后,相继实施“山下再造”工程、跨世纪绿色工程、林业项目工程等,大力培育森林资源,促进林业生态体系与林业产业体系的同步发展,逐步实现林业生态效益、社会效益和经济效益的协调发展。

生态效益

遂川把生态建设当做林业发展的第一要务。20 世纪 80 年代初,由于重砍轻造和管护不力,导致县内出现大片荒山,生态环境遭受严重破坏。据 1983 年调查,水土流失最严重的是零田、巾石、黄坑 3 个乡,仅巾石乡沟蚀面积就达 734 公顷,沟蚀严重的地方,农田到处是沙。黄坑乡崩岗现象严重,群众生活、生产受到严重影响。1985 年始,县委、县政府采取封山育林、群众性造林、改燃节柴等一系列措施恢复植被,选择试点进行生态型和经济开发型小流域示范性综合治理。1995 年,全县基本消灭宜林荒山,森林蓄积量回升,森林覆盖率提高。但由于地形岩性复杂,林种单一,植被层次少、密度低,林业资源开发不尽合理等原因,遂川的山地仍存在“远看山有色,近看水土流”现象。此后,采取工程措施、生物措施、农艺措施相结合的实施办法,加大生态环境建设力度。1999 年,成立遂川县生态环境建设综合治理领导小组,编制和实施《遂川县生态环境建设总体规划》。2002 年后,先后实施国家重点公益林森林生态效益补助资金项目和退耕还林项目等。县委、县政府以提高人民生活质量、实现可持续发展为目标,坚持大力造林,普遍护林,采育结合,永续利用的方针,依靠科技进步,加强森林资源的保护,开展综合治理。将坡耕地改造为果园、旱作物、茶园梯田,营造水土保持林,开发经果林,宜林植树,宜草种草,绿化荒滩、荒坡、荒地,增加绿地面积;落实封山育林措施,推广沼气生态农业技术,保护森林植被;改造马尾松纯林,调整林种树种结构,培育针阔混交林;改造低产果园、毛竹、茶园、油茶,提高名特新优经济林的产量和质量。多渠道、多层次、多方位筹措生态环境建设资金,发挥国家生态环境建设重点项目资金的作用,促进县域生态环境建设。至 2005 年,全县实施退耕还林面积 5467 公顷,国家重点公益林面积 2.95 万公顷。森林植被群落逐步恢复,生态多样性和植被群落完整性得到巩固,重点防护林和特种用途林受到有效保护,森林资源总量增长,林分质量和效益不断提高,森林覆盖率上升。

经长期治理，森林所具有的保持水土、涵养水源、调节气候、净化空气、美化环境等多种生态功能和作用日益显现，水、旱灾害减少。1998 年遭受大旱，相比 20 世纪 80 年代全县旱灾损失明显减轻，原水土流失严重的巾石乡，由于大抓封山育林、植树造林等水土保持工作，大旱之年受旱最轻。2002 年 9 月 13 日县内遭遇特大洪水灾害，堆前、草林、南江、左安等乡镇发生严重山体滑坡，相邻的西溪、黄坑、大汾、戴家埔、营盘圩等西部山区，因森林茂密，植被丰富，生态环境良好而损失甚小。良好的森林植被涵养了丰富的水资源，小水电开发成为投资热点，1997～2006 年，县内林区新建私营电站 27 座，装机 59 台，总容量 2.95 万千瓦。

经济效益

遂川依托丰富的森林资源，发展林业经济。1995～2006 年，全县累计生产商品木材 1435360 立方米，毛竹 831.95 万根。平均每年提供木材 119613 立方米，毛竹 69.33 万根。期间，国有林业单位累计向国家提供木材 780480 立方米，上交税收 6780.7 万元。其中，五指峰林场提供木材 132843 立方米、上交税收 1371.4 万元；云岭林场提供木材 125577 立方米、上交税收 449.6 万元，林业工业公司提供木材 522060 立方米、上交税收 4959.7 万元。

林业是遂川的一大支柱产业。1995 年县第三次工业普查数据统计，全县林业工业产值 8937.7 万元，产品销售收入 11073.2 万元，实交税金 1088.6 万元，分别占全县工业总产值、销售收入、税金的 44.2%、51.1% 和 58%。随着以木材生产为主向生态建设为主的经营理念转变，从保护和合理利用森林资源出发，对木竹加工企业进行清理整顿，先后关闭高消耗、低附加值、低效益的小企业。1999 年始，按照县委、县政府木竹产业化经营实施意见，引进和发展木竹精深加工企业，形成规模化生产，提高木竹综合利用率和产品附加值，促进林业经济增效益。此后，县重点调度国有、国有控股及产品销售收入 500 万元以上的非国有工业企业。2001 年始，上述企业称为规模以上工业企业，是年在 16 家规模企业中，林业工业企业 5 家共实现产值 5799 万元，销售收入 4858 万元，利润 63 万元，上交税收 859 万元。2005 年，全县规模以上工业企业 28 家，其中 11 家林业工业企业完成总产值 3.3 亿元，销售收入 2.9 亿元，利润 854.1 万元，上交税收 1309 万元。比 2001 年分别增长 4.8 倍、4.9 倍、12.6 倍和 52.4%。占 28 家规模企业的比重分别为 53.8%、50.8%、55% 和 38.4%。

1995～2006 年，全县累计征收育林基金、维简费、森林植物检疫费等林业专项经费 13955.23 万元。县级分成的经费，主要用于林业生产建设、扩大再生产、技术革新、开发新产品、维修林区道路、植树造林、恢复森林植被、更新设施及管理费用，为以林养林、发展林业提供资金保障。

社会效益

20 世纪 80 年代中期后，国村（户）联营造林规模不断扩大，林业部门逐年增加对联营山场的资金投入，提高农民的劳务收入。1995～2006 年，国营林场用于造林、抚育、林道建设、森林保护、木材采伐运输等劳务支出 7339 万元，支付联营乡村（户）利润分成款 413 万元。为支援县重点项目建设，扶助社会公益事业，林业部门除无偿提供木竹外，共捐款 475 万元。

1995～2006 年，遂川先后启动一批林业项目建设工程，共争取国家资金 7000 余万元，促进了林业发展和农民增收，创造出良好的社会效益。1995～1999 年，实施第二期世行森林资源发展和保护项目，造林 1073 公顷，毛竹垦复 600 公顷，完成幼林抚育 6312 公顷次，共投入资金 552.3 万元。1999 年起，启动第三期世行贷款贫困地区林业发展项目，共完成营造林面积 3779 公顷，投资 2116 万元，涉及 17 个乡镇(场)实施单位，受益村 102 个，受益农户 6892 户。期间劳务投资 1589 万元，为项目乡镇提供 80 万个工日的劳动就业机会，参加项目建设的农户户均增收 2306 元，年均增收 384 元。2001 年起，实施国家重点公益林项目，公益林管护面积 29444 公顷，至 2005 年共获中央财政补助资金 1027 万元。2002 年，开始实施退耕还林项目，共计面积 5467 公顷，至 2005 年，共获粮食、苗木补助资金 3004 万元。2004 年，开始实施日本政府贷款造林项目，建设期 6 年，总体设计项目建设规模 8260 公顷，当年完成面积 1719.4 公顷，发放贷款 49 万元；2005 年完成面积 2673.5 公顷，发放贷款 90.98 万元；2006 年，完成项目面积 1813.8 公顷，发放贷款 198.8 万元。另外，先后实施绿色通道建设、长江防护林工程建设等项目，均为遂川创造了较好的社会效益。通过项目实施，为农村剩余劳动力创造更多的就业机会，林农增加劳务收入 3000 余万元，森林面积扩大，森林覆盖率提高，水土保持加强，生态环境明显改善。

第七章
林业科技

20 世纪 90 年代中期以来,县林业科技工作坚持科技兴林的方针,把重点放在健全科技网络,推广林业实用技术,转化林业科技成果,提升林业科技人员素质等方面,不断提高县域森林资源总量、林地产出率、资源利用率和林业劳动生产率,逐步实现林业粗放经营向集约经营、传统林业向现代林业转变。

第一节　科技网络

机构

县林业科学研究所　1994 年,设县森林苗圃(砂子岭),与苗圃合署办公,两块牌子,一套人员,隶属县林业局。2001 年 10 月,因县工业园区建设需要,迁址于雩田镇珊田村。主要开展林业实用技术的推广应用和参与相关的科学研究项目。

县林业科学技术推广站　1997 年 6 月 12 日与营林股合署办公,有专业技术人员 5 人。2006 年有专业技术员 4 人。主要负责林业科技的宣传、推广和普及,组织制订林业科技发展规划,审核申报科研项目立项以及批准后组织实施,科技成果的申报、应用等工作。

云岭林场林科所　1994 年 1 月建立,所址设云岭林场场部,隶属云岭林场,是年有干部、职工 31 人,其中科技人员 3 人。主要开展容器育苗、杉木无性繁殖等林业科技工作。1995 ~ 1998 年,引进菜竹、黄栀子等良种并建立基地。1999 年,人员减至 5 名。2002 年后,主要负责场部周边山场的管护工作。2006 年,该所并入云岭林场执勤室,有人员 8 人。

五指峰林场科技推广中心　1992 年 1 月成立,设五指峰林场场部,隶属五指峰林场,有专业技术人员 3 人。指导开展全场林业科学技术推广应用及研究试验等工作。主要基地有五指峰分场南方红豆杉培育基地,大坝里分场毛金竹培育基地,西溪分场大脚弯黄栀子、黄姜培育基地和各分场绿化苗木培育基地。2002 年,人员及大部分基地并入各分场管理。

队伍

20 世纪 90 年代以来,县林业系统不断加强各类林业科技人员的教育和培训工作,采取各种优惠政策支持和鼓励林业科技人员以建立科技示范点、开展科技承包与技术咨询、承担科研课题等多种方式参与林业科技建设。科技人员主要有大中专毕业生和在实践工作中通过各种形式培训、自学、锻炼成才者。林业科技队伍不断扩大,整体素质显著提高。随着林业科技事业的发展,林业实用技术的推广应用,大批林农也在生产实践中掌握一定的林业科技知识和技能。1995 ~ 2006 年,全系统参加学历培训累计 229 人,已毕业的 200 人,其中研究生 2 人,本科 19 人,专科 94 人,中专 85 人。林业部门积极开展以林业科技推广为主要内容的社会化培训,1995 ~ 2006 年,先后举办油茶大树嫁接换冠、芽苗砧嫁接育苗等技术培训活动30余次，累计培训3500多人次。1995年，全县有林业科技人员291人，其中，高级5人，中级36人，初级250人。2006年，全县有林业科技人员439人，其中，高级7人，中级63人，初级370人。

1995～2006年遂川林业系统晋升高中级职称名录

表7－1－1

姓　名	性别	籍　贯	单　位	学历	职　称	批准时间（年月）
黄井生	男	江西遂川	林业局	本科	高级工程师	1995
郭晓鹏	男	江西遂川	林业局	大学	高级工程师	1999.7
范兰礼	男	江西遂川	林业局	本科	高级工程师	2001.7
李桃生	男	江西遂川	林业局	大专	高级工程师	2002.10
王礼权	男	江西遂川	林业局	研究生	高级工程师	2005.11
郭桂生	男	江西遂川	林业局	大学	高级工程师	2006.12
周　峰	男	安徽宿县	林业工业公司	大学	高级工程师	1995
肖仁根	男	江西遂川	林业工业公司	大学	高级工程师	1995
刘宝财	男	江西遂川	五指峰林场	大学	高级工程师	1997.8
尹根启	男	江西遂川	五指峰林场	大学	高级工程师	1998.12
郭昭洋	男	江西遂川	五指峰林场	大学	高级工程师	2001.7
王爱生	男	江西遂川	云岭林场	本科	高级工程师	2001.9
谢为港	男	江西遂川	林业局	大专	工程师	1997.9
郭桂生	男	江西遂川	林业局	本科	工程师	1998.7
罗江云	男	江西遂川	林业局	本科	工程师	1999.8
张声平	男	江西遂川	林业局	本科	工程师	2001.9
张　勇	男	江西遂川	林业局	大专	工程师	2001.9
李期樟	男	江西遂川	林业局	专科	工程师	2001.9
梁朝晖	男	江西遂川	林业局	本科	工程师	2004.2
罗竞林	男	江西遂川	林业局	本科	工程师	2005.11
温昌生	男	江西遂川	林业工业公司	大专	工程师	1995.5
张上九	男	江西遂川	林业工业公司	大专	工程师	1997.11
彭克强	男	江西遂川	林业工业公司	大专	工程师	1998.7
冯江平	男	江西遂川	林业工业公司	大专	工程师	1999.8
张钦宁	女	江西遂川	林业工业公司	大专	工程师	2000.9
王　凤	女	江西遂川	林业工业公司	大专	工程师	2001.9
曾昭年	男	江西遂川	林业工业公司	大专	工程师	2001.9
彭　炜	男	江西遂川	林业工业公司	大专	工程师	2001.9
邝振生	男	江西遂川	林业工业公司	大专	工程师	2006.11
肖伟生	男	江西遂川	五指峰林场	大学	工程师	1997.11
刘新华	男	江西遂川	五指峰林场	大专	工程师	1998.8
梁小军	男	江西遂川	五指峰林场	大学	工程师	2001.1
刘彬生	男	江西遂川	云岭林场	大专	工程师	1995.5

续表7－1－1

姓　名	性别	籍　贯	单　位	学历	职　称	批准时间（年月）
戴训东	男	江西泰和	云岭林场	大专	工程师	1997.9
吴柯久	男	江西遂川	云岭林场	本科	工程师	1997.9
彭冬明	男	江西遂川	云岭林场	本科	工程师	1998.9
刘冬古	男	江西遂川	云岭林场	研究生	工程师	2000.1
郭建松	男	江西遂川	云岭林场	大专	工程师	2001.9
刘兴云	男	江西遂川	云岭林场	本科	工程师	2000.11
罗国庠	男	江西遂川	云岭林场	大专	工程师	2000.11
刘苗生	男	江西遂川	云岭林场	大专	工程师	2000.11
叶诗猛	男	江西遂川	云岭林场	大专	工程师	2002.11
刘先梓	男	江西遂川	云岭林场	大专	工程师	2003.11
高　森	男	江西遂川	云岭林场	大专	工程师	2004.11
王头生	男	江西遂川	云岭林场	大专	工程师	2005.11
陈　聆	女	江西遂川	林业局	大专	经济师	2000.11
梁根生	男	江西遂川	林业工业公司	中专	经济师	1997.11
袁三生	男	江西遂川	林业工业公司	大专	经济师	1998.10
龙春华	男	江西遂川	林业工业公司	大专	经济师	2000.11
黄文林	男	江西遂川	五指峰林场	大专	经济师	1995.9
黄志安	男	江西遂川	五指峰林场	大专	经济师	1995.9
郭樟根	男	江西遂川	五指峰林场	大专	经济师	1995.9
冯桂根	男	江西遂川	五指峰林场	大专	经济师	1997.8
焦学桂	男	江西遂川	云岭林场	大学	经济师	1996.10
张筱珍	女	江西遂川	云岭林场	大专	经济师	1997.11
朱建兰	女	江西赣州	林业工业公司	大专	统计师	1996.9
陈琳琳	女	江西南昌	林业工业公司	大专	统计师	1999.10
翁淑华	女	广东汕头	林业局	大专	会计师	2002.5
赖建华	男	江西龙南	林业局	大专	会计师	2004.5
张卫中	男	江西遂川	林业工业公司	中专	会计师	1998
曾冬华	男	江西遂川	林业工业公司	大专	会计师	2000.10
李志芳	女	江西遂川	云岭林场	大专	会计师	2002.5
王梅英	男	江西遂川	云岭林场	大专	会计师	2004.11
康全生	男	江西遂川	林业工业公司	中专	政工师	2000
林　枫	男	江西遂川	五指峰林场	大学	政工师	1995.7
李华美	男	江西遂川	五指峰林场	大专	政工师	1998.6
邓冬如	男	江西遂川	五指峰林场	大专	政工师	1998.12
肖爱民	男	江西遂川	云岭林场	大专	政工师	2002.1
黄小平	男	江西遂川	云岭林场	本科	政工师	2002.1
张春华	男	江西遂川	云岭林场	中专	农艺师	2004.11

1995～2006 年遂川县林业系统新增工人技师名录

表 7－1－2

姓　名	性别	籍　贯	单　位	学历	批准时间(年月)
林青云	男	江西遂川	林业工业公司	初中	1997
刘香红	男	江西遂川	林业工业公司	高小	1997
刘敏生	男	江西遂川	林业工业公司	初中	1998
李子连	男	江西遂川	林业局	初中	2005. 9
王贱生	男	江西遂川	林业局	初中	2005. 9

遂川县林业系统工人技师前志补遗名录

表 7－1－3

姓　名	性别	籍　贯	单　位	学历	批准时间(年月)
郭丁生	男	江西遂川	林业工业公司	初中	1992. 11
黄宣伟	男	江西遂川	林业工业公司	初中	1992. 11
罗才生	男	江西遂川	林业工业公司	初中	1992. 11
康书强	男	江西遂川	林业工业公司	初中	1992. 11
郭基浓	男	江西遂川	林业工业公司	初中	1992. 11
叶诗樟	男	江西遂川	林业工业公司	初中	1992. 11
肖招生	男	江西遂川	林业工业公司	初中	1992. 11
王益生	男	江西遂川	林业工业公司	初中	1992. 11
李章堂	男	江西遂川	林业工业公司	初中	1992. 11
刘万云	男	江西遂川	林业工业公司	初中	1992. 11
郭达军	男	江西遂川	林业工业公司	初中	1992. 11
罗世荣	男	江西遂川	林业工业公司	初中	1992. 11
刘湘林	男	江西萍乡	林业局	高中	1994. 12
杨作伟	男	浙江诸暨	林业局	高中	1994. 12

第二节　科技活动

科技宣传

县林业系统坚持科技兴林方针，强化科技体制建设，通过各种宣传媒体和舆论工具，大力宣传林业科技知识，推介科技成果。1996 年，县林学会举行全县林业系统科技兴林大会，部署林业科技宣传活动。同年成立林业局科技兴林领导小组，负责林业科技宣传工作。利用《遂川林业简报》和圩镇专栏、板报等宣传渠道，加大科技兴林宣传力度，全年发放各类林业科技资料 4500 余份。是年 10 月，县林业局机关及五指峰、云岭 2 个国营林场的 20 余名技术干部参加全省首届林业科技成果展示和交易会，宣传推介县林业科技建设成果。1997 年，县林业局林业科技推广站制作《油茶大树嫁接换冠技术》、《瑨溪蜜柚栽培技术》等科技专题片4部,在全县重点油茶产区和平原乡镇巡回放映,深受广大林农的欢迎。1998年编发《遂川林业简报》30期。1999年,全县各林业单位共印发各类林业科技资料8000余份,编写科技墙报500余期。2000年印发《遂川县科技兴林实施办法》。2004年,编辑《遂川林业》画册3000册,宣传遂川特色林业及科技知识。2005年,广泛开展送科技、送政策下乡活动。印发金橘、油茶、毛竹低改及林业分类经营、退耕还林等宣传资料1万余份。

科技培训

县林业系统采取举办各类科技、科普讲座,召开现场会、咨询会、市场推介会,请专家授课,派送人员外出学习,编印发放教材,举行知识技能竞赛等方式,按照分类、分批、分期的办法,有计划、多层次地开展林业科技培训工作。

1995~1997年,先后举办森防测报、油茶低改、森林防火、毛竹丰产、油茶嫁接换冠、萧氏松茎象调查等技术培训班21期。1998年7月28日至8月3日,县林业局举办营林生产技术培训班,参训人员为林业管理所、苗圃营林生产技术人员,培训内容为果树的栽培和管理技术、病虫害防治、薪炭林间伐程序与要求、竹业和油茶生产技术、计算机基础知识等。1999年,全县举办各类林业科技培训40次,培训人员达5000人次,派出科技人员外出进修学习200人次,邀请省内外高等院校和科研机构的专家学者来县讲学50课时。2000年,举办林业科技培训班8期,培训主要内容为毛竹丰产经营技术、ABT生根粉应用、园林绿化苗木繁育技术、经济林培育技术等。组织技术人员深入乡镇、村、组,对林农进行培训指导计1000人次。2001年3月26~29日,邀请加拿大钾磷肥研究所、中国项目部副部长、博士王家骧,江西林科所研究员唐光旭,江西农大林学院牛德奎、郭晓敏、刘苑秋教授来县就林木平衡施肥、油茶丰产及低产林改造等技术授课。是年,配合"营造林质量月"活动培训基层林业科技人员100人次,培训实施重点林业项目的乡镇干部和林农500人次。2002年,举办林业科技培训班16期,累计培训时间84天,培训人员3000人次,培训主要内容为经果林造林方法、油茶栽培技术、果实收获及保鲜、金橘丰产技术等。2003年11月,由林业局领导、各业务股室负责人和业务骨干授课,并聘请9名市、县林业专家授课,总课时计240个,培训各类林业技术人员231人,培训的主要内容为常见种子与苗木质量鉴定、乡土树种造林技术、森林病虫害防治技术及树木学知识等。2005年,在雩田、碧洲、衙前、五斗江、戴家埔等乡镇举办林木培育、毛竹开发、园林花卉、食用菌及药材栽培技术培训班5期,参训人员达1100多人次。

科研活动

遂川候鸟通道鸟类环志　遂川候鸟通道是全国三大重要候鸟迁徙通道之一,其独特的地理位置和丰富的鸟类资源在鸟类环志方面具有重要地位和开展国际合作的广泛前景。

鸟类环志是用国际通用的金属环套在鸟的跗蹠上,然后将鸟放飞大自然,通过野外观察、再次捕获等方法获得鸟类生物学和生态学信息。鸟类环志既是一种数量调查方法,也是一种监测鸟类种群栖息地变化的重要手段,同时也是研究鸟类栖息地选择与利用、迁徙途径及策略的重要措施,是科学管理野生鸟类的基础信息。遂川鸟类环志严格执行环志申请制度,规范操作:(1)检查鸟的双腿有无鸟环;(2)用游标卡尺测量鸟的跗蹠直径,选择大小合适的鸟环;(3)选用大小适宜的环志钳和钳口闭合鸟环以免环口重叠;(4)检查鸟环闭合是否妥当;(5)把环号、鸟种名、环志的日期和地点以及鸟体的度量(翅长、喙长、跗蹠长、尾长、体长)等及时记录;(6)释放环志鸟。

2002 年,“中日江西营盘圩鸟类环志研讨会”在遂川召开。是年 9 月 24 日至 10 月 4 日,首次在遂川营盘圩开展鸟类环志工作。此后,县林业局积极配合全国鸟类环志中心,在每年的 9 月初至 10 月底,连续 5 年在营盘圩乡、高坪镇开展鸟类环志工作。主要捕鸟地点有营盘圩桐古村海拔约 1300 米的“打鸟岗”、湘赣交界(国务院 15 号界碑)处海拔 1358 米的“牛头坳”、营盘圩乡高圳村海拔约 900 米的山坳和高坪镇白沙村海拔 1530 米的洋荷岭。

结合鸟类环志的先进做法,捕鸟选用“打网”、“粘网”和“掸网”等工具。“打网”是当地群众历代传下来的捕鸟工具,网线粗、网格大,高约 10 米,宽 20 ~ 30 米,鸟的上网率高,但逃脱的机会也大。“粘网”,又称雾网或张网,是目前世界上最常见的鸟类环志捕鸟工具,网线细,网眼小,高约 6 米,宽 15 ~ 20 米,鸟撞上便跑不了,但体形较大的鸟类易破网而过,飞鸟上网不及时取下易导致受伤或死亡。“打网”和“粘网”均在夜间进行。“掸网”是利用鸟声诱捕器张网点灯诱引飞鸟撞网的捕鸟工具,捕鸟时间常在清晨或傍晚。

2002 ~ 2006 年,遂川候鸟通道环志鸟类合计 8770 只,其中 2002 年 185 只,2003 年 323 只,2004 年 1737 只,2005 年 1771 只,2006 年 4754 只。共回收鸟类 5 只,其中 2005 年 9 月 9 ~ 14 日回收 2004 年 9 月 14 ~ 23 日环志的鸟类 3 种共 4 只:灰眶雀鹛 2 只,环号分别为 B07 - 8990、B07 - 8917;红头穗鹛 1 只,环号 B07 - 8984;斑姬啄木鸟 1 只,环号 A33 - 9771。2006 年 9 月 10 日回收到 2005 年 9 月 19 日环志的鸟 1 只,种名栗头鹟莺,环号 A03 - 9737。

鸟类环志数量逐年递增,反映候鸟繁殖地和迁徙路途中的环境改善,公民爱鸟护鸟意识增强,更印证了中国东部候鸟迁徙区的存在。在遂川候鸟通道开展鸟类环志工作,扩大了全国鸟类环志网点覆盖面,丰富了全国鸟类环志的种类和数量,为从各个不同方向研究鸟类生物学和科学保护野生鸟类资源提供科学依据,无论在国内和国际都具有十分重要的意义。

天然软阔残次林改造技术研究　系 1994 年县林业局承担地区立项科研项目。是年,以双桥乡潭溪村皮坳组总面积 130 公顷山场为改造、研究基地。该山场林分以拟赤杨为主,混生木荷、刨花楠、杉木、马尾松等树种。项目以调整树种分布结构、增加活立木蓄积等为改造重点,并将测算数据记录对比。主要采取 3 项改造措施,即斩杂抚育:每年夏季对山场进行一次全面抚育,刈除杂灌及攀援性植物;调整结构:伐除被压木、弯曲木、枯立木、病腐木及非目的树种,对个别特大径级及分枝过早的“霸王树”进行环状剥皮,让其自然枯死;林中空地补种:造林季节在林中空地补种拟赤杨、枫香等树种,使其分布均匀,长势旺盛,结构合理。经测算,改造后平均每亩活立木蓄积增加 2. 2 立方米,较改造前净增木材 4325 立方米,按每立方米 400 元计算,每亩增值 887. 2 元,总增值 173 万元。

油茶优良无性系繁育及丰产技术　系国家林业局中试项目。根据省林业科技推广总站制定的实施方案,分配给遂川实施点的任务有两项:一是建立吉安市油茶无性系中心采穗圃 85 亩,二是营建中试丰产示范林 50 亩。实施时间为 2000 ~ 2004 年。

油茶优良无性系繁殖　1992~1993年,林业局在森林苗圃建立油茶优良无性系采穗圃45亩。2000年8月,由于县工业园区建设,砂子岭采穗圃被占用,项目终止。是年,林业局在大汾镇长岗坪林场新建采穗圃45亩。无性系号为赣6、8、55,赣无12、16、24,赣抚20,赣兴48,亚无3、4、20、21、27、55、166号等。建圃密度为120株/亩,株行距2米×2.8米,穴规60厘米×60厘米×150厘米。每穴施草皮5公斤,复合肥1公斤。4~8月对新建采穗圃进行2次抚育(主要是松土除草、扩穴、修剪)追肥,每次每株沟施(100厘米×25厘米×25厘米)复合肥0.5公斤,并与土和匀复土。同年11月28日对长岗坪采穗圃进行调查,该圃造林成活率96.3%,平均地径1.17厘米,平均冠幅51.9厘米×48.9厘米,平均树高12.1厘米。2003年,再次对长岗坪采穗圃进行2次抚育追肥,是年12月12日调查结果显示:造林保存率90.2%,平均地径1.3厘米,平均冠幅58.0厘米×64.2厘米,平均树高13.2厘米。

中试丰产示范林建设　2000年9月,县林业局科技推广站与林业调查设计队针对中试项目的特点,结合遂川实际,选取实施过国家油茶低改项目的南江乡作为中试丰产示范林基地。共设计造林面积660亩,分29个小班,投入资金52.8万元(该中试项目资金10.6万元、县林业局配套15.8万元、实施农户投劳折抵及自筹26.4万元)。是年9~10月,对造林山场进行清理和穴垦整地,将老病油茶树、杉木、马尾松以及杂灌全面砍伐,保留中壮龄油茶树。种植穴按"品"字形排开,穴规50厘米×50厘米×40厘米,株行距为200厘米×280厘米。11月,整地验收合格,在植穴内施入基肥,每穴施复合肥1公斤,厩肥、绿肥、草皮、稻草等适量。边施肥边和土,底层先和表土,表层再和心土,使围土的高度高于原地面15~20厘米。2001年1~2月,严格按"三埋二踩一提苗"的要求栽植优良无性系嫁接苗木。无性系号为亚无3、4、5、7、20、21、53、166号。栽植覆土略高于原土印,但不高于嫁接口。4~5月、7~8月份对造林地进行2次抚育,主要为穴抚,做到松土、除草、扩穴、施肥。施肥方法为沟施,即在树冠上方滴水线挖沟,沟深25厘米、宽25厘米,每株追施复合肥0.5公斤,边施边和匀土,并将松土时清除的杂草均匀覆盖在树兜周围。2002年再对造林地进行2次抚育。是年10月,县林业局调查结果显示:造林平均保存率95%,平均树高72厘米,平均冠幅41.3厘米×39.8厘米,平均地径为0.86厘米。

2005年10月,省林业科技推广总站对项目实施情况进行调查,认为项目实施中山场落实、林地清理、整地、施肥、种苗选择、栽植、抚育和病虫害防治等各工序操作规范,并全部采用从省林科院引进的10多个赣良系列优良品种苗木。推广种植油茶优良无性系品种,有助于改善油茶林的品种结构,提高油茶单产,增加林农收入。

毛金竹抚育实验　毛金竹又名小毛竹,隶属禾本科竹亚科刚竹属。县西南乡镇有零星分布,五指峰林场大坝里分场有较为集中的天然分布,面积约13.33公顷。1996年,该场组织技术人员对毛金竹林进行劈山斩杂,深垦株施(在毛金竹上方离蔸20厘米左右处开一深20厘米的月牙形沟,按1500公斤/公顷枯饼分堆至单株施入沟内,覆土盖平),浅垦条施(沿等高线,每隔3米开一深20厘米的施肥沟,将1500公斤/平方千米枯饼匀入沟内,覆土盖平),浅条垦条施(在垦复带中央开一条深20厘米的施肥沟,将750公斤/平方千米枯饼匀入沟内,覆土盖平)等抚育实验。把林内所有杂灌、杂草、4年生以上老竹、20厘米以下的小竹及病虫竹、枯死竹等砍伐物全部清除运出林地,并将山场地面松土3~5

厘米。1997 年 7 月，在经过抚育的林地中，分好、中、差立地条件，各抽查面积为 10 平方米的样地 2 块，共计 6 块，另在未经抚育的林地中也分好、中、差立地条件各取 2 块作为对照，分别于次年调查样地新发竹数、老株数、合计数以及其株高与胸径等。调查数据表明，样地新竹量与原老竹数线性相关极小，抚育与否与其发新竹量差异显著，抚育能使新竹量丰产。不同抚育措施对新发毛竹株数、胸径有明显影响作用，对次年新发毛竹高度影响不明显。浅垦条施对次年增加新竹株数效果较佳，深垦株施对新发竹平均胸径大小负影响作用较大。

对老毛金竹林进行抚育，每公顷萌发新竹可达 14520 株左右，以 1 根新竹折合 0.45 公斤鲜笋计，则每公顷年产笋约 6.4 吨，每吨产值以 2000 元计算，每公顷总产值可达 1.3 万元，单位林分面积产出甚高。毛金竹老林抚育每公顷总投资约 3000 元，挖笋每公顷以 4500 元计，则投入不过 7500 元，产出投入比为 2 ：1，是一项低投入、高产出项目，还可吸纳剩余劳力，辐射四邻，有显著的经济、生态、社会效益。

银杏良种选育及栽培技术研究 1992 年，云岭林场在巾石乡界溪村天然银杏树上采种。1993 年育苗成功。1994 年，在场部建立基地，设计造林 300 亩，是年造林 70 亩共计 8 万株，成活率 90%。次年，所植银杏新枝有枯死现象，余下 230 亩造林计划暂停实施。1996 年春造林保存率检查，所植 70 亩银杏苗绝大部分成活。是年，该场成立银杏良种选育及丰产技术课题组进行专项研究，同时向地区科委申请立项。是年 7～9 月，持续高温天气导致所栽植银杏大量死亡，只保留约 5000 株。至此，该项目停止实施。事后该场总结出失败的主要原因：主要是基地选址失误。基地土壤黏性大，通透性差，导致银杏根系生长极为缓慢。基地坡度 2°～5°过缓，加之整地时将所有地表植物清除，致使夏季日照时间长，温度高，形成灼伤。其次是抚育的方式和时间安排失当。6～7 月份高温天气进行穴铲与全铲，易诱发茎腐病。

引进推广

林业系统先后制发《遂川县科技兴林实施办法》、《遂川县 2005 年林业科技帮扶工程实施方案》等文件，不断完善林业科技兴林体制和引进推广服务体系。引进菜竹、东京野茉莉、桐棉松、东魁杨梅、琯溪蜜柚等一大批良种果苗。同时，抓好林业科技示范基地建设，培养扶持一批林业开发大户，以点带面，推广 ABT 生根粉应用、金橘留树保鲜、三大一篓、油茶优良无性系繁殖、油茶芽苗砧嫁接育苗、毛竹低改、竹笋两用林丰产培育、芽苗切根移植、退耕还林技术模式及杉木、马尾松、阔叶次生林定向培育等林业实用技术。

菜竹引进与繁育 菜竹有哺鸡竹、雷竹、早竹等多个品种。以江苏松江、浙江嘉兴及安徽芜湖最为常见。菜竹笋具有口感纯正、鲜嫩、无涩味和上市期长等特点。

1995 年，云岭林场从浙江省引进一批菜竹，试种 30 亩获得成功，当年造林成活率 90%，发笋率 50%。1996 年，该场承担地区林业局下达的菜竹繁育与推广项目，对菜竹基地管理抚育力度加大。次年，菜竹基地郁闭成林，发笋率达 100%，每株生新竹 4～5 株，密度达 800 株/亩，并开始供应母株。至 1998 年底，该场利用母竹在场部山场共造林 369 亩，总投资 134 万元。县内其他乡镇和农户也有小面积种植。菜竹笋主要销往江浙一带，一般售价 12 元/公斤，最高售价达 30 元/公斤。1999 年，云岭林场菜竹基地以 4 亩左右为一单元，由职工个人承包。大部分以出售种竹为主，价格 2～10 元/株，主要销往江西省林科院、新余市等地。2000年,职工卖种竹年收入达5000元。2003年,广东嘉裕牧业有限公司落户云岭林场,菜竹基地被全部征用。

ABT生根粉应用 1997年,县森林苗圃从省种苗站购进ABT生根粉(绿色植物调节剂)应用于扦插移栽、花木盆景等生产实践,取得良好效果。次年,该圃组织技术人员研究ABT生根粉的不同浓度、不同浸泡时间对林木种子、苗木育苗及花木栽培的影响,以达到最佳使用效果。经对比试验显示:苗木扦插用ABT生根粉40~60毫克/公斤浓度的溶液浸条2~10个小时(浸条为穗条下部1/3),可使扦插成活率提高15%~20%;苗木移栽用ABT生根粉10毫克/公斤浓度的溶液浸根24小时,或以40毫克/公斤浓度的溶液配泥浆蘸根,可使苗木提前10天左右萌发新根,造林成活率可提高8%~10%;此法用于松类切根移栽成活率可增加16%;金橘盆景使用ABT生根粉后,根系生长加快,整株成形较早,大大缩短出圃期。1999年,该圃获吉安地区ABT生根粉推广应用表彰奖。2000年,该圃"ABT生根粉在金桔盆景及花卉、绿化苗木生产中的应用推广项目"获吉安地区第二届林业科学技术进步三等奖。

东京野茉莉育苗与造林 东京野茉莉原产越南东京湾,为落叶小乔木,速生阔叶树种。主干发达,伐根萌条力强,耐瘠薄土壤,更新快。1997年,林业局从吉水县芦溪岭林场引进东京野茉莉种子,在森林苗圃进行育苗,每亩播种12.5~15公斤,发芽率50%,保存率85%。当年生苗高70~80厘米,最高1.2米,地径0.5厘米以上,每亩产苗0.8万~1.2万株。1997年冬至1998年春,在枚江乡中团村马尾松纯林中进行补植东京野茉莉500亩,亩栽树苗15株。1999年8月,在该山场随机抽测116株样树进行生长量调查,造林成活率96%,平均树高165.5厘米,优势树高290厘米,平均地径2.5厘米。1999年1月,在泉江镇新寨村推广补种造林200亩。2002年,对采用东京野茉莉进行改造的林分调查,造林成活率96.8%,林木最大高度48厘米,最大胸径5厘米。年平均高生长量为60~70厘米,地径平均年生长量1.1~1.4厘米。

引种东京野茉莉进行林相改造的实践证明,东京野茉莉具有适应能力强,生长速度快的特点,能较快改善林地条件,缩短郁闭成林成材的周期,提高生物产量和综合效能。2001年,东京野茉莉系列技术研究通过市林业局专家组鉴定,获吉安市林业科技进步三等奖。

金橘留树保鲜 2001年以前,遂川每年上千万公斤金橘都集中在11月上旬至12月中旬采收鲜销,造成货涌价跌。2002年,在堆子前、草林、黄坑等乡镇,首次采用树冠盖膜的方法直接进行金橘留树保鲜技术试验获得成功,金橘鲜果供应期由1个月延长至3个月。2003年11月,堆子前镇政府派员到广西阳朔县观摩学习金橘盖膜保鲜技术。是年,在全县9个金橘重点乡镇推广该项技术,面积150亩。至2005年推广面积达1000多亩。

金橘留树保鲜技术措施的要点:进行留树保鲜的金橘园,宜选择坡度小于20°的山地或丘陵且树势强壮的果园。在盖膜前把秋花果(三花果)摘除,并对金橘树普遍灌水1次,以满足树体生长需要,灌水量视降雨量及留果量而定。根据果园病虫害发生及防治情况,全园喷药1次,主要防治螨类、蚧壳虫、炭疽病、黑星病等。视树体长势及留果量,因树追肥,一般每20天左右薄施1次人粪尿或沼液肥,以补充养分,确保金橘树安全保叶越冬。

薄膜要求选择厚度0.8毫米、宽度3～10米的白色透明薄膜，盖膜时间一般在立冬前后，一直可盖至次年2月份。盖膜不宜过早或过迟，过早金橘未充分成熟，影响果实品质；过迟金橘受风霜雪雨侵害，会产生裂果、落果现象。盖膜时只盖住金橘树的树冠部分，不可整树覆盖。幼果树可搭小拱棚，再用薄膜盖树冠部分；成果树可把薄膜直接盖在树冠上，然后再在株与株之间的空隙处系绳，并打桩固定在树冠滴水线位置。

金橘盖膜，是鲜果留树技术的突破：一可防寒，延长采收期，错开销售高峰，提高销价，增加经济效益；二可防止果裂，把未进行盖膜保鲜时25%的裂果率降至3%以内；三可让阳光透过白色薄膜，使内膛果着色均匀，提高果品质量；四可避免果实与风霜雪雨的直接接触，预防大量落果。金橘适期采收后，及时揭膜重施春肥，以快速恢复树势，促进萌芽，促发春梢。

金橘留树保鲜后，果农增收效果明显。2003年，未采用保鲜技术的金橘平均价为0.6～1.1元/公斤，而采取留树保鲜技术的金橘平均价为2.5～4.1元/公斤；2005年，未采用保鲜技术的金橘平均价为0.8～3.2元/公斤，而采取留树保鲜技术的金橘平均价为3.8～8.8元/公斤，最高达14元/公斤。除去留树保鲜的全部成本，可获纯利2.5～3.5元/公斤，以亩产鲜果1000公斤计算，每亩可增收2500～3000元。

琯溪蜜柚引进与栽植 1998年，吉安地区实施果业发展工程，根据行署的统一部署，遂川承担引种种植24万株计6000亩琯溪蜜柚果苗任务。是年底，林业局选派技术人员到福建省平和、漳州实地考察，学技术，引种苗。在泉江、雩田、枚江、巾石、盆珠、珠田等平原乡镇，举办多期琯溪蜜柚栽培技术培训班。做好山场选址、斩山整壕、挖穴沤肥等前期准备工作。栽植技术严格按照“三大一篓”（大穴、大肥、大苗、营养篓）标准施行。至1999年3月，完成种植面积5254亩，其中连片种植3714亩，零星种植1540亩。云岭林场引种种植面积最大，该场租赁盆珠乡大桥村、枚江乡东塘村山场面积1500亩，栽植琯溪蜜柚6.2万株，总投资376万元。其余果苗分配到泉江等各平原乡镇、县直机关单位，少部分由各果业户栽植。是年冬，遂川县出现历史上罕见的持续低温、霜冻天气，0℃以下气温天气长达1周之久，最低气温达－6℃，导致绝大部分果苗冻死。个体果业户小面积种植的，由于选择避风地栽种，基肥较充足，防冻措施到位而有少部分剩存。经有关专家调查考证，认为寒冷气候是导致琯溪蜜柚大面积死亡的最直接原因。2003～2004年，存活下来的琯溪蜜柚进入挂果期，单株挂果30～40个左右。

第三节　科技成果

1995～2006年，林业系统科技人员不断探索与总结林业生产中的成功经验，开展一系列科研活动。遂川候鸟通道鸟类环志及吉安市鸟类研究、营林技术综合集成研究与应用、天然次生林经营的研究等诸多科研项目取得显著成效，产生较好的生态、经济和社会效益。

科研成果

遂川候鸟通道鸟类环志及吉安市鸟类研究 按照国家林业局要求，1998年秋季和

1999年春季开展江西省野生动物资源调查,吉安市鸟类调查为其中一项重要内容。1999年9月17~22日,省内外专家学者对遂川西部山区进行专项调查,证实了遂川候鸟通道的存在。根据调查数量汇总,结合有关鸟类资料文献,共记录鸟类117种,隶属14目40科。其中受《中日候鸟保护协定》保护物种15种,《中澳候鸟保护协定》保护物种5种。是年,《遂川候鸟通道鸟类环志及吉安市鸟类研究》课题立项,填补了江西省鸟类区系研究的空白。

2002~2006年,县林业局积极配合国家鸟类环志中心和省、市野生动植物保护管理站,连续5年在遂川候鸟通道境内开展鸟类环志研究工作,共环志鸟类8770只,隶属10目36科136种。5年环志基本情况:2002年9月27日至10月8日环志鸟类185只,隶属7目18科43种,其中留鸟12种,候鸟31种。2003年9月14~29日,共环志鸟类323只,隶属6目17科49种,其中留鸟20种,候鸟29种。2004年9月10日至10月5日共环志鸟类1738只,隶属9目27科72种,其中留鸟27种,候鸟45种。2005年9月8日至10月26日,共环志鸟类1771只,隶属10目26科84种,其中留鸟15种,候鸟69种。2006年9月5日至10月14日,共环志鸟类4754只,隶属9目30科86种,其中留鸟17种,候鸟69种。

通过鸟类环志研究,初步掌握了遂川候鸟通道候鸟迁徙规律。候鸟迁徙一年两次:一次是在春季,一般从春分到清明之间,候鸟从南往北迁徙到繁殖地;另一次是在秋季,一般是在白露至霜降迁徙,以白露至秋分数量大、种群多,候鸟迁徙返回南方越冬,首批候鸟迁飞时间为8月20日至9月1日,第二批候鸟迁飞时间为9月6日至9月17日,第三批候鸟迁飞时间为9月22日至10月3日,均以鹭科鸟类为主,第四批候鸟迁飞时间为10月9日至10月20日,以雀形目鸫科鸟类为主。

2005年4月,遂川鸟类环志站被国家林业局定为第一批陆生野生动物疫源疫病监测站后,对遂川境内野生鸟类进行调查,记录遂川境内分布的野生鸟类共209种,隶属14目45科。其中冬候鸟87种,夏候鸟40种,留鸟92种;国家一级保护鸟类2种,国家二级保护鸟类26种。有12种为江西省鸟类新记录,分别是棕三趾鹑、斑胁田鸡、毛脚燕、烟腹毛脚燕、鳞头树莺、淡脚树莺、矛斑蝗莺、暗绿柳莺、双斑绿柳莺、冠纹柳莺、褐胸鹟、栗腹矶鸫。并初步认为遂川是棕三趾鹑分布的北界。

遂川候鸟通道鸟类环志及吉安市鸟类研究成果为国内外学术界了解江西山地森林鸟类区系、研究生物多样性提供了科学依据,对研究亚太地区和中国东南部地区候鸟迁徙规律及鸟类生态、生物学研究,监测生物疫源疫病传播等具有重要意义。2005年,《遂川候鸟通道鸟类环志及吉安市鸟类研究》获吉安市科学技术进步二等奖,2006年获江西省农业科教人员突出贡献奖三等奖。

营林技术综合集成的研究与应用 20世纪90年代中期,五指峰林场组织科技人员对该场1985~1994年10年间的森林资源动态变化进行调查分析,发现成过熟林蓄积生长量逐年递减,灌木林地高速递增,活立木蓄积增长甚微。1995年,该场《营林技术综合集成的研究与应用》课题立项,实施时间为2年。该课题的着力点在于强化营林科技,提高林地生产率。为摸清林业资源家底,结合资源优势和市场行情,将课题主要内容拟定为:毛金竹的开发与利用,杉木大径材优质林分培育技术、南方红豆杉近自然经营研究、高山茶园经营效益分析、次生林经营方式及效益初探等。该项目的实施在转变传统营林理念、开发特色林业，林地集约经营和立体开发等方面作了许多有益的探索和实践，有 12 篇论文在《江西林业科技》刊物中发表。

该课题实施至 1998 年，辐射周边 3 个县（市）12 个乡镇，带动了林业项目的多维经营。据统计，在 2 年多的时间内该场累计新增产值 400 余万元。同年 8 月，省内外专家对该课题进行评审鉴定，一致认为其实用性、可操作性强，有利于林业的可持续发展。是年，该课题获江西省科学技术进步三等奖、吉安地区科学技术进步二等奖。

天然次生林经营的研究 1990 年，云岭林场开始实施，前后历时 10 年。该项目以具有亚热带典型代表意义的遂川县天然次生林为对象，根据可持续发展战略，从数量生态学、种群生态学以及森林经理学等多门学科入手，以样地样点调查资料为依据，对天然次生林的林层、种属关系、林分和林下植物多样性及分布规律，天然次生林与人工林不同起源比较，林分干材收获模型等方面进行研究。在拟赤杨干材材积及重量按相对树高的分布上，建立了较精确的模型，填补了该领域空白，有突破性与创新性。其具体做法是：结合生产作业，在全县范围内选择有代表性地段的天然次生林，分别采取不同砍伐（皆伐、择伐、渐伐），改造（补植、斩杂、不作业）和更新（天然更新、人工促进天然更新、人工造林、炼山与不炼山更新）措施，以考察其效果。1998、1999 年，该场组织技术人员对试验地进行全面系统的调查，共设置 20 米 ×20 米标准地 130 个，面积 5.2 公顷，其中天然次生林 92 个，人工林 38 个。在每个标准地布设 2 米 ×2 米的小样方 5 个，计 650 个，面积 0.26 公顷，共收集立地因子、测树因子、植物因子等数据 10 万多个。根据调查收集信息系统研究分析表明：天然次生林的林木胸径、材积生长与人工林无显著差异，比人工林提早 5～8 年郁闭和成林成材，其经营成本比人工造林低廉，每公顷节约 1000～1500 元。该研究成果在云岭林场应用并逐渐推广，很大程度上保护了天然次生林生物多样性，对中国亚热带天然次生林保护、经营和可持续发展具有指导意义。1999 年 12 月 25 日，该项目通过吉安地区科委组织鉴定，认为该项研究成果切合林场经营实际，可操作性强，易于推广，为天然次生林的经营实践作了有价值的技术储备，在亚热带天然次生林经营研究领域属全国领先水平。2000 年获吉安市科技进步二等奖和县科学技术进步一等奖。

获奖科研项目

1995～2006 年，林业系统共有 13 个科研项目获地市级以上奖励，其中省级 5 个，地市级 8 个。

1995～2006 年林业系统科研项目获地市级以上奖励一览

表 7－3－1

获奖项目	获奖称号	获奖时间	获奖单位（个人）
江西省竹类资源及利用规划研究	林业部科学技术进步三等奖	1998 年	县林业局王礼权
油茶低改	省林业厅科技兴林贡献奖	1997 年	县林业局
	省科委“振华”科技奖	1998 年	

续表 7－3－1

获奖项目	获奖称号	获奖时间	获奖单位(个人)
营林技术综合集成研究	省科学技术进步三等奖	1998 年	五指峰林场
	省农业科技人员突出贡献三等奖	1999 年	
	吉安地区行政公署科学技术进步二等奖	2000 年	
天然次生林经营的研究	吉安地区第二届林业科学技术进步二等奖	2000 年	云岭林场
樟树种源家系苗期试验研究	吉安地区第二届林业科学技术进步鼓励奖	2000 年	云岭林场
遂川县壳斗科植物种质资源调查	吉安地区第二届林业科学技术进步鼓励奖	2000 年	云岭林场
东京野茉莉育苗及造林技术系列研究	吉安市林业局科学技术进步三等奖	2001 年	县林业局王礼权等
ABT 生根粉在金桔盆景及花卉、绿化苗木生产中的应用推广	吉安地区第二届林业科学技术进步三等奖	2000 年	县森林苗圃
江西遂川候鸟通道鸟类环志及吉安市鸟类研究	吉安市科学技术进步二等奖	2005 年	县林业局刘礼河、张永明、李桃生等
遂川候鸟通道鸟类环志及吉安市鸟类研究	江西省农业科教人员突出贡献三等奖	2006 年	县林业局刘礼河、张永明参与

科技论著

1995 年以来,林业系统广大林业科技人员积极撰写科技论文,开展林业经营模式的理论探索,推介林业工作实践中的成功经验。至 2006 年 12 月,在省级以上刊物发表论文、著述 38 篇,其中在国家级刊物发表论文、著述 12 篇。

1995～2006 年林业系统论文、著述在省级以上刊物发表存目

表 7－3－2

作品名称	作者	发表刊物	发表时间(年月)
《遂川县飞播造林经济效益分析》	郭选纶	《林业经济探索》	1997.1
《试论遂川县竹业工程》	王礼权	《林业经济探索》	1997.1
《遂川县油茶生产发展思路与对策》	黄井生	《林业经济探索》	1997.1
《积极稳妥地推进适度规模经营》	吴克毅	《林业经济探索》	1997.1
《论第二林区建设》	郭选纶	《林业经济探索》	1997.1

续表 7 – 3 – 2

作品名称	作者	发表刊物	发表时间（年月）
《遂川县乡村林场现状及发展对策探索》	郭晓鹏、王礼权	《林业经济探索》	1997.1
《试论我县西部山区开发与脱贫》	郭小平	《林业经济探索》	1997.1
《遂川县森林分类经营框架构想》	郭晓鹏	《林业经济探索》	1997.1
《排难而进，巩固发展户办林场》	吴克毅	《林业经济探索》	1997.1
《试论森林病虫害防治与高效林业建设的关系与对策》	李桃生	《林业经济探索》	1997.1
《森防在遂川高效林业中的地位和作用》	傅登禄	《林业经济探索》	1997.1
《遂川县第一期油茶低产林改造项目建设效益测定与分析》	范兰礼	《林业经济探索》	1997.1
《碧洲镇竹业生产情况调查报告》	刘满古	《林业经济探索》	1997.1
《林业应当成为遂川县经济发展的支柱产业》	王爱生	《林业经济探索》	1997.1
《国营林场营林分场管理初探》	郭昭洋	《林业经济探索》	1997.1
《兴泉公司是如何靠加强内部管理创造效益的》	邝振生	《林业经济探索》	1997.1
《抓住机遇，加快遂川花卉产业的发展》	李玲生	《林业经济探索》	1997.1
《真抓实干，以林致富》	刘安平	《林业经济探索》	1997.1
《发展遂川花卉事业之我见》	罗国庠	《林业经济探索》	1997.1
《浅谈毛竹的开发与利用》	温昌生	《林业经济探索》	1997.1
《开发森林蔬菜，寻求新的经济增长点》	王　凤	《林业经济探索》	1997.1
《开发营林科技、提高营林效益》	欧阳训荣、刘宝财等	《江西林业科技》	1997.11
《毛金竹开发研究与应用》	欧阳训荣、刘宝财等	《江西林业科技》	1997.11
《马尾松、杉木人工幼林施肥人工效应初探》	刘宝财	《江西林业科技》	1997.11
林场森林保护的几点思考	刘宝财	《江西林业科技》	1997.11
《杉木人工林经济间伐法初探》	刘冬古	《江西林业科技》	1997.11
《柳杉人工纯林胸径、树高威布尔分布的拟合》	郭昭洋	《江西林业科技》	1997.11

续表 7-3-2

作品名称	作者	发表刊物	发表时间（年月）
《次生林经营方式及效益初探》	欧阳训荣、郭樟根等	《江西林业科技》	1997.11
《林地套种天麻的栽培技术及效益分析初探》	郭樟根	《江西林业科技》	1997.11
《阔叶树人工幼林生长调查与分析》	欧阳遂华、薛朝荣	《江西林业科技》	1997.11
《高山茶园经营效益分析》	郭路生、刘新华	《江西林业科技》	1997.11
《樟树种源/家系苗期研究》	吴柯久、王爱生、高　森	《江西农业大学学报》	1999.9
《天然次生林经营的研究》	王爱生、刘宝财等	《江西林业科技》	2000.3
《遂川县天然林乔木树种间关联分析与测定》	刘宝财、罗国庠等	《江西林业科技》	2000.3
《不同起源林分胸径与材积株数分布比较研究》	吴柯久、刘先梓等	《江西林业科技》	2000.3
《不同起源林分植物多样性差异显著性测定》	王爱生、郭建松等	《江西林业科技》	2000.3
《天然次生林测树指标成分分析》	江远涛、王爱生等	《江西林业科技》	2000.3
《遂川天然次生林杆材收获模型》	张丽霞、王爱生等	《江西林业科技》	2000.3
《遂川县不同起源林下灌木的数量生态分析》	刘宝财、罗国庠等	《江西林业科技》	2000.3
《不同起源林分按林龄测树指标威布尔分布拟合》	彭洪华等	《江西林业科技》	2000.3
《遂川天然林下草本植物的空间布局的研究》	罗国庠、刘宝财等	《江西林业科技》	2000.3
《人工杉木林与湿地松林胸径生长模型》	彭洪华、刘先梓	《江西林业科技》	2000.3
《遂川县森林旅游开发研究》	郭晓鹏	《江西林业科技》	2001.6
《跨越“转型”阵痛》	郭选纶	《中国林业》	2001.10
《林改外业勘界必须把好“五关”》	王礼权	《江西林改动态》	2005.3
《切实巩固退耕还林成果》	郭桂生	《江西林业科技》	2005.6
《林业产权制度改革问题的经济学分析》	王礼权	《江西林业科技》	2006.2

续表 7－3－2

作品名称	作者	发表刊物	发表时间（年月）
《县级林业主管部门在林改中的工作职责》	刘礼河	《集体林权制度改革论文选集》（国家林业局政策法规司编）	2006.5
《山东林业产权制度改革情况调研报告》	王礼权		
《抓实林改外业勘界的保障线和业务线》	刘礼河、王礼权		
《夯实村级基础 实现规范操作》	肖礼彬		
《林改后遂川农民增收的调查与思考》	郭爱萍		
《遂川县森林分类经营》	郭桂生	《江西林业科技》	2006.6
《遂川县林业产权制度改革参与式问题研究》	王礼权	《林业经济》（国家林业局）	2006.8
《重点林业工程与消除贫困研究》	刘礼河、王礼权参与	中国社会科学出版社出版	2006.10
《遂川林业产权制度改革的实践与思考》	刘礼河	《中国林业发展改革理论与实践》	2006.10
《集体林产权制度分析——安排、变迁与绩效》	刘　璨、王礼权等	《林业经济》	2006.11、12期连载
《全国林业“十一五”和中长期发展规划》	王礼权参与	中国林业出版社出版	2006.11

第八章

林业宣传

遂川把林业宣传作为形成社会共识,推进林业建设、改革与发展的重要手段,加强组织领导,强化队伍建设和宣传措施。围绕林业政策法规、基础产业、林业的经济、社会、生态效益和深化林业改革,扩大对外开放,坚持正面宣传为主,不断创新形式,拓宽领域,提高层次,充分展示遂川林业建设发展的成就,提升林业的重要地位,扩大遂川的知名度。

第一节 组织机构

林业系统为发挥舆论宣传的先导作用,注重健全机构,扩大宣传队伍,加强人员培训,建立考核奖励机制。

机构

1995 年,林业局党总支及五指峰、云岭林场党委分别成立宣传工作领导小组,由党委(党总支)宣传委员任组长,每个领导小组有成员 3 ~ 5 人,由相关股(科)室负责人组成。领导小组下设办公室,由人秘股(科)人员 3 ~ 5 人组成。基层分场、采育林场及林业工业企业均设有宣传教育机构。木材检查站、乡镇林业管理所设有宣传员,负责辖区内林业宣传工作。1996 年,林业局成立通讯报道组。2003 年,林业局成立宣传思想工作领导小组,由分管宣传工作的副局长任组长,成员由公安森林分局、林业工业公司和局机关相关股室负责人共 7 人组成。领导小组下设宣传报道组,内部刊物编辑组和墙报组。2004 年,调整充实领导小组,局长任组长,党委书记、分管宣传工作的副局长、公安森林分局教导员任副组长,共有成员 7 人。辖属各单位建立健全宣传机构,有宣传信息领导小组 6 个,成员 18 人。2006 年,林业系统共有宣传信息领导小组 3 个,基层领导小组 18 个,成员 54 人。

队伍

人员 1995 年,林业系统有林业宣传员 93 人,其中业余通迅员 12 人,分布在各个机关和分场、采育林场等基层单位。1996 年,云岭林场创办《云岭之声》内部刊物,每个分场和场办工业企业新增通讯员 1 ~ 2 人。五指峰林场把宣传工作落实到基层,每个分场有林业宣传员 1 ~ 2 人。同年,林业局为改变林业对外宣传薄弱、在上级新闻单位上稿量少的状况,把热爱新闻写作的宣传员组织起来,成立通讯报道组,当年有各类报刊特约通讯员 2 人,业余通讯员 9 人。1999 年,林业局扩大通讯员队伍,在森林派出所、林业管理所挑选思想品德好、写作能力较强的宣传骨干担任通讯员。当年,有业余通讯员 19 人。2003 年 8 月,为保证《遂川林业简报》、《遂川林业快讯》的稿源,林业局机关股室、林业工作站、木材检查站、林政稽查大队和森林派出所均确定林业宣传通讯员,全局有宣传通讯员 25 人。2004 年,林业局成立中心报道组,有专职宣传通讯员 1 人,业余通讯员、信息员 39 人。2006 年,林业宣传力度进一步加大,各单位均建立了一支专业与业余相结合的林业宣传队伍,每个基层单位都有宣传信息员,形成覆盖机关、分场(采育林场)、工作站、执法大队、森林派出所、工区等林业宣传网络，全系统有林业宣传信息员 120 人。

培训 1996 年 4 月，林业局通讯报道组邀请县委、县政府办公室专职信息干部和县电视台新闻采编记者授课，讲授信息、新闻采写基础知识，首期培训宣传报道、信息员 11 人。1997 年春，林业系统推荐 5 名宣传骨干参加全县宣传报道培训，由井冈山报社编辑、记者授课。培训后，选派 2 人到县中心报道组跟班学习。8 月，选派 1 名宣传骨干参加地委办公室举办的全区党务系统信息员培训。2004 年，林业局专职宣传员到县电视台采编中心拜师学艺，学习电视新闻摄制采写知识。2006 年，林业局 3 名专、兼职宣传员分别参加《江西日报》社、《井冈山报》社、县委宣传部、县委党校举办的新闻写作培训班。1996～2006 年，全系统派员参加《江西日报》社、《井冈山报》社、省林业厅、地区（市）林业局举办的宣传信息员培训班 10 期，培训 11 人次。参加县党务、政务信息员培训 4 期，培训 6 人次。林业系统内部组织专项培训或以会代训 24 次，培训宣传、信息员 360 余人次。

考核 1995 年起，林业部门将林业宣传列入中心工作内容，做到年初有计划，季度有检查，年终有总结。1996 年始，林业局每年行文下发年度宣传工作意见，把投稿用稿任务落实到每个宣传信息员。人事秘书股安排专人管理，不定期拟发宣传提纲，明确宣传重点，提供宣传导向，把握稿件质量，统计用稿数量，建立宣传信息采用台账，为宣传信息员年度评优提供依据。1999 年，林业局将宣传工作纳入林业管理所、木材检查站年度目标管理考核，年终由局考核组到基层单位考核。2003 年起，要求机关股室、基层单位每月向《遂川林业简报》投稿 2 篇，每月出黑板报 2 期。局机关墙报由办公室牵头，黑板报按安排表轮流出刊，列入各股（室）年度目标管理考核。2004 年，改变考核办法，局成立考核组，不定期到基层单位进行考核，督促宣传及各项工作的完成，年末将平常考核成绩汇总，以此确定考核等次。年终对机关股室宣传工作的考核，主要根据投用稿的数量、质量评定等次。

奖励 林业系统对各级各类报刊用稿均实行奖励，建立长效激励机制。1995 年，林业局《遂川林业简报》用稿每篇稿酬 2 元，简讯 1 元；县以上电视台、广播电台、刊物用稿，按稿费数额的 1 倍给予奖励。1996 年，提高奖励标准，国家级报刊和《中国林业报》每篇奖励 100 元，《江西日报》奖励 50 元，省级林业类报刊、《江西林业信息》、《井冈山报》奖励 30 元，《吉安林业信息》、地区电视台、广播电台奖励 20 元，县电视台及县级信息刊物奖励 15 元；《遂川林业简报》奖励 10 元。每年视用稿数量和稿件质量评选优秀通讯员，按一等奖 100 元、二等奖 80 元、三等奖 60 元给予奖励。1999 年，调整部分奖励标准，《中国绿色时报》等专业报刊奖励 50 元，《井冈山报》20 元，吉安电视台、广播电台 10 元，《遂川林业简报》5 元。2000 年起，年度用稿任务落实到每个通讯员，未完成用稿任务的不予奖励，完成任务的每人每月补贴 10 元，超过任务部分的用稿，按不同标准给予奖励。2006 年，规定中心报道组成员、业余通讯员除完成《遂川林业信息》刊物用稿外，每人每年在县以上宣传媒体发表文章不少于 3 篇，文章内容必须是林业建设方面的。用稿范围及奖励标准：《人民日报》、《光明日报》、《经济日报》、中央电视台《新闻联播》、中央人民广播电台《新闻和报纸摘要》每篇奖励 200 元，省部级报刊、新闻用稿每篇奖励 100 元，市厅级报刊、新闻用稿每篇奖励 30 元，县处级刊物、新闻用稿每篇奖励 20 元，《遂川信息》、《遂川政务信息》、《遂川督查》、《遂川农村工作》等刊物用稿每篇奖励 15 元，《遂川林业信息》等局办内部刊物用稿每篇奖励 10 元。对各级采用的理论调研文章实行重奖，国家级每篇 500 元，省级 300 元，市级 200 元，县级 100 元，局级 50 元。

第二节　宣传活动

林业宣传以改革发展为中心，以解放和发展生产力为根本，以林业政策法规、林业常规工作、林业改革及林业特色为主要内容，开展形式多样、卓有成效的宣传活动，为推进林业三大效益的良性互动、协调发展提供强有力的舆论支持。

政策法规宣传

林业政策法规是林业建设、改革与发展的根本依据，林业系统根据不同时期出台的林业政策和法律法规，结合具体工作，有的放矢，广泛宣传。

"两个决定"宣传　2003 年 6 月和 2004 年 2 月，中共中央、国务院及江西省委、省政府分别作出《关于加快林业发展的决定》，林业系统及时组织干部职工进行认真学习和广泛宣传。林业局作为林业行政主管部门，结合林业发展规划、政策宣传、资源管理、林政执法、生产组织、科技推广、社会服务等管理、服务职能，在全局范围以机关、站所学习日为主，学习宣传《决定》所调整林业建设的指导思想、主要任务、战略布局。通过宣传，使广大林业工作者重点了解：林业不仅要向社会提供林产品，而且还要承担林产品供给和生态建设的双重任务；在贯彻可持续发展战略中赋予林业以重要地位，在生态建设中赋予林业以首要地位，在山区综合开发中赋予林业以基础地位的战略思想；坚持生态效益优先的原则，全面实施林业分类经营，建设比较完备的森林生态体系和比较发达的林业产业体系的工作目标。全体干部职工按照《决定》精神，结合实际撰写学习心得。嗣后，挑选一批质量高的文章在黑板报、学习宣传园地、《遂川林业简报》刊载交流。在全社会宣传倡导建设"生产发展、生活富裕、生态良好"的小康社会，宣传"山上办绿色银行"必须要有发达的林业作支撑，以良好的生态作基础。林业局以点带面进行宣传，建立衙前镇上茺村新农村建设帮扶点和毛竹低产林改造科技示范点。五指峰、云岭林场和林业工业公司通过《决定》的学习宣传，理清各自的林业发展思路。五指峰林场按照分类经营的原则，结合场情林情，提出建立以保护和培育森林资源为主要任务的生态型林场的发展构想。2004 年 12 月，县林业局被国家林业局评为"全国学习中共中央、国务院《关于加快林业发展的决定》县级先进单位"。

《中华人民共和国森林法》宣传　1998 年 7 月 1 日起新修改的《森林法》施行。施行前后林业系统组织多层次、多形式的学习宣传。当年 5 月，林业局制定学习宣传新《森林法》实施方案。5 月 17 ~ 23 日，在全县开展以城镇为中心的林业法规宣传周活动，分管林业工作的县领导发表宣传新《森林法》电视讲话。在县城主要街道和林业局、林业工业公司机关临街面悬挂宣传横幅，张贴宣传标语。出动宣传车在县城宣讲新《森林法》，并在工农兵大道、东路大道、龙泉大道设置林业政策法规宣传咨询台，为群众现场宣讲新《森林法》，向群众解答疑难问题，发放宣传资料 2000 份。5 月 18 ~ 19 日，举办全县林业系统单位负责人学习班，参加培训 59 人，使每个负责人知晓新《森林法》的精髓。之后，各基层单位开展新《森林法》宣传活动。6月，为全县新《森林法》学习宣传月，林业局出动宣传车到各乡镇巡回宣传，印制新《森林法》1000份发至各行政村，印制1万份新《森林法》宣传小册子发至各村和村民小组。在各乡镇设置新《森林法》宣传牌。各林业管理所、检查站（哨）、林业派出所在圩镇要道书写、张贴宣传标语，设置宣传栏，让广大群众认识到林业在保护和建设生态环境中的重要作用，林地保护与管理的重要性，建立林业生态效益补偿制度和实行森林资源有偿流转的重要意义。新《森林法》中的法律责任、各项规定及林业主管部门的林业行政执法主体地位更明示于众。8月16～17日，林业局配合吉安地区林业局组织的地区采茶剧团深入新江、五斗江林区进行新《森林法》宣传演出活动，3000余名干部群众观看了《大山之子》、《绿色的云》、《林海颂》、《警钟》、《走进新时代》等节目。9月底，林业局开展迎国庆林业法律法规知识竞赛活动，局机关、林业管理所、林业检查站、公安森林分局和新江、五斗江、大坑、草林、汤湖采育林场以及木竹经营部、江西兴泉人造板公司分别组队参赛。在新《森林法》实施的重点宣传期，林业系统组织一批宣传报道稿件在县电视台播出。为期5个月阶段性的重点学习宣传，林业系统干部职工和广大林农学法、知法、用法的自觉性得到加强。全县结合“三五”、“四五”普法活动，林业专项整治，林业经营体制和林业产权制度改革，坚持对新《森林法》深入持久的学习、宣传，为稳定林业秩序、促进林业健康、高效和可持续发展起到了重要作用。

《中华人民共和国森林法实施条例》宣传　2000年1月29日该条例颁布实施。当年3月中旬，林业局举办机关股室和基层单位负责人培训班，组织对《条例》集中学习。4月为林业宣传月，统一制作《条例》镜框分发各基层林业管理所、林业检查站（哨）、木材运输办证点、林政稽查队。印制2000份小册子发至全县林业基层单位以及乡镇、村组织，购置150份大幅面纸质《条例》在县城交通要道口和各采育林场、分场张贴，拟定21条标语由各基层站所书写在自然村醒目处。林业基层单位利用墙报、板报、宣传栏等分阶段宣传《条例》内容。10月，各公安森林派出所均有1名民警被所在乡镇中心完小聘为法制副校长，被聘民警利用在学校上法制课的机会，理论联系实际为师生宣讲《条例》和林业法规。

《退耕还林条例》宣传　2002年12月，国务院制定《退耕还林条例》。当年，遂川列为退耕还林工程实施县。此后，为配合工程实施，全县开展学习、宣传、贯彻《条例》活动。林业局组成工作组到各乡镇场广泛宣传退耕还林政策，印制《条例》政策汇编2000本，工程技术要求宣传单1万份，出版报100余期，编辑《退耕还林工程简报》24期，播发电视新闻报道30余次，出动宣传车50余次，集中力量把政策法规宣传深入到各基层组织和千家万户。重点宣传内容为：实施退耕还林工程的重要性；退耕还林工程应遵循的原则（统筹规划、分步实施、突出重点、注重实效，政策引导和农民自愿退耕还林相结合，遵循自然规律、因地制宜、综合治理，建设与保护并重，逐步改善退耕还林者的生活条件）；退耕还林必须坚持生态优先的目标；退耕还林工程由政策管理转变为法律管理，由部门行为转变为国家行为。在学习、宣传《条例》对工程实施必须明确职责、规范运作、严密实施、严格管理的要求后，遂川制定退耕还林工程施工组织管理制度，工程质量保证制度，工程检查验收制度，工程技术人员、检查验收人员责任追究制度，工程进度月报制度，工程资金管理制度，工程档案管理制度。《条例》与政策的宣传、贯彻、落实，有力地保证了全县

5466.67 公顷退耕还林工程项目的顺利实施与完成。

《江西省森林资源转让条例》宣传 2004 年 11 月 1 日该条例施行后，遂川结合林业产权制度改革，于次年 1 月制定《遂川县森林资源转让实施办法》发至各乡镇场。林业局结合《条例》重点内容，印发 3000 份资料，在各乡镇圩日开展巡回宣传活动。在五斗江、新江、双桥、衙前等主要林区乡镇举行乡村干部座谈会，针对规范流转的办法、程序开展宣传咨询。对发生流转、转让的林地林木办理权属变更登记、补办手续、林地转让期满的资源存量或更新责任等释疑解惑。2005 年 12 月林业要素市场开业后，通过网络、滚动视屏、公告，发布森林资源转让信息，组织林地林木的公开流转拍卖，全县森林资源转让信息辐射至省内外，宣传广度得到延伸。通过对《条例》从上到下、由点到面的宣传，全县森林资源的转让由无序状态逐步进入规范阶段。

常规工作宣传

林业系统在培育、保护、利用森林资源，维护生态平衡的常年性、经常性工作中，以宣传为第一道工序，调动各种积极因素，凝聚人心，汇聚民力，形成合力。

森林防火宣传 森林防火是一项常年性的工作，县、乡镇、村三级组织和林业系统高度重视森林防火宣传。在每年防火期及春节、清明、冬至等重要节（祭）日，提前下发通知或超前予以部署，组成联合宣传队伍，走村入户宣传《森林防火条例》，严明林区用火规定，让群众增强森林防火法制观念。在每年森林防火重点期间（10 月 1 日至翌年 4 月 30 日），召开会议进行布置，制订措施重点宣传。林业局和县森林防火指挥部办公室历年投入大量人力、物力，利用多种形式和方法宣传森林防火的艰巨性、重要性。宣传森林防火政策法规和用火“六不准”的有关规定及重点防火期禁止野外用火的规定。宣传森林防火责任追究规定，加强对未成年人和呆、傻、精神病患者的监管。宣传森林火灾预防和扑救知识。1996 年，印制森林防火宣传台历 5000 本和年历宣传资料 1.5 万份发至乡镇、村、农户，维修宣传牌 200 块。1997 年，在 105 国道和遂桂、遂井公路以及新江林区各增设 1 块大型宣传牌。配合地区森林防火办来县进行森林防火巡回宣传，在电视台播放 10 天防火预警。1998 年，统一制作 200 块钢筋水泥结构的宣传牌立于林区和交通要道。1999 年，制作 150 块宣传牌，设置在国道、省道沿线及林区道口。县森林防火指挥部组成 6 个督查组到各乡镇场督查防火工作。2000 年，12 篇森林防火通讯报道在县以上新闻媒体载播。2001 年，购买 6500 份森林防火宣传画发至基层。利用广播、电视等媒体以及在乡镇的客运交通车上张挂宣传横幅等方式，扩大宣传范围。2003 年，印制 8000 份森林防火资料发至村、组、农户。2004 年出动宣传车 92 车次，开展咨询活动 20 场，印发资料 2.6 万份，通过遂川电视台发布森林防火警示、紧急通告 12 小时，用移动通讯网络发布短信息 3600 条。在井冈山重点火险综合治理项目五斗江项目区增设宣传硬件，安装 1 块 12 米长、4 米宽钢架结构，正反两面分别电喷彩图“遂川是我家，森林防火靠大家”和“让火远离森林”的大型宣传标语牌，40 块 2 米×1 米的搪瓷宣传牌。2005 年，新建森林防火宣传牌 120 块，修复、刷新 260 块，书写标语 900 余条，巡回宣传 98 车次，印发资料 2.6 万份，发布电视防火预警、通告、公益广告 12 小时，发送短信息 3600 条至县、乡镇、村领导及相关责任人。五指峰、云岭林场、林业工业公司在重点防火期积极协同林业局到所联营乡镇进行圩日车载广播宣传，在公路沿线、山隘口、醒目处张挂森林防火标语横幅。在主要经营山场、居民稠密地段设立护林防火宣传牌。各分场、采育林场与联营造林的村、组不定期召开护林防火座谈会。五指峰林场长期坚持将防火工作责任、宣传任务落实到班子成员和分场负责人，建场40多年来未发生过重、特大森林火灾，多次被评为湘赣边境护林联防区森林防火先进单位。1995～2006年，林业系统在圩镇、村头、林区醒目的岩石、水泥电杆、围墙等处书写宣传标语达1万余条，出动车辆巡回宣传500余车次。通过强化森林防火宣传，全民防火意识不断增强，全县森林火灾得到有效预防。

野生动物保护宣传 1982年，江西省确定每年4月1～7日为“爱鸟周”后，遂川连续25年(届)以多种形式进行“爱鸟周”宣传活动。1998年起，每年4～11月为全省非重点保护鸟类、兽类等野生动物禁猎期，11月为江西省“野生动物保护宣传月”。林业局为开展保护宣传活动适时下发文件，明确宣传内容，提出具体要求。林业工作站将受保护的野生动物图片在圩镇展示，现场设台咨询。县野生动物资源保护管理站深入到营盘圩、戴家埔、七岭、滁洲、高坪、汤湖等乡镇巡回宣传，由乡镇配合到村、户调查座谈，了解掌握所在地野生动物资源变化和保护情况，宣传依法保护的必要性，教育群众破除旧习俗，提高保护意识，制止乱捕滥猎和违法贩运行为。为提高保护管理的有效性，林业局、公安森林分局、工商行政管理局联合行动，取缔县城泉江大桥南端三岔路口的野生动物交易场所。《遂川林业局加强野生动物管理》的报道在江西电视台播放。在1999年“林业法治年”中，9月初至10月底，全县开展保护野生动物专项整治活动，集宣传教育、严格执法、重点打击、新闻曝光为一体，以新闻媒体宣传野生动物保护的法律法规，在县电视台发布整治通告，印发宣传手册，出动宣传车宣传，在清查中对非法猎取国家一、二级重点保护和省级保护的野生动物案件予以打击和曝光。同年，遂川候鸟迁徙通道公诸于世后，鸟类保护成为宣传重点，林业局制发《进一步做好保护鸟类资源工作的通知》，在候鸟迁徙地张贴保护候鸟，禁止猎捕的宣传通告。公安森林派出所和林业管理所在候鸟迁徙重点区域的营盘圩、戴家埔、高坪、汤湖等乡镇，对有拉网捕鸟历史的山头进行巡查，劝说和制止群众不要张网捕鸟，教育群众改变捕鸟当做副业的旧习俗，树立爱鸟光荣、捕鸟可耻的新风尚。2000年，在“野生动植物保护法律法规执行年”中，再次到候鸟迁徙通道乡镇，提前与当地乡镇、村做好群众法律法规的宣传工作，使网捕候鸟现象得到遏制。2001年“爱鸟周”期间，林业局在工农兵大道两端悬挂横幅，制作鸟类图片在大街上进行展示宣传和开展咨询，出动宣传车到夏候鸟迁徙通道范围的圩镇播放保护鸟类的法律法规录音，散发宣传资料。同时，利用媒体对外宣传。《遂川鸟道》一文在中国《野生动物》杂志第6期登载，引起国内外有关专家对遂川候鸟通道的关注。2002年，首次在营盘圩进行鸟类环志，并在《江西日报》、《井冈山报》、江西电视台等媒体上对鸟类环志、候鸟迁徙通道进行宣传。同年获“全省野生动植物保护管理和自然保护区建设先进单位”。2004年第23届“爱鸟周”，突出宣传“以人为本，众生共存”的主题，倡导人与鸟类共存关系的新理念。当年，开展“候鸟2号行动”的保护宣传活动。2005年第24届“爱鸟周”，开展“鸟·人·自然——和谐发展”为主题形式的宣传活动。爱鸟护鸟宣传不仅在城镇街道和圩日开展，而且走进学校。当年9月，国家鸟环中心专家携带手提电脑在营盘圩学校和高坪镇白沙小学以图文展示、解说的形式讲授鸟类知识，播放《鸟的迁徙》科教片，使师生们开阔眼界，增长知识，提高对鸟类保护以及向社会宣传的自觉性。爱鸟护鸟的社会影响面扩大，群众把夜闯家中的候鸟自觉送到鸟类环志站环志。在11月20日至12月20日的野生动物保护宣传月中，结合“12·4”法制宣传日活动，林业局专门制作野生动物宣传牌和宣传单在县会展中心广场向群众讲解保护野生动物的意义，提高人们对野生动物的保护意识，并对高致病性禽流感的严峻形势和防控措施进行宣传。当年12月，林业局被评为“全省野生动植物和湿地保护先进单位”。2006年的第25届“爱鸟周”，以“同在蓝天下，人鸟共家园”为主题，集图片、资料、解说为一体，在县城工农兵大道设展宣传，到泉江小学展示讲解，拍摄电视新闻在遂川电视台播放。同年，候鸟迁徙期间在县城和候鸟迁徙通道的戴家埔、营盘圩、汤湖、高坪等乡镇及鸟类环志点张挂宣传横幅。通过对野生动物的保护宣传，人与自然和谐相处在人们的意识与行动中得到充分体现。

野生植物保护宣传　在野生植物保护宣传中，林业局对1994年6月21日发布施行的《江西省野生植物资源保护管理暂行办法》、1997年1月1日施行的《中华人民共和国野生植物保护条例》进行持久宣传。1996年10月，组织林业管理所对分布在全县“四旁”的古树名木进行1次普查与保护宣传。1999年4月，对全县野生植物资源开展调查。同年9月，对国家重点保护野生植物名录中，在遂川列入国家一、二级重点保护的苏铁、银杏、南方红豆杉、樟树、楠木、厚朴、喜树等树种进行公布宣传。次年，加强对桂花、杜鹃及其他省三级以上野生植物严禁采挖、贩运、销售的保护宣传。2001年12月，林业局下发《关于野生植物采集、运输管理规定的通知》，对野生植物实行申请、审批、凭证采集的规定进行宣传。同时，对省、县、乡公路沿线500米以内第一层大山脊和划定为国家重点公益林的山场以及遂川江、蜀水两岸内的野生植物严禁采集的广泛宣传。2004年5月，为保护古树名木，县绿化委员会对古树名木按树名、科属、保护级别进行编号挂牌，由树种权属人实行重点保护。林业系统注重对风景林、母树林、公益林、种子园、自然保护区以及国道、高速公路两旁各50米、省道30米、县道20米范围内的松林严禁采脂进行宣传和重点监督。2006年3月与4月，公安森林分局分别对外地商贩在大汾镇石狮村、黄坑乡昆岗村2起违法采集、贩运2棵百年树龄桂花树的案件，以法制惩处的手段进行教育宣传，并将没收的大树转送到苗圃栽培。

林业改革宣传

林业经营体制和林业产权制度两大改革启动后，林业部门依据政策，结合县情林情，把宣传工作贯穿融入到改革的每个层次和环节，让全社会关心、了解、支持、参与改革，使改革顺应民情人意，得到稳步推进。

林业经营体制改革宣传　2000年冬，县委、县政府着手部署林业经营体制改革。2003年3月，出台《遂川县林业经营体制改革意见》及6个改革配套管理暂行办法。改革为适应社会主义市场经济的需要，理顺关系、创新体制、激活机制，提出“推动部门办林业向全社会办林业转变，积极培育森林后备资源；改革木竹营销体制，推行木竹经营市场化；强化森林资源监管，确保资源的永续利用；制定优惠政策，促进林业建设持续、快速、健康发展”4个方面的意见。在制定与实施改革政策措施前后，全县进行深入调研和广泛宣传。县人大、政协、县政府办、农办、体改委、林业局等12个单位和部门，分别在2000年、2003年对五斗江、新江、衙前、双桥、大坑、碧洲、滁洲等重点林区乡镇和五指峰林场、云岭林场、林业工业公司以及县重点林产工业企业、部分个体私营林产加工企业，采取到乡入村进企业进行座谈、问卷、实地考察等形式调研宣传，并归纳出旧经营体制在运行中存在比较突出的问题，尤其是由林业部门一家统购统销的经营渠道挫伤了林权单位和林农造林护林的积极性，提出了10个方面的改革建议。改革前的多次调研，广泛宣传，反复酝酿，为改革提供了群众基础和舆论支持，更为改革政策措施的出台提供了较为充实和完备的决策依据。改革木竹营销体制，实行木竹经营市场化后，使县林业工业公司失去了以往在木竹营销方面的垄断地位，木材销售数量由每年的7万余立方米锐减至自采自销的2万余立方米。企业整体经营效益迅速下滑，富余人员突增，职工工资待遇难以保障。为减少干部职工对推行经营体制改革的摩擦，公司以政策宣传为重点，召开中层副职以上干部会议，组织学习全县林业经营体制改革文件，联系实际，统一对改革的思想认识。同时，翻印县委、县政府《关于深化林业经营体制改革的意见》及6个改革配套管理办法发至科室、采育林场、工区和护林队，逐级组织学习宣传和贯彻。公司领导班子成员分片下到各基层单位，宣传林业经营体制改革是市场经济取代计划经济的必然趋势，是市场挑战与检验企业的必然反映，是林业从封闭走向开放、走向社会的必然要求，是“多予、少取、放活”大环境下还权还利于林农的必然结果。通过整体宣传，林业经营体制改革在利益触动最大、人数最多的国有森工企业得到较为有序的推进。公司为适应改革的变化，撤销砂子岭木竹经营部和衙前林业分公司，在新江、五斗江、大坑、草林、汤湖、泉江设立木竹检验工作站，改变经营观念，由营销转向技术服务，安排部分富余人员上岗，开辟企业增效途径。同时，根据林业经营体制改革的意见精神，从改革中走出困境，将在中层干部会上所拟定林地林木转让、盘活企业资产的意见，提交各场职工代表大会征求意见，最后由公司职工代表大会通过，将新江采育林场部分山场的近成过熟林的所有权拍卖，筹措资金为老职工一次性交纳距正常法定退休年龄期间的社会养老保险金以及企业原欠交的社会养老保险金，为其他在岗、待岗职工交纳8年的社会保险金，为企业融通了改制的前期资金，维护了企业的稳定。

林业产权制度改革宣传　遂川作为全省7个林业产权制度改革试点县之一，从2004年8月开始改革试点。对林业产权制度改革这项涉及面广、工作量大、复杂而艰巨的社会系统工程，全县以省委、省政府《关于深化林业产权制度改革的意见》为政策依据，把宣传作为引导、推进改革强有力的舆论保证，采取全面、系统、综合、立体的宣传手段，多种多样的形式，着力从5个方面宣传来推进林业产权制度改革。

组织发动宣传　试点之初，为使全县各级组织和全县人民了解、关心、支持和参与林改，县林改领导小组制定《遂川县林业产权制度改革宣传工作实施方案》、《遂川县林业产权制度改革宣传提纲和工作程序》，组成23个宣讲团进乡镇、入村组、到农户进行改革宣传发动，出动宣传车到各乡镇巡回宣传改革意义、政策和内容、方式。10月，召开全县县、乡镇、村三级书记为主800余人参加的林改动员大会。之后，乡镇、村、组分别召开动员大会和村民、户主会议，把发动工作做到家。分管林业的县领导在遂川电视台发表林改宣传动员讲话，县电视台开辟“乡镇、村领导谈林改”专题访谈栏目，县、乡镇印制11万份县委、县政府《关于推进林业产权制度改革致全县农民朋友的公开信》发送到全县农户家中。县林改办在赣粤高速公路遂川出口处设置钢架结构大型林改宣传牌，在全县交通干线、主要圩镇设置13幅固定宣传牌，印制60余条横（竖）幅标语悬挂于县城主要街道、宾馆、会展中心、林业大楼。乡镇场、村书写、张挂宣传标语、横幅3000余条,利用宣传牌、黑板报、墙报出刊900余期。强大的宣传舆论,广泛深入的发动,让林农明确林改的目的就是明晰林农对森林、林木的所有权、经营权和林地使用权,放活经营权,落实处置权,保障收益权,减轻林农负担,还权还利于民。

林改政策宣传　为了让群众全面了解掌握明晰产权、减轻税费、放活经营、规范流转的改革内容和“四个坚持”、“五个确保”的目标要求以及改革的原则、范围。全县23个调研组由县级领导担任组长,从相关单位抽调人员到乡镇场、村宣传调研,多层次召开乡镇场党政班子及有关站所负责人座谈会,村干部及村民小组长、林业大户、老干部、老党员、农户代表座谈会,宣传改革的政策内容和原则范围,了解各地山林的历史变化和现实情况,征询改革的建议和意见。县林改办、林业局分别组成宣传调研组,实行分片负责,到村组分区域详细调研,分类别重点宣传。各林业工作站按所辖区域,集宣传、调研、摸底、问卷于一体,并配合当地乡镇开展改革政策和相关林业、土地法规的宣讲。县林改办编印1000余份林业产权制度改革文件汇编发至乡镇、村,为宣传宣讲和政策解答提供资料。创办《林业产权制度改革简报》,每月刊出2期,宣传改革政策,传达信息动态,转载交流经验,指导督促改革。与县电视台联合开办“林改动态”专栏,对林改政策、重要会议、活动和工作进展进行报道。组建县林改文艺宣传队,以宣传林改政策为主线,自行编导节目,以群众喜闻乐见的文艺演出形式,2004年12月19日在县会展中心首演。演出形式包括歌舞、小品、戏曲、三句半、音舞诗、合唱等。其中,《我们歌唱林改》、《沐浴林改好春风》、《山清水秀》、《春风又绿》、《欢天喜地迎林改》是专门为林改自创集政策性、艺术性为一体的节目。县电视台对这台精彩纷呈的演出实况进行摄制并多次播放。此后,文艺宣传队分赴雩田、左安、大汾、巾石、新江等12个乡镇巡回演出。2004年冬和2005年冬,县林改领导小组以林改政策内容为背景,先后共印制3万份宣传年画发至全县基层组织和农户家中。多角度、多层次、多样化的宣传、引导,把林改政策不折不扣、原原本本地交给群众,形成了全县上下议林改、参与林改的浓厚氛围。

改革措施宣传　林业产权制度改革实施的重点在村、组,落脚点是将山林权属明晰到户,利益落实到人到户,以户发放林权证。按照改革的7种形式,由群众酝酿讨论,自行选择,经村、组2/3以上人员或代表票决通过后实施。面对基层在改革中资源分布不均、经营模式各异、利益分配不同、历史遗留问题不少、改革需要多样的实际,县林改办定人包乡镇,深入村组进行宣传指导,与乡镇、村一道,对村组林改方案,选定的改革方式和方法,以政策法规进行引导和规范。注重尊重历史,保持林业政策的连续性;注重政策与村情民情的实际相结合;注重以政策破解改革中的矛盾和问题相结合;把一部分对政策理解不到位,对林改存有疑虑,甚至有偏见的林农的思想认识,通过耐心宣传和释疑解惑统一到省委19号文件规定的政策上来。在宣传引导自主选择改革形式和经营模式过程中,让群众有知情权、参与权、决策权和监督权。允许在一个村范围,特别是合并的行政村内因地制宜,求同存异,一村多策并举,多种模式共存。对仍由集体统一经营的山林,宣传引导均股、均山、均利,使每个村民平等享有利益的权利。对集体山林实行分户经营的,引导能均山的实行均山,难以均山的实行均林均股,难以均林的实行资源评估均利,资源评估折价内部补差或拍卖后均山,权益落实到人到户。历经10个月在国村(户)联营山场改革焦点、难点破题中，由县与乡镇场到村组，林场与乡镇、村、组、户多层次调研宣传，研讨分析方案，比较论证措施，最终探索创新既有利于国营林场稳定发展，又使林农易理解接受与受益的动态计算分成法、定期定额分成法、林地租赁法、立木分成法、买断分成法5种利益分成办法，由林农优先选择。五指峰林场派工作组到联营的5个乡镇44个村中反复宣传，共同协商。有34个村采取动态计算分成法，9个村采取定期定额分成法，1个村采取林地租赁分成法。云岭林场深入联营的8个乡镇43个村宣传政策，完善协议。有23个村采取动态计算分成法，7个村采取定期定额分成法，3个村采取林地租赁分成法。林业工业公司以各采育林场为主，到县内联营的17个乡镇105个村征求意见、广泛宣传、补充完善协议。有81个村采取动态计算分成法，24个村采取定期定额分成法。在与井冈山市黄坳乡3个联营村中，1个村采取动态计算分成法，与2个村终止联营协议。通过把符合村情民意的改革形式与措施宣传引导到户，实行公开、公平、公正操作，由群众决策监督，确保了大多数人的利益得到有效落实，少数人的利益得到合理保护。

配套改革宣传　为使放活经营、规范流转在林改中得到深化细化，便于实施操作，2004年11月，县林改办与林业局拟定遂川县森林限额采伐管理、木竹检验管理、木竹运输监督管理、木竹营销管理、木竹加工企业管理、森林资源转让6个暂行办法。2005年1月，以县政府办公室名义在全省7个试点县中率先出台并实施。林业局为配合6个暂行办法的宣传，印制政策解释与操作办法宣传资料6000份，发送至乡镇、村、农户和县内木竹加工企业、经营户、运输业主。3月起，对县内木竹市场销售行情变化，不定期地将木材销售指导价发布到乡镇、村、组和基层林业工作站，让林农了解掌握市场价格和交易信息。为使明晰后的林业产权由资源变成资本，进入市场交易运营，遂川组建全省首家林业要素市场。在市场组建宣传中，印制1.2万份关于市场简介、林业产权登记管理、资源交易供求信息、商品林林木资产评估、林权抵押贷款、林地林木流转服务等资料，发送到乡镇场和部分村、组、农户，在各乡镇开展为期4个月的圩日宣传咨询活动。2005年12月28日林业要素市场隆重的开业仪式宣传，推介了市场在全市和省内的知晓度，市领导，省、市林业部门领导，全市各县(市、区)林业局长及县四套班子、乡镇场领导，在遂川投资兴业的企业主、客商观摩林业资源的现场公开拍卖。《中国绿色时报》、吉安电视台、遂川电视台记者现场采访，在媒体上宣传报道。为拓展外向宣传，先后印制1.5万份图文并茂、新颖别致的彩页，介绍市场功能、服务项目、工作程序，帮助参观考察人员和办事者了解市场。市场信息通过网络对外发布，加快了社会各界的信息交流和对接。

试点经验推介　2005年7月，国家林业局副局长张建龙视察江西林改工作时概括遂川林改“一是三级书记抓林改，二是广泛宣传造声势，三是因地制宜定方案，四是环环把关确产权，五是减轻税费激林改，六是放活经营保成效”的主要经验，遂川注重从5个方面对外推介理论与实践形成的改革试点做法和经验：

文艺演出宣传　2005年1月，遂川林改文艺宣传队成为省林改办林改文艺宣传调演的主要队伍，安排赴崇义、武宁、黎川等试点县演出，新颖的节目内容和生动激情的演出展示了遂川的林改风貌。遂川林业局创作的音乐快板《林权改革迈大步》作为来自最基层的林改声音，安排在4月15日全省“绿色希望”大型公益晚会上演出，这是7个试点县

(市)中唯一推介参演的节目。

图文影像宣传　2005年5月和12月,县林改办分别制作两批林改图片宣传展板,其中第2批展板分绿色明珠、试点烽火、改革潮涌、群山沸腾、绿色呼唤、配套完善6个版面,110幅精美的实地影像资料,全面反映遂川实施林改工作以来领导重视、林改历程、经验做法、改革成效、配套改革等翔实内容。图片给百余批来县考察林改者以直观而深刻的影响。制作林改专题片《为了绿色的召唤》,真实记录了遂川林改大胆探索,勇于创新的精神风貌,不断涌现的工作亮点。专题片成为试点经验中值得珍藏与推介的资料。2005年2月在全县范围内开展林改征文活动,评选出32篇文章,汇编成《遂川林业产权制度改革试点理论与实践》一书,从改革试点的多个层面,从理论到实践的探索总结,成为一本对林改指导性很强的参考书。为使林改试点工作做法系统化、经验化,遂川把改革期间的组织领导、宣传发动、调查摸底、组织培训、制定方案、具体实施、业务管理、工作流程、配套改革等系列文件资料进行整编,编辑成《遂川林业产权制度改革资料选编》。两套经验资料为全省林改全面铺开提供了一套组织与实施的模式版本,将各印制的800套资料传送全国各省、直辖市、自治区的各级林业部门,由于可操作性强,为省内外300多个市县所青睐。其中部分文章选入国家林业局《集体林权制度改革论文选集》向全国推介。2005年3月31日,省委书记孟建柱到遂川林改办视察,看到展示的数十类文件、图表、资料、论文、宣传品和林改档案时说道:林改工作做得这么细致,这么大规模,很好,很扎实!能够做到这一步真不容易,这就是希望在山的基础工作,这些文件资料应该能给其他县市提供一些借鉴。当他看到林改领导小组为林农印制的2005年林改宣传年画时又说:这个很好,就应该通过这样既传统而又有新意的形式,更深入地宣传林改"十六字"方针。

会议载体宣传　遂川在林改试点经验交流中,先后推介出外业勘查双线管理、国村(户)联营山场协议完善方案以及放活经营、规范流转等配套改革的做法和经验。2005年4月16日,在全省林业工作会议上,遂川县县长作《配套推进,财政支持,强势推进产权制度改革》的典型发言,《稳定国村(户)联营山林,妥善落实林农利益》等8篇经验文章入选会议经验交流材料汇编在全省交流。次日,在全省林业局长会议上,县林业局局长作《切实履行林业部门在林改工作中的职责》的典型发言。5月12~13日,全市林业工作会议在遂川召开,遂川县委书记作《把握政策、着眼全局、积极稳妥推进林业产权制度改革》的典型发言。8月,在福建省举办的闽赣林业高峰论谈中,遂川作《全面推进林业综合行政执法试点》发言。12月7日在赣州举行的全省林改先进事迹报告会上,县林业局局长作题为《县级林业主管部门在林改中的角色》的报告。12月,中央党校教育长李兴山一行邀请遂川县林改办在南昌进行经验介绍和工作访谈。2006年5月,《明确流程、严把八关,有序推进林改内业工作》一文,列为全省林业产权制度改革表彰暨配套改革动员大会典型交流材料。7月,遂川在全市林改配套改革会议上作《改革激发动力,配套盘活全局》的发言。遂川林改工作在向国家林业局局、司、处级领导来考察调研的汇报中,在接受中央电视台、中央人民广播电台、《人民日报》、《经济日报》、《中国绿色时报》、《江西日报》等诸多新闻媒体的采访中,在与中央党校、国家林业局党校以及来自重庆、甘肃、湖北、湖南、宁夏、福建、广西、海南、安徽、云南、内蒙古、青海、河北、浙江、吉林等省、直辖市、自治区林业厅、局考察团(组),以及省林业厅、各市、县林业局考察组等百余次座谈会交流介绍中,推介林改方方面面的经验做法。遂川林改的知名度遍及南方,远播全国。省林业厅领导评价:遂川林改不仅仅属于遂川,而是江西的一块品牌,一张名片。

示范窗口宣传　遂川林改按不同的区域、不同的改革形式建立巾石、大汾、衙前、双桥、左安等林改示范乡镇,东坑、上芫、珊田、钱塘、龙脑等示范村,让外来参观考察者实地考察了解基层林改各个阶段、各个环节真实具体的做法。省委书记孟建柱,省委常委、秘书长陈达恒到堆子前镇林农家中、草林林业工作站实地考察林改工作。省林业厅领导多次到北部林区乡镇和示范点调研考察林改的真实情况。国家林业局党校 44 名领导干部分头到示范乡村感受了解林改。全省林改采风团和《人民日报》社、新华社、《经济日报》社、中央人民广播电台等全国 8 大新闻单位先后深入到村组农户采风。参加全市林业工作会议的 350 名代表分别到东坑、钱塘、珊田、上芫村参观考察。2006 年 5 月 26 日,全国政协副主席、致公党中央主席罗豪才,副主席杜宜瑾、杨邦杰率领的中国致公党林业发展与新农村建设考察组,到遂川考察林改内业、林业要素市场,雩田镇龙脑村的林改与新农村建设。通过窗口宣传,增进了社会各界对林改激活林业、富裕林农、放飞林业生产力的了解。

新闻报道宣传　遂川林改宣传以林业部门为基础,汇聚县、乡的宣传力量,与专业媒体上下联动,形成合力,扩大改革影响力和知名度。林改中在县以上新闻媒体和报刊发表文章 710 余篇。其中,在国家级媒体发表 17 篇。《江西省遂川县林权改革初见成效》在中央人民广播电台播出;《人民日报》文艺部主任编辑王玉芳(王眉)深入遂川林改采风,创作《秋到赣乡》,2005 年 11 月 1 日在《人民日报》发表;中国致公党考察组考察遂川林改和林业要素市场及《青山绿水建新村》3 篇报道在 2006 年 6 月 2 日《人民日报》议政建言版登载;《山林拍卖记》、《江西林农走进拍卖厅》、《还山于民 还林于民》在《人民日报》发表;《山林均分到户并可入市拍卖》图片在 8 月 2 日《新华每日电讯》登载;《好政策带来大变化》、《林改瞬间》8 月 18 日在《经济日报》发表。在省部级媒体发表 126 篇。《林改年画进农家》、《遂川林业要素市场流转忙》、《吉安成立首家林业要素市场》等报道在《中国绿色时报》发表,《遂川林改工作全面铺开》、《遂川林改外业勘界进展快》、《遂川林农在林改中得实惠》等 20 余篇电视新闻在江西电视台播出,《林权改革春风漾,山林处处展笑颜》、《遂川系列配套改革推动林业发展》在《江西日报》刊登。《强势推进产权改革,激发林业发展活力》等一批经验性调研文章在省政府办公厅《调研参阅》刊出。《井冈山报》、《江西林改简报》、《江西林业信息》、《吉安林改简报》先后刊登了《遂川四项举措推动林改》、《遂川林改平稳有序快速推进》、《绵绵春雨有点甜》、《遂川借林改东风巧解山林纠纷》、《一着活了万重山》等数百篇反映遂川林改的工作信息、通讯报道、经验做法等文章。

林业特色宣传

林业系统不断加大林业特色宣传力度,扩大广度,让更多的人了解遂川林业的悠久历史和新的发展与崛起,并以遂川林业为窗口,提高遂川在全省乃至全国的知名度。

特产宣传　遂川"三宝"(金橘、板鸭、狗牯脑茶)中有两宝为林业特产。遂川在林业建设、工作活动、外事接待中不断宣传扩大产品的知名度和美誉度。1997 年 5 月,林业局推介报送《中国金桔之乡——遂川》一文，重点宣传介绍遂川金橘的种植历史、面积、产量、销售、加工以及金橘色、香、味、型、营养状况、医疗功效。8月，遂川被中国特产之乡推荐委员会评为“中国金桔之乡”。1998年1月《中国金桔之乡——遂川》入选《中国特产名乡大典（林业·林区卷）》。1999年10月，遂川金橘作为“99昆明世界园艺博览会”江西展馆展品，林业局选送6株金橘大树入会参展。2001年10月15～18日，中央电视台《农业科技》栏目记者一行来遂川，到林业局森林苗圃、堆子前镇、大坑乡对金橘的育苗、栽培、管理、采摘、贮藏、加工进行拍摄，制作的电视科教片在央视《农业科技》栏目播放。11月，林业局组织以金橘盆景为主的系列产品入展北京首届国际苗圃营林园艺技术博览会。林业局配合全县把遂川“三宝”的品牌做强做大，把狗牯脑茶叶发展作为高效林业、名特优产业的重要部分进行宣传和实施，在项目发展中突出品牌位置，对媒体予以介绍报道，对考察人员进行详尽推介，在编辑的遂川林业画册特色篇中对狗牯脑山、狗牯脑茶以精美的画面拱托，在全国集体林权制度改革现场会遂川参观点林业要素市场展厅进行广告推介。

森林旅游宣传　丰富的森林资源和奇特的山林地貌，造就了遂川众多的森林旅游景点。林业系统利用各种机会和场合，主动融入五百里大井冈旅游开发宣传。2000年遂川县神山寺森林公园建设启动后，林业局在会展中心广场举行宣介活动，发送资料，向社会宣传公园规划的核心娱乐区、水库游览区、山林游览区、滨江游览区和经营管理区5大景区的区域布局。2004年起，林业局采用图片、报道、画册及实地导游考察等方式，广泛宣传碧洲镇白水仙省级重点名胜区，介绍落差86米的三叠瀑、仙女浴盆、水口峰、一线天、鹰嘴岩等30多处景点。介绍深山幽谷中，河滩涌热泉而称奇于世的遂川第二温泉——大汾镇岭下热水洲。宣传介绍江南绝顶——南风面，这座由大自然鬼斧神工雕琢的旅游处女地。协助吉安电视台《走天下》栏目，拍摄《揭秘遂川西部》专题片，向观众展示南风面周边的湖洋顶、仙人骑鹤、赵公亭、暗垄尾、鸡公奇、石坳顶、平水山、秀凤仙等众多神奇壮观的景点。帮助人们解读湖洋顶数百平方米终年有水不干涸的炎帝神农“洗药池”，观音和仙女淋浴的“澡池”，天兵天将留下的“棋盘”等远古神话；三国时期东吴参军罗霄曾在此山中隐居点将，太平军郑、张、何、邹四头领率众在湖洋顶筑寨练兵，翼王石达开登顶时留下“谁人识得南风面，要待天下太平时”等古典传说；1927年井冈山斗争时期湘赣红军送信的山道捷径等红色历史故事。2005年，向来县考察林业的140余批各界领导和林业同行发送宣传品。2006年，制作写真彩喷钢架巨幅宣传画，矗立在遂川林业要素市场广场两侧和井冈山大道、高速公路挂线，向参加全国集体林权制度改革现场会的国家林业局及国家有关部委，各省、直辖市、自治区林业厅、局的领导直面宣传。同时，将展现遂川经典景致的林业画册、林改画册、景点光盘发送至来遂川参加会议的人员和各级宣传媒体。

候鸟通道宣传　遂川西部营盘圩、戴家埔乡和高坪、汤湖镇的候鸟迁徙通道自古有之，早为当地人所知晓，秋冬北鸟南迁，春夏南鸟北徙已为当地众人熟知。1998年，全县在重点保护野生动物调查上报后，开始引起省、地野生动植物保护管理局（站）的关注。1999年，县林业局与吉安地区野生动植物保护管理站对鸟道进行专项调查，证实遂川候鸟通道的存在并公诸于世。县林业局此后开展常年性的宣传保护和禁猎。2001年10

月,《遂川鸟道专项调查报告》由市野生动植物保护管理站在"中日湖南(隆回)屏风界鸟类环志研讨会"上进行交流,开始引起国内外鸟类专家和鸟类爱好者的极大关注与兴趣。同年,市野生动植物保护管理站编制《全国鸟类环志中心江西井冈山环志站建设工程可行性报告》,经省林业厅上报国家林业局。2002 年,《遂川有条候鸟南迁通道》、《牛头坳——候鸟的绿色通道》等系列报道在《江西日报》、《井冈山报》、江西电视台等媒体上报道。同年 9 月 27 日至 10 月 8 日,遂川举办"中日江西营盘圩鸟类环志研讨会",首次揭开遂川鸟类研究与国际研究合作的封扉。2003 年,遂川积极宣传鸟道优越的地理位置对环志的重要性,着力进行迁徙鸟类的环志、登记上报,争取国家立项投入建设,使遂川候鸟通道在环志研究上有所作为。2004 年,《遂川有个神秘的千年鸟道》在江西画报第 6 期发表,《遂川鸟道环志记》在中国《野生动物》第 5 期发表。林业局参与合作的《破译遂川候鸟通道》、《江西遂川候鸟通道候鸟停歇栖息地生态环境、鸟类环志研究及吉安鸟类名录》等一批研究成果完成。7 月下旬,林业局摄制《江西营盘圩候鸟通道》VCD 专题片与研究成果到国家林业局汇报,引起国家林业局科研机构和众多媒体的关注。2005 年 9 月 21 ~ 27 日,中国林业科学院专家一行及中央电视台科技频道《走近科学》栏目摄制组到营盘圩,进行为期 7 天的研究拍摄反映鸟类迁徙的科教专题片。11 月 15、16 日,《揭秘千年鸟道》在中央电视台十套、一套《走近科学》栏目播放,并用不同语言向国外播出。这是遂川从发现、研究、宣传、推介候鸟迁徙通道而形成首个面向全球直接反映遂川的专题片。节目良好而又深远的宣传效果,使遂川候鸟通道声名远播,成为遂川乃至江西的一个品牌。遂川在国内外的知晓度、知名度得到认识和提升。

林业综合宣传

林业系统以创办刊物和常年的通讯报道来鼓舞人、激励人、感召人,以优秀的作品来宣传、推介林业,促进林业发展。

林业画册宣传 2004 年林业局编辑《绿色明珠——遂川林业》画册。2005 年 1 月印制 3000 册发行。画册由县委书记任总编,县委书记与县长作序。主要内容分为序、目录、概况、领导篇、特色篇、资源培育篇、资源保护篇、产业篇、管理篇、发展篇。画册浓缩透视了悠久的林业历史,古老的林业文化,诸多的林业特色。展示出特有的南方红豆杉、铁杉、香果树,蜚声海内外的龙泉杉木、"狗牯脑"茶、遂川金橘等林业特产,华东地区独有的候鸟通道,万鸟迁飞的景象奇观。展现了遂川秀美山川和丰饶物产,特别是近十余年林业建设、林业改革、林业发展的丰硕成果。2006 年 6 月,林业局编辑《遂川林业产权制度改革纪实》宣传画册,印制 3000 册。画册由省林业厅厅长刘礼祖作序,内容分为序、决策篇、实施篇、成效篇、改革进程。画册见证了新时期林业改革发展的历史,真实记录了遂川林业产权制度改革的做法和取得的经验,展示了遂川林业人勇于挑战,勇于奉献的精神风貌,为社会各界全面了解遂川林改提供一幅幅活生生的照片。两套画册发送至国家林业局、省、市林业部门领导,县四套班子成员和乡镇场,林产加工企业以及来县视察、考察林业工作的领导、媒体、国内的林业同行,参加全国集体林权制度改革现场会到遂川参观的与会领导及代表。

内部刊物宣传 《遂川林业简报》自 1984 年 10 月创办后,一直成为林业局、林学会的主要内部刊物,2004 年改版为《遂川林业信息》。改版前每月编发 1 ~ 2 期,改版后每月定期编发2期，创刊23年来刊发286期，是全县创刊最早、办刊时间最长的部门刊物之一。1996年，云岭林场创办《云岭之声》场刊。2002年7月，县退耕还林领导小组办公室创办《遂川县退耕还林工程简报》，刊发24期。2003年8月，林业局创办《遂川林业快讯》，实行不定期刊发，注重时效，快捷反映林业各种信息。次年与《遂川林业信息》合刊。2004年9月，县林改办创办《林业产权制度改革简报》。林业局机关黑板报坚持每月两期，由各股室轮流出刊。刊物、简报、黑板报重点宣传林业方针政策，林业工作动态，林业热点问题，为林业各项工作的开展奠定良好的舆论基础，极力扩大林业在遂川乃至外界的社会影响力。

通讯报道宣传　信息、简讯立足《江西林业信息》、《吉安林业信息》两个林业部门刊物，通讯、新闻报道面向《中国绿色时报》、《江西日报》、《井冈山报》、《绿晚报》和江西、吉安、遂川3个电视台及江西、吉安广播电台等主要阵地，多投稿，多上稿。林业局宣传工作12年来一直保持强劲势头。1995～1997年，连续3年获“全区林业信息工作先进单位”。1996年，《论第二林区建设》获遂川县政府系统调研文章一等奖。1997年，评为“全县新闻报道工作先进单位”。当年，在全县24篇政府系统获奖调研文章中，林业局选送的4篇获奖，二、三等奖各占两篇。林业系统21篇文章在省林业经济学会主办的《林业经济探索》杂志第1期（遂川专版）发表。县林业局1997、1998年被《江西林业信息》采用的稿件分别为25篇（条）、34篇（条），居全省各县（市）林业局之首。1998年，被省林业厅表彰为“全省林业系统宣传工作先进单位”，获“全县党政系统信息工作先进单位”。1999年，在县以上各级宣传媒体刊发419篇（条）文稿，并实现在国家级媒体发表文章零的突破。2001年，获“全县新闻报道先进单位”。《跨越“转型”阵痛》的专题讨论文章在《中国林业》杂志第10期发表。《走出林业误区，重建生态文明》获江西林学会优秀论文奖。2002年，为“全市林业宣传信息工作考评第三名”、“全县新闻报道工作先进单位”。2003年，为“全市林业宣传信息工作考评第二名”、“全县新闻报道工作先进单位”。2004年，林业宣传力度进一步加大，手段技巧得到提高，新闻报道突破传统的纸张稿件，采用DV声像画面向电视台提供快捷的新闻，用电子邮箱等方式向国家林业网、江西林业网及《江西日报》、《井冈山报》等网络媒体直接从网上报送林业信息，实现了林业信息发布方式的一大飞跃。全年在国家级媒体发表文章8篇，遂川林业的通讯报道首次在《人民日报》、《光明日报》、《经济日报》发表和在中央电视台亮相。该年度获“全市林业信息先进单位”、“全县新闻报道先进单位”。2005年，在县以上各级媒体刊发431篇（条）文稿，是林业宣传发表文章最多的年份。2006年，获“全县思想宣传工作先进单位”。《夯实村级基础，实现规范操作》、《县级林业主管部门在林改中的工作职责》、《抓实外业勘查的业务线和保障线》、《林改后遂川农民增收的调查与思考》等文章选入国家林业局编辑的《集体林权制度改革论文选集》。《扎实推进林权改革，努力建设生态遂川》、《遂川拟用五年时间改造全县疏残林》的报道及《遂川“爱鸟使者”在行动》、《遂川鸟道候鸟环志136种》图片新闻在《中国绿色时报》发表。《集体林产权制度分析——安排、变迁与绩效》在中国《林业经济》杂志第11、12期连载。《我国银杏产业标准化探讨》在中国《林业实用技术》杂志第1期发表。《富了林农　绿了青山》在江西电视新闻头条播放。林业局刘礼河入选2006年度国家林业重点项目《中国林业发展改革理论与实践》编委会特邀编委，所著

《遂川林业产权制度改革的实践与思考》一文选入该书,由《经济日报》出版社出版发行。

1995 ~ 2006 年林业局在县级以上报刊、电台、电视台发表 2706 篇(条)文稿。其中国家级 40 篇(条),省部级 547 篇(条),市厅级 1188 篇(条),县(处局)级 931 篇(条)。

1995 ~ 2006 年林业局新闻稿件发表一览

表 8 - 2 - 1　　单位:篇、条

年度	合计	其中			
		国家级	省部级	市厅级	县处级
1995	43	0	1	6	36
1996	141	0	4	40	97
1997	217	0	8	111	98
1998	349	0	46	172	131
1999	419	3	61	234	121
2000	133	4	69	43	17
2001	131	4	55	50	22
2002	69	2	35	18	14
2003	147	2	15	51	79
2004	256	8	46	109	93
2005	431	2	119	200	110
2006	370	15	88	154	113

第九章

机　　构

第一节 林业局

遂川县林业局是县人民政府林业行政主管部门,负责全县林业生态环境建设和林业产业管理,行使林业行政执法职权。主要职责是:贯彻执行国家关于林业发展和林业生态环境建设的方针、政策和法律、法规,编制全县林业发展规划和计划;组织指导全县植树造林、国土绿化和林业基地、林业重点工程建设;负责全县森林资源调查、动态监测,编制、审核、报批森林采伐限额,监督木材凭证采伐、运输等林政管理工作;管理全县森林资源和保护野生动植物,查处破坏森林资源及野生动、植物资源的案件;协调全县森林防火和森林病虫害防治、检疫工作;制订全县林业科学技术发展规划,组织开展科研项目和科研成果的普及推广。

20 世纪 90 年代初,执行县委、县政府"三年消灭荒山,七年绿化遂川"的决定,组织开展大规模灭荒造林活动,至 1994 年,全县基本消灭宜林荒山。1999 年,围绕森林资源培育这个中心,重点抓好生态林建设和商品林基地建设。通过"山上再造"、"跨世纪绿色工程"等一系列林业项目工程的实施,森林资源稳步增长,生态环境不断优化。2003 年,执行县委、县政府深化林业经营体制改革的决定,推行木竹经营市场化,促进部门办林业向社会办林业转变。2004 年 8 月,遂川启动全省林业产权制度改革试点工作。县林业局根据县委、县政府制定的实施方案,按照"当好参谋,主动服务,狠抓落实"的工作职责,把好林改宣传、政策落实、乡村方案、质量检查、督查调度、输机建档关,林改工作有序推进。2005 年,荣获省委、省政府"全省林业产权制度改革先进集体"称号。

加强森林资源管理,完善保护措施,坚持凭证采伐、销售、运输和木竹加工制度,建立规范有序的林政资源管理体系。实施林业综合行政执法试点工作,整合林业行政执法力量,打击破坏森林资源的违法犯罪活动。抓好封山育林、森林防火和森林病虫害防治,林木管护工作成效明显。积极推广科教兴林,实行森林资源分类管理,提高林业综合效益。强化征占用林地审核审批制度,乱征滥占林地现象减少。落实野生动植物保护措施,群众的保护意识普遍提高。山林权属争议调处率上升,产权得到明晰。通过加强资源培育和保护力度,有林地面积上升,活立木蓄积增大,森林覆盖率提高。2004 年被国家林业局评为全国封山育林先进单位,2005 年评为全国森林资源管理先进单位。

局机关

绿化委员会办公室 1995 年,由 1 名副局长兼任办公室主任,有工作人员 4 人。负责全县的义务植树和造林绿化工作,组织开展全民义务植树和造林、绿化创"四佳"活动,督促完成义务植树任务,收缴义务植树绿化费。2004 年与营林股合署办公。

森林防火指挥部办公室 1995 年,由 1 名副局长兼任办公室主任,有工作人员 3 人。负责全县森林防火工作的组织、协调、检查、监督。2005 年 1 月定为副科级单位,同年 10

月,设专职主任。2006 年有工作人员 4 人。

野生动物资源保护领导小组办公室　1995 年,由 1 名副局长兼任办公室主任,与绿化办合署办公,有工作人员 3 人。其职责是贯彻执行国家野生动物资源保护与管理的法律、法规、政策,指导全县野生动物资源的保护和驯养,查处违法捕猎、驯养、运输、经营野生动物的行为。2004 年与林政股合署办公。

调解处理山林权属争议办公室　1994 年 6 月,由正科级单位改为副科级,办公室从县政府院内迁至县林业局,由 1 名副局长兼任办公室主任。负责全县山林权属争议的调解处理。2003 年 10 月,设专职办公室主任。1995 年有工作人员 3 人,2006 年有 4 人。

职能股室　1995 年,林业局内设人事秘书股、纪检监察室、营林股、林政股、计划财务股、工业管理股、审计股、油茶股、森林病虫害防治检疫站 9 个股室,有工作人员 74 名。1997 年 6 月成立林业科技推广站,与营林股合署办公;同年撤销油茶股,其职能划入营林股。1998 年成立果业站,2002 年其职能并入营林股,保留机构名称。2000 年 3 月,计划财务股与审计股合署办公,两块牌子,一套人员。同年 5 月,成立野生动植物资源保护管理站,与绿化办合署办公。2003 年撤销工业管理股,其职能并入人事秘书股。同年 8 月林业调查设计队独立办公。2004 年 3 月,人事秘书股、党委办公室、纪检监察室合并,设立局办公室;林政股、野生动植物资源保护管理站合署办公;营林股、退耕办、绿化办、林业科技推广站合署办公;同时成立局机关后勤服务中心。2005 年设立政策法规股,机关后勤服务中心并入办公室。2006 年,局内设办公室、林政股、营林股、计财审计股、森防站、林业调查设计队、政策法规股、野生动物疫源疫病监测站、项目办 9 个职能股室,有工作人员 43 人。

1995～2006 年林业局领导名录

表 9－1－1

职务	姓名	籍 贯	任职时间	职务	姓名	籍 贯	任职时间
局长				副局长	郭选纶	江西遂川	1988.4～1998.8
	刘四保	江西吉水	1988.1～1996.10		欧阳正根	江西遂川	1990.9～2002.2
					万卫华	江西南昌	1994.8～1999.5
					王礼权	江西遂川	1999.4～
	罗荣梅	江西遂川	1996.10～2003.1		肖衍华	江西遂川	2002.2～2005.7
					欧阳训荣	江西遂川	2003.1～2005.10
	刘礼河	江西遂川	2003.1～		张永明	黑龙江滨县	2005.10～
					李华美	江西遂川	2005.10～

局直属单位

林业工作站　主要职责是宣传、贯彻、执行国家林业方针政策和法律法规;协助乡镇、村做好林业生产的长远规划和制订年度计划,负责指导植树造林、封山育林和护林防火工作;建立乡镇、村森林资源档案,搞好木竹放行等林政管理工作;推广林业先进技术,开展技术咨询、技术服务及乡镇、村林业技术人员的培训工作。1995 年,林业局有雩田、横岭、衙前、双桥、新江、五斗江、堆子前、西溪、大汾、滁洲、七岭、高坪、汤湖、左安、南江、草林、珠田、泉江、盆珠、大坑、巾石、碧洲、枚江、禾源 24 个林业管理所,工作人员 115 人。

1997年3月，撤销珠田、枚江、盆珠林业管理所，并入泉江林业管理所。2002年，滁洲林业管理所并入大汾林业管理所，在滁洲设办事点。2003年6月，林业管理所更名为林业工作站。2004年3月，汤湖林业工作站与左安林业工作站合署办公，在汤湖镇、原扬芬乡设立办事点；黄坑林业工作站并入西溪林业工作站；草林、堆子前、南江3个林业工作站合署办公，在堆子前、南江设立办事点。合署办公的林业工作站仍保留原机构牌子。2005年，高坪林业工作站并入汤湖林业工作站，保留高坪站牌子。2006年，林业局设泉江、大汾、左安、汤湖、衙前、雩田、西溪、巾石、碧洲、双桥、草林、禾源、大坑、戴家埔、五斗江、新江16个林业工作站，有工作人员98人。

木材检查站 主要职责是贯彻执行国家政策法令，登记查验木竹及其制品、半成品，野生动植物及其产品运输放行证件，制止违法运输行为；受林业局委托，实施有关林业行政处罚。1995年，设横岭、五斗江（址设洞口）、高坪、大坑（址设西垄）木材检查站及双桥（址设马埠）水上木材检查站5个省批站，县设大汾、碧洲护林哨，有工作人员45人。2000年，高坪木材检查站与高坪林业管理所合署办公。同年，省政府批准县保留横岭、五斗江、高坪、大坑4个木材检查站。2002年，碧洲护林哨与碧洲林业管理所合署办公。2003年，大汾护林哨与大汾林业管理所合署办公。2005年，大汾、碧洲护林哨单独办公。2006年，木材检查站（哨）归林业综合行政执法大队管理，全县有横岭、大坑、五斗江、高坪木材检查站及大汾、碧洲护林哨，双桥水上木材检查站留有2人值班。

林业综合行政执法大队 主要职责为查处违法采伐、运输、经营、加工木材，征用占用林地和乱捕、滥猎野生动物等破坏森林资源的行为。1997年6月，成立林政稽查队，归林政股管理。2000年，迁砂子岭独立办公。2003年5月，改称林政稽查大队，下设草林、新江、双桥、堆子前4个分队，有工作人员31人。2005年7月，遂川被国家林业局列为全国第二批林业综合行政执法改革试点县，同年12月，林政稽查大队更名为林业综合行政执法大队，为林业局下属副科级单位，定编66人。2006年，大队内设一办两科（办公室、一科、二科），下辖8个执法中队，即泉江（与碧洲护林哨合署）、横岭（与横岭检查站合署）、草林、高坪（与高坪检查站合署）、大汾（与大汾护林哨合署）、双桥、五斗江（与五斗江检查站合署）、大坑（与大坑检查站合署）中队。林业综合行政执法改变了以前森林公安、林政稽查大队、木材检查站、林业工作站"四位一体"的林业行政执法体制，实现政策制定职能与监督处罚职能、监督处罚职能与技术检验职能的相对分开，林业行政执法由分散型向综合型转变。2006年，林业综合行政执法大队有工作人员60人。

林业要素市场 2005年12月28日成立并开业。从事林权初始、变更登记，林权资料信息统计、查询；商品林林木、林地流转信息的搜集、整理，流转业务的受理、管理、监督和组织实施；森林资源及相关资产的价值评估服务；林权抵押贷款配套服务；林权档案收集、整理、管理及利用，林权档案查阅、抄录和复制服务。2006年有工作人员12人。

森林苗圃 主要承担林木种苗生产供应，良种选育与新技术推广，林业相关技术和管理人员培训，林木种苗产品质量检验。1995年址设砂子岭，经营面积108公顷，有工作人员23人。2001年迁至雩田镇珊田村。2006年，经营面积113公顷，实行租赁经营。

绿源公司 原名林业开发公司，1993年成立，在局机关办公。1996年迁至砂子岭，2003年迁至珠田乡坑口，2005年再迁至砂子岭办公，更名绿源公司。从事木竹采运、加工、销售，园林绿化工程施工、管理，花卉、苗木销售。2006 年有工作人员 10 人。

森林消防专业队 1997 年 7 月，成立县专业森林消防队，人员从五指峰林场、云岭林场、林业工业公司职工中抽调，队址设云岭林场，有队员 30 人。1998 年 9 月，组建机关应急森林消防队，下设 4 个分队，有工作人员 46 人。2004 年 4 月，进行调整充实，下设扑火队、医疗队、通讯队、运输队、后勤队。2005 年 9 月，组建县森林消防专业队，定编 30 人，队址设珠田乡坑口。2006 年有工作人员 30 人。

神山寺森林公园管理处 2000 年 6 月，省林业厅同意遂川建立神山寺省级森林公园，县设立神山寺森林公园管理处，为林业局下属事业单位，定编 5 人。负责森林公园的筹建、开发和管理工作。2006 年有工作人员 4 人。

林业技术服务中心 2004 年 10 月成立，地址在砂子岭。2005 年 3 月，设立龙泉林业服务有限公司，与林业技术服务中心合署办公，两块牌子，一套人员。主要负责集体、个人及其他经济组织的林木采伐设计、木材检验业务。2006 年有工作人员 4 人。

林业印刷厂 厂址设砂子岭。1995 年有工作人员 16 人，实行承包经营。2001 年 10 月实施改制，职工买断工龄领取经济补偿金后自谋职业，印刷厂自然解体。

林业科学研究所 1990 年 11 月，设所于森林苗圃，与森林苗圃合署办公，两块牌子，一套人员。主要从事种苗、花卉、盆景生产和林业技术推广工作。

林业科技推广站 1997 年 6 月成立，与营林股合署办公。主要进行全县综合性的林业生产技术指导，林业科学技术的应用、普及、推广工作。

森林公安局

森林公安机关是国家派驻林区保卫森林资源安全、维护林区社会治安秩序的行政力量。主要职能是贯彻执行国家关于保护森林资源，维护林区社会治安稳定的方针、政策和法律、法规；组织对各类破坏森林和野生动植物资源刑事案件、治安案件和法律授权的森林行政案件的侦破和查处工作。人员编制和行政领导属林业局，公安业务受县公安局领导，林政执法业务属林业局领导。

1995 年，县公安局林业分局内设人事秘书科、治安科，下设五指峰、新江、五斗江、横岭、云岭、滁洲、高坪 7 个林业派出所，有工作人员 53 人，其中民警 46 人。1998 年，县公安局林业分局更名为县公安局森林分局，2000 年各林业派出所更名为森林派出所。2002 年，横岭森林派出所易名为大坑森林派出所，高坪森林派出所更名为汤湖森林派出所，滁洲森林派出所更名为戴家埔森林派出所。2003 年，人事秘书科更名为办公室，治安科易名为治安股，同时增设法制股。2006 年 11 月，县公安局森林分局更名为森林公安局，内设办公室、治安股、法制股，下设五指峰、云岭、新江、五斗江、汤湖、戴家埔、大坑 7 个森林派出所，均为副科级单位。全局有工作人员 45 人，其中民警 41 人。

1995 年以来，县森林公安局坚持“打防并举，标本兼治”的原则，坚持“严打”方针，组织开展各种打击破坏森林和野生动植物资源违法犯罪的专项斗争，破获一大批案件，打击了一大批违法犯罪分子，起到了震慑犯罪、教育群众的作用，为全县林业建设事业发展创造了较好的环境和条件。12 年间，通过经常性巡查、治安整治、专项斗争等共查处各类森林案件 3424 起，处理打击各类违法犯罪人员 6556 人次，有 813 人受到刑事处罚；收缴木材 6808.4 立方米，收缴各类非法猎捕、倒卖的野生动物 4142 头（只），挽回直接经济损失4亿多元。

1995～2006年森林公安局领导名录

表9－1－2

职务	姓名	籍 贯	任职时间	职务	姓名	籍 贯	任职时间
局 长	陈文济	江西泰和	1988.5～1999.3	副局长	冯正生	江西遂川	1993.7～1996.12
教导员	谢作忠	江西遂川	1993.5～1996.3				
教导员	张秋生	江西遂川	1996.3～1999.3	副局长	刘科材	江西遂川	1999.10～
局 长	张秋生	江西遂川	1999.3～2005.4				
教导员	吴克毅	江西吉安	1999.3～2005.4				
局 长	古小江	江西遂川	2005.4～	副教导员	危 安	江西东乡	2003.4～2003.10
教导员	危 安	江西东乡	2005.4～2006.8				

五指峰森林派出所 1995年驻五指峰林场，有干警6人，管辖西溪、堆子前、草林、五指峰国有林区。2003年5月，管辖范围为五指峰林场和西溪、堆子前、大汾、黄坑4乡镇1场的林业治安工作。2004年10月，调整为3乡镇1场（西溪、大汾、黄坑和五指峰林场）。2006年有干警5人，其中正副所长各1人。

该所把稳定林区治安秩序摆在首位，加强源头管理和巡查力度。1995～2006年，共查处各类林业行政案件329起，林业治安案件24起。行政罚款95.66万元，收缴非法木材673.8立方米。处理各类违法人员696人，其中行政拘留13人，刑事拘留10人；起诉逮捕19人，取保候审7人。为国家挽回直接经济损失200多万元。

新江森林派出所 驻新江采育林场。1995年有干警6人，其中政治指导员1人。2006年，有干警5人，其中所长、政治指导员各1人。

该所管辖新江、双桥2个乡的林业治安工作，管辖范围紧靠万安、泰和、井冈山等县（市）边界，林区治安管理难度大。该所充分发挥森林公安的职能作用，严厉打击各类破坏森林资源的违法犯罪活动，保证林区社会治安的持续稳定。1995～2006年，办理森林刑事案件6起，刑事处罚12人次；治安案件44起，查处42起；各类林业行政案件318起，查处313起。共处罚816人次，其中逮捕12人，治安拘留44人次，治安罚款103人次；林业行政处罚657人次，罚没款72.93万元；收缴非法木材770.2立方米。

五斗江森林派出所 驻五斗江圩镇，管辖五斗江乡的林业治安工作。1995年有干警5人，其中副所长1人。2006年，有干警4人，其中所长、工勤人员各1人。

1995～2006年，共查处各类森林案件223起，其中森林刑事案件21起，治安案件9起。逮捕52人，治安拘留6人。有力地打击了森林违法犯罪活动，维护林区治安秩序的稳定。2004年被国家林业局森林公安局评为二级派出所。

云岭森林派出所 驻云岭林场。1995年有干警5人，其中正副所长各1人，管辖云岭林场和碧洲、枚江、巾石3个乡镇的林业治安工作。2002年，云岭森林派出所迁至横岭，管辖雩田、衙前2乡镇的林业治安工作。原管辖的碧洲、枚江、巾石3个乡镇的林业治安工作由分局治安股管理。2006年，有干警5人，其中所长、政治指导员各1人。

该所坚持“打、防、管、建、控”的原则，加强源头管理和巡查力度，有效控制盗伐、滥伐林木案件的发生，查处非法木材销售行为。同时加强基层基础建设，完善乡村护林组织，加强情报信息网络建设，设立举报箱，公布举报电话。1995～2006年，共办理林业行政案件450起，林业刑事案件12起，社会治安刑事案件3起。

汤湖森林派出所　原名高坪林业派出所，驻汤湖镇。1995年有干警5人，其中副所长1人，管辖高坪、汤湖、南江、扬芬、左安、黄坑6个乡镇的林业治安工作。2000年更名为高坪森林派出所。2002年，易名为汤湖森林派出所，管辖高坪、汤湖、左安、南江、草林5个乡镇的林业治安工作。2006年，有干警3人，其中所长、政治指导员各1人，工勤人员1人。

1995～2006年，该所办理各类林业案件447起，其中森林刑事案件10起，治安案件13起，林业行政案件295起。处理各类违法犯罪人员500人次，其中逮捕10人，治安拘留11人，治安罚款48人，行政罚款328人次。为国家挽回经济损失100余万元。

戴家埔森林派出所　原名滁洲林业派出所。1995年有干警5人，其中副所长1人。驻滁洲乡，管辖滁洲、七岭、戴家埔、营盘圩、大汾和五指峰部分国有林区的林业治安工作。2000年更名为滁洲森林派出所。2002年易名为戴家埔森林派出所，驻戴家埔乡，管辖戴家埔、营盘圩2乡和原滁洲乡范围的林业治安工作。2004年3月与五指峰森林派出所合署办公。

大坑森林派出所　2002年2月，横岭森林派出所迁址易名为大坑森林派出所，驻大坑乡，管辖大坑乡的林业治安工作。2004年10月管辖大坑、堆子前2乡镇的林业治安工作。2006年，有干警4人，其中所长、政治指导员各1人。

该所组建以来，查处各类林业案件165起，其中森林刑事案件3起，林业治安案件6起，林业行政处罚案件156起。共处罚违法犯罪人员628人次，其中刑拘或报捕5人次，治安拘留6人次，林业行政罚款617人次。收缴非法经营木材470余立方米，为国家挽回直接经济损失42.5万元。

林业工业公司

负责辖属国有山林及国村(户)联营山林资源的经营管理、林产工业管理、木竹检验、林区公路建设等。1995～2002年，县内社会商品材由公司收购经营。2003年，全县商品材放开经营，林业工业公司自主经营国有林和国村(户)联营林。

1995年，公司内设人秘科、财务科、生产技术科、工业管理科、基建科、木竹供销经理部，下辖新江、五斗江、大坑、草林、汤湖5个采育林场，林工商贸易商场、林业机制砖厂、林业汽车队、林业汽车修配厂4个林办工商企业，兴泉人造板有限公司、金源竹材胶合板有限公司2个合资企业，泉江、衙前2个林业分公司和木竹经营部(设砂子岭)。有干部职工1190人，其中专业技术人员164人。经营山场面积17666.67公顷，其中国有林5733.34公顷，占32.45%，联营林11933.33公顷，占67.55%。活立木蓄积88.24万立方米，立竹132.17万株。生产、经营木材5.5万立方米，其中自营采伐2.5万立方米，商品材收购3万立方米，实现销售收入2600多万元，利税600多万元。

随着市场经济的逐步建立和林业经营体制的改革，县林业工业公司的职能和业务发生较大变化，1995年起对内设机构和下属单位进行调整撤并。1997年4月，撤销林业汽车队和林业汽车修配厂，债权债务划入林业工业公司，职工安置到各采育林场。同年7月，撤销木竹供销经理部。1999年，撤销泉江林业分公司，职工由林业工业公司统一安置，经营业务划入大坑采育林场。2002年5月，撤销林业机制砖厂，债权债务划入林业工业公司,职工安置到大坑采育林场。2003 年 4 月,撤销衢前林业分公司,人、财、物由新江采育林场接管。同时,撤销木竹经营部,职工安置到各采育林场。2004 年 7 月,撤销公司内设的工业管理科和基建科,生产技术科易名为生产业务科。2005 年 5 月,设立护林防火办公室。

2006 年,公司内设人秘科、财务科、生产业务科、护林防火办公室,下辖新江、五斗江、大坑、草林、汤湖 5 个采育林场,兴泉人造板厂、扬宏竹胶板厂(均已出租)和林工商贸易商场。有干部职工 710 人,其中专业技术人员 184 人(中级职称 18 人,初级职称 166 人)。离退休人员 715 人。经营山场面积 15133.34 公顷,其中国有林 5533.34 公顷,联营林 9600 公顷,划为国家重点公益林 3840 公顷。活立木蓄积 82 万立方米,立竹 135 万株。生产经营木材 1.5 万立方米,实现销售收入 900 万元,税收 121 万元。拥有固定资产 1700 多万元。

1995 ~ 2006 年,县林业工业公司开展造林育林,增加森林资源总量;注重提高林分质量,严格执行采伐限额,拓宽木竹经营市场;改善林区生产、生活条件;推行企业改革,分流企业富余人员,允许职工置换身份自谋职业,搞活企业经营,提高企业经济效益。12 年间,造林面积 1872 公顷,抚育面积 10246.67 公顷次,间伐面积 3746.67 公顷次,营林投入 800 万元;投入林区公路建设资金 200 万元,兴建办公楼及改善职工居住环境 500 万元;为社会提供赞助及扶贫资金 300 万元;实现利税 6000 余万元。

1995 ~ 2006 年林业工业公司领导名录

表 9 - 1 - 3

<table>
<tr><th>职务</th><th>姓名</th><th>籍 贯</th><th>任职时间</th><th>职务</th><th>姓名</th><th>籍 贯</th><th>任职时间</th></tr>
<tr><td rowspan="7">经理</td><td rowspan="2">康昭标</td><td rowspan="2">江西遂川</td><td rowspan="2">1990.4 ~ 1998.6</td><td rowspan="6">副经理</td><td>周 峰</td><td>安徽宿县</td><td>1990.5 ~ 1998.11</td></tr>
<tr><td>廖洪石</td><td>江西遂川</td><td>1992.1 ~ (2004.5 起主持工作)</td></tr>
<tr><td rowspan="3">钟德奎</td><td rowspan="3">江西遂川</td><td rowspan="3">1998.6 ~ 2003.10</td><td>康全生</td><td>江西遂川</td><td>1998.11 ~</td></tr>
<tr><td>李祥生</td><td>江西遂川</td><td>1998.11 ~</td></tr>
<tr><td>王金生</td><td>江西遂川</td><td>2004.7 ~</td></tr>
<tr><td rowspan="2">肖衍华</td><td rowspan="2">江西遂川</td><td rowspan="2">2003.10 ~ 2004.4</td><td>彭克强</td><td>江西遂川</td><td>2004.7 ~</td></tr>
<tr><td>经理助理</td><td>高芳泉</td><td>江西遂川</td><td>2004.7 ~</td></tr>
</table>

林工商贸易商场 县林业工业公司下属独立核算、自负盈亏的企业,位于县城东路大道。1995 年有干部职工 31 人,固定资产 88 万元,上交税金 3.6 万元,完成利润 3.5 万元。1998 年,林工商贸易商场后院餐厅、会议室出租。2003 年,在江南木材市场设立的林工商第二招待所划归林业工业公司接管,由金星木业有限公司(外商投资企业)租赁经营。2006 年,有干部职工 14 人,其中专业技术人员 5 人。实现税金 1.6 万元,完成利润 1 万元。固定资产 65 万元。

新江采育林场 县内主要森工基地之一,位于县境北部新江乡,距县城 66 公里。场内森林资源丰富,是全省著名杉木产区。1995 年经营山场面积 3709 公顷,其中国有林 1668.87 公顷,联营林 2040.13 公顷,分别占山场总面积的 44.86% 和 55.14%。主要有用材林、防护林、特种用材林、经济林、竹林,活立木蓄积 29.43 万立方米。有林业专用公路 5 条,总长 97.13 公里,职工 265 人,其中专业技术人员 27 人。林场下设大旺、新江、双桥、水边 4 个工区，小湖、大坛、新江 3 个护林队，另有 1 个木材加工厂。年经营木材 2.5 万立方米。固定资产 947 万元。

1995 年，为扩大经营面积，投资 480 万元购买新江乡石坑村柴头背林班山场 100 公顷成为国有林。1996 年，新修大块至水口林区公路 3 公里，新建大块工区办公楼，建筑面积 400 平方米。2000 年，投资 55.4 万元在新江圩镇新建商住楼，建筑面积 1015 平方米。2003 年 4 月，衙前林业分公司撤销，其人、财、物全部并入新江采育林场，设立衙前工区。由于县木材经营市场的放开，2004 年 4 月撤销衙前、双桥工区。2005 年，公司将该采育林场 10 年生以上杉木林以每立方米蓄积 100 元价格转给金星木业有限公司经营，面积 1533.33 公顷，蓄积 22.5 万立方米，林地使用年限为 30 年。随后撤销大旺、水边、新江 3 个工区。

2006 年，该场经营山场面积 2275.67 公顷，其中国有林 1604.73 公顷，联营林 670.94 公顷。活立木蓄积 8.38 万立方米，森林覆盖率 99.53%。主要树种有：杉木、松树、毛竹、槠树、荷木、拟赤杨、枫树、青冈栎、楠木、杜英以及沉水樟等。划为国家重点公益林 144.13 公顷。有工作人员 151 人（在岗 22 人），其中专业技术人员 30 人（中级职称 6 人，初级职称 24 人）。下设新江、大潭、小湖 3 个护林队和 1 个木材加工厂（已出租）。固定资产 216 万元。

1995～2006 年，该场坚持以营林为基础，对荒山、残次林、采伐迹地进行改造和更新，累计新造纯杉木林 466.67 公顷。加强森林资源培育，营造速生、丰产、优质杉木林。强化护林防火，充实壮大护林队伍，取得 12 年无森林火灾的好成绩。承担新江境内 60 余公里林区公路养护工作，保障林区公路畅通。12 年间收购商品材 12 万立方米，自营采伐生产 10 万立方米，年均产值 800 万元。

五斗江采育林场　是遂川又一主要森工基地，位于县境西北部的五斗江乡，距县城 71 公里。境内森林资源丰富，是“龙泉码”的发祥地。有较完整和较高保护、利用价值的水杉、红豆杉、三尖杉、香榧等珍贵树种及杉木、马尾松、楠木、木荷、银木荷、苦槠、丝栗栲、红钩栲、罗孚栲、青冈栎、杜英、华杜英、拟赤杨等 100 余种树种组成的常绿针阔混交天然植物群落。位于五斗江乡庄坑村的大湾里“狗子脑”国有林，面积 697.2 公顷，是全县唯一未开发、保存完好的大面积天然林。山场地势险峻，野生动植物繁多，深入山林能看到野生猴群。2000 年，大湾里“狗子脑”国有林山场全部划为国家重点公益林。

1995 年，全场经营山场面积 3440 公顷，其中国有林 1240 公顷，占 36.05%，联营林 2200 公顷，占 63.95%。活立木蓄积 33.16 万立方米，森林覆盖率 84.8%。有干部职工 191 人，其中专业技术人员 15 人。下设五斗江、息罗、洞口、车坳、联桥 5 个工区以及息罗、大湾里、坪头、木洞 4 个护林队。生产经营木材约 2 万立方米。固定资产 96 万元。

2001 年 3 月，撤销木洞护林队。2004 年 3 月，撤销车坳工区，同时撤销大湾里护林队。2006 年林场下设五斗江、洞口、息罗、联桥 4 个工区以及坪头、息罗 2 个护林队。有工作人员 137 人（在岗 36 人），其中专业技术人员 31 人（中级职称 2 人，初级职称 29 人）。经营山场面积 3440 公顷，其中划为国家公益林面积 977.87 公顷。活立木蓄积量 37 万立方米，森林覆盖率 99.67%。固定资产 119 万元。

1995～2006 年，该场利用立地优势条件，建立商品林基地，大力培植大中径级红心杉木。投资近500万元营造人工林面积164.47公顷,多数山场林木基本近熟。加强对天然林、国家公益林的管护,合理设置护林网点,保护森林资源和生态环境。12年来,收购、生产木材近18万立方米,年均产值700万元。投资近50万元建设洞口工区办公楼及改善其他工区、护林队办公、宿舍的生活设施条件,合理分流安置企业职工,稳步推进林场林业经济发展。

大坑采育林场 位于县境西北中部大坑乡境内,距县城25公里。经营泉江、大坑、珠田、堆子前和衙前境内部分插花山山场。

1995年全场经营山场面积2907.87公顷,其中国有林1324.33公顷,占45.54%,联营林1583.54公顷,占54.46%。活立木蓄积15.56万立方米,森林覆盖率95%。下设上坑、大坑、牛湖、槽坑、案前、大兰坑6个工区,有干部职工206人,其中专业技术人员15人。生产经营木材1.5万立方米,产值921万元。固定资产49万元。

1997年3月,槽坑、大兰坑2个工区合并设立长隆工区;1999年3月,公司撤销泉江林业分公司,其人员、经营业务划入该林场管理。2003年3月,牛湖、案前2个工区改为护林点。

2006年,林场下设大坑、长隆2个工区,有干部职工148人(在岗58人),其中专业技术人员35人。经营山场面积2301.47公顷,其中国有林1284.8公顷,联营林1016.67公顷,活立木蓄积量20.89万立方米,森林覆盖率98.63%。主要树种有杉木、荷木、枫树、拟赤杨、槠树、青冈栎、黄檀、湿地松、火炬松等。固定资产54万元。

1995~2006年,该场大力发展营林生产,培育森林资源,营造人工林面积318.53公顷。注重调整产业结构,发展竹林、油茶、茶叶、柑橘、菜竹、黄栀子等经济林。1996年引进菜竹种植,面积1公顷;1997年种植黄栀子,面积5.8公顷。12年间生产、收购木材10万立方米,年均产值400万元。改善林区的生产、生活条件,投资20多万元建设长隆工区办公楼。推行企业内部改革,发挥职工特长,果、茶、竹经济林由职工租赁经营。实施减员增效,妥善分流富余职工,增强企业经济活力。

草林采育林场 位于草林镇境内,距县城23公里。经营山场分布草林、禾源、珠田、南江、堆子前等乡镇。境内多属丘陵地带,森林资源既有用材林,又有经济林。

1995年,林场下设坑口、堆子前、南江3个工区。有干部职工149人,其中专业技术人员20人。经营山场面积3019.27公顷,其中国有林78.66公顷,占2.61%,联营林2940.61公顷,占97.39%。生产经营木材5000余立方米。

2006年,林场下设坑口、南江、堆子前3个工区,有干部职工112人(在岗44人),其中专业技术人员35人(中级职称2人,初级职称33人)。经营山场面积3440.53公顷,其中划为国家公益林面积1225.33公顷,活立木蓄积量4.68万立方米,森林覆盖率95.09%。主要树种有杉木、湿地松、马尾松、枫树、荷木、苦槠、酸枣、拟赤杨等。固定资产125万元。

1995~2006年,该场着力培育森林资源,营造防护林和工业原料林。在遂桂、遂井公路两旁营造工业原料林668.93公顷,现已郁闭成林。1997年投资100多万元发展果业,租赁草林镇源溪村山场13.33公顷种植金橘,由职工承包经营。由于经营管理不善,2004年将租赁的山场退还给林农。该场划为国家公益林面积较大,护林防火成为林场的主要工作任务。

汤湖采育林场 位于县境西南部，场部设汤湖圩镇，距县城60.5公里。经营山场分布汤湖、高坪、左安等乡镇。大部分山林在海拔500～1500米之间。杉木、松树、阔叶树和经济林均占一定比例。

1995年，该场下设高坪、汤湖、高车坳、左安4个工区，有干部职工112人，其中专业技术人员11人，固定资产27万元。经营山场面积4119.87公顷，其中国有林1365.67公顷，占33.15%，联营林2754.2公顷，占66.85%。经营木材1000立方米。

1998年3月，撤销高坪、高车坳2个工区。2006年，该场下设汤湖、左安2个工区，有干部职工108人(在岗36人)，其中专业技术人员31人(中级职称5人，初级职称26人)。经营山场面积3211.47公顷，其中划为国家公益林面积1482.8公顷，活立木蓄积量11万立方米，森林覆盖率98.81%。主要树种有杉木、马尾松、黄山松、枫树、荷木、红豆杉、华杜英、槭树、鹅掌楸等。固定资产80万元。

1995～2006年，该场大力开展植树造林，培育森林资源，累计营造人工林面积219.67公顷。林场山场大多坐落在边远地方，海拔较高，常规树种造林生长差，林木长势缓慢，生产商品材成本较高。1986年，从外地引进"黄山松"树种造林，获得良好效果。此后逐步推广，成为西部山区高山造林的主要树种。该场坐落在著名的"狗牯脑"茶叶产区，根据立地条件，发展茶叶生产，开辟茶园面积26公顷。1998年开始由场内职工租赁经营，2003年部分对外租赁经营。

衙前林业分公司 设在衙前圩镇，距县城46公里。1995年分公司有干部职工39人，其中专业技术人员9人。分公司占地1.4万平方米，下设衙前、瑕尾木材收购组。1995～2003年承担衙前镇商品材收购、销售工作，年收购木材8000多立方米，销售收入300余万元。2003年全县木材经营体制改革，木材经营市场全面放开，经营业务自然消失，同年4月撤销该机构，38名干部职工和31万元固定资产全部划入新江采育林场。

泉江林业分公司 设于泉江镇，负责泉江、碧洲、巾石等乡镇的商品材收购销售和木竹中转任务。1995年，有干部职工32人，其中专业技术人员8人。年收购、中转量1000余立方米。砂子岭木竹经营部成立后，各采育林场收购、生产的木材直接集材到江南木材市场销售，失去了该分公司木材销售、中转作用。1999年，撤销该分公司，人员统一由林业工业公司安置，经营业务划入大坑采育林场。

木竹经营部 1994年8月成立，位于县城砂子岭工业园区105国道边，占地面积34590.6平方米，建筑面积2660.8平方米，投资600多万元，为江南大型木竹交易市场。1995年有职工110人，年木材经营量8万多立方米，销售收入4000多万元。2003年全县木材经营市场放开，同年4月，撤销木竹经营部，人员安置到林业工业公司下属各采育林场。场地租赁给外商投资企业——金星木业有限公司经营，年租赁费25万元。

林业汽车队 位于县城遂川大桥南端下首。主要负责全县木竹运输，承揽社会部分货物的运输。1995年有职工19人，其中管理人员4人，驾驶员13人。有汽车8辆，其中东风牌汽车7辆，解放牌汽车1辆，产值60万元。企业占地2.89万平方米，建筑面积3900平方米，固定资产600万元。由于汽车老化，驾驶员年龄偏大，企业效益低下，职工工资难以保障。1997年4月，撤销林业汽车队，其债权债务划入县林业工业公司，人员安置到各采育林场。

第二节 五指峰林场

五指峰林场位于西溪乡千秋村苑场，距县城44公里，为正科级事业单位。1995年林场下设大坝里、五指峰、滁洲、七岭、黄坑5个营林分场和化工香料厂、木材加工厂、茶厂及金泉工艺品有限公司、金川聚脂制品有限公司5个场办企业。场部内设人事秘书股、营林股、财务股、审计股、森工股、基建股、护林防火办公室、退管办、木材经营部、驻县办事处。有干部职工679人，其中管理干部41人，专业技术人员35人（高级职称1人、中级职称6人、初级职称28人）。

1995年底，撤销审计股，其职能并入财务股；撤销基建股，其职能并入营林股。1996年，撤销护林防火办公室和森工股，其职能并入营林股；撤销退管办，其职能并入场工委。1998年，人事秘书股分设为党群办公室、行政办公室，营林股、财务股分别更名为生产办公室、财务办公室。同年，撤销黄坑分场，设立西溪分场。2001年，党群办公室、行政办公室合并为党政办公室。同年10月，对金泉工艺品有限公司、金川聚脂制品有限公司实行整体改制。其人员绝大部分实行工龄补偿，置换身份，解除劳动关系。2002年9月成立林木种苗基地，2005年6月撤销。2003年6月，对化工香料厂进行整体改制，撤销化工香料厂；同年，撤销木材经营部。2004年，设立劳动保障事务所。

2006年，林场下设大坝里、五指峰、滁洲、七岭、西溪5个营林分场和木材加工厂、茶厂2个场办企业。内设党政办公室、生产办公室、财务办公室、劳动保障事务所、驻县办事处，有干部职工360人，其中上岗113人，内部退岗67人，保职挂编14人；有管理干部29人，专业技术人员52人（高级职称3人、中级职称15人、初级职称34人）。

林场自然植被类型主要有常绿针叶林、常绿阔叶林、针阔混交林、经济林、灌木林等6大类。主要乔木树种有杉木、马尾松、台湾松、柳杉、湿地松、苦槠、木荷、黄檀木、南方红豆杉、高山雪松等。灌木树种有杞木、检木、无患子、映山红、乌药等。大坝里分场还有极为少见的花竹林。

1995年，全场经营山场面积19800公顷，其中国有林3266.67公顷，联营林16533.33公顷。林业用地19720公顷，非林业用地80公顷。林业用地中，有林地13666.67公顷，疏林地2600公顷，灌木林地1986.67公顷，未成林造林地1466.67公顷。用材林面积10266.67公顷，防护林1933.33公顷，经济林200公顷，竹林1266.67公顷。全场活立木蓄积89.8万立方米，其中林分蓄积86万立方米，用材林蓄积63.2万立方米。森林覆盖率81.7%。2005年全县林改时退还农户联营山场2666.67公顷。

该场坚持以营林为基础，培育森林资源，确保营林投入，提高营林质量。1995～2006年，累计完成造林1251.73公顷，年均造林104.31公顷。坚持采伐量低于生长量原则，严格执行限额采伐管理，保护森林资源。强化护林防火工作，健全组织，严格制度，建场以来未发生重大火灾。

2006年，全场经营山场面积17133.34公顷，其中国有林3413.34公顷，联营林13720

公顷。林业用地 17133.33 公顷,占经营面积的 99.9%。实施国家重点公益林面积 8393.33 公顷。活立木总蓄积 107.8 万立方米,其中用材林 105.8 万立方米,占总蓄积的 98%。在用材林蓄积中,按优势树种分:杉木 61.1 万立方米,马尾松 6.2 万立方米,阔叶树 38.5 万立方米,毛竹 482.6 万株。森林覆盖率 99.8%。

1995~2006 年,该场完成总产值 1.16 亿元,上交税收 445.5 万元,向上级林业部门交林业规费 1088 万元,创利润 1200 万元;扶助、捐赠联营乡村基础设施建设 74.13 万元。2004 年被市林业局、人事局评为全市林业系统先进集体,2005 年被省劳动和社会保障厅、省总工会评为全省先进劳动争议调解组织。

1995~2006 年五指峰林场领导名录

表 9-2-1

职务	姓名	籍 贯	任职时间	职务	姓名	籍 贯	任职时间
场长	欧阳训荣	江西遂川	1993.3~1998.4	副场长	周祖森	江西遂川	1986.10~1999.4
	戴训东	江西泰和	1998.4~2001.4		刘宝财	江西遂川	1992.5~1998.7
	李华美	江西遂川	2001.4~2004.3		郭昭洋	江西遂川	1998.7~
	梁小军	江西遂川	2004.3~		郭樟根	江西遂川	2001.4~

大坝里分场

位于井冈山境内,距五指峰林场场部 55 公里,场址于 1995 年由紫竹坝迁至梨树洲。1995 年分场有干部职工 55 人,下设紫竹坝工区和护林站,内设生产、财务、后勤组。经营山场面积 1606.67 公顷,均属国有山场。有林地 1593.33 公顷,其中竹林 186.67 公顷,茶园 13.33 公顷。林分类型有杉木、马尾松、国外松、阔叶树等,活立木蓄积量 19.8 万立方米。

分场以营林、森工、森林管护为主,茶园划归茶厂管理。1995~2006 年,完成造林 166.67 公顷,抚育 1107.67 公顷次,生产木材 19830 立方米。1999 年金泉、金川公司停产后,总场以划分毛竹工资山形式,将 2 公司 36 名职工安置到大坝里分场。

2006 年,分场有干部职工 66 人,下设紫竹坝工区和护林站,内设生产、财务、后勤组。经营山场面积 1618.3 公顷,均属国有山场。有林地 1600 公顷,其中国家重点公益林面积 773.33 公顷。活立木蓄积 20.12 万立方米,森林覆盖率 99.8%。

大坝里分场盛产杉木、阔叶树、毛竹、茶叶(龙泉玉指茶),是国家商品材和名优茶产地,也是国家重点公益林和野生动植物盛产区,是遂川唯一在县境外的林区。2002 年被县政府批准为自然保护小区。

五指峰分场

位于五指峰林场场部西北 16 公里,场址设焦坑障。经营山场分布西溪、大汾等乡镇。1995 年,分场有干部职工 65 人,下设文坳、茶洞工区和分水坳护林哨,内设生产、财务、后勤组。经营山场面积 2846.67 公顷,其中国有林 560 公顷,联营林 2286.67 公顷。林分类型有杉木、马尾松、国外松、阔叶树等,活立木蓄积量 4.15 万立方米,森林覆盖率 73.68%。1998 年,总场调整管理区域,文坳、茶洞工区划归西溪分场管理。2002 年,该场划为国家重点公益林 326.07 公顷。2006 年,分场有干部职工 54 人,下设红旗、青岗坪工区和分水坳检查站,内设生产、财务、后勤组。经营面积 1159 公顷,其中国有林 570.8 公顷,联营林 588.2 公顷,活立木蓄积 9.22 万立方米,森林覆盖率 99.8%。

1995～2006年，共完成造林200公顷，抚育1066.67公顷次，生产木材2950立方米，其中间伐材2050立方米。分场加强林木管护，落实责任、措施，20多年未发生森林火灾，有效地保护了森林资源。重视基本建设投入，实现通水、通路、通电、通有线电视和电话，生产、生活条件逐步改善。

分场辖区内有成片天然混生南方红豆杉，面积达133.33公顷，其中百年以上树龄的有500多株，是迄今为止省内发现分布较集中的一块南方红豆杉林。2002年被县政府批准为自然保护小区。

七岭分场

位于戴家埔乡七岭圩镇，经营山场分布于戴家埔、营盘圩、大汾等乡镇。1995年，分场有干部职工56人，下设黄草河、大洞、庶坑、湾禾坑、双嵊5个工区，内设生产、财务、后勤组。经营山场面积6926.67公顷，其中国有山场1206.67公顷，联营山场5720公顷。有林地5206.67公顷。林分类型有杉木、马尾松、国外松、阔叶树等，活立木蓄积量22万立方米。森林覆盖率65.5%。

1995～2006年，共完成造林300公顷，抚育2866.67公顷次，生产木材28250立方米，其中间伐材18750立方米。2002年，引进外资在该水系建成3个水电站，总投资1500万元，每年可收取资源管理费5万元。

2006年，分场有干部职工32人，下设黄草河、大洞、庶坑、双嵊工区，内设生产、财务、后勤组。经营山场面积5646公顷，其中国有林1111公顷，联营林4535公顷。国家重点公益林3149.47公顷，占山场总面积的55.8%。活立木蓄积23万立方米，森林覆盖率99.8%。

分场辖区内黄草河工区具有得天独厚的自然条件，有着丰富的野生动植物资源。出没于境内的野生动物有穿山甲、眼镜蛇、麂子、竹鸡等国家和省级保护动物。境内森林资源丰富，水源充沛，地理环境复杂，野生植物分布广泛，种类繁多。2002年县政府批准为自然保护小区。

西溪分场

1998年4月，撤销黄坑分场，成立西溪分场，场址设西溪乡圩镇。原黄坑分场经营的山场及五指峰分场部分山场划归西溪分场经营。分场成立时有干部职工15人，下设茶洞、文坳、黄坑工区，内设生产、财务、后勤组。分场经营山场面积3093.33公顷，分布于西溪、黄坑、大汾、堆子前等乡镇，皆属联营山场。林分类型有杉木、马尾松、国外松、阔叶树等。

1998～2006年，累计完成造林166.67公顷，抚育1666.67公顷次，生产木材23300立方米，其中间伐材18300立方米。

2006年，分场有干部职工37人，下设茶洞、文坳、黄坑工区，内设生产、财务、后勤组。经营山场面积3409公顷，均属联营山场，森林覆盖率99.8%。

滁洲分场

位于大汾镇滁洲，距五指峰林场场部26公里。1995年，分场有干部职工50人，下设长冈坪、三角洞、竹坑坳工区，内设生产、财务、后勤组。经营山场面积8533.33公顷，皆属联营山场。

1995～2006年，累计造林418.4公顷，幼林抚育1673.6公顷次，生产木材49700立方米，其中间伐材21800立方米。2001年，划为国家重点公益林2226.67公顷。2005年，与乡、村解除联营协议山场面积 2666.67 公顷。

2006 年，分场有干部职工 42 人，下设三角洞、竹坑坳、螺汾工区，内设生产、财务、后勤组。经营山场面积 5866.67 公顷，均属联营山场。

第三节 云岭林场

云岭林场成立于 1986 年 10 月。1988 年 12 月，由副科级升格为正科级事业单位，隶属县人民政府领导，为江西省速生丰产用材林基地之一。2003 年 5 月，场部从雩田镇与枚江乡接壤处的判官岭迁至县城东路大道 120 号。

1995 年，林场下设双桥、衙前、横岭、碧洲、巾石 5 个分场和林科所。场部机关设实验中心、驻县办事处、多种经营部、木材经营部、营林业务部、计划财务部、党政办公室。全场有干部职工 436 人，其中科级干部 5 人，专业技术人员 29 人。1998 年，撤销多种经营部、试验中心、驻县办事处，成立云岭第一、第二、第三 3 个产业公司。2003 年，撤销云岭第一、第二、第三 3 个产业公司和木材经营部，营林业务部更名为业务办公室，计划财务部易名为财务办公室。2005 年，增设森林防火执勤室，负责全场的护林防火管理工作，与林科所合署办公。2006 年，场内设党政办公室、业务办公室、财务办公室，下辖双桥、衙前、横岭、巾石、碧洲 5 个林业分场和森林防火执勤室（林科所）。全场有干部职工 315 人，其中科级干部 5 人，专业技术人员 44 人。

1995 年，全场经营山场面积 14133.34 公顷，其中国有山场 466.67 公顷，联营山场 13666.67 公顷。有林地 10866.67 公顷，未成林造林地 2733.33 公顷，疏林地 133.33 公顷。人工林面积 11133.33 公顷，占经营面积的 78.8%。山场分布在双桥、衙前、横岭、雩田、枚江、碧洲、巾石、珠田、泉江 9 个乡镇的 54 个行政村。全场活立木蓄积量 27.83 万立方米，其中林分蓄积 27.06 万立方米，森林覆盖率 67.3%。该场坚持以营林为基础，积极培育森林资源，先后承担并完成遂川县速生丰产林基地建设和遂川县世界银行贷款林业一、二期项目建设任务。2006 年，全场经营山场面积 15206.67 公顷，其中国有山场 466.67 公顷，联营山场 14740 公顷。有林地 15200 公顷，其中人工用材林面积 11293.33 公顷，经济林面积 302.67 公顷。全场活立木蓄积量 85.74 万立方米，森林覆盖率 99.3%。

该场设业务办和森林防火执勤室，负责全场森林资源保护日常管理工作。下设护林工区 19 个，有专职护林员 65 人，兼职护林员 30 人。组建森林防火领导小组及森林消防队，共有队员 125 人。设置固定防火哨 19 个，瞭望台 1 座，购置风力灭火器 5 台，2 号灭火工具 80 把。建立了总场、分场、工区、护林员四级护林网络。

林区生产、生活条件逐年改善。12 年共投资 200 多万元，改造公路 2.5 公里；架设专用通信线路 15 公里；新建专用房屋 3404.34 平方米，其中办公用房 350 平方米，厂房、车库 314.62 平方米，职工宿舍 2739.72 平方米；新购买汽车 1 辆；各分场添置彩电、DVD、音响、电视卫星接收器等娱乐设施，同时开设图书室、娱乐室。

1995～2006 年，累计造林 2531.48 公顷，抚育 17166.67 公顷次，销售木材 12.56 万立方米，毛竹 9.55 万株。完成总产值 9867.33 万元，上交国家税收 424.95 万元，向上级林业部门交纳林业规费665.95万元,获利润2166.41万元,赞助社会公益事业52.74万元。林场现有固定资产646万元,林木资产13295万元。

1995~2006年云岭林场领导名录

表9-3-1

<table>
<tr><th>职务</th><th>姓名</th><th>籍 贯</th><th>任职时间</th><th>职务</th><th>姓名</th><th>籍 贯</th><th>任职时间</th></tr>
<tr><td rowspan="6">场长</td><td rowspan="2">刘彬生</td><td rowspan="2">江西遂川</td><td rowspan="2">1994.8~1999.4</td><td rowspan="6">副场长</td><td>张后仁</td><td>江西遂川</td><td>1988.12~2001.4</td></tr>
<tr><td>郭林峰</td><td>江西遂川</td><td>1994.3~2005.1</td></tr>
<tr><td rowspan="2">罗荣尧</td><td rowspan="2">江西遂川</td><td rowspan="2">1999.4~2001.4</td><td>戴训东</td><td>江西泰和</td><td>1994.9~1998.3</td></tr>
<tr><td>刘宝财</td><td>江西遂川</td><td>1998.7~2001.4</td></tr>
<tr><td rowspan="2">陈晓明</td><td rowspan="2">江西丰城</td><td rowspan="2">2001.4~</td><td>肖衍华</td><td>江西遂川</td><td>1999.4~2002.3</td></tr>
<tr><td>刘冬古</td><td>江西遂川</td><td>2001.4~</td></tr>
</table>

衙前分场

坐落在衙前圩镇,距县城40公里。1988年12月在县林业工业公司衙前采育林场的基础上组建而成。1995年,分场有干部职工30人,内设财务、业务、后勤3个办公室。经营山场面积2886.67公顷,其中国有林面积300公顷,有林地2206.67公顷,森林覆盖率76.47%。林分为杉木、马尾松、国外松、阔叶树、毛竹等,活立木蓄积12.59万立方米。

分场坚持以营林为中心,发展多种经营。1995~2006年,完成造林233.33公顷,其中用材林226.67公顷,科研试验樟树林1.06公顷;完成抚育1046.67公顷次。生产木材2.47万立方米。该场利用林木资源先后创办小料厂、竹艺厂、家具厂等。

2002年以前,职工住分场场部,在营林和生产重点时期,部分职工分到生产点。2002年,总场投资36.29万元,为该场建办公住宅用房,建筑面积785平方米,较好地改善了干部职工的生产生活条件。2003年起,为加强森林资源管护,完善总场、分场、工区、护林员四级护林网络建设,设立沿桥、士高、溪口3个工区。

2006年,分场有干部职工45人,内设财务、业务、后勤3个办公室,下设沿桥、士高、溪口3个工区。经营山场面积2913.33公顷,活立木蓄积20.46万立方米。森林覆盖率100%。

巾石分场

1995年设巾石界溪105国道旁,2000年迁至巾石与枚江交界的洪门隧道密岭山脚下。1995年,分场有干部职工30人,下设下湾、高升、珠田3个工区。经营山场面积2760公顷,均为联营山场。山场分布于巾石、珠田、枚江、瑶厦4个乡。分场林木皆为幼林,活立木蓄积1.33万立方米,森林覆盖率为69.3%。林分有杉木、马尾松、国外松、阔叶树等。1995~2006年,该场完成造林面积660公顷,抚育4560公顷次。2006年,该场有干部职工42人,设有书记办、场长办、财务办、业务办、后勤组,下设下湾、岭背、高升、珠田4个工区。经营山场面积3046.67公顷,均为联营山场,分布在巾石、珠田、枚江、泉江4个乡镇。活立木蓄积10.52万立方米,森林覆盖率99.3%。

碧洲分场

位于碧洲圩镇,1995年迁入新建办公宿舍楼。该场为云岭林场联营山场面积最大的分场,也是部省联营、世行贷款国家造林2个实施项目的主要分布点之一。

1995年,分场有干部职工30人,下设黄岗、达泉、碧洲、珠湖4个工区。经营山场面积 3433.33 公顷，有林地 3100 公顷，其中竹林面积 533.33 公顷，立竹达 132.18 万株，森林覆盖率 90.2%。1995～2006 年，该场完成造林面积 386.67 公顷，抚育 2420 公顷次。2006 年，该场有干部职工 53 人，设有书记办、场长办、财务办、业务办和后勤组，下设黄岗、达泉、碧洲、珠湖 4 个工区（护林点）。经营山场面积 4233.33 公顷，其中联营竹林 760 公顷，立竹 170.14 万株，活立木蓄积 24.14 万立方米，森林覆盖率 93%。

双桥分场

位于双桥乡三斗，距县城 53 公里。其前身为县林业工业公司双桥采育林场，1988 年 12 月划归云岭林场，组建云岭林场双桥分场，经营山场分布在双桥乡。

1995 年，分场有干部职工 30 人，内设财务办、业务办和后勤组，下设潭溪、马埠、湾洲 3 个工区。分场经营面积 2800 公顷，有林地 2153.33 公顷，森林覆盖率 76.7%。林分类型有杉木、马尾松、国外松、阔叶树等。1995～2006 年，完成造林 413.33 公顷，抚育 3580 公顷次，生产木材 2.11 万立方米，其中间伐材 0.66 万立方米。2006 年，分场有干部职工 46 人，内设财务办、业务办和后勤组，下设潭溪、马埠、大洲、湾洲 4 个工区。经营山场面积 2846.67 公顷，其中有林地 2833.33 公顷，活立木蓄积 18.41 万立方米，森林覆盖率 98.9%。

横岭分场

位于横岭圩镇，距县城 25 公里。1995 年有干部职工 30 人，内设财务办、业务办和后勤组，下设龙团、沙江、茂园 3 个工区。经营山场面积 2113.33 公顷，全部是联营山场，其中有林地面积 1446.67 公顷，活立木蓄积 2.82 万立方米，森林覆盖率 68.2%。林分有杉木、马尾松、国外松、阔叶树等。1995～2006 年，该场完成造林 106.67 公顷，抚育 2033.33 公顷次，生产木材 1.95 万立方米，其中主伐材 1.24 万立方米，间伐材 0.71 万立方米。2006 年，分场有干部职工 40 人，设书记办、场长办、财务办、业务办和后勤组，下设龙团、罗坑、沙江、茂园 4 个工区。分场经营山场面积 1966.67 公顷，活立木蓄积 12.21 万立方米。森林覆盖率 98.6%。

第四节　党群组织

中共党组织

中共遂川县林业局委员会　1995 年，林业局设党总支委员会，下设局机关党支部，老干部党支部，公安局林业分局党支部，森林苗圃党支部，林业工业公司党支部，林业车队党支部，林业汽车修理厂党支部，兴泉公司党支部，金源公司党支部，新江、五斗江、大坑、草林、汤湖 5 个采育林场党支部，有党员 145 人。

1997 年 8 月，成立中共遂川县林业局委员会、林业局纪律检查委员会，林业工业公司党支部改设党总支。局党委下辖局机关、公安局林业分局、森林苗圃、老干部、泉江林业管理所党支部和林业工业公司党总支。林业工业公司党总支下辖机关党支部，新江、五斗江、大坑、草林、汤湖 5 个采育林场党支部。

1999 年 5 月，设立局党委办公室。2000 年 9 月，成立林业局人民武装部。2003 年，成立林政稽查大队党支部。2004 年，成立左安、草林、大汾、巾石 4 个林业工作站党支部，林业开发公司党支部、横岭木材检查站党支部、局机关党支部分设为第一、第二、第三党支部，同时撤销森林苗圃党支部。2006 年，林政稽查大队党支部改设林业综合行政执法大队党总支，下设直属、双桥中队、高坪中队、横岭木材检查站党支部，同时设立衙前林业工作站党支部、森林消防专业队党支部。

2006 年，林业局党委下设局机关第一、第二、第三党支部，林业工业公司党总支，林业综合行政执法大队党总支，公安局森林分局党支部，泉江、衙前、草林、大汾、左安、巾石林业工作站党支部，绿源公司党支部，森林消防专业队党支部和林业局老干部党支部，有党员 247 人。

1995～2006 年林业局党组织领导名录

表 9－4－1

机构名称	职务	姓名	籍贯	任职时间	机构名称	职务	姓名	籍贯	任职时间
中共林业局总支	书记	刘四保	江西吉水	1995.1～1996.10	中共林业局总支	委员	郭选纶	江西遂川	1995.1～1997.7
							万卫华	江西南昌	1995.1～1997.7
							罗政强	江西遂川	1995.1～1997.7
	书记	罗荣梅	江西遂川	1996.10～1997.8			康昭标	江西遂川	1995.1～1997.7
							陈文济	江西泰和	1995.1～1997.7
							欧正根	江西遂川	1995.1～1997.7
	副书记	王正民	江西南昌	1995.1～1997.7			梁德铜	江西遂川	1995.1～1997.7
中共林业局委员会	书记	罗荣梅	江西遂川	1997.8～1999.4	中共林业局委员会	委员	郭选纶	江西遂川	1997.8～1999.4
							万卫华	江西南昌	1997.8～1999.4
							罗政强	江西遂川	1997.8～1999.4
							陈文济	江西泰和	1997.8～1999.4
							张秋生	江西遂川	1997.8～2005.4
							康昭标	江西遂川	1997.8～1999.4
							罗荣梅	江西遂川	1999.4～2003.2
							欧正根	江西遂川	1999.4～2002.3
							王礼权	江西遂川	1999.4～
							罗永旺	江西遂川	1999.4～2002.9
							钟德奎	江西遂川	1999.4～2003.12
	书记	张永明	黑龙江滨县	1999.4～			肖衍华	江西遂川	2002.3～2005.10
							刘礼河	江西遂川	2003.2～
							欧阳训荣	江西遂川	2003.2～2005.10
							黄正平	江西遂川	2003.2～
							李银燕	江西遂川	2003.2～
							廖洪石	江西遂川	2004.8～
							古小江	江西遂川	2005.4～
							李华美	江西遂川	2005.10～
							郭美森	江西遂川	2006.3～

续表 9－4－1

<table>
<tr><th>机构名称</th><th>职务</th><th>姓名</th><th>籍贯</th><th>任职时间</th><th>机构名称</th><th>职务</th><th>姓名</th><th>籍贯</th><th>任职时间</th></tr>
<tr><td>县纪委驻林业局纪检组</td><td>组长</td><td>罗政强</td><td>江西遂川</td><td>1993.6～1997.7</td><td rowspan="4">林业局人武部</td><td rowspan="4">部长</td><td rowspan="2">罗永旺</td><td rowspan="2">江西遂川</td><td rowspan="2">2001.7～2003.2</td></tr>
<tr><td rowspan="3">中共林业局纪律检查委员会</td><td>书记</td><td>罗政强</td><td>江西遂川</td><td>1997.8～1999.4</td></tr>
<tr><td>书记</td><td>罗永旺</td><td>江西遂川</td><td>1999.4～2003.2</td><td rowspan="2">李银燕</td><td rowspan="2">江西遂川</td><td rowspan="2">2003.2～</td></tr>
<tr><td>书记</td><td>黄正平</td><td>江西遂川</td><td>2003.2～</td></tr>
</table>

中共遂川县五指峰林场委员会 1995 年初，场党委下设场机关党支部，七岭、滁洲、黄坑、五指峰、大坝里 5 个分场党支部和化工香料厂、木材加工厂、金泉公司、金川公司 4 个场办企业党支部，有党员 80 人。1995 年 9 月，撤销金泉、金川党支部，组建合资企业党支部。1996 年 3 月，成立县城联合党支部。1998 年 4 月，撤销黄坑分场党支部，成立西溪分场党支部。2001 年，金泉、金川公司整体改制，撤销合资企业党支部，并入县城联合党支部。2002 年，撤销木材加工厂和化工香料厂党支部，成立林木种苗基地党支部，原木材加工厂和化工香料厂党支部分别并入场机关党支部和林木种苗基地党支部。2005 年，撤销林木种苗基地党支部，并入西溪分场党支部。2006 年，场党委下设场机关、滁洲分场、七岭分场、西溪分场、五指峰分场、大坝里分场、县城联合等 7 个党支部，有党员 87 人。

1995～2006 年五指峰林场党组织领导名录

表 9－4－2

<table>
<tr><th>机构名称</th><th>职务</th><th>姓名</th><th>籍贯</th><th>任职时间</th><th>机构名称</th><th>职务</th><th>姓名</th><th>籍贯</th><th>任职时间</th></tr>
<tr><td rowspan="15">中共五指峰林场委员会</td><td rowspan="3">书记</td><td rowspan="3">陈礼强</td><td rowspan="3">江西遂川</td><td rowspan="3">1986.1～1995.6</td><td rowspan="15">中共五指峰林场委员会</td><td rowspan="15">委员</td><td>朱风泉</td><td>江西遂川</td><td>1984.4～1997.7</td></tr>
<tr><td>欧阳训荣</td><td>江西遂川</td><td>1986.4～1998.4</td></tr>
<tr><td>周祖森</td><td>江西遂川</td><td>1986.10～1999.4</td></tr>
<tr><td rowspan="3">书记</td><td rowspan="3">林 枫</td><td rowspan="3">江西遂川</td><td rowspan="3">1995.6～1999.4</td><td>康远新</td><td>江西遂川</td><td>1992.5～1997.7</td></tr>
<tr><td>刘学金</td><td>江西遂川</td><td>1992.5～1998.4</td></tr>
<tr><td>刘宝财</td><td>江西遂川</td><td>1992.5～1998.7</td></tr>
<tr><td rowspan="3">书记</td><td rowspan="3">戴训东</td><td rowspan="3">江西泰和</td><td rowspan="3">1999.4～2001.4</td><td>邓冬和</td><td>江西遂川</td><td>1992.12～1997.7</td></tr>
<tr><td>郭昭洋</td><td>江西遂川</td><td>1997.7～</td></tr>
<tr><td>黄文林</td><td>江西遂川</td><td>1997.7～</td></tr>
<tr><td rowspan="3">书记</td><td rowspan="3">刘宝财</td><td rowspan="3">江西遂川</td><td rowspan="3">2001.4～</td><td>戴训东</td><td>江西泰和</td><td>1998.4～1998.5</td></tr>
<tr><td>古守龙</td><td>江西遂川</td><td>1998.4～2003.2</td></tr>
<tr><td>李华美</td><td>江西遂川</td><td>2001.4～2004.3</td></tr>
<tr><td rowspan="3">副书记</td><td rowspan="3">戴训东</td><td rowspan="3">江西泰和</td><td rowspan="3">1998.5～1999.3</td><td>郭樟根</td><td>江西遂川</td><td>2001.4～</td></tr>
<tr><td>叶长春</td><td>江西遂川</td><td>2003.2～</td></tr>
<tr><td>梁小军</td><td>江西遂川</td><td>2004.3～</td></tr>
<tr><td rowspan="3">中共五指峰林场纪律检查委员会</td><td rowspan="3">书记</td><td rowspan="3">黄文林</td><td rowspan="3">江西遂川</td><td rowspan="3">2002.3～</td><td rowspan="3">五指峰林场人武部</td><td rowspan="3">部长</td><td>刘学全</td><td>江西遂川</td><td>1992.5～1998.4</td></tr>
<tr><td>古守龙</td><td>江西遂川</td><td>1998.4～2003.2</td></tr>
<tr><td>叶长春</td><td>江西遂川</td><td>2003.2～</td></tr>
</table>

中共遂川县云岭林场委员会 1995 年,场党委下设双桥、衙前、横岭、碧洲、巾石 5 个分场党支部和场机关一、二、三 3 个党支部,有党员 40 名。1998 年,撤销场机关一、二、三 3 个党支部,设立场机关党支部和云岭第一、二、三 3 个产业公司党支部。2003 年撤销云岭第一、二、三 3 个产业公司党支部,增设林科所党支部。2006 年,场党委下设双桥、衙前、横岭、碧洲、巾石 5 个分场党支部和场机关、林科所党支部,有党员 51 名。

1995 ~2006 年云岭林场党组织领导名录

表 9 -4 -3

<table>
<tr><th>机构名称</th><th>职务</th><th>姓名</th><th>籍贯</th><th>任职时间</th><th>机构名称</th><th>职务</th><th>姓名</th><th>籍贯</th><th>任职时间</th></tr>
<tr><td rowspan="11">中共云岭林场委员会</td><td rowspan="6">书记</td><td rowspan="6">罗荣尧</td><td rowspan="6">江西遂川</td><td rowspan="6">1994.8 ~2001.4</td><td rowspan="11">中共云岭林场委员会</td><td rowspan="11">委员</td><td>刘彬生</td><td>江西遂川</td><td>1994.8 ~1999.4</td></tr>
<tr><td>张后仁</td><td>江西遂川</td><td>1994.8 ~2001.4</td></tr>
<tr><td>郭林峰</td><td>江西遂川</td><td>1994.8 ~2005.1</td></tr>
<tr><td>戴训东</td><td>江西泰和</td><td>1994.9 ~1998.3</td></tr>
<tr><td>段先炬</td><td>江西遂川</td><td>1996.3 ~1999.4</td></tr>
<tr><td>刘宝财</td><td>江西遂川</td><td>1998.3 ~2001.4</td></tr>
<tr><td rowspan="5">书记</td><td rowspan="5">戴训东</td><td rowspan="5">江西泰和</td><td rowspan="5">2001.4 ~</td><td>肖衍华</td><td>江西遂川</td><td>1999.4 ~2002.3</td></tr>
<tr><td>肖爱民</td><td>江西遂川</td><td>1999.4 ~</td></tr>
<tr><td>陈晓明</td><td>江西丰城</td><td>2001.4 ~</td></tr>
<tr><td>刘冬古</td><td>江西遂川</td><td>2001.4 ~</td></tr>
<tr><td>刘安平</td><td>江西遂川</td><td>2003.10 ~</td></tr>
<tr><td rowspan="2">中共云岭林场纪律检查委员会</td><td rowspan="2">书记</td><td rowspan="2">刘安平</td><td rowspan="2">江西遂川</td><td rowspan="2">2003.10 ~</td><td rowspan="2">云岭林场人武部</td><td rowspan="2">部长</td><td>段先炬</td><td>江西遂川</td><td>1996.3 ~1999.4</td></tr>
<tr><td>肖爱民</td><td>江西遂川</td><td>1999.4 ~</td></tr>
</table>

主要工作 1995 ~2006 年,县林业局、五指峰林场、云岭林场党组织加强自身的思想、组织、作风建设,强化党员的教育管理,充分发挥党员的先锋模范和战斗堡垒作用。带领所在单位干部职工深入学习贯彻“三个代表”(代表中国先进生产力的发展要求、代表中国先进文化的前进方向、代表中国最广大人民的根本利益)重要思想,进一步解放思想、深化改革、扩大开放。不断改进领导作风,深入开展反腐败斗争。认真履行工作职责,开展各项活动,推动全县林业事业协调发展。

党员教育 坚持经常性教育、集中培训和专题教育相结合。1995 年,林业系统党组织先后在企业开展“创一流业绩,树党员形象”活动,在机关及事业单位开展“争做人民公仆”活动,在林业办证服务中心开展“党员挂牌上岗”活动。1997 年,开展学习“新时代的好公仆吴成生”和“人民的好警察邱娥国”活动。1998 年,组织下岗职工党员参加再就业培训,发挥党员在再就业工作中的先锋模范作用。1999 年,全系统党员集中开展马克思主义唯物论、无神论的教育和“三讲”(讲学习、讲政治、讲正气)教育。2001 ~2002 年,在全系统干部职工中开展“三个代表”重要思想学习教育活动。2005 年,组织开展以实践“三个代表”重要思想为主要内容的保持共产党员先进性教育活动。

三讲教育　1999年，林业系统根据县委《关于在县直和乡镇机关干部中深入开展“三讲”为主要内容的思想教育活动》的通知，开展“三讲”教育活动。五指峰林场组织全体党员、干部职工联系单位实际，开展“三讲”思想教育，查摆工作、作风上存在的问题，提出解决办法，调动职工的生产积极性。林业局邀请县委党校老师授课，了解“三讲”教育的现实意义。同时，开展“企业评部门，基层评机关”活动，设立举报箱，公布举报电话，敞开大门听评议。2000年8月，县委办、政府办转达“三讲”期间群众提及林业工作的意见60条，涉及林业体制、营林、林政、林业规费征收、林业治安、国户联营、林业行政执法、林业部门自身管理等8个方面。林业部门分门别类进行梳理，对政策性的规定给予解释，对自身存在的问题条条落实整改措施。云岭林场、林业工业公司就联营山场的经营管理和分成问题，提出场、村联防，互相沟通，明白结算的整改办法。公安森林分局为解决自身存在的突出问题，按照上级公安机关的统一部署，在森林公安队伍中开展全心全意为人民服务的宗旨教育，实事求是的思想路线教育，严格、公正、文明执法的法制教育。同年8月15日至10月15日，林业局在木材检查站开展教育整顿活动，从端正木材检查人员的思想认识入手，查摆执法过程中的具体问题，整顿队伍，提高素质。“三讲”教育对林业干部职工触动大、感受深，给林业部门带来发现问题、解决问题、完善管理、促进发展的契机。

“三个代表”重要思想教育　2001年2月，林业系统根据县委的安排，开展“三个代表”重要思想教育活动。云岭林场成立以党委书记为组长的学教领导小组，制定实施方案，分3个阶段进行学习教育，每个党员撰写学习笔记和读书心得，对照“三个代表”重要思想的要求查找差距，整改提高，此次受教育党员60人，非党干部18人。五指峰林场党委把教育的重点放在提高基层组织凝聚力、战斗力和号召力上，全面提高基层干部素质，加快林业产业结构战略性调整。林业局党委在“三个代表”重要思想学习教育中，开展“世纪先锋”主题教育。党员通过回答“当初入党为什么？今日在党做什么？身后为党留什么？”这3个问题，树立正确的世界观、人生观和价值观。结合思想再解放教育，搅动干部职工思维，探索遂川林业走出“资源危机、经济危机”困境新思路。结合创建学习型单位活动，在机关、事业、企业营造一种“人人讲学习，处处是园地”的氛围，要求机关事业单位每月集中学习不少于4次，学教活动期间每人学习笔记不少于1万字，撰写心得体会2篇以上，年终抽检调阅。2002年3月起，在基层林业管理所、木材检查站开展“三个代表”学习教育，围绕改革、发展、稳定的大局，着力解决群众反映突出的热点、难点问题，把为群众做好事，办实事纳入年度目标考核内容。林业局组织的“三个代表”学习教育活动取得明显成效，分别被市、县表彰为“三个代表”学习教育活动先进集体。

反腐倡廉警示教育　2004年4月，根据省林业厅的要求，县林业系统开展反腐倡廉警示教育。林业局在这次教育活动中，着重解决林业行业存在的只顾经济效益，不顾群众利益；违规操作，执法不公；营私舞弊，吃拿卡要；工作虚浮，无所作为；不注意学习，单位形象差5个方面的问题，增强党员干部的宗旨、责任、服务和奉献意识，做到有权必有责，用权受监督，侵权要赔偿，违法必追究，并以基层窗口单位为重点，开展行风整顿。为从根本上解决问题，林业局制定《内部管理暂行办法》、《工作人员十不准》发至各单位，层层签订《党风廉政责任状》，实行责任追究制。局纪委查处工作失职人员2人，对9名轻微违纪人员通报批评，通过教育，党风、政风、行风明显好转。据统计，干部职工拒贿106次，拒收金额5万余元，拒绝服务对象吃请194次。当年，县林业局被省林业厅评为"全省林业系统反腐倡廉警示教育活动先进单位"。

保持共产党员先进性教育　2005年1～6月，林业系统党组织根据县委的统一部署，在全体党员中开展以实践"三个代表"重要思想为主要内容的保持共产党员先进性教育活动。云岭林场党委以实施"凝心聚力"工程为主体，以"民得实惠，党得民心"为着力点，围绕中心，服务大局，强化功能，提高基层党组织凝聚力。引导党员以岗位为载体，以素质为保障，以典型为榜样，着力解决思想观念、精神状态、工作作风、素质能力等方面的突出问题，有56名党员接受教育。五指峰林场党委把党员教育工作贯穿于先进性教育活动全过程，以坚定理想信念教育为核心，强化党员先进性意识，提升党员素质，有90名党员接受教育。林业局党委有168名党员参加集中教育，采取理论学习查硬件，辅导学习上党课，专题学习搞培训，检验学习用考试的方法，提高学习效果。针对教育活动中查找的问题，召开党政联席会议专题研究，制定整改方案，做到边学边改，边议边改，边整边改，解决突出问题82个，帮助基层排难释疑32起，为困难群众捐赠帮扶资金1.27万元。经群众满意度测评，156名代表的整体评价是，很满意89人，满意60人，基本满意7人。

党员管理　以党支部为单位负责日常管理，包括过组织生活、接转组织关系、收交党费等。每年以支部为单位开展1次民主评议党员工作，评议分为合格、基本合格、不合格3个等次，对评为基本合格和不合格的党员视情给予限期改正、劝退或除名处理。从2001年起，民主评议党员工作由1年1次改为3年1次。随着外出务工党员的增多，从1995年，开始实行流动党员活动证制度，凡外出6个月以上、地点不固定的党员，必须领取流动党员活动证到流入地党组织参加组织生活。

党员发展　坚持个人申请、团组织推荐、入党积极分子培训、入党材料预审、入党前谈话等制度，严把党员"入口关"。加大发展一线党员、年轻党员、妇女党员、高学历党员的力度，改善党员队伍结构。1998年，开展"发展党员质量年"活动，实施基层党组织发展党员责任制。2000年，推行发展党员公示制。2003年，推行发展党员民主测评和票决制。1995～2006年，林业系统共发展党员93名，其中县林业局党委45名，五指峰林场党委28名，云岭林场党委20名。

基层党建　1995年后，针对企业改制下岗人员增多的情况，开展对企业下岗党员情况的调查工作。1996年，在企业开展"创四双好"（两位好主管、两套好班子、两支好队伍，两个好效益）评比活动；在机关事业单位开展党员干部思想大整顿，加强党员作风建设。1998年，贯彻落实《中国共产党和国家机关基层组织工作条例》，进一步加强机关党建工作，健全"三会一课"（党员大会、支部会、民主生活会和党课）制度。2003年，在机关开展"创'四好'机关（班子作风好、队伍素质好、服务意识好、环境面貌好）、促经济发展"活动。全系统党组织的战斗堡垒作用和党员先锋模范作用不断增强。

老干部工作　林业局党委设立老干部支部，五指峰、云岭林场党委指定专人，负责本单位老干部、老党员的教育和管理。对老干部待遇体现政治上"基本不变"，生活上"略为从优"的原则。坚持老干部阅文、学习制度。每年组织老干部集中学习，邀请老干部参加重要会议，向老干部通报政治经济形势。离休老干部离休费按时足额发放，医药费实报实销;退休干部退休费得到确保,医药费优于同级在职干部。动员和组织老干部参与关心教育青少年工作,为青少年举办传统教育、法制教育等报告会。

共青团组织

林业局团委 1995 年,局团委下设金源公司、兴泉公司总支和林业工业公司机关、公安局林业分局、森林苗圃支部及新江、五斗江、大坑、草林、汤湖采育林场支部,有团员 320 人。1998 年,成立局机关团支部。随着企业改制,撤销金源公司、兴泉公司团总支,2004 年,撤销森林苗圃团支部。2006 年,局团委下设局机关、公安局森林分局、林业工业公司机关支部及新江、五斗江、大坑、草林、汤湖 5 个采育林场支部,有团员 306 人。

五指峰林场团委 1995 年,五指峰林场团总支下设七岭分场、滁洲分场、黄坑分场、五指峰分场、大坝里分场、金泉金川公司、木材加工厂、化工香料厂、总场机关 9 个团支部,有团员 125 人。1996 年 11 月,团总支改设为团委。1998 年 1 月,撤销黄坑分场团支部,成立西溪分场团支部。2001 年 11 月,撤销金泉金川公司团支部。2003 年 1 月,木材加工厂团支部并入总场机关团支部,6 月撤销化工香料厂团支部。林场从 1998 年起停止新进人员,同时因机构调整和场办企业改制,致使团员数量锐减。到 2006 年,场团委下设七岭分场、滁洲分场、西溪分场、五指峰分场、大坝里分场、总场机关 6 个团支部,有团员 25 人。

云岭林场团委 1995 年 5 月成立,下设双桥、衙前、横岭、碧洲、巾石 5 个分场团支部和场机关、林科所团支部,共 7 个团支部,有团员 101 人。由于林场经济效益欠佳,下岗职工增多,新进人员极少,致使团员数量锐减。到 2006 年,团员减至 27 人。

主要工作 1995 ~ 2006 年,林业系统各团组织围绕各个时期的中心工作,充分发挥团员作为党的助手和青年突击队作用,团结、教育广大团员和青年,积极投身林业的改革、建设和发展。围绕经济建设,倡导科技兴林、科技致富、岗位学习、岗位成才、岗位奉献精神。加强团员、青年的教育管理。

林业系统各团组织,根据团县委的统一部署,开展一系列主题实践和建设活动。1995 年,举行林业知识竞赛和国庆歌舞晚会。1996 年,举行元旦游艺活动,组织团员青年为希望工程捐款,开展脱贫致富奔小康活动。1997 年,开展"讲文明、树新风"、"服务万村行动"活动。1999 年,为迎接澳门回归,举行"颂祖国,迎回归"演讲比赛;开展"青年文明号"创建及"青年岗位能手"评选活动;开展培养"青年致富能手"和"青年星火带头人"活动,推荐优秀青年参与省市"十大杰出青年"评选。2000 年,开展"开创新吉安,繁荣大井冈"献计献言活动及读书比赛活动;组织 20 名团干与省林科院同行一道攀登南风面,对当地物种进行考察。2001 年,举行"党在我心中"、"崇尚科学,远离邪教"演讲比赛;举办庆祝建党 80 周年文艺汇演;组织团员、青年参加"江西希望工程十周年"征文大赛活动,大坑采育林场郭文娟创作的《我身边的希望工程》评为全省优秀征文奖,在 2002 年 1 月 10 日《江西日报》A2 版刊发。2003 年,开展"保护母亲河——青春在绿色生态工程中闪光"活动,以"营造纪念林"、"种植纪念树"等方式,开展植树护绿活动;举办"弘扬井冈精神,兴我美好江西——青年与崛起"青年演讲比赛。

工会组织

林业局工会 1995 年,局工会工作委员会有 17 个基层工会,即局机关、林业工业公司机关、公安局林业分局、木材厂、机制砖厂、林业汽车队、林业汽车修配厂、兴泉公司、金源公司、林工商贸易商场和泉江、衙前分公司及新江、五斗江、大坑、草林、汤湖采育林场，有会员1540名。1999年4月，成立林业工业公司工会委员会。随着林业工业公司下属企业的改制及机构的撤并，先后撤销木材厂、机制砖厂、林业汽车队、林业汽车修配厂、兴泉公司、金源公司和泉江、衙前分公司等基层工会。2006年，局工会有局机关、森林公安局基层工会及林业工业公司工会（下设公司机关、林工商贸易商场和新江、五斗江、草林、汤湖、大坑采育林场基层工会），有会员1166名。

五指峰林场工会 1995年，下设滁洲分场、七岭分场、五指峰分场、大坝里分场、黄坑分场、化工香料厂、木材加工厂、茶厂、金泉金川公司、总场机关10个基层工会，会员346人。1998年1月，撤销黄坑分场基层工会，成立西溪分场基层工会。2001年11月，撤销金泉金川公司基层工会。2003年1月，木材加工厂、茶厂基层工会并入总场机关工会，同年6月撤销化工香料厂基层工会。至2006年，场工会下设滁洲分场、七岭分场、西溪分场、五指峰分场、大坝里分场、总场机关6个基层工会，会员250人。

云岭林场工会 1995年下设双桥、衙前、横岭、巾石、碧洲分场和场机关、林科所、工业区8个基层工会，会员416人。1998年撤销工业区基层工会。2006年，场工会下设双桥、衙前、横岭、巾石、碧洲分场和场机关、林科所7个基层工会，会员315人。

主要工作 1995～2006年，林业系统各级工会组织重视职工的民主权利建设，切实维护职工的合法权益，加强职工的思想教育，不断增强基层工会的活力，使工会组织真正成为“职工之家”。

民主管理 各基层工会坚持每年召开1～2次职工代表大会，涉及企业生产经营、重大改革方案以及职工切身利益的问题，提交职工代表大会讨论通过。职代会的审议建议权、审查同意或否决权、评议监督权、民主推荐或民主选举权得到落实。实行场务公开，加强民主管理和党风廉政建设。通过实行场务公开，使职工知场情、议场事，增加企业生产经营、决策的透明度。

技术创新 在企业开展“创先争优双服务”、“双增双节”、“‘九五’双争立功”等劳动竞赛和提合理化建议活动。围绕增强企业科技开发能力、市场竞争能力、抗御风险能力，有针对性地开展“八个一”（提出一条合理化建议、参与开发一项新产品、革新一项传统工艺、推广应用一项新科技成果、学习一门新科技知识、掌握一门新操作技能、创造一项新操作方法、刷新一项新生产纪录）活动，职工参与面达90%以上。

送温暖活动 随着企业改革的深入，下岗失业职工和生活特困户增多，从1995年起，各基层工会成立送温暖小组，负责开展向困难职工送温暖工作。每年的元旦、春节期间，组织开展送温暖活动。

思想教育 各单位工会组织每年在职工中开展职业责任、职业道德、职业纪律、职业技能教育，激励职工立足本职、爱岗敬业。在窗口服务单位开展优质服务，制订文明用语、文明守则。同时，在全体职工中开展自学成才活动，鼓励职工通过自学提高自身素质。

妇女组织

林业局女工委 1995年，局女工委下设新江、五斗江采育林场和金源、兴泉公司4个基层女工委组织，并设局机关、林业工业公司机关、木材厂、机制砖厂、林业汽车修配厂、林工商贸易商场和泉江、衙前分公司及大坑、草林、汤湖采育林场等女工小组，有女工355人。由于企业改制及机构调整撤并，先后撤销金源、兴泉公司2个基层女工委以及木材厂、机制砖厂、林业汽车修配厂和泉江、衙前分公司5个女工小组。2006年，局女工委下设新江、五斗江采育林场2个女工委，局机关、林业工业公司机关、林工商贸易商场及大坑、草林、汤湖采育林场6个女工小组，有女工250人。

五指峰林场女工委 1995年，场女工委下设七岭分场、滁洲分场、西溪分场、五指峰分场、大坝里分场、金泉金川公司、木材加工厂、化工香料厂和场机关9个女工小组，有女职工252人。1998年1月，撤销黄坑分场女工小组，成立西溪分场女工小组。2001年11月，撤销金泉金川公司女工小组。2003年1月，木材加工厂女工小组并入总场机关女工小组；同年6月撤销化工香料厂女工小组。至2006年，总场下设七岭分场、滁洲分场、西溪分场、五指峰分场、大坝里分场、场机关6个女工小组，有女工102人。

云岭林场女工委 1995年，下设双桥分场、衙前分场、横岭分场、巾石分场、碧洲分场、林科所、工业区和场机关8个女工小组，有女工139人。1998年，撤销工业区女工小组。至2006年，场女工委下设双桥、衙前、横岭、巾石、碧洲、场机关6个女工小组，有女工129人。

主要工作 1995～2006年，林业系统各级女工组织，维护女职工的合法权益，调动女职工的工作积极性。大力宣传《妇女权益保障法》、《女职工劳动保护规定》等法律法规，培养妇女"自尊、自信、自立、自强"意识。组织女职工开展"五能"竞赛，双文明建功立业竞赛，创新示范岗等活动。每年"三八"妇女节期间，进行形式多样的纪念活动，开展评选技术标兵、先进女职工、文明家庭等活动。每年组织妇女开展女工妇科检查。

协会组织

林学会 1995年8月，林学会在林工商招待所召开会员大会，选举产生新一届理事会，王正民任理事长，刘彬生、欧阳训荣任副理事长，王礼权任秘书长，李祥生任副秘书长，吸收会员48名，计有会员103人。1996年1月，吸收12名新会员。2004年10月，林学会换届，王礼权任理事长，郭桂生任秘书长。2006年有会员86名。

林学会为科技兴林、促进林业经济的发展，组织林业技术人员开展科普活动，推广林业应用技术做了许多工作。撰写林业科技文章，在《遂川林业简报》、《吉安林业科技与推广》、《江西林业技术》、《中国林业》等刊物上发表。组织部分会员外出交流、进行科技考察和召开学术专题讲座等活动。

老年体协 1995年，王正民任主席，康昭标、陈志刚任副主席；1999年，王礼权任主席，廖洪石、陈志刚任副主席；2003年10月危安任主席。老年体协每年重阳节组织体协成员进行登山等野外活动，平时进行棋、牌、球类及钓鱼比赛。

花木协会 2004年11月19日成立。县政府副县长刘大春任理事长，刘礼河、王礼权任副理事长，郭桂生任秘书长。有团体会员100个，个体会员50个。协会为团体会员、个体会员建立信息平台，在技术、业务上给予指导。帮助会员拓展发展空间，提高经营管理水平，增强县域花木在市场上的综合竞争能力。

林产工业协会 2006年4月20日成立。第一届理事会15人组成，选举产生了理事长、副理事长、秘书长。协会承担沟通政府与企业之间的联系,向政府反映会员要求,争取政府支持;协调企业之间和行业内部之间的关系;加强县域林产工业和国内外相关企业之间的信息交流;促进行业生产管理和技术水平的不断提高,增强竞争力,推动林产工业向纵深发展,为遂川经济建设和社会发展服务。

第十章

职工队伍

1995年以来,林业系统开展一系列教育培训活动,着力培养一支知识全面、勤奋务实的林业职工队伍。随着大中专院校毕业生的逐渐增多和鼓励支持职工参加函(刊)授、自学考试,职工队伍的文化结构不断优化。推进人事制度改革和内部改制,建立内部退休退养及分配制度。从实际出发,精简冗员,拓宽人员分流渠道,妥善安置下岗职工。林业企事业单位在经济条件较为困难的情况下,确保职工工资发放。职工按政策规定享受劳保福利,退休职工待遇落实。改善职工文化生活条件,丰富节假日娱乐生活,开展形式多样的文化、体育活动。

第一节　人员状况

1995年,林业系统共有干部职工2615人,平均年龄36岁。按单位分,林业局1500人(包括林业工业公司1190人,公安林业分局53人),五指峰林场679人,云岭林场436人。按类别分,行政人员64人(含公安林业分局民警46人),机关工勤人员7人;事业单位干部179人,职工1175人;企业干部32人,职工1158人。按性别分,男性1869人,女性746人。按学历分,大专以上99人,高中(中专)501人,初中及初中以下2015人。按职称分,高级5人,中级36人,初级250人。

1995~2006年起,林业系统先后接受大中专、技校毕业生397人,安置退伍转业军人54人,安排职工子女及社会待业青年5人。1997年后,林业局进行人事制度改革,建立内部退休退养制度,对男满50周岁、女满45周岁或工龄满30周年的,办理内退手续。2000年,五指峰林场根据上级有关文件精神进行改制,置换职工身份197人,办理提前退休48人。2001年,云岭林场人员增至488人,面对造林面积减少,场办企业不景气,富余人员增多的状况,当年8月冻结人员入口。次年冬,该场进行内部改制,一次性置换职工身份62人,办理提前退休35人。2005年,林业工业公司通过争取上级优惠政策,一次性办理社保代管职工238人。

2006年底,林业系统共有干部职工1746人,平均年龄40岁。按单位分,林业局1071人(包括林业工业公司710人,森林公安局45人),五指峰林场360人,云岭林场315人。按类别分,国家公务员58人(含森林公安局民警41人),机关工勤人员4人;事业单位干部265人,工人709人;企业干部80人,职工630人。按性别分,男性1265人,女性481人。按学历分,研究生2人,本科30人,大专224人,高中(中专)911人,初中及初中以下579人。按职称分,高级7人,中级63人,初级370人。

林业系统通过各种方式,分流富余人员,优化在岗人员的整体结构。2006年底,林业局在岗人员265人,内部退养22人,停薪留职27人,离岗读书2人;五指峰林场在岗113人,内部退养67人,保职挂编14人,离岗谋职166人;云岭林场在岗134人,内部退养41人,离岗谋职140人;林业工业公司在岗226人,内部退养129人,离岗谋职180人,停薪留职 157 人，离岗租赁经营 8 人，其他离岗人员 10 人；森林公安局在岗人员 45 人。全系统实际在岗人员 783 人，占在编人员总数的 44.8%。

第二节　教育培训

林业系统结合林业行业特点，在职工中开展一系列教育活动，增强干部职工法制观念，培养勤奋务实作风，提高办事效率。利用各种方式抓培训，不断更新知识，推进科教兴林。通过教育培训，职工队伍的思想政治水平和工作业务能力提高。1995～2006 年，林业系统提拔副科以上领导干部 26 人，录用为国家公务员 3 人，输送到省林业厅、县财政、农业、建设等部门人才 27 人。

教育

普法　即普及基本法律常识教育。根据县普法领导小组安排，林业系统连续开展全员普法教育。各单位成立普法机构，培训普法骨干，落实各阶段普法内容，针对点多、面广、人员分散的特点，采取集中辅导与在岗自学相结合的方法，把普法工作落实到工区、班组和基层站、所。1995 年，林业系统印发《劳动法》单行本 1600 份发至基层单位，结合普法教育进行学习。“二五”普法期间（1991～1995 年），共完成法律法规普法内容 28 个。在全县普法验收中，林业局被县评为“二五”普法先进集体，并被省普法工作领导小组评为“二五”普法工作达标单位。1996 年，林业系统认真部署“三五”普法启动工作，每个基层单位至少配备 1 名法制宣传员。结合林业严打斗争，重点学习《刑法》、《关于严惩刑事犯罪分子的决定》；结合林业行政执法中心工作，学习《行政处罚法》、《刑事诉讼法》；结合全员劳动合同签订工作，组织学习《劳动法》。1998 年，林业系统组织各单位负责人，分 2 期集中学习新修改的《森林法》，印制 1 万份《森林法》小册子，发至各乡镇、村、组和每个林业职工。林业局组织基层单位开展“迎国庆林业法律法规知识竞赛”，采取书面答卷与现场竞赛相结合的办法，对前三名代表队给予奖励，激发职工的学习热情。“三五”普法期间，共完成法律法规普法内容 26 个。2001～2005 年，组织“四五”普法教育，重点学习《森林法》、《森林法实施条例》及《婚姻法》、《税收征管法》、《江西省环境污染防治条例》等 19 个法律法规。2006 年为“五五”普法启动年，重点组织学习《行政许可法》、《江西省森林条例》，把学法律、讲权利、讲义务、讲责任与开展“法律进林区”活动结合起来，促进和谐林区建设。普法教育使不同年龄、不同文化程度的干部职工普遍受到教育，受教育面达 95% 以上。学法、懂法、守法、用法蔚然成风，各个阶段普法工作都通过县级验收。

素质年活动　1996 年，林业局执行省林业厅《关于在全省大林政口范围内开展“96 提高素质年”活动的通知》，对林业行政执法人员进行综合素质教育，提高执法人员的政治、业务素质和依法行政水平。是年 8 月，地区林业局组织全区木材检查员开展首次木材检查知识竞赛活动，设一等奖 1 个，二等奖 2 个，三等奖 3 个，大坑、五斗江、高坪检查站有 3 人分别获得一、二、三等奖各 1 个，受到地区林业局通报表彰。

创先争优　1995 年 8 月，林业局开展以“优美环境，优良秩序，优质服务，优化管理”

为主要内容的创建文明单位活动,把“重在建设”作为出发点和落脚点。以思想道德建设为主线,进行爱国主义、集体主义和社会主义教育,强化社会公德和家庭美德教育,提高职工的思想道德水平和文明意识。1997 年 5 月,开展“井冈之星”双文明创建活动和“讲文明,树新风”活动,局机关结合创优质服务教育,重点抓机关作风和环境卫生,树立为基层、企业、群众服务意识。1998 年 5 月,林业工业企业开展“创一流业绩,争当文明职工”活动,进行林业“第二次创业”。同年,林业局、林业工业公司机关及新江、五斗江、大坑采育林场被县委、县政府授予“精神文明单位”称号。经多年努力,创先争优教育取得明显效果。2004 年 3 月,局机关院内宿舍区被省五好文明家庭创建协调领导小组评为“省级文明楼栋”。6 月,新江林业工作站被省人事厅、林业厅评为“全省林业系统先进集体”,林业局被市委、市政府评为“吉安市文明单位”。12 月,新江林业工作站、大坑森林派出所被市人事局、林业局评为“全市林业系统先进单位”,新江、大坑、衙前、戴家埔林业工作站被评为“全市先进林业工作站”。2005 年,双桥乡林业工作站被国家林业局评为“全国先进工作站”。是年 6 月,林业局被省爱国卫生运动委员会命名为“江西省卫生庭院”。

形象建设　1998 年,林业局在木材检查站开展“文明执法,树岗位形象”活动,在大坑检查站召开现场会,推广该站抓职业道德教育、文明执法的典型经验。1999 年 8 月,森林公安开展争创“人民满意派出所”活动,听取林区干部群众意见,推进创建安全文明林区活动。2002 年 5 ~ 7 月,林业系统开展“塑造江西人新形象——遂川在行动”教育活动,按照“求新思变,开明开放,诚实守信,善谋实干”的时代要求,结合行业特点,塑造林业人新形象。2003 年 5 月,林业系统开展“弘扬井冈精神,兴我美好江西”主题教育活动,抓“四治”(治奢、浮、懒、贪),兴“三风”(勤奋学习、调查研究、务实工作风),建设一支勤奋务实、廉洁高效的林业队伍。2004 年 10 月 1 日至 11 月 30 日,在木材检查站开展“严格执法,严格管理,严明纪律,规范检查内容、执法程序、执法行为、站风站纪”为主题的教育整顿活动,建设政治坚定、业务精通、作风优良、执法公正的木材检查执法队伍,塑造林业窗口形象。2005 年 12 月,林业局机关开展“如何做一个文明的林业人”大讨论,经过讨论,查摆问题,提出要求,改进作风,树立良好的机关形象。

安全生产教育　1995 ~ 2006 年,共开展 7 次安全生产周、6 次安全生产月活动。林业系统每年进行各种方式的安全生产宣传教育,组织职工学习《劳动法》、《江西省劳动保护监察条例》,订阅《安全生产报》、《江西安全报》、《劳动保护》等报刊,开办安全生产宣传专栏。各林业工业企业对新入厂工人和变换工种者,在采用新工艺、新技术、新材料前,都要开展安全生产教育。1995 年,林业系统实行“企业负责,行业管理,国家监察,群众监督”的安全生产机制,企业与企业主管部门签订安全生产责任状。1998 年 4 月,开展“落实责任,保障安全”为主题的教育,促进安全生产管理,推动安全生产责任制的落实。1999 年 4 月,开展“安全、生命、稳定、发展”为主题的教育,提高“保障生命健康,维护社会稳定”的全民安全意识。2002 年 11 月 1 日,实施《中华人民共和国安全生产法》,各单位履行教育管理职责,接受县安全生产监督管理局检查。2003 年 7 月,执行县委、县政府《关于进一步落实安全生产监督管理责任者及事故行政责任追究制的通知》,把安全生产教育管理和责任制落实纳入各单位年度目标考核内容。2006 年,制订林业安全生产工作预案,将林业工业企业安全生产教育与落实安全责任结合起来,不定期地进行督查,及时消除安全隐患。

机关效能建设 2005年4月，林业系统开展“改变作风，强化服务，提高效率，优化环境，树立林业新形象”为主题教育的机关效能建设。云岭林场从完善制度建设入手，以规范行为为着力点，构建行为规范，运转协调、公正、透明、廉洁、高效的机关管理运行机制，解决办事效率低、工作互相推诿、服务质量不高等问题。林业局成立领导小组，制定实施方案，聘请部分县人大代表、县政协委员、外商代表及社会有关人士23人为机关效能建设特约监督员，建立健全服务承诺、岗位责任、限时办结、否定报备、政务公开、首问负责、效能考评、责任追究8项制度，设立专栏、举报箱，公布投诉电话。执行工作人员佩卡上岗，股室登记考勤和去向流程告知等管理办法，机关作风、工作效率和服务质量明显提高。同年7月，该局被县委、县政府评为“县直四好机关”。

培训

通过专业学校培训、自办短期培训班、业余进修等多种途径，实施学历、岗位、业务、适应性培训，并不定期组织社会化林业培训。

学历培训 1995年起，林业系统鼓励职工参加成人高考、自学考试、函(刊)授等方式继续学历教育培训。学习费用自理，毕业文凭享受同等学历待遇。方法有脱产、半脱产、不脱产3种，学习时间2～4年，主要在北京林业大学、南京林业大学、南昌大学、江西农业大学、省环境工程学院及省、市、县委党校开设的大、中专班就读。林业局参加函授教育人员最多的是1999年，当年就读大专的有30人、中专的24人。为鼓励干部职工深造，是年起，林业局按月发给全日制脱产读书人员50%的档案工资。至2006年，全系统累计参加学历培训的有229人，其中已毕业的200人，在读的29人。在已毕业人员中研究生2人，本科19人，专科94人，中专85人。

岗位培训 针对某一岗位的工作需要进行培训。

站长岗位培训 1995年，省林业厅组织在岗的林业工作站(所)长到南京林业大学、江西农大、赣州林校进行短期培训，全县24名林业管理所所长参加培训，均取得省林业厅颁发的“岗位培训合格证书”。1996～2004年，省、地(市)林业部门每年不定期对基层站长进行培训。2005年，4个省批木材检查站负责人、业务骨干共13人参加全省木材检查站站长培训。为提高林业工作站人员的依法行政能力，2006年9月28～30日，市林业局组织全市林业工作站站长培训，县17人参加培训。至2006年，全县共参加省、地(市)林业部门组织的工作站(所)、检查站站长培训24期，累计培训230多人次。

上岗前培训 1995年，新招收工人参加县劳动人事部门组织的上岗前培训，新分配人员参加本单位组织的培训，当年林业系统培训52人。1996年，执行《江西省从事技术工种劳动者就业上岗前必须培训的实施办法》，由县劳动人事部门对新从事相关技术工种人员实行持证就业上岗培训。2000年，林业局在森林苗圃、大汾长岗坪果业基地设立培训点，组织新分配的中专、技校毕业生到培训点一边劳动，一边学习，每年举行一次考试，择优安排一批人员上岗，首批培训44人。云岭林场安排18名中专、技校毕业生到条件艰苦的衙前嵩岭实习基地锻炼，进行上岗前培训。2003～2004年，林业局先后举办新上岗人员培训班7期，培训期间邀请市林业局、县人民法院的专家、法官及本单位学有专长的人员授课。共授课240个课时，培训231人次。1995～2006年，全系统累计培训新上岗人员456人次。

持证岗位培训　持证人员必须通过培训上岗。林业行业持证的有：专业技术人员资格证，会计、统计、经济、政工人员从业资格证，木材检验员资格证，森林植物检疫员证，林业行政执法员证等。1995年起，省、地（市）森工部门在省、地（市）、县先后举办木材检验技术培训班8期，培训木材检验员676人次，其中257人取得木材检验资格证。1996年8月12～23日，林业局组织林业管理所、木材检查站、森林公安民警全体执法人员，林业工业公司及下属5个采育林场负责人（保卫科长），分4期进行法律法规培训，培训239人，培训考试成绩为持证上岗依据。1997年，有209人取得《江西省林业行政执法员证》。2003年11月，林业工作站、木材办证点收费员，参加县物价局组织的全县行政事业单位收费员上岗资格培训，20名收费员取得《收费员证》。工程、经济、会计、统计等各系列专业技术人员在晋升职称前，参加相关部门组织的各类技术培训。森林公安民警警衔晋升前，分别参加南昌、南京森林公安高等专科学校培训。1995～2006年，林业系统持证人员累计参加各类培训1480人次。

技术工人等级培训　1995年10月，林业系统技术工人参加地、县劳动人事部门组织的技术等级考试考核培训，当年培训589人。此后，工人自愿申请，对照已获得的技术等级和从事技术工作年限等资历条件，参加劳动人事部门组织的技术等级晋升考试考核培训，技术等级与档案工资挂钩。至2006年，林业系统共有608名技术工人取得技术等级证书。

业务培训　根据工作需要，林业系统每年都要组织各项业务培训，内容包括营林、林政、政务、财务、行政执法、重点工程、“森林三防”业务等。1995年，林业局共举办培训班17期，培训505人次。2001年，邀请省、市专家授课，举办林业科技知识、果树病虫害防治、油茶高产稳产、经济林培育、毛竹丰产经营技术培训班6期，培训318人次。同年为提高世界银行贷款林业项目实施质量，世行办组织项目实施单位举办技术培训班12期，培训技术骨干1080人次。2003年7～11月，林业局举办政务、财务、营林、林政、稽查、林业重点工程和基层负责人等业务培训班6期，培训231人次。2006年，林业局改变培训方式，编印1套涵盖林业专业，林业政策法规，计算机应用，综合业务集成教材，人手1套供职工自学。同年9～10月，举办4期培训班进行短期集中轮训，年末组织考试。2001年始，云岭林场每年举办1～2期业务培训班，采取课堂授课与实际操作相结合的方式培训业务人员；五指峰林场共编发培训教材2000余册，举办培训班40多期，共培训业务人员2000多人次。1995～2006年，林业系统累计举办各类业务培训班145期，共培训6943人次。

适应性培训　林业系统对变更工作岗位人员或推广新技术时都要进行培训。1995年，森林防火指挥部办公室举办防火电台操作培训班，为林业系统培训电台操作员20人。1996年起，云岭林场对换岗人员进行轮训，当年培训48人。林业局对基层单位换岗人员，在每次换岗后均进行适应性培训。1999年7～12月，林业局为普及计算机在林业行政管理和业务处理中的应用，首次组织机关各股室工作人员进行计算机应用知识培训，每周星期五下午培训，先理论，后操作，年底进行理论考试和操作测试，培训62人。2004年4月，组织基层事业单位在岗会计从业人员进行为期9天的会计电算化培训，培训 35 人。2006 年 5 月起,林业局机关及基层事业单位实行自动化办公。1995 ~ 2006 年,林业系统累计举办适应性培训班 23 期,培训 492 人次。

社会化培训 林业系统在组织内部培训的同时,积极开展以推广林业科技实用技术为主的社会化培训。1995 ~ 1996 年,林业局举办油茶大树嫁接换冠、芽苗砧嫁接育苗培训班 2 期,培训油茶产区乡村技术骨干 76 人次。1997 ~ 1998 年,林业系统开展"农业科技推广年"和送科技下乡活动,组织林业科技人员 870 人次,印发资料 5500 份,深入农村、山区开展技术咨询,提供技术信息,现场示范指导,举办培训班 17 期,培训农民技术骨干 2300 多人次。1999 ~ 2005 年,林业局派出技术人员到帮扶联系点堆子前镇七坪村、衙前镇上芫村,对农民进行果树栽培、花木种植、苗木培育和毛竹低改技术培训,培训农民技术骨干 90 多人。2005 年 12 月,林业产权制度改革领导小组办公室受龙南县邀请,派出 16 名林业技术人员支援林改外业工作,为其培训林改外业调查人员 58 人。同月,分别为市林业局、万安、新干、龙南等县培训林权登记发证计算机操作人员 60 余人。至 2006 年,林业系统累计为社会培训各类人员 3500 多人次。

第三节 工资福利

国家机关公务员实行职级工资。事业单位实行分类管理,专业技术人员实行职务等级工资,管理人员实行职员等级工资,工勤人员实行工人技术等级工资,均由固定和津贴 2 部分组成。企业人员工资与经济效益挂钩,执行《江西省企业职工工资标准》。职工按政策规定享受社会保险、医疗福利等待遇。

工资

行政工资 1995 年,机关行政人员实行职务、级别、基础、工龄工资 4 部分组成的职级工资制。连续 2 年年度工作考核称职的,可提高一个职务工资档次;机关公务员连续 5 年年度工作考核称职或连续 3 年年度工作考核优秀的,晋升一级级别工资。当年,林业局 18 人,森林公安 46 人执行行政工资标准,人均月工资 365 元。1997 年起,先后 4 次调整工资。公务员基础工资:1997 年每人每月由 90 元提高到 110 元,1999 年提高到 180 元,2001 年提高到 230 元;职务工资:2001 年每人每月提高 50 ~ 370 元,2003 年又提高 30 ~ 300 元;级别工资:1999 年每人每月提高 30 ~ 250 元,2001 年又提高 30 ~ 446 元。工龄工资:继续按每工作 1 年以 1 元计发。2001 年起,实行工资代发制度,工资由编制、人事、财政部门联合审核后,由银行代发职工工资。2006 年,林业局、森林公安局 58 名公务员、4 名机关工勤人员执行行政工资标准,人均月工资 920 元。

事业工资 事业单位职工档案工资执行国家标准,各单位内部分配方式各不相同。

林业局事业单位 1995 年,执行差额拨款事业单位工资标准,等级工资按固定部分 60%、津贴(活工资)40% 计算。农林水一线专业技术人员享受上浮一档工资政策。连续 2 年年度工作考核称职以上增加一档等级工资。是年,257 人执行事业工资标准,人均月工资 321 元。1997 年起,先后 4 次调整固定部分工资:当年每人每月平均增加 14 元。1999 年每人每月平均增加 120 元。2001 年每人每月增加 40 ~ 90 元。2003 年每人每月增幅50～140元。新分配的技校、大中专毕业生和离退休人员均在相关年度相应提高见习工资、离退休费标准。2005年1月，事业单位经费纳入县财政预算，职工工资按全额拨款事业单位规定的固定部分70%、津贴30%套改等级工资。2006年，299名职工执行事业工资标准，其中248名在岗人员人均月工资629元；22名内部退养人员参照正常退休计算比例下降10%发给内退工资，人均月工资593.75元；离岗读书2人，按个人档案工资50%发给；停薪留职27人不发工资，仅负担其社会基本养老保险单位交费部分。

五指峰林场　1995年，执行自收自支事业单位工资标准，职工工资按个人档案工资计发。农林水一线专业技术人员享受上浮一档工资政策。是年，职工人均月工资305元。1999年，推行内部分配制度改革，政策性调资进入个人工资档案。机关人员实行内部工资制，由基础、职务、工龄、职称工资4部分组成。基础工资每人每月300元；职务工资正科每月200元，副科180元，正股160元，副股140元，一般工作人员120元；工龄工资按每工作1年5元计算；职称工资副高每月70元，中级50元，助理级30元，员级20元。上述4项工资按月计发。年终视经济效益状况发给效益工资，但机关人员年工资总额不超过分场场长年薪平均数。分场实行年薪制，场长年薪8000～10000元，其中基础月薪500元，由分场按月发放。浮动薪金2000～4000元与年生产任务、经济指标挂钩，年终结算后发给。分场党支部书记、副场长年薪按场长的90%计发，内部退岗人员每月发给基本生活费143元和每工作1年1元的工龄工资。2001～2004年，机关人员基础工资调整为每人每月400元。职务工资调整为正科每月350元，副科310元，正股280元，副股240元，一般工作人员200元。工龄工资按每工作1年3元计算。分场场长年薪调整为每年1.2万元。2005年，分场党支部书记、副场长的年薪，根据其年度工作考核结果，按场长年薪的75%～95%计发。业务员、护林员年工资8500元。2006年，在岗人员继续执行档案工资标准，个人档案工资的85%加职务工资（正科180元，副科150元，正股120元，副股90元，机关业务人员50元）按月发给；档案工资的15%与年度任务、效益挂钩，年终结算后计发。内部退岗人员每月发给基本生活费210元和每工作1年5元的工龄补贴。是年，113名在岗人员人均月工资830元，67名退岗人员人均月工资370元，166名离岗人员人均月生活费80元。

云岭林场　1995年，执行自收自支事业单位工资标准，职工工资按个人档案工资计发。农林水一线技术人员享受上浮一档工资政策。是年，职工人均月工资361.2元。1996年，实行机关基层经费包干制，总场按正科年1万元，副科9000元，正股7000元，副股6000元，办事员5000元的标准（含办公费用等）包干使用。分场在总场下拨的包干经费中，按岗位和业绩确定职工工资。1997～1999年，分场负责人的工资由基础工资和效益工资组成。基础工资1997年为每月240元，1998年为每月300元，1999年为每月360元。效益工资根据岗位和工作情况权衡，职工工资由各单位制定分配办法。2000年，全场职工工资由固定、贡献、奖励加分3项组成。月固定工资标准为，正科550元，副科500元，正股450元，副股400元，业务主办360元，业务员300元；贡献工资以分折算，每分10元。每年工龄为1分，当年在双桥的每年加0.5分，在衙前的加0.4分，其他加0.3分；奖励加分标准为，获场级奖励的加1分，县级加2分，地（市）级加3分，省级加4分，国家级加5分。2001～2004年，执行内部工资标准：正科级月840元，副科级760元，正股级680

元，副股级620元，办事员560元。2005年起，按人平每月800元（包括办公经费）下拨各单位，由单位按岗位及业绩确定职工工资。2006年，134名在岗职工人均月工资650元，41名内退职工人均月工资420元，离岗人员不发工资，但享受社保、医保、年终200元慰问金及工资外的其他待遇。

企业工资 20世纪90年代后，林业工业公司执行工资总额同经济效益挂钩（简称"工效挂钩"）和工资基金管理制度。1995年，职工工资普调一级，人均调增23元。"工效挂钩"晋升半级，人均调增12元。固定2个工资序号，人均调增8元。是年，人均月工资286元。1996年，"工效挂钩"结存工资调资，人均调增10元，企业效益工资人均调增23元。1997年，固定2个工资序号，人均调增9元，工效工资晋级人均调增13元。1998年，企业工效结存工资人均调增13元。1999年，固定序号工资人均调增8元。2000年，"工效工资"升级人均调增30元，当年执行江西省职工技能工资标准，人均套改调增60元，实行岗位技能工资标准，人均增资160元。2003年，企业效益下降，停发职工岗位工资，只发技能工资，人均调减160元。2005年，企业实行内部改革，职工工资按技能工资标准下浮10%发放。2006年，恢复技能工资标准，在岗人员月平均工资480元左右。

福利

劳动保护 林业系统始终贯彻"安全第一，预防为主"的方针，各单位设有安全生产领导小组，制定各项措施，经常对职工（民工）进行安全生产宣传教育，建立岗位责任制，加强安全生产管理。根据不同工种，按时发放劳动保护用品，如草帽、手套、水壶、雨衣、防火工作服等。1998年起，林业工业公司按每人每月3元的劳保费标准，由职工自购劳保物品，在限额内凭票报账。雇请民工进行林业生产，在计算生产项目经费时，将劳动保护费、人身意外伤害保险金列入生产预算。

津贴　补贴 1995年后，机关事业单位人员每月享受津贴、补贴78元，随工资发放。1998年3月起，福利费由每人每月4元提高到10元。1999年7月起，每月按职务职称分别增加补贴170～190元。2002年起，对年度工作考核评为称职、优秀的，每年增发1个月工资作为年度奖金。2005年1月起，每月新增生活补贴100元。林业局特殊岗位人员按规定享受特殊津贴，专职武装干部每人每月武装津贴50元，审计人员津贴60元，纪检人员津贴60元，森林病虫害防治人员津贴12元，林区工作人员林区津贴9元。林业系统职工按政策规定享有防暑降温费、取暖费，在岗女职工享有卫生费等。

其他待遇 根据国家有关政策规定，职工享有婚、产、病、丧、探亲假待遇。1995年5月起，有条件的机关、企事业单位实行工作人员每日工作8小时、每周工作40小时标准工时制度。休息日、法定假日值班（因公事上班）人员，给予加班补贴或补休。1999年起，全国又实行国际劳动节、国庆节连休七天制度。同年，参加基本养老保险的退休人员死亡发给丧葬费600元，一次性抚恤费1200元；2001年3月起，丧葬费1600元，企业参保的退休人员死亡，一次性抚恤费2000元。机关事业单位退休人员死亡，由所在单位支付10个月的养老金为一次性抚恤费。在职干部职工死亡，以最后一个月工资标准发生前10个月工资，因公死亡的发20个月工资，追认为革命烈士的发40个月工资作为抚恤金；男60岁、女50岁以上和16岁以下且无固定收入的直系亲属每月按规定享受遗属困难生活补助。2006年，林业系统享受遗属困难生活补助的共有294人。

此外,林业系统对考取高等学校的职工子女给予奖励。2000 年起,云岭林场对考取重点大学的职工子女每人奖励 500 元。2003 年始,林业局对考取大专以上高校的职工子女,按国家重点大学每人 400 元,其他高校每人 200 元给予奖励。2005 年起,五指峰林场对考取大专以上的职工子女,按一本 1000 元、二本 600 元、三本及专科 300 元给予奖励。公安森林分局按一、二本 500 元,三本 400 元,专科 300 元的标准给予奖励 。2006 年,林业系统共有 29 名职工子女获得奖励。

社会保障

基本养老保险 1995 年,林业系统企事业单位职工均已参加基本养老保险,参保人数 2512 人。交费基数:1995 ~2003 年,企业及职工交费基数为单位上年度在职职工月平均工资总额。交费比例:1995 ~1998 年,企业按交费基数的 23%,个人按交费基数的 3%交纳;1999 年起,企业按交费基数的 16% ~22%,个人按交费基数的 4% ~8%交纳。1997 年 4 月,差额拨款事业单位按参保人员月工资总额的 26%(其中个人 3%)交纳;2003 年 1 月,事业单位交费比例调整为单位 24%,个人 4%;2004 年,事业单位交费比例调整为单位部分 23%,个人 5%;2005 年 1 ~6 月,调整为单位 22%,个人 6%。同年 7 月起,五指峰、云岭林场执行城镇企业基本养老保险制度,交费比例调整为单位 20%,个人 8%,退休人员按企业标准计发养老金。是年,经县政府同意,林业局 81 名内退人员提前进入县社保发工资。2006 年,林业系统参加社会养老保险人员 1684 人,年交社保金 323 万元。1059 名退休人员直接到银行领取养老金。

生育保险 1992 年 7 月起,云岭林场、林业工业公司、森林苗圃在职职工参加生育保险,由单位按每人每月 1 元的标准交纳保险费。1998 年 4 月起,按上年度职工月平均工资总额 0.7% 的比例,继续由单位按月交纳。参保女职工可享受生育医疗费和生育津贴。2000 年,云岭林场因经济困难停保。2004 年,森林苗圃改制后停保。2006 年,林业工业公司参加生育保险职工 710 人,年交生育保险费 3 万元。

工伤保险 1995 年 10 月起,林业工业公司执行《遂川县企业职工工伤保险暂行办法》,全员参加工伤保险,按单位职工工资总额 1.5% 的比例交纳工伤保险费。职工因工负伤医疗终结,达到评残等级或因工死亡的,医疗期间的医疗费用按比例分段负担;未达到评残标准的,其医疗费由单位和社保局各负担 50%。1998 年 4 月起,医疗期间的医疗费用由社保局负担 70%,单位负担 30%。2006 年,林业工业公司参保人员 710 人,年交工伤保险费 6.3 万元。

失业保险 1995 年,云岭林场、林业工业公司全体职工和林业局合同制工人参加失业保险。2000 年起,云岭林场停保。2004 年起,林业局事业单位编制人员全员参保,按职工基本工资总额的 3% 交纳保险金,其中单位负担 2%,个人负担 1%。2006 年,林业局事业及林业工业公司 995 人参保,年交失业保险金 19.5 万元,其中单位 13 万元,个人 6.5 万元。

医疗保险 林业系统在职、离退休人员均享受医疗福利,但补助方法不同。1991 年起,机关、事业单位干部职工按县规定享受公费医疗。1996 年始,公费医疗实行“指标到人,经费包干,结余留用,超支分摊,分级计算,分级管理”的办法,设置住院自付段费用。2002 年 1 月,干部职工公费医疗改为医疗保险,开始执行《遂川县城镇职工基本医疗保险制度实施细则》，林业局、公安森林分局全体职工和退休人员参加基本医疗保险。单位按35岁以下、36～45岁、46岁以上职工及退休人员分类参保。医疗保险费由单位按上年度职工工资总额的6%，个人按本人工资总额的2%交纳。单位交纳部分分类负担：全额拨款的行政机关、事业单位由县财政负担4%，单位负担2%；差额拨款的事业单位由县财政负担1%，单位负担5%；退休人员个人不交费，由单位为其交纳。离休人员医疗保险费按每人每年5000元基数筹集，其中50%划入个人账户，50%转入全县统筹，实行专项医疗基金管理。是年，参加基本医疗保险的人员，均参加中国人寿保险公司遂川分公司承保的大病补充医疗保险。保险费每人每年50元，其中单位负担30元，个人负担20元。赔付方式：参保人员年度医药费在封顶线以上至12万元以内的，由保险公司分段按比例赔付。五指峰林场、云岭林场在未参加医保前，参照县公费医疗管理办法报销职工医疗费。2004年6月，云岭林场参加商业性医疗保险1年。2005～2006年，五指峰林场、云岭林场职工先后参加县基本医疗保险。至2006年，林业行政、事业单位参加基本医疗保险共1339人，年交保险费73.8万元。

1995年以来，林业工业公司实行职工医疗费包干、住院医药费按比例负担的办法，在岗人员按本人月工资的10%、退休人员按其月养老金的10%计发，不报销门诊药费。1995～1999年，职工重病住院，单位报销药费80%，个人负担20%。2000年后，职工住院药费由单位和个人各负担50%。同年4月起，退休人员住院药费由单位报销55%，个人负担45%。离休干部享受县统一的医疗保险待遇，由县医疗保险机构报销医疗费。2006年，林业工业公司享受医疗福利人员1425人，其中离退休职工715人。

第四节　文化生活

通过订阅报刊，添置电视设备，举行演讲、体育、业务比赛，组织观看电影、节假日活动、外出考察等丰富职工文化生活。

文化娱乐活动

订阅报刊　林业系统各单位都有阅览室，订有多种报纸杂志和专业书籍，供职工阅读、查找资料。林业局阅览室有政治、文学、林业科技等方面内容的藏书500多册。五斗江、大坑、新江等采育林场阅览室每周定期开放，有专人负责管理。1995年起，各单位按照县委宣传部、上级林业主管部门下达的年度计划，订阅党报党刊、专业报刊。各机关股（科）室和基层单位订有报刊3～6种。2000年后，随着电视、报纸的普及和内容的丰富多彩，到阅览室看书的人渐少。

观看影视　20世纪90年代中期，彩色电视逐步普及，边远山区的分场，采育林场和部分工区、护林点先后添置彩电和放像机，安装有线电视、卫星接收器。到1997年，21个林业管理所、6个木材检查站（哨）都配置彩电及收视设备。是年，县城及近城的单位组织干部职工观看爱国主义影片《大转折》、《鸦片战争》、《红河谷》等。长期以来，林业部门各级党组织把观看电教片纳入年度党建目标考核内容，每年组织党员观看2～4次。1998年，林业局党委组织观看现代采茶戏《吴成生》，电教片《老干部局长》、《井冈丰碑》、

《执著的追求》。林业系统还经常组织职工观看现代戏剧,丰富精神生活。1998 年 8 月,吉安地区采茶剧团送戏到新江、五斗江林区,有 3000 多人观看演出。2004 年 12 月,林业系统组织职工观看林改文艺调演节目。

节假日娱乐 每年重大节日,各单位组织集体娱乐活动。1995 年,五指峰林场以分场为单位,在元旦、国际劳动节、国庆节期间,组织各类棋、牌赛,对优胜者给予奖励。1996 年元旦,林业局工青妇组织联合举办大型游艺活动,设猜谜、扑克、麻将、象棋、军棋、羽毛球、钓鱼、射击、套环、骑车 10 个项目,单项设奖,参加人员 300 多人。1995 年 10 月、1997 年 5 月,林业局团委举办庆祝国庆节、青年节歌舞晚会。2000 年 5 月、2001 年 6 月,林业局 2 次组织文艺会演,每次有 19 个代表队 80 余名职工参加演出。在第二次会演中,新江、草林采育林场和新江林业管理所女职工获得演唱、舞蹈、朗诵类一等奖。2001 年 7 月、2005 年 4 月,林业局机关干部职工分别与县委机关、人事劳动和社会保障局干部职工共同举办节日联欢晚会。2006 年 10 月,林业局全员学习培训班期间,举办 2 次文艺晚会,236 名学员参加联谊活动。

组队竞赛 1995 年后,林业部门除在迎接香港、澳门回归等重大喜庆期间自行组织演讲、征文、诗歌、知识、智力竞赛外,还组队参加县举办的各类文艺赛事活动。1998 年 5 月,林业局团委组队参加县委宣传部举办的"庆五一汽运杯改革之声"歌咏比赛,获三等奖。2000 年 12 月,林业局组队参加县"世纪之光"合唱比赛,获三等奖。2003 年 4 月,林业局合唱队在全县庆"五一"职工歌舞比赛中获三等奖;7 月,在全县"弘扬井冈精神,兴我美好遂川"歌咏比赛中获优胜奖。2004 年 3 月,林业局组织庆"三八"演讲选拔赛,21 名女职工参加竞赛,评选出 3 名选手参加县妇联举办的"庆三八森林雅舍杯"演讲比赛,其中 1 人获三等奖。

技能比赛 1995 年 10 月,金源公司开展技术大比武活动,经初、复、决赛,产生剖竹、分层、成形、编织 4 道工序的技术能手 4 名。1998 年 1 月,云岭林场举行业务知识比赛,机关、分场、林科所共 7 个代表队参赛,衙前、双桥、巾石分场代表队分别获一、二、三名。2001 年 10 月,林业工业公司在砂子岭木竹经营部举办"三能"(智能、技能、体能)大赛,参赛职工 150 余人次,经 7 天角逐,五斗江采育林场代表队获团体总分冠军。

体育活动

20 世纪 90 年代中期,林业部门逐步完善体育设施,修建水泥球场,添置乒乓球、羽毛球等体育运动器材,开展体育健身运动和组织体育竞赛。1995 年,县妇联举办环城跑活动,林业局组织 80 名女职工参赛,获团体第二名。同年,县体委主办国庆节拔河比赛,林业局代表队获第一名。1999 年,局女工委组织女职工参加县庆"七一"第八套广播体操比赛。是年 9 月 15 ~22 日,林业局在新江采育林场举办第四届"育林杯"男子篮球赛,各基层单位均组队参加。此次球赛共投资 3.9 万元,队员集中训练,切磋球技,培养良好的团队精神。2003 年 7 月,林业局男子篮球队参加县"伟业杯"男子篮球赛,获得冠军。2006 年 10 月,林业局组织年度全员培训的学员进行篮球友谊赛,营造团结、友谊、活泼氛围。

外出考察

林业系统积极创造条件,组织部分老职工、先进模范代表、林业技术骨干外出学习考察，开阔视野，提升文化品位。1995年以来，林业局分别组织在林业战线工作满30年以上的老职工和优秀共产党员、团干部、妇女干部先后到北京、上海、西安、南京、海口、桂林、厦门、韶山等地参观考察，许多职工首次出县，感受改革开放给国家建设事业带来的新变化。1999年，世界园艺博览会在云南昆明举办，根据上级林业主管部门的安排，林业系统分批组织人员参观学习，对推动县域花木产业的发展起到积极作用。2003～2004年，五指峰林场组织部分人员到浙江安吉、萧山和广东等地考察竹业、花卉、苗木建设，派出技术人员到广西桂林、庐山等地考察生态环境建设。2005年7月，县林业产权制度改革领导小组派出3批考察组，分别到浙江、湖南和福建的三明、尤溪、永安、南平考察林业及林改工作。

第五节 离退休工作

林业系统对离退休人员在生活上关心，在政治上关怀，在待遇上落实，使离退休人员老有所养，老有所乐，老有所为。1995年，林业局设有离退休人员管理办公室、老年体育协会。1996年，成立老干部工作办公室，由1名副局长分管老干部工作。五指峰、云岭林场的离退休工作由党政办公室兼管。2004、2006年，五指峰、云岭林场先后成立劳动保障所，负责离退休人员养老金办理、待遇检查及慰问、丧葬抚恤等具体工作。2006年，林业系统共有离休干部5人，退休人员1059人。

老有所养

林业系统企事业单位职工正常退休后，均享受基本养老金待遇。工资制度改革或政策性调资，相应提高退休费标准。离退休人员与在职人员享受同等医疗福利。从1999年7月起，年满75周岁的离休干部每月享受护理费100元。2005年1月起，护理费调整为200元。每年元旦、春节期间，各单位都要走访慰问离退休人员。

老有所乐

林业部门努力创造条件，给老年人活动提供方便，使离退休人员安享晚年。1995年起，林业局为老干部订阅《江西日报》、《井冈山报》、《老干部之友》、《老友》等报刊，丰富老年人的文化生活。1997年，参加文娱活动的老年人增多，林业局安排专用活动场所，增订报刊，购置棋牌，供老同志学习、娱乐。当年，局老年体协组队参加全县老年门球赛获第一名。1999年，林业局投资1.5万元建造门球场（林业局集资建房泉江河边楼栋旁），便于老年人体育锻炼。当年5月，在全县庆“五一”老年人门球赛中，局老年体协派出2支球队参赛，分别获第一、三名。同月，成立钓鱼协会，有会员14人，活动经费在局拨给老年体协活动经费中解决。是年始，每年九月九日重阳节组织离退休人员开展登山、棋牌赛等娱乐活动。2001年，林业局为解决老干部活动经费困难，要求老干部党支部党员的原单位，按每位老干部党员每年100元为老干部筹集活动经费。

老有所为

林业系统积极发挥离退休干部职工在林业建设中的作用，凡出台重要决策或召开重大会议，都邀请老干部代表参加，征求他们的意见和建议。1996年4月，林业局组织召开离退休干部职工代表座谈会，采纳代表们提出“到自己奋斗过的林区看看”的建议。此后，不定期地组织离退休人员代表到林区考察，让他们重游故地，为建设林区建言献策。2000 年 4 月，老干部党支部组织离退休干部进行“学习唯物论，反对唯心论，学习科技知识，反对封建迷信”的教育。2001 年 10 月，邀请部分林业部门老领导对团员青年进行传统教育。2004 年 6 月，组织 10 名离退休老干部代表到兴国县考察，缅怀革命先烈的丰功伟绩。离退休老干部在防“非典”、救灾、建桥修路等公益活动中，个人捐款 1 万余元，向社会奉献夕阳情。

第十一章

新风　荣誉

1995年以来,县林业系统不断强化干部职工的思想政治工作,广泛开展井冈山革命传统、爱国主义思想和共产主义理想教育;加强干部职工的社会公德、职业道德和家庭美德教育;激化干部职工的工作热情和创业激情,努力培养有理想、有道德、有文化、守纪律的林业人。全系统涌现出一批先进集体和先进个人,为物质文明、精神文明和政治文明建设创造了业绩。

第一节　新　风

忠于职守

2005年3月7日,浙江温州客商张某向零田木材经销商袁某购买150立方米的杉原木,约定由袁某负责办理木材出省放行手续,次日张某一次性付清木材款。当晚12时许,装载木材的3辆车停放在县城加油站,张某企图撇开袁某将3车木材趁夜从高速公路偷运出县,向司机承诺每车另加运费1000元。县林政稽查大队副大队长雷小明值班接到举报,觉得事态紧急,立即查找袁某的联系电话,几经周折与袁某取得联系,让他采取措施,并及时赶赴现场协助袁某阻止张某偷运木材,为袁某挽回10多万元的经济损失。

爱岗敬业

1990年,廖洪清招聘为枚江乡乡办林场护林员,负责林场3530亩新造林的管护工作。由于山场分散,地处5个自然村,常有不法人员进入林区乱砍滥伐,护林难度很大。廖洪清坚持早出晚归,有时还带病巡山。一次,他发现一个青年在山上偷砍杉树,当即上前制止,那个青年掏出50元钱,要求私了,被他严词拒绝。那青年恼羞成怒,挥刀威胁。廖洪清不顾个人安危与其展开搏斗,身上多处受伤,终于将对方制服,给予应有的处罚。廖洪清上有老,下有小,妻子多病,小孩年幼,家有责任田和山,劳动力短缺。自从担任护林员后,每天吃住在林场,日夜守护在山上,根本顾不上家。家人劝他放弃这份薪水低、得罪人又辛苦的护林员工作,找一份轻松、收入较高的事干,同时也好照顾家庭。但他不忍心离开倾注了情感的那片山林,说服家人克服困难,支持工作。他像守护神一样守护着山上的一树一木。10多年来,他所管护的山场林木茂密,平均郁闭度达0.7以上,活立木蓄积1万多立方米,价值300多万元。2000年,廖洪清被国家林业局授予“全国先进护林员”光荣称号。

1972年,18岁的赖遂瑞作为知识青年下放到五指峰林场大坝里分场担任护林员。30多年来,他扎根深山,坚守自己的岗位。大坝里分场有10平方公里的山林,他每天巡山不止,与盗伐者进行艰苦的“游击战”。春天出入密林,经常是一身汗一身水;夏秋身背二三十公斤重的高压喷雾器在丛林中灭虫防病,忍受着荆棘刺身、虫咬蜂蜇以及毒蛇的侵袭;冬天顶风冒雪巡山,手脚冻得红肿,经常夜难入睡。护林点远离圩镇,地处偏僻,物质文化生活极度匮乏。赖遂瑞半个月出一次山，往返几十里路，多数时间靠肩挑手提。购买的菜大多为不易腐变的腌萝卜、咸鱼、海带等腌制品，平时很难吃到新鲜的蔬菜。护林点没有通电，照明用的是煤油灯，长期没有文化娱乐活动，生活枯燥乏味，但他甘于寂寞，与大山为伴，日夜守护着国家的山林。山里没有电话，离家130多里，家里发生的一切只能托付妻子去操劳处理。小孩从幼儿园到初中毕业，他未曾接送过一次。夏秋农忙季节，也正是护林防火期，他始终坚守工作岗位。父母年迈多病，生活起居需要人照顾，他不能像常人一样尽自己的孝道。2000年冬，久病的父亲已近病危，时值森林防火重点期，他始终坚守在岗位，而父亲却在期盼等待中撒手而去。2003年冬，母亲又离开了人间。由于长年生活在高寒深山，赖遂瑞患了严重的关节炎，他忍着病痛没有退缩。30多年来，由于他严防死守，辖区内未发生过森林火灾。在林海中抵住各种诱惑和压力，敢抓敢管，守护着山上的林木。赖遂瑞以林为家，爱岗敬业，艰苦奋斗，无私奉献的精神受到领导和同事的好评，连年被评为全县林业系统先进个人。2005年获江西省劳动模范称号。

艰苦创业

蒋代炳原是林业工业公司的一名放排工人，20世纪80年代，他意识到大锅饭吃不长了，便寻找创业之路。当他打听到衙前乡双境村有一片原知青队耕种的河滩地荒芜多年会出租时，立即前往询问。经协商，以每年1300元的租金，于1987年6月与村委会签订长期租赁合同。合同签订后，他变卖建房材料，高息借贷，筹措资金1.4万元，于当年秋天带着全家老小来到荒滩地，搭棚垒灶，斩棘垦荒，艰苦创业。经过4个多月的艰辛劳作，垦复出荒地40亩，打穴3600个。翌年春待全部金橘种植后，恰逢夏天久旱无雨，苦于无钱购置抽水设备，蒋代炳夫妇只能一担一担地挑水浇灌橘园保苗。尽管夫妻俩从早忙到晚，但橘树还是死去一半。第二年，他又购买1800株金橘苗补种，新种蜜橘400株。第三年又新种柰李200株，果园内套种蔬菜、豆子、花生等作物，每天勤耕不息。通过几年的努力，蒋代炳终于获得丰厚的回报，1997年产果10多万斤，产值10余万元，年纯收入8万多元。

见义勇为

1996年6月的一天，遂川开往湖南桂东的客车开动不久，一伙歹徒强迫一位乘客让座，并对其殴打。同车的云岭林场职工康建华见状，上前进行制止。车行驶至遂川县中医院路段时，4名歹徒用客车上的啤酒瓶对康建华进行攻击，致使其头部多处受伤。康忍着伤痛，仍奋力与歹徒进行搏斗，将一歹徒击昏，并及时向公安机关报案。康建华勇斗歹徒的事迹得到社会各界的高度赞誉，被遂川县综治委授予“见义勇为先进个人”。

舍己救人

2006年7月28日傍晚7时左右，县林业局干部高小明在途经县城天子地阳关桥下侧时，发现4个7～8岁的小孩在河边嬉戏玩耍。突然其中一小孩不慎失足滑入河水激流中，情况十分危急。高小明见状，不顾个人安危，当即跃入河水之中，奋力游向已被河水冲至40多米开外的落水儿童，将其救上岸。该小孩当时已不省人事，高小明立即采取人工急救措施，将其救活。

扶贫济困

戴家埔乡双桥岭村的王小军自1983年以来，先后失去两个哥哥、一个妹妹和双目失明的母亲，一家仅留下他和父亲两人。由于父亲常年患病，家境贫困，王小军只好在家挖草药，做些力所能及的轻活，13岁还没有上学读书。1996年7月，林业局局长刘四保在扶贫调查中了解到这一情况，遂向全局干部职工发出向王小军捐款的倡议，将捐助的1200元送到村委会，由村里分期为王小军交纳学杂费，使其圆了读书梦。嗣后，新上任的罗荣梅局长，对王小军同样惦记在心，经常安排人员，带上生活和学习用品到王小军家看望。1999年6月19日，罗荣梅来到王小军家走访，了解其学习及家庭情况后，把王小军当做重点扶助对象，资助其完成小学学业，并当场再次捐款。

2005年2月19日，县林业局100多名党员来到因智力障碍而导致生活极度困难的泉江镇四里街社区梁头招家，向其捐款1400元钱。随后还捐赠2立方米木材给梁家建房。

2006年4月，江西省进贤县野保站杨国金爱人因患脑部胶质瘤，花用巨额医疗费，致使其债台高筑，面临困境。县林业局机关干部职工得知情况后，积极捐款2020元，帮助其渡过难关。

第二节　荣　誉

本节收录的分别为1995～2006年获地（市）以上表彰的先进集体、先进个人，科技、劲松奖获得者，县级以上党代表、人大代表、政协委员，省级以上专业协会会员名单。

先进集体名录

表11－2－1

获奖单位	获奖时间	获奖称号	授奖单位
县林业局	1995	“二五”普法工作达标单位	江西省普法工作领导小组
县林业局	1995	1994年度全省林业信息工作先进单位	省林业厅
五指峰林场	1995	重合同守信用企业	省经委、省工商局
双桥乡	1996	1995年度全省造林绿化最佳乡	省绿化委员会
五斗江乡车坳村	1996	1995年度全省造林绿化最佳村	省绿化委员会
堆子前镇河籁村	1996	1995年度全国造林绿化千佳村	全国绿化委员会
县林业局	1996	种苗管理先进单位	省林业厅
县林业局	1996	“八五”期间全省林业工作站建设十强县	省林业厅
新江林业管理所	1996	全省三十强站	省林业厅
新江乡	1997	1996年度全省造林绿化最佳乡	省绿化委员会
五斗江乡米石村	1997	1996年度全省造林绿化最佳村	省绿化委员会
泉江镇新寨村	1997	1996年度全省造林绿化最佳村	省绿化委员会
衙前乡段尾村	1997	1996年度全省造林绿化最佳村	省绿化委员会
新江乡石坑村	1997	1996～1997年度全国造林绿化千佳村	全国绿化委员会
县林业局人秘股	1997	1996年度全省林业系统先进办公室	省林业厅

续表 11－2－1

获奖单位	获奖时间	获奖称号	授奖单位
县林业局	1997	全国第三次工业普查工作地区级先进单位	吉安地区第三次工业普查领导小组
新江林业管理所	1998	双文明建设红旗站	省林业厅
县林业局	1998	全省林业系统纪检监察先进单位	省林业厅
大坑木材检查站	1998	全省木材检查工作先进单位	省林业厅
云岭林场	1998	先进基层党组织	吉安地委
县林业局	1999	1998 年度全省林业系统宣传工作先进单位	省林业厅
双桥乡	1999	1998～1999 年度全国造林绿化百佳乡	全国绿化委员会
县林业局	1999	1998 年度林业宣传工作先进单位	省林业厅
双桥乡	2000	全国造林绿化百佳乡	国家林业局
横岭木材检查站	2000	全省木材检查工作先进单位	省林业厅
县公安局森林分局	2000	十佳优秀班子	省森林公安局
县林业局人秘股	2001	2000 年度全省林业系统先进办公室	省林业厅
县公安局森林分局	2001	装备建设先进单位	省森林公安局
县森林防火指挥部	2002	1998～2000 年全省森林防火先进单位	省森林防火总指挥部
县林业局	2003	2002 年全省野生动植物保护管理和自然保护区建设先进单位	省野生动植物保护管理局
县林业局	2004	全省林业系统反腐倡廉警示教育活动省级先进单位	省林业厅反腐倡廉警示教育活动领导小组
遂川县	2004	全国封山育林先进单位	国家林业局
县林业局	2004	省级文明楼栋	省五好文明家庭创建领导小组
新江林业工作站	2004	全省林业系统先进集体	省人事厅、林业厅
县林业局	2004	学习中共中央、国务院《关于加快林业发展的决定》先进单位	国家林业局
县林业局	2005	江西省卫生庭院	省爱卫会
遂川县	2005	全国森林资源管理先进单位	国家林业局
五指峰林场	2005	全省先进劳动争议调解组织	省劳动厅、省总工会
县林业局	2005	全省林业工作站建设工作先进单位	省林业厅
县林业局	2005	全省野生动植物和湿地保护工作先进单位	省林业厅
双桥林业工作站	2005	全国先进工作站	国家林业局
县林业局	2005	绿色旋风专项整治工作先进单位	省林业厅
遂川县	2006	全省林业产权制度改革先进集体	省委、省政府
双桥乡	2006	全省林业产权制度改革先进集体	省委、省政府
左安镇	2006	全省林业产权制度改革先进集体	省委、省政府
县森林防火办公室	2006	2005～2006 年度边界护林联防工作先进单位	湘粤赣（闽）边界护林联防委员会

先进个人名录

表 11－2－2

姓名	工作单位	授奖机关	授奖时间	获奖称号
刘彬生	县云岭林场	吉安地委	1995.6	优秀共产党员
陈文济	县公安局森林分局	省森林公安局	1995.12	三等功
彭义波	县公安局森林分局	省森林公安局	1995.12	三等功
刘彬生	县云岭林场	省林业厅	1996.1	科技兴林先进工作者
李秋生	横岭木材检查站	国家林业部	1996	全国木材检查先进个人
危　安	县公安局森林分局	省森林公安局	1997.1	三等功
万卫华	县林业局	省林业厅	1997.3	林政管理先进个人
上官启	五指峰林场	省工业普查领导小组	1997.4	省第三次工业普查先进工作者
罗立芝	县林业局	省林业厅	1997	1996 年度林木种苗行业管理先进工作者
刘彬生	县云岭林场	全国绿化委员会	1997	1996 年度全国绿化奖章
周　峰	县林业工业公司	林业部	1997	全国森工系统育林功臣
张秋生	县公安局森林分局	公安部	1998.1	二等功
张秋生	县公安局森林分局	国家林业局森林公安局	1999.5	全国森林公安系统优秀人民警察
吴克毅	县林业局	省林业厅	1999	1998 年度林业宣传先进工作者
吴克毅	县林业局	省林业厅	1999	1998 年度全省林业系统优秀文秘工作者
廖洪清	枚江乡	国家林业局	2000	全国先进护林员
谢大清	县林业局	省审计厅	2001	省内部审计先进工作者
王礼权	县林业局	吉安市政府	2002.3	农业科技先进人物
罗荣梅	县林业局	全国绿化委员会	2002	全国绿化奖章
丁小平	县林业局	省森林防火总指挥部	2002	1998～2000 年全省森林防火先进个人
王礼权	县林业局	省林业厅	2004	种苗工作先进个人
黄正平	县林业局	市纪委、市监察局	2004.1	2003 年度纪检监察工作先进个人
危　安	县公安局森林分局	省森林公安局	2004.2	三等功
刘　川	县公安局森林分局	省森林公安局	2005.4	三等功
危　安	县公安局森林分局	省森林公安局	2005.10	三等功
刘礼河	县林业局	省林业厅、省高级人民法院、省人民检察院、省公安厅	2005.12	全省绿色旋风行动先进个人
刘科材	县公安局森林分局		2005.12	全省绿色旋风行动先进个人
王　珑	县公安局森林分局		2005.12	全省绿色旋风行动先进个人
王仁生	县公安局森林分局		2005.12	全省绿色旋风行动先进个人
李小勇	县公安局森林分局		2005.12	全省绿色旋风行动先进个人
周　斌	县公安局森林分局		2005.12	全省绿色旋风行动先进个人
赖遂瑞	五指峰林场	省政府	2005	省劳动模范
刘礼河	县林业局	省林业厅	2005	全省湿地和野生动物保护先进个人
黄正平	县林业局	市纪委、市监察局	2006.2	2005 年度纪检监察工作先进个人
刘礼河	县林业局	省林改领导小组	2006.5	全省林改工作先进个人
李树生	县林业局	省林改领导小组	2006.5	全省林改工作先进个人

获科技奖名录

表 11－2－3

姓名	工作单位	授奖机关	授奖时间	获奖称号
王爱生	云岭林场	省林业厅	1995.8	省科学技术进步二等奖
刘宝财	五指峰林场	省林业厅	1997	科教兴林贡献奖一等奖
戴训东	云岭林场	林业部	1997.8	1996 年度科技进步一等奖
王爱生	云岭林场	省林业厅	1997.8	省杉木优良种源推广一等奖
王礼权	县林业局	林业部	1998	1997 年度科技进步三等奖
欧阳训荣	县林业局	省林业厅	1998.12	1998 年度科技进步三等奖
王爱生	云岭林场	省林业厅	1998.12	省农科教突出贡献三等奖
欧阳训荣	县林业局	省林业厅	1998.12	省农科教科技进步三等奖
刘冬古	五指峰林场	省林业厅	1998.12	省农科教突出贡献三等奖
刘冬古	五指峰林场	吉安地区行署	1999	1998 年度地区林业科技进步二等奖
刘宝财	五指峰林场	省科委、省林业厅	1999	1998 年度省林业科技成果三等奖
刘宝财	五指峰林场	吉安地区行署	1999	1998 年度地区林业科技进步二等奖
郭昭洋	五指峰林场	省科委、省林业厅	1999	1998 年度省林业科技成果三等奖
郭昭洋	五指峰林场	吉安地区行署	1999	1998 年度地区林业科技进步二等奖
郭路生	五指峰林场	省科委、林业厅	1999	1998 年度省林业科技成果三等奖
郭路生	五指峰林场	吉安地区行署	1999	1998 年度地区林业科技进步二等奖
刘新华	五指峰林场	省科委、林业厅	1999	1998 年度省林业科技成果三等奖
刘新华	五指峰林场	吉安地区行署	1999	1998 年度地区林业科技进步二等奖
薛朝荣	五指峰林场	省科委、林业厅	1999	1998 年度省林业科技成果三等奖
薛朝荣	五指峰林场	吉安地区行署	1999	1998 年度地区林业科技进步二等奖
欧阳遂华	五指峰林场	省科委、林业厅	1999	1998 年度省林业科技成果三等奖
欧阳遂华	五指峰林场	吉安地区行署	1999	1998 年度地区林业科技进步二等奖
王爱生	云岭林场	省林业厅	2000.9	1999 年度省科技进步一等奖
罗荣梅	县林业局	吉安市政府	2001	市科技进步三等奖
王礼权	县林业局	吉安市政府	2001	市科技进步三等奖
郭晓鹏	县林业局	吉安市政府	2001	市科技进步三等奖
罗竞林	县林业局	吉安市政府	2001	市科技进步三等奖
刘宝财	五指峰林场	吉安市政府	2001	市科技进步二等奖
郭小华	县森林苗圃	吉安市政府	2002	市第二届林业科技进步三等奖
傅　彬	县森林苗圃	吉安市政府	2002	市第二届林业科技进步三等奖
朱建红	县森林苗圃	吉安市政府	2002	市第二届林业科技进步三等奖
李玲生	县森林苗圃	吉安市政府	2002	市第二届林业科技进步三等奖
刘礼河	县林业局	吉安市政府	2005	市科技进步二等奖
张永明	县林业局	吉安市政府	2005	市科技进步二等奖
李桃生	县林业局	吉安市政府	2005	市科技进步二等奖
刘礼河	县林业局	省委农工部、省人事厅、省财政厅	2006.10	省农科教突出贡献三等奖
张永明	县林业局	省委农工部、省人事厅、省财政厅	2006.10	省农科教突出贡献三等奖

获劲松奖名录

表 11－2－4

姓名	工作单位	授奖机关	授奖时间(年月)
李桃生	县林业局	中国林学会	1996. 11
黄井生	县林业局	中国林学会	1996. 11
王礼权	县林业局	中国林学会	2003
刘宝财	五指峰林场	中国林学会	2004

党代表名录

表 11－2－5

姓名	性别	出生年月	文化程度	工作单位	届次
罗荣梅	男	1953. 10	中专	县林业局	县第九、十次党代会
罗荣尧	男	1947. 12	大专	云岭林场	县第九次党代会
李祥生	男	1963. 4	大学	县林业工业公司	县第九次党代会
李华美	男	1964. 1	大专	五指峰林场	县第十次党代会
陈启遂	男	1964. 10	大学	县林业局	县第十次党代会
黄正平	男	1964. 5	大学	县林业局	县第十、十一次党代会
刘礼河	男	1954. 8	大专	县林业局	县第十一次党代会、省第十二次党代会
郭小鹏	男	1965. 10	大学	县林业局	县第十一次党代会
戴训东	男	1962. 11	大学	云岭林场	县第十、十一次党代会
刘宝财	男	1962. 10	大学	五指峰林场	县第十一次党代会

注：届次时间，县第九次 1997. 12～2002. 12，第十次 2002. 12～2006. 7，第十一次 2006. 7～。

人大代表名录

表 11－2－6

姓名	性别	出生年月	文化程度	工作单位	届　别
罗荣梅	男	1953. 10	中专	县林业局	吉安市第一届人大(2000. 8～2006. 12)
赖遂瑞	男	1954. 2	高中	五指峰林场	吉安市第二届人大(2006. 12～)
梁根生	男	1963. 4	大专	县林业工业公司	县第十三届人大(1998. 1～2003. 1)
郭爱萍	女	1964. 3	大专	县林业局	县第十四届人大(2003. 1～)

政协委员名录

表 11－2－7

姓名	性别	出生年月	文化程度	工作单位	届别
王礼权	男	1964. 7	研究生	县林业局	县政协第十一届
彭明德	男	1952. 11	初中	县林业工业公司	县政协第十一届
王仁保	男	1954. 6	初中	县林业工业公司	县政协第十一届
王龙达	男	1948. 12	高中	五指峰林场	县政协第十一届
黄井生	男	1946. 2	本科	县林业局	县政协第十一、十二届
陈晓明	男	1961. 9	本科	云岭林场	县政协第十二届
钟德奎	男	1963. 2	本科	县林业工业公司	县政协第十二届

续表 11－2－7

姓名	性别	出生年月	文化程度	工作单位	届别
尹根启	男	1957.8	本科	五指峰林场	县政协第十二届
罗时波	男	1965.6	本科	县林业局	县政协第十二、十三届
范兰礼	男	1966.1	本科	县林业局	县政协第十三届
王仁生	男	1964.3	本科	县公安局森林分局	县政协第十三届
欧阳遂华	男	1974.10	本科	五指峰林场	县政协第十三届
张清香	女	1973.3	初中	五指峰林场	县政协第十三届
衷飞龙	男	1964.11	大专	云岭林场	县政协第十三届

注:届别时间,第十一届 1993.1～1998.1,第十二届 1998.1～2003.1,第十三届 2003.1～现在。

专业协会会员名录

表 11－2－8

姓名	性别	出生年月	文化程度	入会时间	工作单位	协会名称
康昭标	男	1945.7	初中	1984	县林业工业公司	中国木材标准化技术委员会
刘宝财	男	1962.10	大学	1993	五指峰林场	中国林学会
王礼权	男	1964.7	研究生	1994	县林业局	中国林学会
戴训东	男	1962.11	本科	1999.3	云岭林场	省林业经济第四届理事会
陈晓明	男	1961.9	本科	2003.6	云岭林场	省国营林场场圃协会
梁小军	男	1971.10	大学	2006.10	五指峰林场	省国营林场协会

第三节　因公殉职人员

骆耀峰,男,双桥林业管理所所长。1997 年 12 月 9 日在单位上班时,突发疾病,经双桥、衙前医院抢救无效死亡,时年 34 岁。经县人事劳动部门认定为因工死亡。

叶盛生,男,县林业稽查大队队员。2001 年 2 月 9 日晚在大队值通宵夜班。次日下班回家途中(105 国道云岗段)发生车祸,不幸死亡,时年 39 岁。经县人事劳动部门认定为因工死亡。

朱小兰,男,大坑采育林场护林员。2006 年 9 月 11 日上午在山上巡护时,天气炎热发生中暑,不幸死亡,时年 48 岁。经县人事劳动部门认定为因工死亡。

第十二章 林业习俗

在长期的日常生活、生产劳动和社会交往中，广大林农和林业工作者逐渐形成一些独特的、不成文的行为习惯和规矩，即林业习俗。不同的人文地理，习俗也不尽相同，正所谓“十里不同风，百里不同俗”。旧时，人们缺乏科学认识，对许多难以解答的事物，则认为是神鬼作祟；出于对大自然的敬畏和林业作业危险性的恐惧，人们又虔诚地祈求神灵保佑。于是，信神鬼、重祭祀便相衍成俗，并成为习俗的重要部分。同时，劳动人民不断创造和总结出来的许多宝贵经验和做法，积极地推动着林业的不断发展。

第一节　生活习俗

节日习俗

植树节　远久以来，县人就有在“清明”前后植树的习惯。1915 年，国民政府颁令以每年“清明节”为植树节。1928 年 4 月，国民政府又通令全国将孙中山先生逝世纪念日(3 月 12 日)定为植树节。后又将 3 月 9 ~ 15 日定为全国造林运动宣传周。植树节这天，单位工作人员和学校师生会开展植树活动。1946 年 3 月 12 日，上午 8 时，县在中山台广场举行植树纪念大会。会后，县参议会、农业推广站等县直机关人员自带工具参加环城植树造林活动，种植苦楝、油桐、柏、松等。新中国成立后，党中央和人民政府高度重视发展林业生产，1979 年 2 月，第 5 届全国人大常委会第 6 次会议决定，每年 3 月 12 日为植树节。

鸟节　农历二月初二为鸟节。各地以不同形式进行纪念。汤湖、高坪林区老表把米粿揉成姆指般大的圆形颗粒，一个个插在竹枝上，趁天未亮把竹枝插到园地里，任鸟儿去啄食。说这天鸟贪吃，糊住嘴(受到惩罚)，待庄稼果实成熟后，就不敢乱吃，不再糟蹋粮食。

1982 年，省政府决定每年的 4 月 1 ~ 7 日为“爱鸟周”。此后，在爱鸟周期间，县林业部门举行各种爱鸟活动。通过广播、电视等媒体，出动宣传车宣传爱鸟护鸟的意义；在营盘圩、戴家埔、高坪、汤湖等候鸟通道区的圩市、道口等醒目的地方张贴标语；加强集市巡查，对市场非法交易、运输鸟类的行为进行处罚。

花朝节　农历二月十五为百花生日，称为“花朝节”，人们喜爱在这天开展花事活动。民间有为庭园花木挂红着绿的习俗，即用红布条系于花枝上，以示庆祝百花诞辰，祈求繁荣。一些爱热闹的少女会在这天焚香敬祀花神，祈求花神赐以美貌和幸福。女孩还爱在这天穿耳垂眼，以吊耳环。俗传择此日娶亲嫁女，大吉大利，不犯冲煞。

惊蛰　蛇咬、蜂蜇、虫害威胁林区老表的生产和生活。人们为避这些灾难，惊蛰这天会把米馃做成蛇头形状(意为蛇)，放入灶膛阴火煨食，称之为“煨蛇头”。认为这样就不会遭蛇咬。还将米粿切成细短状(意为黄蜂)入锅油煎，叫“煎毛蜂”。有的用米糊拌上葱蔸、韭菜、菜叶做成薄饼(意为蜂窝)入锅烙，边烙边念道：“烙死毛蜂，扯死毛蜂”，叫“烙毛蜂窝”。俗信这样一年可不受蜂蜇。还有,将各可食林(农)果种子,如茶种、豆种等入锅爆炒,叫“炒害虫”。认为这样作物可不受虫害。这些有趣又有吃的活动,小孩最喜欢,围着灶膛团团转,好不热闹。另外,这天家家户户都要用香烛纸钱、肉、豆腐等祭物在田头地角敬神,祈求神灵护佑一年丰顺。此俗林区仍有沿袭。

饮食习俗

竹筒饭 取当年嫩竹一筒(节),削去青皮(青皮不透气,不易煮熟),在一侧中央锯凿一开口,盛入适量米、水。盖口要适中,过大会减少容量,过小会用食不方便。然后仍用原锯凿开的竹块盖上捆紧,入锅煮熟。食时,开盖即可,不需另用碗盛。竹筒可反复使用。竹筒饭有一种独特的嫩竹清香,令人胃口大开。即使夏日存放一两天清竹之香不变,饭也不馊。竹筒饭做法多样,还有的将竹筒一头节巴中央捅穿一姆指般粗大的圆孔,加好米、水,用木塞塞封筒口,入锅煮熟。食用时,因孔口太小,饭倒不出,须劈开一小半才可。由于这种竹筒饭开口小,密封好,煮出的饭,竹味清香更浓。还有另一做法,不用锅煮,更适合于深山伐木、野外打猎等生产活动。取2尺来长的当年竹(不去青皮),按前所述第二种方法捅节开孔,加好米、水,封紧口。然后在坡地挖深约六七寸的椭圆形小坑,将竹筒放入,埋上一层薄土(只埋盛有米和水的那一些,另一头外露),点燃干柴(火不宜过大),当烧至筒口不断冒气时,转动竹筒,让另一面继续受炭火烤烧。如此慢慢烤至竹筒外表略呈焦黑色,筒口不再冒气时,说明已水干饭熟,即可取出。待稍凉后,开筒取食。这种竹筒饭除具鲜竹清香外,还有烧烤焦香味合成的特殊饭香。如果加进山鸡等野味合煮,味道更妙不可言。

荷包席饭 用席草编织成约宽四五寸、长六七寸的敞口荷包袋状。内装米后束口,放入锅中用水煮。熟后,解开束口即食,不需另用碗盛。若只身进山作业,中午在外用餐,只需带上一只席袋和一餐量的米,放在作业附近的人家,求之予以方便。人家煮饭时就会顺带放入甑下煮熟。这样,既方便省事,饭又可口。林区民风淳朴,不管相识与否,都会予以帮助。

竹筒菜 制作原料:芥菜(俗称丰菜、青菜)、竹筒。在芥菜拔节时,择晴天连蔸斫下,剔去“菜蔸”(菜脑)和过老的皮子叶,置太阳下烤晒,在太阳落山前收回(在外过夜易返青)。烤晒时间以菜叶用手搓揉不断时为宜。晒好后,将菜叶放在门板上,洗净双脚,用脚反复揉搓,将未晒干的水分搓出,由生叶搓至半熟状。再将菜叶破茎撕成条状,用叶条捆成一绺绺小把,放在磨篮或门板上,用东西压住,使其不蓬散。不可堆放成坨,以免发酵变味。置一夜后,第二天抖晾在竹竿上晒至八成干左右收回。要掌握好晾晒时间,过干,没有菜鲜味;过湿,易变酸。晒后再合成一绺绺小把,团成小盘。一盘盘压入竹筒,越严实越好。在竹筒上端留些空间,结一小环稻草塞紧,用松散黄泥封好口,制作工序即完成。

竹筒的取用,视菜多少而定,一般取围径七八寸毛竹为好,锯成2~3尺长,小头留节作筒底,其余竹节铲去。竹筒装好菜后,置阴凉干燥处保存。为防止菜叶酵水溢流地面,可取些炉灰放在竹筒周围吸水。过一两个月后就可取食。一般一绺可炒一盘。随食随取。开筒后,为防“走风”(空气渗入)霉变酸臭,用稻草结环填满后,倒置于盛水的器皿中(菜不可浸到水),使空气不得进入,保管好可贮存数月不坏。

竹筒菜清香醇美，细嫩上口。酷热夏暑用此泡汤，健胃消食。焖肉比菜干尤胜一筹。另外，竹筒菜采制时期，正是蔬菜“春荒”将临，填补了蔬菜淡季不足。县境横岭、衙前、双桥、新江、五斗江一带林区，家家户户都精于制作竹筒菜。

笼槽米馃　是山区老俵春节待客的主要点心，和走亲访友常备的礼物。西部山区的高坪、汤湖、左安、扬芬、黄坑等地，每到年末，农家都要做上几笼笼槽米馃，多的七八笼，少的一两笼。尤以高坪的加工历史悠久，做工地道，加工量大而闻名。

用料：俗称“一斗米，一斗灰，五股(根)黄藤，一摞箬叶，四两茶油加在内，笼槽米馃料配齐”。即1笼米馃，需糯米8升、黏米2升(合1斗)，茶油4两(加工时不粘手，增加米馃光泽)；另箬叶约50片(垫笼底)，黄泥藤数根(作色用)及用茶麸、黄豆秆、糯米秆等烧成的灰(制碱水用)共1斗。

加工：将糯、黏米和匀后，下水浸泡12小时左右，用箩筐或簸箕滤起，用水反复浇洗，直至滤出清水，晾干碾成粉，过细筛，越细越好。把烧好的灰盛于箩内，置木架上，架下放一木盆，用热(开)水反复淋浇灰箩(反复用盆内水淋)，直至滤出茶褐色碱水时，用布袋(纱布)过滤碱水，再入锅熬至黄黑色。之后，用碱水与米粉充分搅拌，加入少许茶油，用力搓揉成团，揉得越韧实越好。米馃揉好后，放入铺好箬叶的笼槽，压实压平。入锅蒸2~4小时，时间以笼槽层数多少而定，层数越多，时间越久。蒸时，中途不可熄火，否则，会严重影响米馃的口感。

食用：起锅冷却变硬后(约24小时)，将整只米馃从笼槽取出，切成所需小块(一般四五寸见方)。食法多样，喜甜的，将米馃切成条或片，蒸软，撒上些许糖；喜香的，将米馃切成片，配以香料油炒；喜香又喜甜的，将米馃切成条块，入油锅煎熟后，再撒上些糖；还有汤煮的。无论蒸炒煎煮，样样可口。

保存：为防干裂、馊变，将米粿浸泡于碱水盆内，约1个月换水(灰水)1次，可保存2~3个月不变质。

酿豆腐　是客家菜的代表。用山泉水和山区当地产的豆子加工出来的豆腐格外嫩滑爽口，是制作酿豆腐的上好材料。1盆酿豆腐所需材料：豆腐2斤，猪五花腩肉4两，韭菜5两或葱苑2两。配料：生粉1汤匙，酱油2汤匙，其他胡椒末、盐、味精、冬酒等。做法：将五花腩肉剁碎，韭菜或葱苑切碎，拌以胡椒末、盐、味精、冬酒等佐料做成馅子。将豆腐切成或长方形或三角形或正方形状(若长方形，一块约长2寸，厚约七八分)。把豆腐拿在手上，在豆腐的侧面用筷子划开一小口，塞入馅子，抹上芡粉或鸡蛋清封口。这个过程就称之为“酿”豆腐。将酿好的豆腐，入油锅用中(文)火煎炸成金黄色。再或煮或蒸后勾上薄芡上盘即可。经过这样加工后的酿豆腐，色泽金黄，香气四溢，鲜美爽口。传说，客家人远祖居住北方，南迁后仍有逢年过节包饺子的习俗。但南方面粉少，只好用豆腐取代。酿豆腐是客家特出名的吉祥菜，用以代替饺子表示“招财进宝”(饺子形象金元宝)。每年除夕团年饭定要吃酿豆腐。后来逢过节或招待亲友也多制作酿豆腐。

娱乐习俗

讲古　昔时，文化、娱乐生活单调贫乏，讲古则是林区作业工人和当地老表消闲排遣的主要方式之一。一有空闲，大家就聚在一起。天热，在工棚外或家门口聚坐乘凉，天冷，围着篝火团坐。是时，大家讲故事，说笑话或猜谜语等，这统称“讲古”。讲“传”是讲古中的重要内容。在作业人群中，若某人有文化，看的古典书籍多，记忆力好，又擅长讲说，这样的“讲传”之人，是最受欢迎的。人们最爱听的是“薛仁贵征东”、“薛丁山征西”、“五虎平南”、“罗通扫北”、“杨家将”、“三国演义”、“水浒传”等一类古传。还有的则是讲一些神话鬼怪荒诞无稽之类的事，这不需要什么文化，远古的、现在的，东拉西扯，东凑西拼，随心所欲，只要能逗得人开心就有水平。另外，讲得更多的还是笑话，如某某做的蠢事、傻事、风流事等。

香火龙 俗称“火龙灯”、“草龙”。“龙灯进屋，买田买土又做屋”。县人喜欢春节舞龙，认为能带来一年好运。由于场地所限，山区少舞布龙而多舞“香火龙”。高坪、大汾的香火龙是县内出了名的。香火龙制作较简单，用稻草、青藤扎成 5 节“龙身”。周身插上香火。舞龙，在春节前就要做好各种准备。大年初一起灯。先派 1 人提着灯笼走村串户散“龙灯贴”。天一黑，各家各户就备好香烛鞭炮，准备接灯。是时，灯队先由 2 ~ 4 人打着灯笼到接灯人家登堂贺喜。接着，在锣鼓的配合下，花篮、走马灯、狮子等排成长队，款款而来，先在房前坪中不停奔跑，之后进入大厅耍舞。春节舞龙，一定要绕柱(龙攀柱象征兴旺发达)，不管人家厅堂多大，有多少根柱子，一定要根根绕到。否则，主人家会不高兴。绕完柱后，再从厅堂出来到房前坪上狂舞一番，而后又回到大厅重舞一阵。如此再三，才龙尾在前，龙头面朝大厅在后慢慢退出。舞毕，主人准会虔诚地递上一个红包，端出茶(酒)、点心热情招待。如果村里有人乔迁新居，则舞龙一定要从他家开始。届时新居主人会格外高兴，准备酒饭款待，并送上一个大红包。一天最后舞龙的那户，俗称“圆灯”之家，客家人忌之，因“圆灯”有“熄灯”(死丁)之嫌，所以大家都怕排在最后。为解决这一矛盾，在舞完最后一家后，还要到野外空旷地再舞一番，然后熄灯回家，明晚再舞。正月十五为“辞灯日”。舞完最后一家后，再到社坛舞最后一趟，以示谢神。然后在河边把灯笼烧掉，大家默默无语，不回头径直回家。香火龙除春节舞外，平时若农田发现虫害，也会舞龙，祈保除虫灭害，人畜平安。那时，会看到飞蛾争相扑火、龙舞人跃的壮观场面。别看香火龙制作简单，其貌不扬，但若与布龙相遇，布龙还得让着香火龙呢。

礼仪习俗

洗面 林区老表好客，凡来客者，入厅稍坐片刻后，主人会端上一盆温热的水，递上毛巾、香皂，请客人洗面(脸)。客人洗时，主人站在一旁等待。待客人一洗完，主人就会上前接过毛巾，端走脸盆。洗完面后，摆上茶点佐料请客人入座吃茶。吃饭之前和吃饭后，主人又会请客人洗面。不论红白喜事，不管来客多少，均按长幼尊卑，一人一盆。做大好事时，有的会安排二三人，用上四五个面(脸)盆，用桶备水，侍候客人洗面。

客家茶俗 客家人热情好客，尤其是以茶待客。“过门都是客，客来必置茶”，即使是日日抬头相见的邻舍，只要一踏进家门，主人就会像待客一样敬上一杯热茶。外来者，不论相识与否，进门落座后，主人马上就会递来一杯热茶，并客气地说：“请食一杯茶。”客家人用的茶叶大多自产，好茶上市卖钱，粗茶自饮，但定会留下些上品用以待客。有一种特能代表客家文化的“擂茶”别有一番风味。此茶制作工艺特别：将茶叶、生姜、生米等和在一起，用水浸酥后，用擂钵擂成糊状，再加适量的盐制成“擂茶脚子”。饮用时，将“脚子”放在杯中调匀，然后用沸水冲泡。这时，阵阵清香沁人心脾，饮之，神提气爽，心旷神怡。根据客人的不同口味，分别加入芝麻、花生、绿豆、白糖等佐料。客家人饮茶，多用陶罐冲泡，使水保持高温。旧时无热水瓶，就制成木“暖筒”，用棉花、稻草、竹絮之类将陶罐包紧保温。

客家人以茶待客很有讲究。宾客来临，男主人陪坐，女主人奉茶。俗云：“茶泡浅、酒斟满。”泡茶时不宜太满。向客人敬茶，来客若一二人，一般用手端，若来客多，便用木盘托送，并按长幼尊卑顺序敬上。送茶，也颇讲规矩，用茶盘托茶时，茶碗应碗把朝客人。用手端茶时，不能捏住碗口而应一手托碗底，一手帮衬碗把向客人，双手递送。上完茶后，退时也不能反身就走，背对客人，而应侧身而退。

客家人以茶待客的最大特点是以佐料下茶。佐茶点心多种多样，其中颇具特色的，当数“浸坛”。“浸坛”即指用酒酿浸泡的食物，如浸坛辣椒、藠头、蒜苑、子姜、刀豆、寒脑、萝卜等。当一碟碟浸坛端上桌时，那醇香四溢、酸辣扑鼻的味感真让人垂涎欲滴。另有油煎的南瓜花、番薯片、豆子等，还有那炒南瓜子、葵花子、花生、米爆、玉米花，都不失为佐茶的上好佳品。点心的数量也颇讲究，一般为单碟，但也有逢双时，若老友相聚上2样点心，意为“两相好”。年轻人谈对象，必要6样或9样，意为“六六顺”、“久久长”。

客家人以茶待客，以茶会友，以茶交谊，敦厚、善良的美德在饮茶中尽情表现。若见谁遇上什么困难，或双方发生了什么纠葛，准会有热心人主动邀请，或入家或进茶肆，泡上一壶热气腾腾的好茶，摆上几碟可口佐料，把杯对饮，帮你出主意，想办法。几句热语相慰，几句好言相劝，什么忧愁烦闷、恩恩怨怨都随着腾腾茶气消散殆尽。在客家人中，许多男婚女嫁等大事多是在饮茶中成就的。

第二节　生产习俗

造林习俗

客家佃山造林　遂川盛产杉木，除当地气候温和、雨量充足，山地土壤深厚等优越的自然条件外，唐代以后，特别是明末清初，广东、福建等大批客家居民迁徙入县后的佃山造林，对杉木生产的发展起着积极的推带作用。使昔日多荒棘的山地，在客家人的辛勤劳作下，成为一片片青翠的杉林。以致出现“龙泉人因土庶日困，客家因佃林而益丰”的奇特现象。于此，清乾隆版《龙泉县志》中《泉邑物产说》有这样的叙述：“客有侨寄龙泉（遂川）欣然，惟（龙）泉多山竹箭材木之产。客知（龙）泉民之庶且富，而不知其凋之甚也。客愕然，诘曰有说乎？以泉山故多荒棘，康熙间，粤闽穷民知吾（龙）泉有山可种，渐与只身入境，求主佃山，约以栽插杉苗，俟成林时，得价而均之，山主宁不乐。从佃者倚山搭寮，以前五年为辟荒，则自种旱稻姜豆薯芋等物。后五年为熟土，始以杉苗插地滋长，未高仍可种植食物。如此，前后十年之内专利蓄余，彼已娶妻作室，隐厚其基。逮二十年后，售木受价或百或千。山主得之于意外，尝以耗靡竭之，佃家得之于辛勤，更以节俭饶之。于是，佃家日益饶，主家日益竭。”清邑令杜一鸿曾作《龙泉竹枝词》曰：“赁土开荒客籍繁，年年棚下长儿孙。辛勤满叶仓箱咏，闽广湖湘共一屯。”

栽风水树　为保护风水防邪避煞，乡人喜在房屋周围栽树。俗信房屋前面若地形空缺（风大），会出现家庭贫寒。房屋左边地形空缺，会对长房不利；右边空缺，会对小房不吉。为趋吉避忌，以栽树防之。多栽樟、楠、桂、棕、橘（柑）、竹等四季常青树。但少栽松、柏，认为这两种树为茔地专种树。有的把柏树叫"顶龙木"，说栽了会顶住脉气，破坏风水。俗话说"房前不栽桑，屋后不种柳"，因"桑"与"丧"谐音，故称门前桑为望门丧；因柳树无果，会人丁不旺。大厅前忌长高树，认为会遮旺气。房屋右边为"白虎头"上，也不宜长大树。"家有千棕，永世不穷"，棕树是房前屋后常栽树种。但栽种棕时也颇讲究，棕树不宜栽在大门正前，说是棕叶似剑，不利来风水。有的会在蔸部放一扁石头或瓦片，促使根系横生，更利吸收养分。有的还要跪着种，因为棕树长大后，每月剥一次棕，挨一刀，跪种表示还情。栽种毛竹时，有的自己不种，请人种，认为这样发（生长）得快。房前屋后不种芭蕉，说芭蕉会藏鬼隐怪。新中国成立后，诸多迷信的观念逐渐摒弃，为绿化美化环境，房前屋后栽树的种类越来越多。

炼山　炼山之前，要认真开好防火线。防火线的宽度视山地形势而定，若山势陡峭，又为山谷风口处，或采伐迹地杂灌多，防火线就要宽些。防火线宽度一般在 10～20 米之间，其内要清除杂草、灌木，铲见生土。

炼山，有烧"座山火"和"冲天火"之分，座山火也叫下山火，从山上往山下烧。冲天火也叫上山火，从山下往山上烧。大火燃烧时，空气急剧膨胀，火焰升腾，为安全起见，炼山多烧座山火。"座山火"燃烧速度较慢，火势平缓，炼山也较干净。"冲天火"大，燃烧速度快，不易控制火势，常烧"过面火"，底层烧不干净，影响炼山质量，也易越界。有时，为加快炼山速度，当座山火烧到半山腰以下时，会烧冲天火，两头向中烧。点火多在天亮时分，因为这时空气湿度大，无风，气温较低，利于控制火势和风向。作业时，防火线外要安排一定数量人员把守，防止山火越界发生火灾。

护林习俗

在林木管护中，县人素有封禁"后龙山"、"水口林"和护林防火等习俗。

封后龙山　旧时，不论建房还是建宗祠庙宇，都先要请风水先生用"罗盘"察山择址，讲究依山傍水，合"龙脉"走向。这所傍之山，就叫"后龙山"。后龙山除要选择绵延不断的山脉（昭示世代流长）外，还要树木葱茏。俗称"山有林犹龙有鳞"，有林方能聚气，子孙繁衍，家业兴旺。于此，封禁育林、植树绿化就成了保护后龙山铁打的规矩。所以，有的从建造甚至立基之前就有意识地开始种树绿化和禁封育林。县内枚江石牌等地仍保留着大片茂盛的后龙山林。

封水口林　"水口"即风水之口。旧时，把来风水的地方叫"水头"，出风水的地方叫"水口"。"水头"地形要宽大，风水才来源广，"水口"要窄小，风水才留存得住。一般把村庄、房屋出路窄口看做"水口"。水口多有溪河。为"锁住风水"，乡人会在此栽上成片树木。水口林多栽常绿树，如樟、柏、木荷、楠等。为方便行人休憩，在水口林常建筑凉亭。水口林实行封禁，任何人不得入内砍伐。经过长期的种树和封禁育林，许多茂密的水口林与溪流、房屋、凉亭融为一体。大坑兰蓬村的水口林达二三十亩，楠、柏、樟等树葱郁茂盛。新江石坑的水口林经过 300 余年来的绿化、封山管护，有约 50 亩 95% 的楠木，四季常青，生机盎然。为祈求神灵保佑一方平安和保护水口林，在水口处多设社坛神位，每年农历六月初六还要摆祭。旧时，如要在水口动斧伐木，务必经过族人会议通过方可。若外族人误入水口砍树，不论大小多少，准会引起一场不小的纠纷甚至械斗。解放后，尽管破除迷信，但保护水口林的习俗至今犹存。

护林防火　旧时，在主要林区，民间都有护林防火组织，如“禁山会”、“护林会”等。视情况，有一村独设，或几村联办，由办事公道、威信高的人主事。订立护林防火公约，常年专人巡山。发现山林失火，立即鸣锣告急，及时组织灭火。对故意纵火和过失失火者，给予严厉惩罚。视情节轻重罚法各异：有的，令其自己鸣锣游乡示众；有的，罚其杀猪摆席，请全村人喝酒吃饭；情节严重的，请吃要连办多日，直至吃得米谷全无；特别严重的，要罚其变卖田房家产赔偿，甚至送官府拘牢。新中国成立后，政府不隔时年发布公告，严防山林火灾。直至21世纪初，民间罚失火者请全村人看电影、看戏的做法还很普遍。

采伐

木材采伐，上崇下岖弄斧抡刀，苦累不说，稍不留神，轻则伤筋断骨，重则性命难保，所以这些劳作是相当讲究套俗的。

开山　第一天进山伐木叫“开山”或“开山门”。开山要看通书（日历）。多择注有“百事诸宜”等吉日，也有以“午”、“申”为吉日，因“午”属“马”，“申”属“猴”，意取马之快捷（办事吉顺），猴之灵气（办事方法灵活）。忌日，除通书注有“诸事不宜”等不吉之日外，还有忌“红砂日”的，俗称“四孟金鸡四仲蛇，四季丑日是红砂”，丑日为红砂凶日，故逢“丑”日忌开山。如遇大雾、风雨或开山日早上煮了夹生饭，虽已选定日期也得推迟另择。

开山须备香烛、纸钱、爆竹、啼鸡等祭物。在山口或作业山场祭祀山神（土地、坛官、石公等），有的还在伐地临时叠石为坛，奉为山神（俗称“请神”）进行祭拜、许愿。俗信，祭了神可保安宁，否则，辄直上山动斧，会得罪神灵，以致轻者办事不顺，重则生血光之灾。祭后，砍的第一根木称“开山木”。开山木多择地势平坦的山窝，取顺直、中等大的树木操作。砍开山木要格外谨慎，由技术全面的斧手一鼓作气砍下。木头只能顺向上倒，若出现横倒、倒不下或抽芯撕裂，定不是个好兆头，使大家心蒙阴影。有的砍开山树先剥1块皮，系上1根（块）红绳（布），暂不砍，待采伐结束时最后砍。砍完开山木后，大家径直上崇，从山顶向山窝砍伐。有的全部山场砍伐后，会留1根稍大的树不砍，叫“禁山木”。

采伐工序　为防止误伤，采伐分区间作业。伐木分工明确：1人“开路”，1人“剥头筒皮”，2人“扶斧”，1人“拉钩”。开路者，行动在先，斩开四周杂柴，便于操作。剥头筒皮者，在树蔸离土四五寸处剥开树皮露出树干，以利采伐操作和控制斧口。扶斧者，相对而立，沿同一斧口连续操作，树将倒时，停手招呼同伙躲避，并嘱拉钩者紧拉树干，控制倒向，随即放斧倒树。木材采伐后，暂不打枝，俗称“吊桍”。以利于木材体内水分通过枝桍蒸发，促其干燥。至木头晾晒干后，打桍再运出山场。

禁忌　伐木禁忌颇多。上山作业初期禁说话，大家缄口不语，只用手势、眼神意会作业。这时，偌大的山场，只听斧头响，不闻人语声。约过了一袋烟工夫（一个半小时许），领头者会发话道：“烧柴（吸烟）了，大家把铁子（斧头）放好。”这时大家才可说话。山场作业，不得高声嚷叫和直呼同伙姓名，不谈虎蛇等凶物。不使用诸如“死”、“倒”、“绝”、“打”、“断”等不吉利的词语，若说也用代语，如：“抽烟”叫“起雾”，因伐木忌言“抽”（抽芯断裂）；“斧头”叫“铁子”，因“斧”与“虎”谐音，虎为凶物；“饭勺”叫“盛勺”，“饭”与“患”谐音，“患”即“难”；“打霜”叫“落白”，因“霜”与“伤”谐音。还有女人不准入山场，不许在坛官等神位地方大小便。若犯了忌,会受到同伙怨恨和指责,真出了事,便会成为大家唾骂的罪人。

采伐的禁言代语因地而异,丰富而又多趣。生活代语有:做饭——牙麦,吃饭——点麦,烟——黄叶子,盐——海石子,茶油——慢脑子,饭勺——满姨子,筷子——船篙子、竹篙、条子,锅——乌缸子,鸭——欢喜子,猪肉——毛瓜子,人——狗,手——姜爪子,脚——齐柱子,鞋——码子,洗脸——开光,等。生产代语有:柴刀——弓背子,斧头——扁嘴子,钉公——铃子,撑棍——老脚,撬棍——宝棍,锄头——灰钩子,锯子——石牙子,打钩——挽子,剥树皮——脱壳子,倒木头——拜山,打枝桠——辞毛子、摘叶子,清蔸——打胡子,路滑——路宜,下山——下造,收工——打牛,等。其他代语有:蛇——软藤子、龙,马蜂——乌蝇,藤——牵丝子,等。

采伐中最怕出现"吊死鬼"和"观音坐莲"两种险情。"吊死鬼",即大径树上残存的干枯树枝,平时不吊(掉),砍伐时受震突然断裂,猝不及防掉在采伐人身上造成伤亡。"观音坐莲",即采伐大径木材时,伐断后不倒,顺势滑坐树蔸基部不动,但受风力、树冠重心影响,又有随时不定向倒下伤人的危险。此时,采伐者禁忌随意走动,得由有经验的人临机处置。

谢神　伐后离开山场,要祭谢山神。但一般不如开山隆重。若采伐山场面积大,伐木多又顺利,祭品也很丰富。开山时对神许了愿,还不要忘了还愿。

解放后,随着科学的进步,采伐习俗保留了有科学价值的操作技术,迷信落后的东西渐废。

肩运

俗称"驮木头",驮即扛。人力肩运是最原始的木材运输方法。开山、集材、架桥修路、堆仓是木材肩运的4个主要环节。

开山　第一天进山运材称"开山"。开山要择吉日,敬祀山神,祈求平安。运材开山以敬坛官为主。

集材　将山场所伐木材打枝后,利用土滑道集材到山脚下。

架桥修路　从山脚到肩运终点,把所经道路杂草荆棘修斩清除。杉木一般为条木整根运出,只有在运输十分困难时才截成短筒。条木长,山场大多陡峭,运道多弯曲,铺路搭桥为肩运最耗时力的基础工作。桥路搭铺占用别人的山场田土,承运人事先要与业主协商,有损失照赔,还要办酒酬谢,俗称"桥路酒"。

堆仓　木材运至终点要先选好堆放仓图。仓图多利用近河的荒坡滩涂地,也有租用他人较平坦宽阔的田土。地址选择上既要便利下河扎排,又要利于防洪保安,宜高不宜低。仓图租赁,看是否造成损失而定,有损失照赔,无损失或损失不大,一般设宴答谢即可,名曰"仓图酒"。

肩运方法　木材肩运,小木1人扛1根,稍大的2人合抬,径级过大的采用"扎角子"方法,即在木材上扎上横担,2人1对(也叫1对角子)。大径材要数对角子合运。第一次运材,宜小不宜大,力求不出事故,图个"开门顺"。

肩运计酬　长期以来均按"一里三肩,平步三百,上七下八,日行六十肩"计算方法来计付木材码两工资:即1华里路息肩3次;1肩路程,平路定额300步;上坡路7折算210

步为300步,下坡路8折算240步为300步;1天路程计60肩路(共18000步,计20华里)。这种古老原始的计算方法一直沿用至新中国成立后。

包山结脚　木材承运要签约,须遵守"包山结脚,如期下山"的规则。承运人要在规定时间内把山场所有伐木全部运至终点,不遗弃浪费。

排运

分小溪、小河和大河(江)排运3种。

小溪排运　一般指泉江河(遂川江)、蜀江河上游支流的木排溪运。溪运水流较小,水面窄,弯道多,运程短,排运量少。小溪排运多撑"蓑衣排",即用杂木棍、扎篾,把木头梢部绞紧,蔸部散开。因季节、水量、具体溪流而定,有1人1抖排(1~2立方米),1人多抖排。筑堰放运,俗称"放堰水",是小溪排运常用的方法,即在一定滩位用木板、杉皮棍、木桩、木棍等构建临时简易拦水坝,当蓄到一定水位时,逐渐放开缺口,木排顺流而下。

小河排运　具体分泉江河、蜀江河排运。泉江河上游的左溪河经高坪、汤湖、左安、南江、草林至县城。因河床条件差,要在汤湖以下才能扎小排放运,以上则只能单根流放。右溪河具体分4段:从戴家埔经七岭、滁洲至热水洲可2人放1串5抖小水排(7~10立方米);至热水洲后,因河道险恶,过朱砂冲(滁洲)需斩排单根漂流过冲;到湖榕洲再重新扎小水排过牛口冲抵达上七(下七乡)码头;排至上七后,再次改扎成"抖子排"扩大运量(每排30~40立方米),沿堆子前、大坑、盆珠运至县城。

蜀水河上游的左江水源充沛,从黄坳经五斗江、衙前至双桥江子口,3~10月均可放排;右江从车坳经新江、衙前塅尾、士高至双桥的江子口,因水源小,河床窄,排型较小。8月后就缺水不能放排。蜀水2江所扎木排统称"行排",花色品种有"三抖"、"四抖"、"花梢"、"打板"、"乱庄"等。

小河排运时间,新中国成立前不受时限,只要有水就可放排。1958年成立人民公社后,大抓农业生产,为解决农田灌溉,沿河建立大量筒车陂和水泵站。江河有水适合放排期又正是农田灌溉期,林业与农业争水争劳力矛盾十分突出。林业为让位于农业,木材不能及时流放,沿河木材堆积如山,若遇山洪暴发,木头则随波逐流,造成难以挽回的巨大损失。为改变这种状况,林业部门调整木材生产流程,做到"秋砍冬运,春季流放",农闲时组织劳力采运木竹,尽可能在农业用水前流放木排。

大河(江)排运　遂川丰富的木材除少部分自用外,大部分通过排运销往吉安、南昌、九江、芜湖、南京棉花堤等市场。泉江河木材运至万安罗塘集中改扎大排入赣江。蜀江河木材至泰和马市仙桥地区设厢口改扎大排入赣江。绞扎木排,是件专业性很强的技术活。既要扎得牢,经得起浪打礁撞,还要扎得有看相,会装底盖面,把短、丑、小材藏于排底,长、好、大材盖在面上。排型规格因季节、河道而定。初入赣江的排,春江水,一帮排4线16抖(每线4抖),抖长7丈2尺,宽2丈4尺,4~5层,总量300~400码两左右(秋季水枯200~300码两)。每帮排前有"招木"4皮(支),用于导航掌控方向;"猪尾"4座,用于停排靠岸吊基桩;篷排1座,用于食宿和存放物质;另有锚船1只,"梨木"(停排拴簟子用)若干。此外,4线16抖大排之间还要牵筋倒梁,把所有的排用簟子加固联成整体,以抗击洪水风浪。大江行排,得高薪聘请有经验的引水员(称大王公)指挥航运。大王公站排头,观天色,辨水路,指挥全排协调操作。

资金雄厚的大木商("三阳"、"长记"、"宏太"等木号),常购运大宗木材直销南京。运往南京的木排,须集中于永修吴城镇改扎更大的木排,常达七八层1500立方米以上。大排进入鄱阳湖,由于湖水不流,还要到南京招商局雇请铁壳大马力(120匹)拖轮拖过鄱阳湖出长江至南京。拖排时,"大王公"立于排头用击鼓形式指挥前面的拖轮,具体操作为"一左、二右、三向前",即点鼓一声,向左拖,二声向右拖,三声往前拖。

放排是极具危险的事。旧时河道处于天然,滩多弯急礁险,且不说排入大江大湖险象环生,仅泉江河右溪河段就有大将滩、白沙滩、大坑滩、西垅滩等12个急险处,泉江河入赣江有84滩。滩窄水急,排过如线穿针孔,稍有偏倚就排散人伤。曾流传山歌一首:"撑排阿哥站排头,十个看到九个愁。一来难下'鲤鱼石'(衙前沿桥),二来难过'龙回头'(双桥湾洲)。清早上排是好汉,晚上可能有(已死亡)阿哥。"这就是撑排人作业危险的真实写照。

"行排走水七分险"。慑于对自然界(鬼神)的敬畏,排运有诸多行规。第一天扎排要办"起枕酒",用三牲纸烛爆竹叩敬天地河神。开排启运必须选吉日良辰,办"启排酒",举行隆重的启排仪式,在岸边烧香鸣爆杀鸡,将鸡血洒于河中,祈求河神保佑一帆风顺。木排到达目的地后还要加餐,叫"靠岸酒"。上午出排,忌问当日行程,去哪里,在何处靠岸,排上忌高呼大喊(会招风惹怪)。说话禁忌更是特多,如"雨伞"要叫"遮子",因"伞"与"散"谐音,放排特忌"散"(排);食油叫"溜子",因"油""游"谐音,"油"即"游"(散排);"筷子"叫"竹篙",放排忌快,快易出事;"调羹"叫"脚划子",因"羹"与"梗"谐音,排忌窜梗搁浅。木排搁浅叫"打王年"。行排中,若遇有别的排"打王年",须靠岸停排,全力协同帮助把排搞活后,再一起前行。还有排上闲歇时不下象棋,因走棋有"推磨"、"将死"不吉棋语。鞋子不倒放,汤匙要仰放,碗不能翻搁,饭甑放好后不能移动,盛饭要从边上掏起,不能中间"开花",饭要平盛,不能过满等。

从遂川放排到南京,最令人心惊胆战的是修水的鞋山和彭泽的鼋头将军庙处的江面。排入鞋山,如天气晴好,则波澜不惊,排顺人安。若西北风一刮,成群的江猪(江豚)、白鳍、元鼋便会老远就从深水中潜出,向木排游袭。这些水中凶物,凭着它们那犀利的牙齿、庞大的身躯和群体的攻击,一咬、一拱、一撞,再粗的簟子,绞扎再结实的木排,折腾几下就得散架。人们一见江猪、白鳍、元鼋游来,就措手不及把早已准备好的鸡鸭、大米抛倒江中,乘它们尽情享受时脱离险境。

相传,江猪、白鳍原是父女二人变的。明末清初年间,江苏南通一叫李良玉的生意人,年近40,为避战乱,举家出走。逃至湖口时已全家冲散,后虽陆续团聚,却走失爱女珍珍。战乱平息,李回南通后,生意渐渐兴隆,又添龙凤(子女),生活过得富安。但丢失女儿的疚痛却无时不在折磨着他。转眼八九年过去,李再回湖口,想找回女儿了却夙愿。可辗转日久,也寻无踪影。一日傍晚,李郁闷难解,趟进酒肆消愁,几杯下肚后,竟入了青楼。醒后,见一姝丽立于床侧,认真端摩,似曾相识,细细问来,竟是踏破铁鞋苦苦寻觅的亲生女儿。珍珍哭泣着把自己走散后,被人拐骗进花柳房为妓,饱受凌辱的苦难经历诉与父听。父女难后竟如此重逢,顿觉无颜面世,便先后跳江自尽。上天为惩罚这两个冤孽,把父亲变成江猪,女儿变成白鳍。此后,人若见了江猪、白鳍便认为十分晦气。至于倒米、抛鸡的由来,一老排工解释道:刮风起浪时,江猪、白鳍从深水中潜出水面透气,那本是十分正常的自然现象。但那时,排在凶涛恶浪中起伏,人站在排上犹立鬼门关头,乍一见江猪、白鳍近排,以为是来添乱作恶。难以承受恐惧的排工,就只好立即投以美食以求脱身。久而久之,它们就真的被人宠惯了。后来江猪、白鳍一见到排,就一哄游来,这时若不敬(进)贡,就真会大祸临头。

排入彭泽水面,有一江水湍急涡流回旋处,稍不慎排就被旋入。为祈求平安,人们在附近山头建庙塑神,以求神避难。因所塑之神为鼋头人身,故称鼋头将军神,庙称鼋头将军神庙。行排老远望到将军庙,就持香叩头礼拜不迭,求神显灵保佑平安通过。

旧时,人们崇尚神灵,畏惧鬼祟。发生排难,则认为是溺死鬼所为或得罪神灵。在出事的地方请巫人"杠童"(驱鬼法事),拜神降鬼。新中国成立前,由于水道艰险,不管人们怎样虔诚求神拜佛,排运技术如何娴熟,排难还是时有发生。清《龙泉县志》载:"唐天祐四年(907),县四十五里田舍(今草林楠木村),龚氏七兄弟办上供枋木,水运途中坠水而殁,均葬石龙双溪之口。"

打篢子

篢子,即篾缆,状若电缆,是过去在没有钢丝绳的条件下,广泛用于排运的重要生产辅助工具。

篢子,取4年以上生的新鲜毛竹加工而成。竹龄要适中,嫩竹纤维少,老竹纤维老化,均少韧性。打篢子要经过剖竹、剖篾、编织、腌渍4道主要工序。

剖竹 先建厂棚。厂棚行话叫"龙下",长约18米,宽6米,中央设一破竹的"龙架"。龙架的制作:用2根小毛竹呈"十"字形交加(高约1.2米,宽1.4米),扎实固定在左右2根木柱上。剖竹时,先在竹梢用刀呈"十"字对开,然后嵌入龙架"十"字位,用力推进将竹对开4片。

剖篾 根据篢子不同品种、规格要求,将竹片剖成所需厚度、宽度的篾片。篾长等同竹长,毛竹一般在八九米。篾有青篾、黄(瓤)篾之分,剥去表皮青篾的篾叫黄篾。青篾更结实,更具柔韧性。

编织 先建篢子架。篢子的编织在架上操作。架设在厂棚附近,高约12米。架若过低,编织时篾片会纠结不顺;过高,吊材料上架费力气。建架时,取6根约16厘米粗、12米以上长的杉条竖立,用木棍、篾条绞扎固定,搭成下略宽上窄四面呈梯形的木架。在离地面约9米高处,用厚木板铺搭建成操作平台,再用"头棚"遮盖架顶。编织时,将篾吊上,人站在平台上操作,编织好的部分垂吊于架下。篢子编织要先在地面起头,叫"打扣"(形若"Q"字)。篢子打好后,圈成卷,一卷叫"一杠"。再曝干水分。过去,在木材主要产区,都建有篢子架加工篢子。篢子编织为高空作业,具有一定危险性,为利安全,也有禁规。如上架前不能喝酒,情绪不好不能上架,上架后要精力集中,忌喧哗嬉笑和讲不吉利的话等。

品种规格根据不同排型、运量、河道等所需拉力,篢子有"三花"、"犁头"、"四花"、"五花"、"六花草把"、"八花"等不同品种规格。编织时,"篢心"多用黄篾,有的为增加拉力也搭以少量青篾。花色称谓,是以每组的组合数量而定。如"四花",除篢心外,由12皮(片)青篾分4组组合,每组4皮,则叫"四花";每组由5皮组合叫"五花",照此类推。花色越多,篢子越大,篾片也越大。如"三花",篢心宽约1厘米,厚1.2毫米,编织的青篾宽约3毫米,厚0.7毫米;"四花",篾心,宽约2.5厘米,厚1.5毫米,青篾宽约4毫米,厚1.2毫米。长度,花色越多越长。犁头15丈,"四花"28丈,"五花"35丈,"六花"42丈。不同花色的簟子,作用各异:"三花"多用于起底扎排,"四花"以上用于吊排防洪。小河放排用"犁头",每排1根。小溪防洪和大河牵筋倒梁、车猪尾多用"四花"。"五花"、"六花"用于大江大河防洪保安。

腌渍 簟子打好后,必须经一定时间腌渍,才有柔韧性、牵拉力并能抗虫蛀。簟子的腌渍,先建簟子湖。湖多为圆形,一般约直径6米、深2米。为防渗漏,还需用"三砂"(石灰、黄泥、砂)混合体炼底固面。湖建好后,将曝干的簟子平整堆放于湖内,放水没过簟子面,将生石灰均匀撒在簟子上。根据簟子多少掌握石灰用量。腌渍时间,"花数"越多,时间越长,如"三花"要7天,"四花"要半月左右。时间过短,则达不到增韧抗蚀效果;过长,篾会渍成竹麻无拉力。簟子起湖后,要再次曝干才可使用或进仓。簟湖的石灰水可反复使用,为保持一定的浓度,每次腌渍时要添加一定量的石灰。簟湖要定期清洗,清除石灰碴,一般1年1~2次。

实验证明,1根"四花"簟子的拉力,不亚于1根直径1.5厘米的钢丝绳。在漫长排运历史中(直到20世纪80年代钢丝绳替代簟子以前),遂川每年数万立方米的木材,就是靠这些不起眼的簟子绞扎成排,出河入江外销。

木材交易习俗

主要有"盘青山"、"卖现庄"、木行代销、终点销售等方式。

盘青山 即资本雄厚的木号直接进入产材区购材的一种方法。具体形式有3种:一曰"估盘",即买卖双方对出售山场立木蓄积进行目测评估(不检尺),按双方协定数量作价付款。成交后,由买方组织采运;二曰"围青山",即对出售山场达标的立木逐根进行检尺围量,按围量数及协定价格付款。买方组织采运。检量方法是,以检尺人的举手高度为检尺径(俗称"举手攀")除皮2寸计(如1.8尺算1.6尺);三曰"盘山检尺",即由山主自行采伐,在山场架图排晒后交买方检尺,按检尺量计价付款。检尺有一不成文的规矩叫"开山尺",即检尺员有3根压尺权(以大报小)。在木材交易中,围量(检尺)手的地位很高,会受到山主(卖方)格外热心招待,生怕怠慢而受到"压尺"。坐席时,围量手为一席、记码二席、打印码坐下(前)席。鱼为山区珍肴,开席时,要先请一席围量手吃鱼头,以示尊敬,然后再开餐。

卖现庄 即林主自行采伐木材运至溪(河)边,由买主选购,付钱运走。这多系资本不太多的平水客(小贩)所为。

木行代销 右溪河的虎潭陂、泰和县的马市镇设有多家木行代客买卖,充当交易双方的经纪人。货主将木材交付给木行后,交代底盘售价,由木行保管代销。售后,木行按买方2%,卖方6%的行规收取佣金。如果木行售价高于货主规定的底价,高出部分按7:3由木行与货主分成。

检量 方法多样:可在木材价格协定后,逐根检尺。也可由货主提供随行原始码单,由买方择其一二抽检,如检尺结果只有原始码单数量的95%,那么结算时均按95%结算,照此类推。若买方要急于运走,买主凭经验察看后,认为原始码单与实际数量无多大差异,则不逐根检尺,也不抽检,均按码单的98%结算,这种结算方法称为"九八滩规"。木材销售,由于要抢行情,抓商机,另外,交易双方多为熟客,讲诚信,评估数量出入不大,又免去检尺烦琐,所以多按“九八滩规”结算。“九八滩规”以致成为木材交易中长期以来普遍使用的一种材积计量结算方法。

密码代价　南京的上新河、棉花堤是江南较大的木材交易市场,市场行情的变化,成为遂川乃至南方林区木材交易的晴雨表,各地木材收购价格的制订、成本的计算均以此为基准。较大的木商在那里都设有办事机构,以准确掌握和快速传递市场信息。为保守商业秘密,信息的传递采用密码代替。在实际操作中,密码不是单一固定,而是多样变化的。民国年间使用电报后,加快信息传递。电报传递,在遂川和泰和马市曾使用过以下2组密码:一组是用“由、申、人、工、大、王、主、井、羊、非”10个汉字来分别表示“1、2、3、4、5、6、7、8、9、10”这10个阿拉伯数字。因为在这组汉字中,每字的“出头数”均与所代表的数字相同。如南京来电说:“上新河木材价格为‘工’数头。”接报人就知木材每码两的销价为40元(“工”字4个出头)。第二组密码是用“丁、示、斗、盘、吾、真、皂、樊、究、皋”这10个汉字来分别表示1～10中每个具体阿拉伯数字。因为它们依次“藏有”一、二、三、四、五、六、七、八、九、十这10个汉字。如果南京来电说:棉花堤的价格为“皂”字,接报人就知道每码两销价为70元(“皂”字藏“七”)。密码传递价格信息的做法实用方便,一直使用到新中国成立初期。

摘木梓

木梓即油茶籽。上山采摘的第一天,称为“开山”,或叫“开禁”。木梓成熟后,按照“寒露”摘寒露籽,“霜降”摘霜降籽的俗规,由相邻的林主会商收摘日期,统一行动开山收摘。上山后,各自先从分界处摘起。收摘期间,外人不得擅自进入茶林,有些地方还规定不得留宿亲友,故有“寒露连霜降,亲友断来往”之说。要待山主收摘完后,才允许亲友来往和其他人进山捡木梓。收摘期间有专人巡山,如发现偷盗者则鸣锣喊捉,捉到后,视情节轻重程度处以不同惩罚。巾石、禾源等重点产区还设有“茶会”管理茶山。在各地订立的“乡约”中,对摘、捡木梓的时间和对乱时、乱山的处罚都有明确的规定。清嘉庆年间左安乡“禁碑”上刻的“十禁”中就有“禁捡木梓,务俟霜降后方许入山捡漏”、“若有违纪,通乡鸣锣公罚”的禁规。木梓收摘季节性强,多雇工或请人帮忙。木梓收摘完后,东家要煎番薯或薯包米馃,杀鸭宰鸡,磨豆腐办“下山”(酒)招待雇工。俗信,吃了“下山酒”,明年的木梓会更丰硕。新中国成立后,县人民政府每年适时发布公告,做好木梓收摘管理工作。人民公社集体劳动时期,在木梓收摘完后,生产队还会办“下山酒”,让社员美美吃上一顿。

制茶

采摘　茶叶在春、夏、秋各采1次。春茶叫“头茶”,夏茶叫“二茶”,秋茶叫“禾花茶”(山区一季稻禾苗扬花时采摘)。秋茶产量低,有的茶农不采摘,任其生发以求来年春茶丰产。茶叶采摘,春茶一般在4月上旬始,夏、秋茶则多在6～11月。一年可采摘4～5次。茶叶采摘,要做到细嫩、纯净、匀齐、新鲜。成茶的品质以春茶为佳,秋茶次之,夏茶又次之。

加工　茶叶因加工制作方法的不同,有绿茶(青茶)、红茶之分。县人多制(饮)绿茶。绿茶的制作一般要经过摊青、杀青、初揉、二青、复揉、整形、烘干等多道工序。

摊青　茶叶采摘后需及时摊开，晾干水分，防止茶叶变色。摊青时间，春茶一般为5～6小时，夏、秋茶为3～4小时。摊青厚度一般为3～5厘米。

杀青　利用高温破坏茶叶的活性，蒸发叶内水分，使叶子变软。杀青须遵循高温杀青（锅温一般在160～145℃）、先高后低、老叶嫩杀、嫩叶老杀、透闷结合的原则。直炒至叶质柔软，叶色暗绿，青草气味消失，散发出阵阵清香时，立即起锅摊晾。使其迅速降温，时间约控制在20～30分钟。待散发部分水分后，用竹筛除去碎茶粉末，以提高茶坯的纯度。

初揉　目的是破坏叶细胞，挤出茶汁。初揉讲究一定的手法和操作技术，一般是先团揉后推揉。揉捻必须掌握"轻—重—轻"的原则，揉搓至90%以上的叶子卷成条状，茶汁渗出时即可。

二青　即二次杀青，二青方法与一青相同，但锅温（炉温）较低，一般在135～100℃为宜。

复揉　复揉须使叶子条形紧凑，不易松散，茶汁渗出较多。

整形　又称提毫，是塑造茶条结构匀直、白毫显露、达到外形美观要求的一道关键工序。必须掌握好温度和方法，锅温在80～50℃左右，炒制用力不宜过重，边烘边揉。炒至茶条紧结圆浑，色泽鲜润，白毫显露为宜。

烘干　是最后的一道工序。使茶叶充分干燥，锅温控制在50℃以下，也可用竹笼、炭盆烘干，烘至手捏成粉状即可。

采药

遂川野生药材丰富。旧时，林区老表小伤小病多自采草药医治。县人素有农历五月初五端午节制"午时茶"习俗。人们会在这日正午时分上山采撷草药，俗信这时所采药材疗效更好。乡村郎中也在端午节日上山采集大量草药。端午节，家家户户会采艾叶、菖蒲熬水洗澡，以祛风避邪，强身健体。平日上山采药，讲究选单日清晨上路，路上最好不要碰到人。发现药材，要先迈左脚，向根部先挖3下。如上山即发现药材，便认为患者运气好，病会好得快。吊索爬崖采药时要念占语，祈求神灵保佑。

挖笋

冬季未出土面的笋谓冬笋，立春后出土的笋叫春笋。冬笋不出土，出土成春笋，约有近1/3的冬笋死在土内，称为下退笋或闷笋。春笋长大后即成毛竹，挖笋多在冬季。挖笋是一项既耗体力又颇讲技巧的劳动。懂技巧的人一天能挖到数四五十公斤，初学者也许难挖到三五只。挖笋的诀窍在于懂得区分当、背年之竹，辨认公、母之竹和找准笋的具体位置。

择当年竹　毛竹呈区域性有"当年"（大年）、"背年"（小年）之分。当年毛竹笋多，背年毛竹笋少。进山挖笋，首选当年毛竹寻挖。

选母竹　老表认为竹有公、母之分。母竹笋多，公竹笋少。所以需再辨竹的公母。其识别方法多样，如从毛竹下部往上看，若第一轮开枝为单枝是公竹，双枝为母竹。

找笋的具体位置　方法颇多：一看竹梢倒向。竹梢倒向哪里，笋也顺向生长，枝叶越浓密的方向，笋越多。二看表土。若在竹林地表土湿润、疏松、偶有隆起或已爆拆开裂的地面试挖，大多能找到笋。三看竹鞭。笋生长在竹鞭上，一般向山上（高处）长的竹鞭，吸收养分少，较瘦弱，长笋也少；向下（低洼）处和向左右两边延伸生长的竹鞭吸收营养好，鞭壮笋多。若挖开的竹鞭见有“长毛（裹有箬衣）”，表示竹龄较幼，则此鞭无笋；若竹鞭鲜活橙黄，则表示多有长笋。要选择“去鞭”（背向立竹而去的鞭）竹寻挖，老鞭笋少。若笋从竹鞭横向伸出，则此鞭生笋不多；若笋生长的方向与竹鞭平行，则生笋较多，甚至一“窝”可挖到几只。

砍竹麻

竹麻，即砍下的当年生嫩竹。竹麻为土纸生产原料。竹麻在小满后新枝完全舒展时日，就要及时砍伐。砍竹麻，不仅劳动强度大，更可怕的是作业危险。在长期的生产过程中，林农形成一套颇为讲究的习俗。

开山　每年的第一次（日）上山砍伐，叫做“开山”。开山，要择黄道吉日，清早，东家男丁长者持香秉烛，敬祀神灵，祈求平安。上路后少说为宜，路上碰到熟人少搭讪，更忌讲一些不吉利的话。第一个遇见的以男人为好。进山后，若遇坛官、石公等神位也少不了鞠躬敬拜。到了作业山场，要做的第一件事是敬神。选1根粗壮顺直的竹麻（作为山神），由头人手拿纸钱香烛朝竹麻叩拜，作占，保佑平安。然后在竹麻上刻上“开山大吉”、“开山平安”等字样。再用笋壳把香烛纸钱绑系在竹麻上，意取其“竹生笋，笋生竹，永续兴旺”，祈求来年竹麻更好之意。这根竹麻，日后也不砍掉，留作种竹。

砍伐　开山敬神后，大家分开作业，把属于自己山场的竹麻，按立竹密度，挑选粗壮通直的留作种竹外，其余伐下，集材到山脚下或路口边堆仓。根据腌渍竹麻湖的大小，先把竹麻砍成所需长度的短筒，然后剖筒，削成宽约2指去节的竹片，再绑打成捆，最后过秤记数（计算工资和放石灰腌渍计量）运走。在最后离开场地时，要留下3个竹麻筒不剖，俗称“山上余良”，意思是留下良好的竹麻种，明年的竹麻会长势良好。

上山劳作，伐竹、溜竹、剖削竹片，都极易发生工伤，讲究也更多，特别是遇到不干净的山场（有山鬼神怪、曾发生伤残死事故）。分开作业前，头人会再三告诫大家注意安全。凡木材采运的套俗，在此都必须遵守。

计量　自有一套方法：秤是自制的，秤杆取硬韧杂木，秤砣用石头敲打成（约有8磅热水瓶般大），计量虽不及专业制造准确，但也差不了多少。自制的秤外表虽略显粗糙，但经久耐用，摔碰几下也不碍事。

记数　为携带方便，就地取材，以竹麻代纸，用尖利小石块作笔，取1筒1~1.5米长、20~23厘米宽的竹麻片，上刻日期、姓名、数量等。数字也别样。用Ⅰ、Ⅱ、Ⅲ、X、δ、⊥、╧、 、$\frac{1}{X}$、十分别表示1、2、3、4、5、6、7、8、9、10；用卄、卅、X十、δ十、⊥十、╧十、≘十、$\frac{1}{X}$十分别表示20、30、40、50、60、70、80、90，用Ⅰ𝓁、Ⅱ𝓁……分别表示100、200……这种记法简洁，外人也难看懂。在刻写的地方再用石灰涂抹几下，字迹更显清晰，日晒雨淋也不易除去，别人想涂改也难，最大的好处还是方便实用。

解放后，随着人们观念的进步，砍竹麻的一些信神敬鬼之类迷信习俗渐被淘汰，一些注重安全和实用有益的做法仍传袭下来。

狩猎

遂川多崇山峻岭，旧时野兽出没平常。解放前，林区老表多备有铳硝，养有猎犬，农时忙农,闲时狩猎。新中国成立初期,仍兽害猖獗,时有野猪等凶兽伤人事件发生,严重影响人民群众的生命安全。为此,1955 年冬至次年春,全县开展一次大规模消灭兽害活动。组织兽灾严重的 20 个公社成立打猎队 153 个,参猎 1526 人。共猎获老虎 4 只、山牛 36 只、野猪 120 只,其他各种野兽 1298 只。

狩猎方法 传统有铳猎、射弩、放火爆、装地铳、挖地窖和绳索吊、药物毒、夹箍捕、地笼关等诸多方法。射弩,主要用来猎虎。弩包括弓、箭两部分。箭头上浸有草乌、斑蝥、鲁椒等提炼的剧毒液汁。猎手们根据虎行足迹及抓土的痕迹,凭经验推断虎的大小、雌雄、出入时间。在其必经的路上装好弩和放上虎(绊)线,当虎触动绊线启动弓上开关,毒箭随之射出。虎为大兽,难以当场射死。但虎受伤后,会常舔伤口,由此而毒死。放火爆,主要猎狐狸、豺狗等。用雄精(磺)、白磷调配成红硝,配以瓷峰等尖锐物,用麻布片缠裹成鸽蛋般大小,涂抹猪油等野兽喜吃食物,用小竹签插于其常出入之地,使其贪吃爆死。在众多狩猎方法中,铳猎是最常用的一种。铳猎,俗称"打铳"。铳,长约 1.5 米左右,内装黑硝,用红硝作引,有效射程 120 步许。若猎老虎、野猪等大野兽,铳内上"铅子"(铁条),若猎野兔等小野兽,铳内上铁砂子(铁粒子)。一杆好铳、一条好猎狗是猎手的重要家当。猎铳的打造和猎犬的训养都十分讲究。铳,行道人叫"神火",要请专门工匠铸造,成后工匠要祝占,如占曰"开铳一千斤,走东,打到东,走西,打到西"。猎人还要办"神火酒"及封红包酬谢匠师。新捉(忌叫"买")回的猎狗,不要急于进家门,先要到土地、山神牌位前礼敬。然后从大门左侧的"狗洞眼"顺进,猎狗进的洞要称"霸王门"。

狩猎套俗 狩猎是件极为凶险的事。旧时,狩猎极具神秘感和有诸多严格的套俗。出猎之日,头领要向祖先、猎神(陈老师尊)、山神祈祷保佑平安。出猎之前,不可议论打猎之事,特忌在厨房议论。有的地方还规定,上路要从厅门出,出厅门又要先跨左脚,路上不喧哗笑语,大家默默而行等。狩猎危险大,极少单个行动,大多结伴而行,少则三五人,多则数十人,其中必有一个经验丰富的老成长者为头领,指挥协调。狩猎分工明确,协作密切。有许多专业的称谓(行话)与技巧。大家跟着头领,扛着铳,带着猎狗赶至野兽出没的地方叫"进山";进山后,由熟悉野兽生活习惯的人去跟踪寻查叫"跟山";发现兽迹,猎人们分头把守野兽出入要道叫"蹲塘"(也叫"等塘");其余未安排蹲塘的则带猎狗搜山追捕叫"抄山"。抄山时敲锣打鼓,高声叫喊,把野兽赶出来。猎手们会根据野兽习性如"夏藏凉、冬藏暖,雪天多在竹地走,雨后多在庄稼边"、"大小野兽走原路,唯有狐狸满山游"等经验,选择有利地形和时机进行铳猎。看到猎物后,切忌各自为战,而是通过口哨声来告知同伙野兽的去向以协调行动。口哨为"出一、进二、上三、下四",即吹一下表示猎物出来,二下表示猎物进去,三下表示上山,四下表示下山。猎手们还总结出"上山打头,下山打脚,横过打脑壳"和"猪打头,虎打腰"、"打铳不低头,十有九铳浮"等狩猎要领。一位西溪老猎人总结经验说:"在野兽中,最凶恶和报复性最强的要数野猪,一铳未打死,它必会穷凶追咬你。若遇野猪追咬,快近身时,切不可惊慌失措,要及时把硝袋从肩胯解下,朝野猪甩去,野猪见到硝袋,闻到硝味,就会报复性地发泄撕咬,这时你就乘机逃命,或立即装铳将其击毙。我两次这样,一次上树逃命,一次补铳将其打死。"狩猎,放火爆、放药物毒、装地铳、设地笼、装夹箍捕时,要祷告猎神,并念占语,如"起眼望青天,师父在身边,左边左藏身,右边右藏身,藏得弟子不现形,拜上陈老师尊,急急如律令"等。

打到大野兽,如老虎、野牛等要祭谢山神开恩,由"头铳"领拜。虎为凶物,不论是生是死进村入户都视为凶象,所以猎死的老虎抬进村或上市都要用红布遮盖。外出狩猎,不必为食宿发愁,深山老林中到处有人留吃留住,狩猎除害颇受林区老表欢迎。狩猎若出现意外,小伤自负,大伤则同伙互相帮担,有猎物则从卖猎物收入开支。

猎物分配　首先命中猎物的称为"头铳";猎物未死,再补铳致死的叫"二铳"。开头铳危险性巨大,一铳未致命,定遭野兽报复。所以在猎物分配中头铳格外优先。猎物分配历来沿袭"(头铳)一腿三关(肋),(二铳)耳朵尽拔,(其余)见者有份"的俗规。即头铳可得1条前腿及前腿以下3根胸肋骨位置的部分,二铳可分得耳朵及耳朵"尽力拔"所及部分,剩下的包括已分配的头铳、二铳以及所有参猎的猎人、猎狗都均得1份。为方便辨认谁为头铳,猎手多会在自己猎铳的"铅条"上做上标记。

新中国成立后,由于狩猎活动频繁,到20世纪70年代野兽已罕见。80年代末,政府提倡保护野生动物,强行收缴猎枪。至21世纪初,野生动物数量得到较大恢复,出现野猪出入村庄践食庄稼甚至伤人的事件。为此,政府有计划地组织猎捕野猪。

捕夜鸟

县境西部的营盘圩、戴家埔、高坪、汤湖等地山区老表素有捕夜鸟的习惯。尤以营盘圩、高坪为最。营盘圩的打鸟岗、牛头坳、高圳、鸡笼寨、牛塘岽,高坪的洋河岭、鸡抓岭、棋盘崃都是有名的捕鸟佳地。在这一带方圆几十公里的数十上百个山头、山脊上,有着数不清的"网场"和"猫儿洞"。春去秋来,年复一年,不知有多少捕鸟高手在这里施展着"拦路打劫"候鸟的高招。

捕鸟季节　捕鸟季节相随候鸟迁徙时间。候鸟迁徙每年2次:9月上旬至10月下旬,即白露至霜降期间,北鸟南迁;4月初至5月初,即清明、谷雨时分,南鸟北徙。"劝君莫打三春鸟",老表习惯称北迁春鸟为"回头鸟",当地人不打"回头鸟"。因待到秋季,这些候鸟便会"携儿带女"再回经此地南迁。秋鸟南迁种群多、数量大、时间长,正是捕夜鸟的最好时节。

捕鸟气候　夜间捕鸟,最好择在农历月初、月末,即上弦、下弦月的夜晚,避开皓月当空的月满中旬。因月朗天高能见度好,候鸟高翔不低飞撞网。最佳的气候是雾绕山腰、细雨霏微的时分。那时,能见度低,受雾中火光引诱,成群结队的候鸟沿着鸟道低飞,最易触网。白露至秋分期间,冷空气频频南下,这是一年中猎手们忙碌而又丰收的好日子。

捕鸟方法　主要有"打火壁"和"网捕"2种。

打火壁　是最原始简单的方法。择一来鸟方向的山壁,壁中掘一穴,入夜在穴中燃起薪火,迁飞的夜鸟趋光而下,或坠入火堆,或撞山壁。鸟着地后,在顷刻强烈的惊吓下,多颤栗卧伏不动,任人抓捕。打火壁猎捕虽操作简单,但所捕的鸟非死即伤,活鸟极少,需及时处理,或食或卖。若卖,山区不天天逢圩,且死伤的鸟卖不起价,故食或腌腊为多。

网捕　随着不断的总结经验,人们逐渐采用网捕。网捕,各自占据捕鸟地块,建立自己的"网场"。先在山岗上修挖出一块平地,竖立竹篙作网架,张挂好鸟网。在附近挖好"猫儿洞"以避雨御寒、堆放柴火等。傍晚时分,在距网前来鸟方向1米开外燃起薪火,打鸟人便可"守株待兔"待鸟触网捕捉。网捕捕获的多为活鸟,可存活多日,市场卖价高。好的捕鸟场口,网架林立。在营盘圩打鸟岗千米许的山脊上,呈"一"字形排开,最多时,张有上百床(张)网。当地村民家家户户在此均建有自己的网场,有的甚至几个。网场为个人财产,世代相传,可租可卖。旧时,一块好的网场,一年可租到20块银元。

捕鸟工具　网,是捕夜鸟的主要工具。网有“打网”和“粘网”之分。打网,网线粗,网格大。网的大小视地理位置不同各异,网口好,来鸟多的地方,张的网更大。一般网高约6～8米,宽约10～15米。打网拦截面大,上网率高,网不易破损,适用于捕捉大鸟。缺点是小鸟易从网格中漏逃,对大鸟只能起拦截作用,“粘”不上,临网逃脱多。所以“打网”捕鸟,还要备好一根长竹竿,将上网的大鸟及时扑落,再用1根长杆网兜,将扑落的鸟及时装入网兜。另一种是“粘网”,粘网又叫“雾网”或“张网”。粘网网线细,网眼小。网高约3～5米,宽约6～10米,拦截面不及“打网”大,但鸟撞上即被“粘”住。不足之处是因为网线细嫩,大鸟往往破网逃脱。另外还须经常巡网检查,将粘住的鸟及时取下,以免鸟挣扎造成脱网、破网。当地人素有“只抓大鸟,放生小鸟”的习惯,故多用打网捕鸟。其他附属工具还有鸟袋、鸟笼等。火堆燃料,传统用薪柴(松柴为主)。20世纪90年代末期后,有改用废旧轮胎作薪料的,有用蓄电池、汽灯照明的。2002年,在鸟类环志中,日本专家带来“撣网”,利用鸟声诱捕器引飞鸟撞网。2004年始,有拉线接电到捕鸟场,用电灯光照诱鸟上网。

捕鸟目的　有为卖钱,为饱口福,也有为尽兴,或诸者兼取。过去西部山区老表贫困,捕鸟换钱,用以贴补家用是大部分人的主要目的,少部分人是为改善生活。腊鸟,是当地一大特产,到了冬日,走进猎户人家,可见屋檐下悬挂着一串串、一只只香喷喷的腊鸟,不免让人垂涎欲滴。若用配料腌渍封坛,日后取食也不失为一道美味佳肴。也有的人,既不图钱,也不为口福,而是兴趣使然,寻找那种火耀天空、群鸟撞网的炫目刺激。即使折腾一夜,收获不大或网兜空空,心也甜滋滋的。每到秋日,东北风缓起,雾压山头,夜暮初临时分,捕鸟者东一伙,西一群,担柴火、扛网具,乘着略带寒意的晚风,登上山冈燃薪张网捕鸟。那时,远望山头堆堆薪火如繁星点点,映亮半片低空。猎人们每每满载而归,一晚至少可捕10多只,多者四五十公斤。猎捕的有池鹭、鹌鹑、山雀等百十种。最大的要数雁鹅,一只重达两三公斤。90年代后期,野生动物保护得到重视,沿袭千百年的捕夜鸟旧习成为历史。政府把捕鸟高手们组织起来,为鸟类环志捕捉大量活鸟。

第三节　歌谣　谚语　传说

歌谣

林区留传许多歌谣,数山歌为最。山歌大多即兴编唱,随口而出,充满浓郁的生活情趣。

撑排老俵真可怜

竹篙打水两边开,阿哥行前妹行开。
阿哥不是黄斑虎,嫩妹好像祝英台。

撑排老表一条龙，一时快活一时穷。
清早吃饭叫花样，夜里吃饭钻地窿（排蓬）。

阿哥撑排站排头，阿妹洗衫出码头。
阿哥撑排赶生意，阿妹洗衫赶日头。

撑排老表真可怜，日日起来打“王年”（排搁浅）。
一只王年三个月（重新扎排），四只王年扛一年。

阿哥撑排像条龙，手拿竹篙撑河中。
唔（不）晓河中有口石，散了木排财也空。

撑排伢崽像条龙，赚了钱财逛广东。
广东好多情妹子，拐得阿哥钱包空。

敢（好）久没有到介（这）窝

敢久没有到介窝，介窝杉树大得多。暂时杉树不要砍，留给阿哥娶老婆。

赚了票子转回头

斫了杉树下了蔸，一江春水下芜州。杉树卖到芜州去，赚了票子转回头。

郎妹双双采茶忙

五月初五是端阳，两季茶叶嫩又壮。山清水秀风光好，郎妹双双采茶忙。
新摘茶叶喷喷香，哥妹熏得心发慌。前山摘了后山去，四眼相对手更忙。

十月摘茶歌

正月摘茶是新年，捋下金钗佃茶园。茶园佃下十二亩，上山下乡忙不闲。
二月摘茶茶生芽，同郎牵手摘嫩茶。郎摘多来妹摘少，多多少少提回家。
三月摘茶茶又嫩，姐在家中绣枕花。西边绣出茶花朵，东边绣出茶叶芽。
四月摘茶茶叶长，耽搁门前莳田忙。莳得田来茶又老，摘得茶来秧又长。
五月摘茶茶蓬蓬，茶叶蔸下有茶虫。捉掉茶虫好培土，保护茶树叶更浓。
六月摘茶热难当，梧桐树下透凉风。一块生姜一碗水，两人嘴上喷喷香。
七月摘茶肥又壮，姐在家中绣衣裳。左边绣个金狮舞，右边绣出啼鸡昂。
八月摘茶过山冈，风吹茶叶十里香。转眼就是秋风起，摘茶莫误好时光。
十月摘茶又一冬，十担茶叶九担空。茶篮挂在高楼上，明年正月再相逢。

家家榨油几十担

摘了木梓下了山，各个伙计做一班。保护明年年景好，家家榨油几十担。

要使荒山献黄金

茶树开花叶子青，男女老少一条心。千把锄头万把铲，要使荒山献黄金。

只要茶叶做得好

茶叶做来喷喷香，做好茶叶去唐江。换得票子几十块，扯得洋布几十丈。
茶叶做来角皱皱，做好就去上赣州。卖到银元几十块，置得良田几十坵。
茶叶做得雪雪嫩，你做茶叶手艺精。今日做到明日卖，做来新衫一身新。
茶叶做得起毫毛，不怕茶叶卖不掉。只要茶叶做得好，再多茶叶也好销。

还请阿哥到归来

木梓摘了就了堆，难为阿哥摘归来。天光（今后）还有霜降籽，还请阿哥到归来。
摘了木梓脱木仁，茶树底下好交情。别人问俺做吗格（什么），俺哇就在脱木仁。

是俺表妹会转头

杉树砍了下了蔸，打了斧印俺木头。是俺狗子听俺揉（逗），是俺表妹会转头。
杉树砍了杉蔸在，妹回去后原话在。钥锁拿给阿哥带，花园莫给别人开。

打鸟唔（不）怕鸟飞高

阿哥今年学打鸟，又冇砂子又冇硝。阿哥今日来连妹，全靠老妹来教招。
打鸟唔怕鸟飞高，阿哥只出两铳硝。不怕老妹再正经，难挡钱财人工操。

谚语

靠山吃山，吃山靠山。人养山，山养人。
要致富，多栽树。
千棕万桐，永世不穷。
家有千棵树，不愁吃穿住。
眼前富多喂猪，长年富多植树。
若要田增产，山山树撑伞。
山上绿油油，山下清水流；山上开荒，山下遭殃。
田荒穷一年，山荒穷一世；田荒一年都是草，山封十年都是宝。
房前屋后树长成，一年四季少灰尘。
前人开道后人行，前人栽树后人荫。
人人要穿衣，村村要栽树；现在人栽树，将来树养人。
村口留大树，村里就吉利；村后树满山，人畜都平安。
挡风歇凉，修楼盖房，造林植树好处无量。
一人栽树孤零零，百人栽树树成林。
青山绿竹山有虎，碧海青天水藏蛟。
若要树木长得好，科学施肥勤锄草。

正月栽松满山青,二月栽松半山青,三月栽松满山红。

大风栽松,徒劳无功;三月青,四月黄,六月见阎王。

正月杉,二月松。

栽松栽柏,不等春晓。

种棕接梨,莫把春知(在立春前种)。

桃三李四梨五年,枣树十年才见钱。

向阳油茶,背阴杉。

木梓不铲草,一世苦到老。

油茶不通风,油库都会空。

春夏不铲茶油山,秋收少一担。

七铲金,八铲银,九铜十铁,不如在家歇(油茶垦复)。

油茶荒一年,产量减一半;铲山沤了肥,油茶会送礼。

不怕六月六日雨,就怕七月七日风(指木梓)。

过了霜降节,油在树上歇;霜降多一日,茶油多一滴。

油茶逢晚霜,树树都精光;油茶遇秋旱,产量减一半。

正月种竹,二月种木。

大竹留娘,生竹身强。

家有一山竹,子子孙孙都享福。

月月栽竹,赶不上正月二十六。

栽竹无时,下雨便移;多留宿土,谨记东西。

栽竹有巧,鞭根挖好;来鞭尺五,去鞭两尺少不了。

栽竹不带鞭,千年只一根。

砍大留小,越长越小;砍小留大,越长越大。

枫树是竹子的命,松树是竹子的病。

用兵先囤粮,喂蚕先栽桑。

松树斫了哥莫墩(不萌芽,慢慢腐朽),杉树斫了会长笋(萌发)。

种树诀窍,深埋实捣。

植树不护林,等于白劳神。

苗不护冇青,林不护不盛。

竹笋不怕千斤石(压),就怕牛足丫(踩)。

喉咙深似海,灶门大过山(烧柴)。

劝君莫打三春鸟,子在巢中盼母归。

飞铳专打出头鸟,官府严惩出头人。

同在蓝天下,人鸟共家园。

人怕伤心,树怕剥皮。

人要立得心好,树要生得根好。

细芽仔是根竹,大来拗不曲。

娃娃培(养)成虎将,小树长成栋梁。

传说

龙泉 清道光《龙泉县志》载："唐开元二年(714)，有二龙戏于武陵泷(草林冲)，土石崩裂，冲成泉道，后人因以名龙泉。"从唐天祐十六年(919)至民国三年(1914)期间，除宋宣和三年(1121)至建炎四年(1130)年间称泉江县外，其余均称龙泉县(场)。1914年，国民政府统一全国县名，为避浙江、贵州同县名易江西龙泉县为遂川县。

神山寺 原名松山寺。原址位于县城东北郊。清同治《龙泉县志》载："松山寺在二都(大致为卜村、新林、云冈、园背、高洲范围)，宋乾德二年(964)，僧耐峰募建。明洪武三年(1370)僧志能重修。明正统六年(1441)，谢子宽兄弟叔侄重修前后殿。景泰六年(1455)谢汝泉兄弟建观音阁。国(清)朝嘉庆十年(1805)，谢崇本堂重修康公堂。十七年(1812)又重修观音阁。咸丰年间，被逆(太平军)拆坏。"新中国成立初期，曾有解放军在神山寺一带垦荒种地。1958年县在此办"万猪场"，1968年办"瑶厦五·七中学"，1971年改建县火柴厂。

松山寺一带，为风化岩群。很久以前，生态植被非常脆弱，山多不长树，地多不长粮，偶一下雨，就溪洪四溢，田土崩塌。晴天出门一身灰，雨天上路两脚泥。不少先人们曾为绿化这片瘠土，流过多少心血和汗水。相传，不知何时住进一对老年夫妇，他们起早摸黑，从远处取来了一棵棵樟、棕、竹树苗种上，从山脚小沟挑水浇灌，要把这片山冈绿化成林。可是由于土壤瘠薄，地表难以蓄水，栽下去的树苗大多过了春季难度夏。几年辛苦下来，只残存几棵干瘦小树。由于劳累致病，妻子几年后便撒手人寰。沉重的打击，并没有摧毁老人坚强的种树信念。他仍年复一年种树不止。终有一天，老人再也坚持不住，他拄着拐杖，爬上山冈，双手紧紧握住一棵小树泣声道："树呀树，你为什么总长不大，成不了林呀！"说完便倒下，再也没有起来。就在老人谢世的一瞬间，天空突然电闪雷鸣，随即下起瓢泼大雨。一声霹雳，山冈崩出一条巨大的裂缝，两棵蓝光闪闪的松苗从裂缝中长出。一会儿，裂缝变成一条山坑，接着，整条山坑、整片山冈都成了葱郁的松林(事后，有人说见两位老人随闪电飘然上天而去)。两位老人走了，山也青了，水也秀了，昔日的一片荒芜，成了鸟语花香、五谷丰登的人间安居乐地。人们为了怀念这对老年夫妇，便募建了这座松山寺。此后，陆续有外地僧人、香客来此修行、施善，增建了前殿后阁，雨榭凉亭，寺院规模逐年扩大。有谢氏家谱载："邑中梵寺之载于邑乘者三十有六，松山其一。备极幽雅，一邑之胜境也。"远近百里前来求签卜卦的香客，莫不说松山寺的签卦灵验(两位老人显灵)。不知何时，人们便把这"松山寺"也改称"神山寺"了。有说，神山寺鼎盛时期，和尚达到99个，庙宇殿阁13栋，占地7亩有余，寺院置有田土五六十亩，谷米蔬菜食之有余。

然而，神山寺后来为何颓废，究其原因，除了兵事战乱外，还有一段神奇的传说。一日，一老翁见寺院香火袅袅，人头攒动，便来看热闹。时值六月正午，老翁向一小和尚讨茶喝，小和尚半晌侧着头一看是个衣着褴褛的瘦老头，便不耐烦地答道："茶冇烧到。"老翁再问："讨碗水喝。"小和尚答道："水在井里也冇担到。"老翁长叹道："全无修善济人之心，罢了！"随即而去。那时，常有一些和尚在附近干些偷鸡摸狗的事。人们说，他们是"吃恶斋"的。

再说，时隔几日，老翁又来到神山寺西北面有个叫"三丘田"的地方。见一个十一二岁的男孩在地里锄土,老翁问道:“伢仔,你怎么这么小就出来做事。”小孩答道:“爹早年去世,家中只有母亲一人,现患病卧床。娘叫我出来干活,说不然就会耽误农事。”老翁问道:“你带茶没有?”小孩答道:“茶冇带来,你要,我就回去提。”老翁见小孩如此厚道,便下到地里拔起草来。小孩即刻回到家,将老翁讨茶和帮忙干活之事告诉母亲,母亲听后说:“人家难得帮我们做事,要提就提壶酒去,另外再炒点豆带上。”说着,便从床上艰难爬起,烧火炒豆。一会儿,小孩提上一壶热酒,端着一碗香喷喷的豆子,给这位老翁送去。老翁边吃边与起小孩唠起家事。听后,老翁摇着头叹了口气道:“孤儿寡母,真不容易啊!”一会儿,老翁把小孩带至不远的一个小山包处,指着脚下一块平地说:“这地方叫‘海螺形’,你回去与你母亲说,把你爹‘捡筋(骨骸)’迁葬在此,日后定有发达。”说完,一转眼,老翁已无踪影。小孩不知咋回事,回家即说给母亲听,母亲答道:“孩儿啊,你今天莫不是遇见神仙了。”不久后,母亲便将信将疑,把丈夫的骨骸重葬于“海螺形”。

事也蹊跷,重葬骨骸不久,神山寺的一些和尚便不知得了什么病,一个个肚子肿胀起来,请医术再高明的郎中也无济于事,不久便都命归黄泉。寺中菩萨塑像也无端白蚁丛生,寺中住持见状说道:“不知我们哪些人干了什么缺德的事,得罪了哪路神仙,神山寺的好日子该过到头了。”于是,便动员其他和尚离寺逃生。再说,自从小孩父亲骨骸重葬后,不久母亲大病痊愈,家境一天天好了起来。多年后,娶妻添丁,生下三子两女,三子分别取名“天生”、“地生”、“合生”。子孙繁衍,兴旺了好多代。

2000 年 6 月,省林业厅批复建立遂川县神山寺省级森林公园。

南风面　在县西部戴家埔乡,西邻湖南炎陵县,为罗霄山脉群峰之巅。在那里,大自然鬼斧神工造化出无数的奇峰异景,也流传着许多美丽动人的神话传说。

相传,湖洋顶原是炎帝神农的洗药池。神农跋山涉水,为民治病尝百草的事感动了玉帝,玉帝见神农在山上采药后,还要下山洗药十分辛劳,就下旨土地神,令他在山顶造一水池供神农洗药,并引来天山之水,池水清澈如镜,终年不涸,后人就把这洗药池叫做湖洋顶。洗药池附近经常有神农随手落下的各种药籽,后来这里就长出了南沙参、红豆杉、天台乌、大活血等许多名贵药材。传说,这里原来并没有南风面。神农洗完药后要晒药,玉帝就叫土地神划出附近几座山场供神农作晒场。一天雷震子私自下凡偷药,被细心看守的观音发现制止,使他偷药未得逞。雷震子发怒,施法天天下雨,刁难神农晒药不成。观音奏报玉帝,玉帝严惩雷震子。为确保神农能晒好药,玉帝又令土地神在洗药池附近造一座最高的山峰,作为标志。在这里,司管天气的神仙要满足神农晒药的气候条件,风一年四季只能从南面刮来,这样,即使不出太阳也可把药材吹干。之后,这里常年多晴少雨,冬天要等神农晒干药材才会大雪封山。一旦雨雪漫过山顶,天气就要放晴。山下的人以此来观察天气变化,安排农事。后人就把这座山峰称作“南风面”。

云岭脑　巾石脑　远古之时,有位神仙挑着一担谷子,一箩满,一箩少。途经巾石时,十分疲倦,就放下担子休息,可一放下担子,两箩谷子瞬间变成两座山峰。满的一箩变成较高的巾石脑,少的一箩变成稍矮的云岭脑。

斗笠岭　县城正南面,耸立着一座山峰,远望酷似一只硕大的斗笠,这就是远近闻名的斗笠岭。关于这座山岭,留传着一个美丽悲怆的传说。

很久以前,斗笠岭一带并不是高山地,而是一马平川,不远之处有一个叫“太平”的村庄，村里住着上百户人家。在这风景秀丽的地方，男耕女织，丰衣足食，人们其乐融融。可是，有一日不知从何处窜来了一只大蛇精，把整个村庄里的水全都吸进了他的宝瓶。从此，溪井干涸，田土龟裂，民不聊生，太平村再也不太平了。

村里有个叫赵良的小伙子，英俊刚强，拉弓使剑，武艺高超。见蛇精祸害百姓，立誓要把恶魔除掉。他风餐露宿，寻觅数月，也不见蛇精踪影。一夜，赵良困睡在一山洞，见一鬓发如霜的老人走近对他说："好小子，那蛇精本是观音菩萨的一个玩伴，趁观音瞌睡时，私自下凡作孽。这妖物心性狡诈，又会使些法术。你除害心急，却不是它的对手。它现藏在对岸大樟树下的洞窟里。我送你一个斗笠，它定能帮你大忙。"说着，老人便悄然消失了。赵良醒来，方知是梦，却见身边放着一顶小巧玲珑的斗笠，还系着两根红红的飘带。他想，这可能是仙人在助我。于是，赵良拿上斗笠、弓剑，又去寻找妖孽。一会儿，来到一条大河边，果见对岸大樟树下有一大洞窟。赵良心头恨起，拔剑纵身往前跑去，可是哗哗的河水挡住了去路。性急之下，他想起梦中老人的话，把斗笠放在地上。只见斗笠越变越大，一会儿，呼呼腾空起来，赵良跳了上去，斗笠载着赵良飞过了河，落在蛇妖洞窟边。这时，从洞口走出了一个年轻美貌的女子，对赵良说："我叫菱珊，是蛇精的女儿，我知道你的来意，你只要取到我父亲的宝瓶，把里面的水倒回村庄的井里，然后再用牲血把宝瓶化了即可。我曾多次劝说父亲不要害你们，他不但不听，还打了我。"说完，菱珊带着赵良进洞去取宝瓶。进洞一看，那蛇妖还蜷缩在石板上酣睡呢，系在腰上的宝瓶闪闪发光，赵良一见便上前伸手去解，可怎么也解不开。赵良便"唰"的抽出利剑，割断了宝瓶的系带，拔腿就跑。可这时，蛇精惊醒了，张开血盆大口扑来，赵良飞快地逃出洞窟，眼看就要被追上，赵良把斗笠往后一甩，"轰"的一声，小小的斗笠眨眼间变成了一座形似斗笠的大山，将蛇精死死压住。

蛇精被镇压住，赵良取到了宝瓶，太平村又恢复了往日的太平幸福。而斗蛇英雄赵良却永远不见了。据说，蛇精被斗笠山压住后，还蠢蠢欲动，想出来报仇，可大山两侧又多了两座小山，牢牢地把斗笠岭系固。人们说，那两座小山就是赵良和菱珊变成的。

老仙茶 《遂川县志》载："圣绿茶，即老仙茶，产于遂川戴家埔。先后称苦甘茶、戴圣茶。新中国成立后始名为圣绿茶。后为避与其他地方的圣绿茶同名，以当地一神话传说，易名为老仙茶。"

相传很久以前，戴圣（即戴家埔）流行着一种怪病，请遍四邻八乡的名医也诊治不好。乡人惊恐无策，纷纷离乡出走，田园荒芜。一位满头银发的仙人云游经过，见此凄情，便上山采来当地野生的茶树叶子，洗净烘干后，放入锅中熬水给乡人喝。起初，无人相信随手摘来的树叶竟能治大病。几个病入膏肓的人抱着试试看的心理，每人猛喝下一大碗，顿觉清凉甘醇，神清气爽，全身舒服多了。连喝多日后，疾病全无。其他乡人见有如此疗效，便涌来争相抢喝。病人来了一拨又一拨，老仙人煮了一锅又一锅。最后，老仙人索性把乡人带至茶树旁，教会他们怎样识药（茶）、采摘、煮熬。之后，病魔才得以驱除。仙人走后，人们把这茶叶采摘下来，加工后当做日常饮料，有病祛病，无病提神爽气。为纪念这位救百姓于苦海之中的神仙，人们便把戴家埔所产的茶叶称为"老仙茶"。

仙人井 草林与堆子前交界的一个山坳口，自古以来就是通往湖南的要道。古有一酒肆，不远处有口清澈的水井。有一对夫妇在这里卖酒、做豆腐。他们热情待客，买卖公平，服务周到，常给过往行人许多方便。

一日，一白胡子老人进店喝酒，夫妇俩热情递茶上酒。老人问道："日子过得可好？"店主说："今年大旱，物价飞涨，米谷难买到，快做不出酒了。如没有酒卖，我们也不知怎么过日子啊！"老人听后微微点头。喝完酒后对店主说："看你夫妻两人做生意很诚实，不用担心，自然会有酒卖的。"随后起身走到店旁的井边，从袋里掏出7粒糯米放到井里，然后转身离去。

第二天，店主到井里担水，觉得酒气扑鼻，舀起来饮尝，却竟是上好的米酒。夫妇俩高兴得不得了。从此，两口子不用做酒却有卖不完的酒。井水变成美酒的事不久就传遍十里八乡，人们就把这口井叫做"仙人井"。日子宽裕后的两口子便商量起来：现在有了本钱，不如清闲些，豆腐也不要磨了。

过了些日子，白胡子老人又来店喝酒，老人原来是白胡子，现在连头发也白了，店主已认不出。喝酒当中，老人啧啧称赞店主的酒好，并询问店主说："看来，你的生意很好呀。"店主想起酒虽有卖，但无酒糟养猪，赚钱仍有限时，便答道："生意是好，可惜猪无糟吃。"白胡子老人听后，长叹一声，自言自语道："天高不算高，人心还更高；井水当酒卖，又嫌猪无糟。"店主听了，猛吃一惊，一眨眼，白胡子老人已不知去向。再到井里去挑酒，酒井已复为水井了。

高坪山区不讲"钟"　一日，高坪一个姓钟的猎人进山打猎。上山不久就看到一群山牛，猎人庆幸今天运气真好。刚准备开铳，土地神对他说："姓钟的，请你不要打那只跛脚牛，那是我的'守山公'。"可那猎人见那只跛脚牛又高又大，打下后一定能发一笔财。但也知道事后土地神一定会找他的大麻烦。最后，贪婪之心还是使他没听土地神的劝告，打死了那只跛脚牛。为防土地神的报复，他一边请人抬山牛上圩市卖，一边急忙托人捎信给他老婆，说如果有一个陌生老头进家，就赶紧把厅堂门槛锯开。猎人把山牛卖完后，急匆匆赶回家中，果见土地神早已端坐在厅堂候着，见厅堂门槛也已锯开。猎人知道土地山神最怕犁头，就径直跑到杂间，扛出一把木犁，从禾场一直犁进厅堂，把土地山神赶走了。这次虽免了一难，但猎人再也不敢上山打猎了。此后，高坪一带老表上山都忌说"钟"字，生怕土地神会找姓钟的报复，并在厅堂常放一把木犁（犁头朝外），以避神怪。

牛鼻崖　县西南的禾源镇，是远近闻名的油茶产区，特别是该镇的三溪村，油茶更为丰硕。为什么呢？这里有个凄美动人的传说。

"牛眼落泪望赣州，破鼻流金肥三溪"，说的就是三溪牛鼻崖的故事。很久以前，三溪太平山有位名闻赣湘的杨姓地理先生。杨不知从何处得到一根"赶龙棒"，能驱百神。他发现赣州吴头的水口过大，极易造成洪泛，若能寻得一只金牛镇守就再好不过。他为民谋利的事，在一老神仙的指点下，得知湖南有条金牛非常合适。杨历经数月的跋山涉水，终于找到那条金牛。把金牛的鼻孔拴好后，用"赶龙棒"夜以继日地赶往赣州吴头。赶呀赶，到了禾源地界，站在山头就可望到赣州。杨想："辛苦这么久，马上就要到赣州了，何不趁此回家休息一晚。"于是就把金牛拴在山岗一棵大树上。第二天一大早返回，正解开牛绳准备继续赶路，只听金牛突然开口说话，问道："神师，你急着要把我赶往何处？"杨一时语快，说"赣州吴头。"因"吴头"与"无头"谐音，"无头"，即没有脑袋。金牛一听，心想，这下死定了，神师要赶我去"无头"（宰杀）了。一时气急性发，连退3步，杨逆着势子用力一拽,牛鼻被拉破了,任凭杨再怎么用“赶龙棒”赶,金牛也岿然不动。金牛流着鼻血,对杨说:“让我就站在这高岗上,能够望到赣州就可以了,比赶去那‘无头’好多了。”金牛的鼻血流不断,金牛的泪水流不止,顺着山坡流了3天3夜。金牛死后,牛身变成一座大山,牛鼻变成山崖(崖有2洞相通,深约数丈),后人就把这崖叫做“牛鼻崖”。牛鼻崖的山峰都朝着赣州城,站在牛鼻崖上,晴天依稀可见赣州城。金牛的鼻血肥沃了那里的山川土地,金牛的眼泪变成3条淙淙溪流。“三溪”因此得名。

仙女秘授造纸术 遂川土纸,多用竹麻加工制成。相传,遂川用竹麻造纸源于碧洲,碧洲则缘于仙女秘授的造纸术。

很久以前,有3位仙女飘游至此,见瀑潭竹海,奇石幽岩,便化作一帘瀑布,与山相拥,与水作伴。白水仙名就盖源于此。

碧洲境内,有一闻名遐迩的白水仙庙。清同治《龙泉县志》载:“昔有姐妹学道于岩,遇仙授予丹砂,白日飞升,后人立祠祀之,疾病岁旱祈祷辄应。”春夏秋冬,庙里终年香火鼎盛,方圆百里,礼佛朝拜者不断,一时神钱、纸锭品供不应求,一些投机商贩串通一气,囤积居奇,借机哄价,苦害众多香客。正在玉液潭沐浴的仙女们得知这事后,被芸芸香客顶礼膜拜的虔诚所感动,便将土纸生产之法密授庙中僧人。僧人谨记,组织厚道勤劳乡邻,斫竹渍麻、击浆造纸,一试便告成功。土纸面世后,纸价大落,香客喜乐开怀。仙人授法人间的事迹,更平添了白水仙的神奇魅力,前来礼拜者更络绎不绝。神纸销量倍增,带动了土纸生产的快速发展。之后,建坊造纸的越来越多,不仅满足了当地的需要,还远销南昌、安徽芜湖等地,富了众多乡里百姓。

第十三章
文献资料辑存

中共遂川县委　遂川县人民政府
关于深化林业经营体制改革的意见

遂发[2003]12 号

为适应社会主义市场经济的需要，理顺关系，创新体制，激活机制，开创我县林业建设跨越式发展的新局面，根据《森林法》和上级有关林业体制创新的精神，在坚持“限额采伐、凭证采伐、凭证销售、凭证运输”，“砍伐管严、放行管严、加工搞活、市场搞活”，“可持续发展、永续利用”，“生态效益、经济效益和社会效益兼顾”，“理顺和维护国家、集体和个人利益”，“有利于林政资源管理和税费征管”，“政策引导、简化程序、便于操作”等原则的基础上，狠抓森林资源的培育和发展，加强森林资源的监管和保护，积极稳妥地推行和建立规范有序而又充满生机活力的新型林业经营体制和运行机制，实现财政增长、企业增效、林农增收，促进我县林业建设持续、快速、健康发展。为此，结合我县实际，现就深化林业经营体制改革提出如下意见：

一、推动部门办林业向全社会办林业转变，积极培育森林后备资源

1. 积极促进林木林地产权制度改革。推动全社会办林业和发展非公有制林业的主要实现形式是林木林地的经营使用权的流转，要在稳定林地所有权的前提下，通过竞标拍卖、转让、租赁、承包等方式，积极稳妥地推进林木林地经营使用权的流转，放活林木和林地的经营使用权，明晰产权关系，落实经营主体（有关林木林地开发经营的具体办法另行制定）。

2. 放手发展非公有制林业。一是要加大林业建设的招商引资力度，采取各种优惠政策，吸引各种生产要素向林业流动。二是对商品林和公益林建设，可以通过竞标拍卖、租赁和承包等形式引入民营机制。三是对现有私有林，要切实保护林木所有者和林地经营权者的合法权益，促使其不断得到巩固提高。有条件的地方，要逐步发展私有林的适度规模经营。

3. 积极培育多层次、多门类的活立木市场。充分发挥市场的导向作用，促使活立木商品化。对用材林、经济林和薪炭林及其所依附的林地经营使用权，不论是成熟林，幼龄林和中龄林，都可以通过竞标拍卖等方式依法转让和再转让，化长周期为短周期，使难变现为好变现，为培育森林后备资源创造良好的投资环境和发展空间。

4. 大力发展林产工业原料林基地。随着我县林产工业企业的发展壮大，木竹原材料供需矛盾将愈显突出。为此，不断加大林产工业原料林基地建设力度，已成为当务之急。要用足用活有关建设工业原料林基地的优惠政策，山上山下原料林一起抓，并与退耕还林和项目造林相结合，大范围、大面积地营造速生丰产原料林，缓解林产工业原材料的供需矛盾。

5. 木竹加工企业要在做大做强企业的同时，积极创办工业原料林基地，力争自己解决企业所需的原材料，形成一条龙产业链，促进木材生产加工的良性循环和森林资源的永续利用。

二、改革木竹营销体制，推行木竹经营市场化

打破现行木竹营销体制，取消地方工业用材、重点加工企业用材，切块商品材供材计划，将木竹经营权下放给林权基本单位，允许持有林业主管部门核发的木竹经营许可证和工商主管部门核发的营业执照的单位和个人进入林区购销木竹，全面实行木竹经营市场化。

1. 木竹限额采伐的计划管理。木竹采伐仍执行限额管理，做到凭证采伐、凭证销售、凭证运输。为合理安排年度木竹生产计划，各林权单位应在年初根据可伐资源情况编报木竹生产计划，经乡镇政府审核后，报县林业局审定，并逐级上报审批。对下达后的木竹生产计划，若林权单位未完成计划任务而造成木竹指标浪费的，则由林权单位按核定基价承担浪费部分的税费。在下达商品材生产计划时，应当尽可能做到生产计划与市场需求接轨。

2. 木竹采伐管理。采伐木竹必须凭证采伐，严格按照采伐许可证或采伐作业设计核定的时间、地点、材种、数量和采伐方式进行采伐，严禁无证采伐、超限额采伐、异地采伐。林业主管部门要落实伐区管理责任制，严格履行伐前设计审批、伐中检查、伐后验收制度，发现差错，及时纠正，出了问题，追究责任。

3. 木竹购销管理。进入林区收购木竹及其制品必须持有木竹经营许可证和营业执照，林权单位或个人必须凭林木采伐许可证销售木竹。木竹购销实行公平交易、平等竞争、价格随行就市，林业、工商、税务、物价等部门应当加强对林区木竹交易市场的规范化管理，促进木竹市场交易的有序进行。

4. 木竹运输管理。从林区运输木竹或木竹制品，必须持有县内木竹运输证以及各种税费缴交凭证和木材检验记录。在运输之前，当地林管所应当派员到实地检验，然后办理放行手续。木材检查站要严格履行职责，把好木竹运输检查放行关。

5. 木竹检验。木竹检验必须由持有"木竹检验员证"资格的人员进行。从事木竹检验，可收取检验费（具体标准由林业部门和物价部门共同核定）。

6. 税费征管。县林业主管部门要根据我县木竹资源状况和市场行情统一木竹销售基价，销售基价要相对稳定，并随市场的变化一年调整 1～2 次。凡木竹购销过程中依法应纳应缴的税费，一律在源头征收或委托代征代收。林管所应当建立办证收费"窗口"，为方便群众提供优质服务。凡县内生产的木材及其加工的成品、半成品，必须在县内缴交税费后方可办理放行，对使用县内木材到外地办理放行，一经查实，严肃处理。各种税费征缴标准如下：

（1）增值税：纳税人按木竹销售基价的 4% 征收。木竹加工企业在源头预征，年终结算时，可凭预征税票抵扣冲减实际应纳税款，国营林业经营单位实行查账征收。

（2）所得税：非国有林木材按木竹销售基价的 3% 征收。

（3）农业特产税：国营、集体（个人）林木按木竹销售基价 70% 的 8% 征收。

（4）林业规费：按有关规定征收。

（5）工业原料林基地建设费：对以木竹为原材料的加工企业，按消耗每立方米主伐商品材提取 15 元，消耗每立方米间伐材、采伐剩余物、集约经营材提取 10 元的标准征收。专户储存专门用于该企业原料林基地建设（有关工业原料林基地建设费的收取、管理和

使用办法另行制定）。

（6）县乡林业管护费：按每立方米计算，杉木收取40元；松杂木收取50元；间伐材、采伐剩余物、集约经营材收取20元；毛竹每百根收取40元（有关县乡林业管护费的收取、管理和使用办法另行制定）。

三、强化森林资源监管，确保资源的永续利用

1. 加强林政资源管理。林业主管部门要加强林业执法队伍建设，建立多层次护林网络，对森林资源的培育和采伐利用进行全方位、全过程监控。各林业执法队伍和乡村护林组织要把工作的重点放在源头管理上，把山上管住管严，特别要把好采伐关，严禁乱砍滥伐。

一是要充分发挥森林公安在保护森林资源、维护林区治安秩序的特殊作用，全面加强森林公安机关装备的正规化建设，努力提高队伍素质和执法水平，切实履行好《森林法》和其他法律法规赋予的职权，严厉打击破坏森林资源的违法犯罪行为。

二是要加强林政稽查队伍建设，成立“林政稽查大队”，下设若干分队，履行好纠错监管的职责。

三是各乡镇要在县林业主管部门和森林公安机关的协助下，组建和完善各级护林组织，充分发挥群防群治功能。

2. 规范木竹加工企业用材。木竹营销体制改革放开后，要严格控制原材出口，采取有效措施促使木竹流向我县加工企业。原则上木竹加工企业必须生产木竹成品，促进木竹的多层次精深加工增值。积极鼓励林区木竹加工企业搬迁到砂子岭工业园区办厂兴业。各木竹加工企业应当面向市场，根据年度用材量同林权单位订立购销合同。同时，应当建立原材料进厂和产品出厂台账，如实反映加工经营状况。县林业主管部门要主动协调关系，协同做好配套服务工作。

对重点木竹加工企业，要采取重点扶持政策，促进企业做大做强，取得良好的经济效益。要进一步营造亲商、安商、富商氛围，切实为企业排忧解难。为做好重点木竹加工企业在木竹营销体制改革后的协调服务工作，林业主管部门应派出协理员驻厂协调。

3. 合理利用森林可伐资源。针对我县稀疏残次林较多的现状，根据林农意愿和当地立地条件，在不造成水土流失和能够更新森林的前提下，经当地林管所实地踏查后审定同意，允许林农按采伐作业设计进行小面积皆伐。不论是皆伐或者择伐后的山场，林权者必须当年造林更新和抚育，按时保质保量完成年度造林任务，并通过当地林管所验收合格。否则，次年不安排木竹生产计划。

4. 推行伐区管理公示制。对批准采伐的山场，采伐地点、数量、材种采伐方式等内容应当在村务公开栏上予以公示，接受群众监督。

5. 全面推行森林资源管护经营责任制。各乡镇场党政主要领导是保护和发展森林资源的第一责任人，在林业经营体制改革实施中，要确保不发生群体性哄抢林木和乱砍滥伐事件；确保森林资源保值增值，确保森林覆盖率和生长量增长。要层层落实森林资源管护责任制，列入年度目标工作考核。对管护不力，造成严重后果的要追究乡镇场党政主要领导和分管领导的责任。

四、制定优惠政策，促进林业建设持续、快速、健康发展

1. 扩大工业原料林经营自主权。经营者可根据原材料需求，自主选择培育树种，自主确定轮伐期，自主确立采伐面积和数量，经报县林业主管部门审批后发证，可自产自销。

2. 对木竹加工企业兴建的工业原料林基地或者经营大户营造的商品林，新造林面积达到 2000 亩以上的，在林木间伐或主伐时，可享受计划单列，林业主管部门要尽量满足供给其采伐指标，可以自产自销，并可以享受税费减半征收的优惠待遇。

3. 为加快林木林地经营权流转，在竞标拍卖、承包、租赁等林木林地经营权转让过程中，有关单位应无偿提供服务，及时办理有关手续。

4. 对承包荒山造林营造的林木，面积达到 50 亩以上的可享受林木采伐计划单列，税费减半征收和林木自产自销的优惠待遇。

5. 对按规定进行"四荒"及"四旁"植树绿化的林木，可自主采伐，凭县林业主管部门审定后开具的证明可以在县内自主销售。

林业经营体制改革是一项系统工程，涉及方方面面的利益，各乡镇、各有关部门要切实加强领导，通力协作，密切配合，齐抓共管，确保改革的顺利进行，取得实效。

本意见从 2003 年 4 月 1 日开始实施，未尽事宜和相关内容由县林业主管部门负责解释。

中共遂川县委
遂川县人民政府
2003 年 3 月 27 日

中共遂川县委　遂川县人民政府
关于印发《遂川县林业产权制度改革实施方案》的通知

遂字[2004]56 号

《遂川县林业产权制度改革实施方案》已经吉安市人民政府批复同意，现印发给你们，请认真贯彻实施。

中共遂川县委
遂川县人民政府
2004 年 11 月 15 日

遂川县林业产权制度改革实施方案

为进一步激活林农参与林业建设的积极性，促进林业生产力的快速发展，省委、省政府决定用两年左右的时间在全省范围内完成林业产权制度改革工作，同时确定我县为全省七个林业产权制度改革试点县之一。按照省委、省政府的统一部署，根据《农村土地承包法》、《森林法》，中共中央、国务院《关于加快林业发展的决定》，省委、省政府《关于加快林业发展的决定》及《关于深化林业产权制度改革的意见》，结合我县实际，制订本实施方案。

一、改革的指导思想、目标要求和原则

（一）指导思想：以邓小平理论和“三个代表”重要思想为指导，树立和落实科学发展观，坚持“多予、少取、放活”的方针，进一步明晰林地使用权和林木所有权，放活经营权，落实处置权，保障收益权，调动广大农民和社会各方面参与林业建设的积极性，保护好森林资源和生态环境，促进全县经济社会全面、协调、可持续发展，加快农村全面奔小康步伐。

（二）目标要求：从2004年9月上旬至2005年5月底，全面完成林业产权制度改革工作，建立经营主体多元化，权、责、利相统一的集体林经营管理新机制，并努力实现“五个确保”：确保林农的合法权益得到有效落实，确保农民负担明显减轻，确保林区乡村组织和林业部门正常运转，确保森林资源总量增长和生态环境改善，确保林区社会稳定。

（三）基本原则：实行“四个坚持”。即坚持权益平等，集体山林属集体经济组织内部成员共同所有，通过均股、均山、均利等形式，使每个村民平等享有集体山林的权益。

坚持尊重历史，保持林业政策的连续性。本次改革是对林业“三定”的进一步规范和完善，不得借改革之名打乱重来，重新分配。对改革中出现的问题，应当按照有关法律、法规或通过协商方式予以解决，确保林区社会稳定。

坚持公开、公平、公正，尊重群众意愿。在改革中要做到内容、程序、方法、结果公开，公平竞争，公正操作，充分尊重大多数群众的意愿，确保广大群众的知情权、参与权、决策权和监督权。

坚持因地制宜，形式多样。各乡镇可根据本地实际情况，因地制宜，自主选择改革的形式和方法，不搞一刀切。

二、改革的范围

改革的范围主要是指县级以上人民政府区划界定的商品林。权属有争议的山林，暂不纳入本次改革范围。县级以上人民政府区划界定的公益林，也不列入本次改革范围，但应换发林权证。对权属有争议的山林，应积极做好调处工作，在争议未解决之前，任何一方都不得进入争议山场从事除森林防火之外的其它林事活动。待争议调解，明确权属后，依照本次改革的政策要求进行确权发证。

三、改革的主要政策

（一）明晰产权。林业产权的范围包括：森林、林木的所有权或者使用权和林地的使用权，不包括林地的所有权。明晰集体林地产权主要采取以下七种形式：

1. 自留山稳定不变。继续实行“生不补，死不收”长期无偿使用、允许继承的政策。被集体以行政手段收归统一经营的自留山，大部分群众强烈要求归还的，应当归还农户经营；自留山、责任山已“两山并一山”的，如果多数群众有要求，允许按原状予以区分；林业“三定”时未划定自留山的，大多数群众要求划定自留山且集体山场条件允许的，可按当时政策补划自留山。

2. 已分包到户的责任山稳定不变。承包期限 30～70 年,山上林木归责任山主所有,承包期内允许继承;面积、四至不清楚的,在进一步明晰的基础上,完善承包合同;被集体以行政手段收归统一经营的,群众要求以责任山形式承包经营的,应当恢复原状。

3. 落实"谁造谁有"。自留山和责任抛荒后,由集体收回统一组织造林的,要落实"谁造谁有"政策,在稳定自留山和责任山使用权不变的前提下,所造林木可由集体与农户协商确定分成比例,集体分成比例应不低于 70%。待林木采伐后,林地的使用权归还农户。

4. 家庭承包经营。对集体统一经营的山林,可按人口折算人均山林面积,以户为单位划片承包经营,或自由组合联户承包经营。

5."分股不分山,分利不分林"。对集体统一经营且群众比较满意的山林,经村民会议或村民代表会讨论通过,可以继续实行集体统一经营,但要将现有林地、林木折股分配给集体内部成员均等持有,明确经营主体,财务单独核算,收益 70% 以上按股分配。

6. 有偿转让经营。可将现有山林评估作价,通过公开招标租赁、拍卖等方式转让给集体经济组织内部成员,或内部自由组合,联户承包,或其它社会经营主体承包。转让费按年计收,70% 以上由集体内部成员平均分配,剩余部分用于林业发展和公益事业。

7. 稳妥处理已经流转的集体山林。对已经流转的集体山林,凡程序合法、合同规范的,要予以维护;对群众意见较大的,要本着尊重历史、依法办事的原则,妥善处理。集体山林流转收益 70% 以上应平均分配给本集体经济组织内部成员。

无论采取何种形式,都要召开村民会议或村民代表会议,经村民会议三分之二以上成员或村民代表会议三分之二以上代表同意,并依法完善或补签林地承包(流转)合同,换发林权证书。

国有(含国乡联营)山林,要稳定权属。国有林场山林可以按照有关法律、法规、规章的规定,经职工代表大会讨论通过,由内部职工竞标承包,或吸引社会法人、自然人以资金、技术、管理等方式入股,实行股份制经营,或者向社会公开转让。

(二)减轻税费。实行"两取消、两调整、一规范"的政策。取消木竹农业特产税。取消市、县、乡、村出台的所有木竹收费项目。

调整育林基金平均计费价格。将定向培育的工业原料林、10 厘米以下间伐材计费价格调整为每立方米 180 元,其它商品材每立方米 360 元。标准竹每根征收育林基金 1 元。

调整集体林育林基金分成比例。调整后,省、市、县、乡镇四级分成比例为 8% : 15% : 70% : 7%。

规范增值税、所得税征收范围。从事木竹生产的单位和个人自产自销的原木、原竹取得的收入,依法免征增值税,暂免征收所得税。

(三)放活经营。在执行木竹限额管理的前提下,木竹采伐指标分配实行公示制,林木采伐许可证由林木所有者直接申请,领证时预交育林基金。

毛竹和 10 厘米以下间伐材不纳入生产计划管理,由县林业主管部门按照省批准下达的采伐限额控制,符合条件的即申即批。对成过熟的人工用材林、定向培育的工业原料林,在限额内优先解决,符合条件的即申即批。

加强对公益林、库区水源涵养林的采伐管理。公益林中的阔叶树和自然保护区内的林木严禁采伐。对公益林中的毛竹要科学经营,经批准允许进行抚育和更新性质的采伐。

打破木竹垄断经营和地区封锁,允许林权所有者自主销售木竹。各地不得制订任何限制林权所有者自主经营的政策措施,已经制订的必须坚决取消。

(四)规范流转。山林流转必须遵循下列原则:有利于保护、培训和合理利用森林资源;有利于保持水土,保护和改善生态环境;自愿、平等、合法;不得改变林地的性质;不得损害国家、集体和社会公共利益。

山林流转要充分尊重承包经营者的主体地位。山林是否流转以及流转的方式由经营者自主决定,任何组织和个人不得强迫或者阻碍流转。凡自愿流转的,要依法签订流转合同,办理林权变更手续。已经流转但手续不完备的,应当补充完善。

山林流转应当依照法定程序进行。集体经营山林的转让,应经过村民大会或村民代表会议三分之二以上成员同意。国有森林资源的转让,必须经林业主管部门审核后,报同级国有资产管理部门批准,依法采用拍卖、招标方式进行,并在依法设立的产权交易机构中公开进行。

四、改革的方法和步骤

第一阶段:准备阶段(8月底至10月底)

(一)成立机构(8月底至10月中旬)。成立县林业产权制度改革领导小组,县委书记罗文季任组长,县委副书记、县长贺祥麟任第一副组长,县委副书记程以金等6位副县级领导及县林业局局长任副组长,宣传、农工、监察、政研、法制、体改、财税、物价、金融、林业、国土等部门和单位为成员单位。领导小组下设办公室,从相关部门抽调人员专职从事林改工作。各乡镇场要相应成立领导小组和办事机构,配备专职人员开展工作。

(二)宣传发动(8月底至10月底)。要充分利用各种媒体,采取丰富多彩的宣传形式,讲清改革的目的和意义,讲明改革的步骤和程序,讲透改革的政策和方法,使林业产权制度改革工作家喻户晓、深入人心,使广大林农了解、支持、参与改革。10月中旬,召开全县林业产权制度改革动员大会,县领导发表林业产权制度改革电视讲话,县委、县政府制发《关于推进林业产权制度改革致全县农民朋友的公开信》,领导小组办公室印发宣传资料,编发《林业产权制度改革简报》。进入实施阶段,将组织林改宣讲团、记者采访团深入各乡镇宣传林改政策及工作进展情况。各乡镇要利用各种宣传工具,广泛宣传动员,大造舆论声势,营造浓厚的改革氛围,充分调动林农、山林经营者和乡镇、村、组等各方面参与改革的积极性。

(三)调研摸底(9月1日至9月底)。深入开展调研摸底工作,掌握林业产权现状及相关情况,通过召开座谈会、发放调查问卷、走访农户等形式,广泛听取各方面的意见和建议。全面清理整顿涉林税费项目,测算林改前后税费变化,为制定切实可行、操作性强的实施方案提供依据。

(四)组织培训(10月中旬至10月下旬)。认真开展林业产权制度改革业务培训工作。对县、乡镇、村林改工作人员通过层层举办培训班进行全员培训,充分认识改革的重大意义,明确指导思想和基本原则,统一方法步骤,统一标准要求,为保质保量完成林改工作奠定坚实基础。

(五)制定方案(10 月上旬至 10 月底)。在调查摸底和充分研讨的基础上,各乡镇、村集体经济组织根据赣发[2004]19 号文件和本方案的规定,结合当地实际情况,制定切实可行的实施方案。乡镇的实施方案报县政府批准,村集体经济组织的实施方案经村民大会或村民代表大会三分之二以上多数讨论通过,经乡镇政府审核,报县政府批准。经批准后的实施方案要予以公开,增加透明度。同时,制定重大群体突发性事件预案。

第二阶段:全面实施阶段(2004 年 11 月 1 日至 2005 年 4 月 30 日)

(一)公开税费,承诺服务(2004 年 11 月 1 日至 11 月 15 日)。向社会公布保留的各类涉林税项目、标准和收取办法,公布木材采伐审批服务承诺制、一次性告知制、限时办结制、责任追究制,公布投诉举报电话。

(二)明晰产权,确权发证(2004 年 11 月上旬至 2005 年 4 月底)。组织县乡工作组,指导督促各乡镇、村及集体经济组织开展明晰山林权属、签订承包合同、换发林权证书的工作,对辖区内林地、林木的所有权和使用权,全面换发国家统一式样的林权证书,统一实行计算机登记、打印、建档、统计、查询业务。确权换发证统一按照“申请、审核、勘查、公示、颁证、建档”六个步骤实施。《遂川县林业产权制度改革确权发证操作办法》另行制定。

(三)放活经营,加强林政管理(2004 年 11 月中旬至 2005 年 2 月底)。在明晰产权、确权发证的同时,要落实省委[2004]19 号文件有关放活经营的政策,出台木竹采伐管理办法和木竹经营管理办法,完善采伐、流通方式,减少中间环节,培育木材市场。在改革过程中,切实加强林政管理,严肃查处破坏森林资源的违法犯罪行为,对可能发生的重大群体性突发事件列入 24 小时预警状态,确保不发生重大森林案件和突发性群体纠纷械斗事件。

(四)进一步规范流转,放手发展非公有制林业(2005 年元月下旬至 4 月底)。依据《江西省森林资源转让条例》修订完善《遂川县林地林木流转管理办法》,积极鼓励林地林木使用权的依法有序流转,大力发展股份制林业、民营林业、个私林业,积极培育龙头企业和支柱产业,形成市场带公司、公司建基地、基地连农户的产业化山区资源经营格局,做大做强山区经济总量,提升林业经济发展质量,带动农民增收致富奔小康。

第三阶段:总结提高阶段(2005 年 5 月 1 日至 5 月 31 日)

(一)开展“回头看”(2005 年 5 月 1 日至 5 月 10 日)。乡镇要按照改革的政策规定和检查验收标准,对辖区内改革工作组织一次“回头看”,开展“查漏补缺”的后续工作,力求圆满完善,不留后遗症,达到改革的预期目的。

(二)全面总结提高(2005 年 5 月 11 日至 5 月 20 日)。各乡镇负责对所辖村进行检查验收,形成总结材料报县领导小组。县领导小组组织检查验收工作组,对各乡镇进行检查验收。各乡镇要建立 1 ~ 2 个村级林改示范点,推动林改成果的扩大延伸,加快林业可持续发展进程。

(三)迎接检查验收(2005 年 5 月 21 日至 5 月 31 日)。县林改办综合各乡镇改革情况,总结好的做法、经验及存在的问题,形成总结汇报材料。县领导小组向省市汇报,迎接省市检查验收。

五、相关配套改革

(一)加快林业体制改革和机制创新,实行政事、政企分开,减人减事减开支。实施林业体制改革,是确保这次改革取得成功的保证。在林业产权制度改革的同时,要积极稳妥地推进林业体制改革,实现创新体制,激活机制。

进一步强化林业管理职能。深化林业产权制度改革,对林业管理提出了更新更高的要求,要根据改革发展的需要,进一步稳定和加强林业管理队伍建设。要完善森林公安双重领导和内部管理体制,贯彻赣发[2004]19号文件精神,将森林公安纳入公安专项行政编制,享受地方公安同等待遇,财政经费预算按照遂发[2004]11号文件执行,森林公安分局主要领导由同级林业部门副职或党委成员担任,森林派出所定为副科级单位。林业稽查大队、森林防火办公室定为副科级单位。组建专职森林消防大队。对林业工作站、木材检查站等林业基层执法单位,要妥善解决人员编制,基层站所的人员工资和工作经费必须纳入同级财政预算给予保障,以保证其正确履行职能,公正执法。

推进林业行政综合执法改革,整合林业执法队伍,建立林业执法分片包干责任制。搞好木材检查站区域调整,建立以固定检查为主、流动检查为辅的木材运输检查体系,强化木材流通领域的管理。

转变林业管理职能,全面提升林业管理和服务水平。强化林业社会化服务管理,将森林防火、病虫害防治、造林规划指导、林权登记、市场信息化服务等纳入公用事业管理,提高服务水平,减少审批环节,改进工作作风,提高服务质量和办事效率。对符合即审即批条件的采伐申请,应即时办理采伐许可证,其它林木采伐申请原则上应在10个工作日内办结。向社会公布举报电话,畅通基层反映问题的渠道,凡群众举报经核实无误的,要按照有关规定对责任人进行处理。

加强国有场圃和森工企业的改革步伐。可以采取承包、租赁、拍卖等形式搞活经营。对特别困难的国有场圃和森工企业,要通过资产变现、流转山林、木竹税费减免等办法筹措资金进行改制。

有关林业体制改革要与林业产权制度改革同步进行、配套推进,由组织、人事、财政、编制、体改等部门指导县林业局制定《深化林业体制改革意见》报县政府批准后实施。

(二)确保林业部门和乡镇组织正常运转。从2005年元月起,林业部门的行政事业经费必须纳入同级财政预算。对林业部门过去遗留的债权债务,要会同财政、金融等部门摸清底数,逐步解决。乡镇政府因改革形成的经费缺口,主要通过发展经济和精简机构、减少人员开支等途径加以解决,财税部门要摸清各乡镇经费缺口底数,通过上级财政转移支付给予适当补助。

(三)建立健全林农负担监督机制。坚决贯彻落实赣发[2004]19号文件有关减轻税费的政策规定。清理整顿辖区内各种涉林税费项目,向社会公布现行涉农收费项目、标准和收取办法。抓紧建立健全林农负担监测、信访举报、检查监督、案件查处等各项工作制度,严肃查处各种乱收费和加重林农负担的行为。

(四)建立森林资源培育和发展激励机制。林业部门要从收取的育林基金中提出一定比例用于造林,对未享受项目资金补助的造林,按每亩50元予以补助,营造阔叶树的,补助标准还应适当提高。县政府每年对造林前3名的先进乡镇和造林大户进行表彰,推动森林资源持续快速增长。

（五）建立健全林业化服务体系。在林业产权制度改革的同时，加快林业社会化服务体系的建设。以市场为导向，从立体式大林业的高度，吸引全社会力量投身林业建设。在信息、资金、技术、管理上为林农提供全方位的服务。金融部门要加大对林业信贷投放的力度，积极开展森林资源资产抵押贷款试点，为林农发展生产给予必要的小额贷款支持。要建立和规范活立木拍卖和木竹交易市场、林权流转市场等中介服务组织，推动林业行业协会和林农合作组织的发展，鼓励公司带基地、基地连农户的产业化经营形式，努力拓宽农民进入市场的渠道。要尽快建立林木资产评估机构，开展有偿、有资质、有权威性的林木资产评估工作。实施科教兴林战略，进一步完善林业科技推广服务机制。要支持和鼓励社会各界建立起方便快捷的林业社会化服务体系，为林农提供全程服务。

六、几点要求

（一）统一思想，加强领导。各乡镇党委、政府和县直相关部门要从全局和战略的高度，充分认识深化林业产权制度改革的重要性、艰巨性和复杂性，把改革作为解决“三农”问题的一件大事来抓。按照“县直接领导、乡镇组织、村具体实施、部门搞好服务”的工作机制，层层落实领导责任制，党政一把手亲自抓、负总责，分管领导具体抓，要组建好改革的领导机构和办事机构，落实好改革的工作经费。县委、县政府决定将林业产权制度改革工作纳入乡镇年度目标考核，并建立林业产权制度改革督查制度。各级领导要深入第一线，加强调查研究，不断总结改革经验，及时发现和解决改革中出现的新问题。林业部门要积极当好参谋，搞好服务；财税部门要落实林业行政事业经费，做好转移支付、规范税费征收工作；宣传部门要通过各种媒体，加大对改革的舆论宣传，营造良好的改革氛围；政法部门要及时发现和处置改革中出现的矛盾和纠纷，维护好林区治安秩序；其它各部门要各司其职，通力合作，形成合力，确保改革取得成功。

（二）严肃纪律，规范操作。林业产权制度改革是事关广大林农切身利益的一件大事，必须牢固树立“立党为公、执政为民”的思想，做到公开、公平、公正，决不允许暗箱操作，损害群众利益。在改革过程中，必须坚持按政策办事，不允许违背政策另搞一套，不允许借改革之机，利用职权为亲友捞取好处。要正确处理好改革质量与进度的关系，保质保量完成改革工作任务。要明确改革程序，统一技术标准，严格规范操作。坚决防止应付了事、走过场的不良行为。

（三）保护资源、维护稳定。高度重视维护森林资源和社会稳定工作，把防止乱砍滥伐、纠纷械斗、维护森林资源管理秩序贯穿于改革的全过程。各乡镇必须严格执行国家有关森林资源保护管理的法律法规，坚持采伐限额管理制度不动摇；继续实行凭证采伐、凭证运输和凭证经营加工的管理制度；坚持保护森林资源，严禁乱砍滥伐。所有山场上的林木资源，任何人不得借改革之机进行采伐分配。林农平等享有集体山林的权益，应当通过林木资产评估协商解决，决不允许砍光重分。在改革过程中，要加大林业执法力度，制定切实可行的处理重大案件和群体突发性事件的预案，及时查处森林案件，调解山林纠纷；森林公安要充分发挥职能作用，建立林区治安防控体系和快速反应的处警机制，为改革保驾护航。各乡镇要高度重视群众来信来访工作，对林农反映的问题，要及时进行调查处理，决不允许置之不理或久拖不决，对各种矛盾纠纷和问题要及时采取有效措施，把矛盾化解在基层，解决在萌芽状态，决不能相互推诿扯皮，酿成事端。在改革中发生乱砍滥伐、纠纷械斗等重大案件的,要追究领导责任。要通过努力,杜绝群体事件和纠纷械斗的发生,把上访和越级上访减少到最低程度,以稳定的社会环境确保改革顺利进行。

七、本方案已报吉安市人民政府批准,同时已报省林业产权制度改革领导小组办公室备案,从发文之日起施行。

八、本方案由遂川县林业产权制度改革领导小组办公室负责解释。

遂川县人民政府
关于印发遂川县森林限额采伐等六个管理办法的通知

遂府发[2005]4号

为适应全县明晰产权、减轻税费、放活经营、规范流转的林改政策措施的实施,完善林改配套政策,根据省委、省政府《关于深化林业产权制度改革的意见》(赣发[2004]19号)精神,经县政府研究同意,现将《遂川县森林限额采伐等六个管理办法》印发给你们,请认真贯彻执行。

遂川县人民政府

二〇〇五年三月十四日

遂川县森林限额采伐管理暂行办法

第一条 为加强森林限额采伐管理,控制森林资源消耗,确保森林资源永续利用,根据有关法律法规和中共江西省委、江西省人民政府《关于深化林业产权制度改革的意见》精神,结合我县实际,制定本办法。

第二条 凡本县境内的森林和林木采伐,均应遵守本办法。法律、法规另有规定的除外。

第三条 森林限额采伐,应当遵循用材林消耗量低于生长量的原则,严格控制森林采伐量,杜绝超限额采伐。

第四条 森林限额采伐管理的内容:

(一)编制下达年度木材生产计划;

(二)编制和审批采伐作业设计,核发林木采伐许可证;

(三)对伐区进行监督、检查和验收;

(四)监督年度木材生产计划的执行。

第五条 森林采伐的范围包括森林、林木的主伐,抚育间伐和其他采伐。法律、法规另有规定的除外。

第六条 年度木材生产计划的申报,由林木所有者在当年的十月份,根据可伐资源情况,按下列规定提交次年采伐计划申请。

(一)国有林权单位向县林业主管部门申报,由县林业主管部门审核后向上级林业主管部门申报。

(二)集体和个人所有的林木采伐凭林权证和可伐资源状况,向林地所有权行政村提出申请,以村为单位进行审查后公示,原则上符合采伐条件的林权所有者在三年内应至少落实一次生产计划。公示无异议的报当地林业工作站审核,经乡镇人民政府审定公示,并统一报县林业主管部门汇总向上级林业主管部门审报。

(三)加工企业自办或控股的工业原料林基地及造林公司营造的工业原料林基地(以下简称基地),面积在一万亩以上的按程序申报。

第七条 县林业主管部门根据年度汇总申报上级批复的年度木材生产计划,会同计划部门及时下达并在电视台公示。不得将计划下达给非林权所有者,不得截留。

(一)国有林权单位的木材生产计划由县林业主管部门会同计划部门直接下达。

(二)集体林权单位的木材生产计划由县林业主管部门会同计划部门下达到乡村,由基层林业工作站进行公示,并通知已经乡(镇)、村审定上报的林木所有权者申请采伐作业设计。

(三)木材加工企业及造林公司营造的工业原料林基地(面积在一万亩以上的)木材生产计划由县级林业主管部门直接下达给企业。

(四)低产低效林改造、成过熟的人工用材林、定向培育的工业原料林应在木材生产计划内优先安排解决。

(五)森林资源转让的林木采伐由转让方所在行政村申报、审核,未经过规范的流转、未取得林木所有权证的受让方林木一律不得安排采伐指标。

第八条 毛竹和10厘米以下的间伐材不纳入木材生产计划管理。县林业主管部门按照省批准下达的采伐限额总量,由林木所有者向当地林业工作站提交《采伐申请表》,林业工作站审核后,报县林业主管部门即申即批。

第九条 即申即批的条件:

(一)毛竹采伐申请人凭林权证和可伐资源状况申请,采伐量应在县下达给乡(镇)毛竹采伐限额内,采伐强度应确保伐后立竹度110株/亩以上,并分布均匀。

(二)采伐10厘米以下的间伐材必须是以培育森林资源为目的的抚育间伐。

(三)定向培育的工业原料林必须符合:①加工企业自行投资营造的以生产自用木竹为目的的林业生产基地;②加工企业与林业企事业单位、农村集体经济组织或个体私营林业主通过合资、合作、股份制等形式营造的为本企业提供木竹原料的林业生产基地;③造林公司营造的工业原料林基地;④加工企业投资购买的生态公益林以外的用材林、竹林,并按规定取得了合法林权证的,经设区市以上林业主管部门认定的。

(四)成过熟的人工用材林的主伐年龄应符合省林业厅《关于调整全省人工用材林和工业原料林采伐管理政策的通知》(赣林资字[2003]80号)所规定的林龄。

第十条 国有林权单位的林木采伐作业设计自行组织技术力量完成。集体、个人及其他经济组织的林木采伐作业设计由林业技术服务中心完成。分户经营的零星采伐填写《采伐申请表》由林业工作站核实、交林业技术服务中心编制简易作业设计汇总,报县林业主管部门审批。

第十一条　林木所有者在领取林木采伐许可证时预交育林基金。

第十二条　年度木材生产计划实行出材量总量控制。国有林权单位允许在设计林班内调剂,集体林权单位的林木所有者允许在本村范围内调剂,基地的林木所有者允许在本基地内调剂,但必须以书面形式报县级林业主管部门或其委托单位同意调剂后采伐。

第十三条　经县林业主管部门审核批准的伐区,属国有林权单位的,由国有林权单位落实伐区责任人;属集体和其他经济组织的,其法定代表人为伐区责任人;属个人的,林木所有者为伐区责任人。当地林业工作站落实监管人,负责伐区检查和验收。

伐区责任人和监管人应当依法履行职责,并承担相应的法律责任。

第十四条　有权属争议的森林和林木,在争议尚未解决前,任何一方不得申请采伐;发证单位不得核发林木采伐许可证。采伐许可证核发后出现权属争议的,发证单位应立即终止其采伐并将采伐许可证收回。

第十五条　林木采伐许可证的核发,每年从一月一日开始至十二月三十一日止,采伐期限不得跨年度。

第十六条　当年没有用完的年度采伐计划,所结存的采伐限额按规定报批后结转到下年度使用。但在一个五年计划内不得突破。

第十七条　皆伐、更新采伐、低产林改造采伐迹地,最迟应在下年度三月份前完成更新造林,不得欠账,未按时完成更新造林的,取消该采伐单位下年度采伐计划。择伐、抚育间伐和卫生伐的林地,采伐后应立即进行封山育林和抚育。

第十八条　公益林中的阔叶树和自然保护区的林木严禁采伐。对公益林的毛竹要科学经营,经批准允许进行抚育和更新性质的采伐。

第十九条　严禁采伐古树、名木、母树以及列入国家和省级保护的珍稀树种等,严禁利用阔叶树烧木炭和生产活性炭、木片,严禁砍伐杂木棍。

第二十条　严禁对天然阔叶林和生态脆弱的森林进行皆伐。稀疏残次林、人工用材林的皆伐,可根据森林经营者意愿和当地立地条件,在不造成水土流失和能够更新森林的前提下,经当地林业工作站实地踏查后报林业主管部门审定同意,允许林木所有者按采伐作业设计进行小面积皆伐,但连片面积不得超过20公顷(工业原料林基地可适当放宽)。

第二十一条　本办法自印发之日起执行,由县林业局负责解释。原县政府办公室《关于印发遂川县森林限额采伐管理暂行办法的通知》(遂府发[2003]41号)同时废止。

遂川县木材检验管理暂行办法

第一条　为加强木材检查管理,规范木材检验行为,提高服务质量,根据有关法律法规规定,制定本办法。

第二条　木材检验是指对木材的尺寸进行检量、材积计算工作和植物检疫的总称。它是一项专业技术工作,是林业生产中重要组成部分,是计算木材生产量的基础。

第三条　木材检验的主要对象是:原木、原条、原竹、锯材以及木竹制成品、半成品等。

第四条 木材检验执行国家技术监督局 1995 年批准并实施的木材检验标准。

第五条 林木所有者生产的木材，在销售和起运前要实行木材检验，并填具《木材检验记录表》。其内容包括：单位名称、检验地点、检验时间、材种、长度、径级、等级、检验员、记码员、划码员、复核员、根株、材积的大小写，运输车辆号。上述内容项目都必须正确填写清楚。木材检量时必须逐根打上斧印，装车后，必须划上“ ”形的封仓线。

第六条 木材起运过程中的《木材检验记录表》一式两份，一份为原件，由林木所有者加盖印章作为林业工作站办理县内木材运输证的依据。另一份为复制件，由林业工作站加盖公章，作为货主随货同行以及县内木材检查站实施木材检查的内容。

第七条 木材检验员按所属单位的不同，分为国有林场木材检验员、林业技术服务中心木材检验员。

第八条 木材检验人员的配置：国有林场（含林业公司）的木材由该林场木材检验员检验，乡镇集体和个人及其他经济组织的木材由林业技术服务中心的木材检验员检验。

第九条 木材检验员的职责：

（一）增强服务意识，不得故意刁难货主；

（二）执行伐区管理规定，不属批准伐区范围内生产的木材不得检量；

（三）必须逐根检量并打上斧印；

（四）坚持国家标准检量，不得另立标准；

（五）提高检量水平，材积准确率要求达到 98% 以上。

第十条 木材检验员必须经过培训并取得省林业主管部颁发的《木材检验员资格证书》的人担任。

第十一条 林业技术服务中心的木材检验员必须凭当地林业工作站开具的通知单进行检验。

第十二条 木材检验员必须接受县林业主管部门的监督管理。如发现有下列行为之一的，由县林业主管部门按有关规定给予经济和行政处罚，并解除聘用关系，情节严重的报请发证部门取消其木材检验员的资格。

（一）违反操作技术规程检验的；

（二）工作不负责任，给货主造成一定经济损失的；

（三）货证不符，属检验员责任的。

第十三条 本办法自印发之日起施行，由县林业局负责解释，原县政府办公室《关于印发遂川县木材检验管理办法的通知》（遂府办发［2003］42 号）同时废止。

遂川县木材运输监督管理暂行办法

第一条 为保护和合理利用森林资源，维护木材流通秩序，加强木材运输监督管理，根据《森林法》、《森林法实施条例》和《江西省木材运输监督管理办法》等有关法律法规，结合我县实际，制定本办法。

第二条 凡在本县范围内从事木材运输及其管理活动的单位和个人必须遵守本办

法。

禁止任何单位和个人违法从事木材运输活动。

第三条　本办法所称木材是指各类木、竹及其半成品、成品和柴炭。

第四条　本县范围内的木材运输监督管理工作由县林业主管部门负责。

各林业行政执法单位应严格按县林业主管部门委托的权限从事木材检查，认真执行《江西省木材运输监督管理办法》，依照法律法规的规定，切实履行检查职责。

第五条　凡运输木材，必须持有县级以上人民政府林业主管部门及其委托单位签发的木材运输证、森林植物检疫证、检尺码单等相关凭证。法律、法规另有规定的除外。

第六条　运输证在规定期限内从木材起点到终点单向全程有效，且必须一车一证随货同行。

第七条　检查人员应持证上岗、依法检查、公开检查、不得刁难货主，对货证相符的应当及时放行，对违章运输木材的按程序依法处理。

第八条　林业行政执法单位依法暂扣木材的，应当给当事人出具暂扣凭证，并报县林业主管部门依法作出处理决定。暂扣期限不得超过15日。

林业行政执法单位对依法暂扣的木材应当妥善保管，不得动用、调换或者损毁。

暂扣期满，行政处罚决定已执行或者有法律、法规规定解除暂扣情形的，木材检查站应当立即向当事人出具解除暂扣通知书。

第九条　林业行政执法单位解除暂扣通知书送达之日起满30日，当事人不认领被暂扣的木材或者无法找到当事人的，经依法公告30日后仍无人认领的，经县林业主管部门批准，可以将该木材依法变卖或者拍卖，变卖或者拍卖后的价款必须上缴县财政。

第十条　木材检查实行责任追究制。检查管理的下一个环节对上一个环节监督，下一个环节发现上一个环节有放行无证木材、超装木材、手续不全的木材，要追究上个环节的有关责任。

第十一条　林业行政执法单位要严格执行县林业主管部门制定的《罚没材管理暂行办法》，对没收的木材一律交县林业开发公司拍卖，不准擅自变卖。凡经发现有私自变卖木材的，私设小金库的，除全部收缴违纪款外，还要追究经办人和单位负责人的责任。

第十二条　林业行政执法人员玩忽职守、滥用职权、徇私舞弊的，对责任人依法给予行政处分。

第十三条　违反本办法的行为构成犯罪的，移交司法机关依法追究刑事责任。

第十四条　本办法自印发之日起施行，由县林业局负责解释。原县政府办公室《关于印发遂川县木材运输监督管理办法》（遂府办发[2003]43号）同时废止。

遂川县木材营销管理暂行办法

第一条　为维护林木所有者和木材经营者的合法权益，确保我县木材营销工作规范有序的进行，根据有关法律法规和《中共江西省委、江西省人民政府关于深化林业产权制度改革的意见》（赣发[2004]19号）精神，结合我县实际，制定本办法。

第二条　木材交易全部市场化。打破木材垄断经营和地区封锁，允许林木所有者自主销售木材，产销见面，价格随行就市。

第三条 进入流通领域的所有木竹及其制品必须依法凭证销售。

林木所有者自产自销的原木、原竹凭林权证和林木采伐许可证销售。

第四条 允许县内外客商进入木竹产地经销商品木竹，凭林木采伐许可证办理县内运输证后，由县林业主管部门转办木竹出县运输证。鼓励本县木材销售给县内木材加工企业，加工增值。

第五条 严禁买卖无合法来源的木竹，违者依照《森林法》及《森林法实施条例》等有关法律、法规进行处理。

第六条 为切实维护林农的合法权益，木材交易应本着自愿、公平的原则进行，严禁欺行霸市和压级压价或强买强卖。

第七条 严禁倒卖林木采伐许可证和转让木材经营加工许可证，违者依照《森林法》等有关法律、法规进行处理。

第八条 任何单位不准以任何方式或采取任何手段限制林木所有者或经营者从事合法的木材营销活动。

第九条 商品木竹及其制品除按规定税费外，任何单位不得擅自增加收费项目和提高收费标准。

第十条 县林业主管部门及其所属的基层林业技术服务中心具体负责木材营销的管理工作，除依法进行管理外，还应为林农提供市场行情等方面的信息服务，定期制订“木材销售最低指导价”。

第十一条 森林公安要切实加强林区治安管理，维护正常的木材交易秩序，为合法的木材营销活动保驾护航。

第十二条 林业及有关部门要通力协作，切实为木材营销提供优质服务，确保我县木材交易规范有序进行，鼓励经营大户、能人组建有形木竹交易市场。

第十三条 本办法自印发之日起执行，由县林业局负责解释。原县政府办公室《关于印发遂川县木材营销管理暂行办法的通知》（遂府发[2003]45号）废止。

遂川县木竹加工企业管理暂行办法

第一条 为了进一步加强我县木竹加工企业的规范管理，做到合理开发利用森林资源，根据《森林法》、《森林法实施条例》及有关法律法规，制定本暂行办法。

第二条 凡在我县兴办木竹加工企业必须取得木竹加工许可证，工商营业执照、税务登记证，主动接受县林业主管部门和工商、税务部门的监督管理。

第三条 木竹加工企业的申办条件。必须具备一定的工业原料林基地，有一定的生产规模，固定的生产厂房和从业人员，有资金和技术保证，按规定生产成品。

第四条 木竹加工企业的审批程序。先向县林业主管部门提出办厂申请，提供资源状况的认定材料和项目可行性研究报告，经县政府初审同意后报市林业主管部门复审，由市林业主管部门的专家论证后，再逐级上报，经市政府批准后发给木竹加工许可证。凭木竹加工许可证到工商、税务部门办理营业执照和税务登记。

第五条　根据吉安市林产工业整顿领导小组(吉市林产字[2004]3号)文件精神,实行木竹加工许可证年审制度。具体办法按吉市林产字[2004]3号文件规定执行。

第六条　鼓励发展以竹材为原料和毛竹综合利用的加工项目;鼓励发展以杉木为原料的深加工项目;合理利用以林木的枝叶为原料提取化工原料及提取物为原料进行深加工的项目。严禁兴办利用珍稀树种及大量消耗本地阔叶树资源的项目。鼓励发展技术含量高、工艺先进、高附加值的生产项目,限制能耗高、污染大、原料利用率低的小型加工项目。

第七条　鼓励林区现有加工企业迁入砂子岭工业园区内。林区内的木竹加工企业,在原木进厂时必须通过林业主管部门或其委托单位检验登记,预交育林基金,单独建立台账。产品出厂办理运输证时凭预缴育林基金票据结算应缴育林基金。

第八条　林业主管部门或其委托单位必须对辖区内加工企业进行监督,定期或不定期对企业的原材料进行核定,实行一证一厂、按证生产,不得另设车间、另设分厂,如有发现将暂停该厂产品放行并追究企业主和单位负责人的责任。

第九条　木竹加工企业不准收购无合法来源的木材,做到凭证加工、凭证运输。企业须建立原材料进厂、产品出厂台账,生产经营情况按月上报县林业主管部门。

第十条　凡具备一定的生产规模,技术设备先进、产品附加值高、年纳税金额100万元以上的木竹加工企业,经有关部门提名,县政府批准,可列入县政府重点保护企业。对重点保护企业县林业主管部门可派员驻厂,为企业协调服务。

第十一条　本办法自印发之日起施行,由县林业局负责解释。原县政府办公室《关于印发遂川县木竹加工企业管理暂行办法的通知》(遂府办发[2003]44号)同时废止。

遂川县森林资源转让暂行办法

第一条　为规范森林资源转让行为,保障森林资源转让当事人的合法权益,促进林业可持续发展,根据有关法律、法规,结合本县实际,制定本办法。

第二条　凡进行森林资源的转让,必须依照《江西省森林资源转让条例》的规定。(以下简称《条例》)

第三条　遂川县林业主管部门按程序向县编委申报成立林业产权交易服务中心,具体负责遂川县行政区域内的林地使用权、林木所有权和使用权转让的受理评估、拍卖、交易等服务工作。

第四条　本县范围内的森林资源转让由县林业主管部门产权管理机构负责产权变更登记和管理工作。

第五条　转让申报:

国有森林资源的转让,向县级林业主管部门产权交易中心申报,审核同意后,转呈同级国有资产管理部门申报、审批。

集体森林资源转让,提交按《条例》规定的材料向县级林业主管部门产权交易中心申报,个人和其他经济组织森林资源转让,按《条例》要求提交材料外,还应提交现有资源状况材料,由本人或委托他人向林业产权交易中心申报。

第六条 转让的管理

(一)国有、集体、个人或其他经济组织森林资源转让由县级林业产权交易中心受理，并组织公告、拍卖、招标。

(二)凡经流转的山林权证，由林业产权交易中心负责到林业主管部门产权管理机构进行变更登记手续。

第七条 签订转让合同时，除《条例》规定的内容外，还应明确转让届满时的资源存量或更新造林责任。

第八条 对荒山、低产低效林转让面积600亩以上，转让年限15年以上的，受让方投资更新时的林木采伐，可优先安排采伐计划。

第九条 鼓励森林资源集中连片向有资金和经营管理优势的大户转让。对转让面积1000亩以上，转让期限15年以上的，受让人投资新造的林木采伐时可享受以下优惠政策。

(一)自主确定采伐形式和年限，实行计划单列。

(二)优先安排国家林业工程项目建设投资。

第十条 本办法自印发之日起施行。

关于印发《遂川县稀疏残次林(竹林)改造管理暂行办法》等四个管理办法的通知

遂林字[2006]26号

为加大我县稀疏残次林改造力度，促进遂川林业可持续发展。经县政府常务会议研究通过，现将《遂川县稀疏残次林(竹林)改造管理暂行办法》、《遂川县抚育间伐管理暂行办法》、《遂川县工业原料林基地建设管理暂行办法》、《遂川县商品林活立木、林地转让管理暂行办法》印发给你们，请认真贯彻执行。

特此通知

附件:1. 遂川县稀疏残次林改造管理暂行办法

2. 遂川县抚育间伐管理暂行办法

3. 遂川县工业原料林基地建设管理暂行办法

4. 遂川县商品林活立木、林地转让管理暂行办法

遂川县林业局

二○○六年四月七日

遂川县稀疏残次林(竹林)改造管理暂行办法

为了对因人为或自然因素破坏后形成的林相残破、无培育前途的残次林及竹林进行有效改造，改变林分质量低的现状，充分发挥林地地力，促进全县森林资源的有效增长，

特制定如下办法。

一、认定标准

1. 稀疏残次林　郁闭度 0.3 以下、林分每亩年生长量低于 0.2 立方米的用材林或者每亩出材量 3 立方米以下的用材林。

2. 低产竹林　每亩立竹度低于 100 株，坡度小、土层厚、有培育前途的竹林。

二、改造方法

以全部改造为主、综合改造为辅，同时保留珍贵和有价值的阔叶树。

1. 全部改造法：对无培育前途、需要改变林分结构的，采取全部改造法，即：全面采伐原有林木、清理林地后进行造林，但坡度大于 36 度、岩石裸露、土层瘠薄等不适应更新造林的林地，不得采取全部改造法。

2. 综合改造法：对林相杂乱，林分中有部分目的树种但数量不足、大小不一、疏密不均、林龄差异悬殊的异龄复层林分（含竹林），采用综合改造法，伐去生长衰弱、无培育前途的藤条、杂灌等。均匀保留目的树种并进行松土、补植。

三、改造管理

1. 计划安排："十一五"期间每年安排 40% 的木材生产计划（毛竹林改造 10%）用于稀疏残次林改造。符合认定标准的残次林在五年内完成改造。

2. 计划申报：由各乡镇组织村、组及林权所有者根据资源现状编制稀疏残次林改造方案，各林业工作站技术把关。2006 年对符合下列条件的优先列入计划：（1）连片面积 100 亩以上的；（2）每亩出材 2 立方米以下的；（3）木竹加工企业建立的工业原料林基地；（4）遭受严重病虫、火灾或其它自然灾害的。

3. 采伐管理：采伐作业设计由林业技术服务中心负责，落实伐区监管责任，由林业技术服务中心和林业工作站实地进行伐区拨交、伐中检查、伐后验收，同时跟踪林地清理和造林整地，确保改造质量。

4. 运输管理：稀疏残次林改造采伐产生枝桠、杂灌等短、小径材按规格材计费标准交费，办理采伐剩余物放行。杂木规格材只允许在县内加工升值，不得办理出县放行，计划由县林业局根据伐区实际采伐量统一调配。鼓励毛竹精深加工，原竹和粗加工的半成品原则上不办理出县放行。

5. 其它规定：（1）造林必须在采伐后当年冬或翌年春完成；（2）列入项目造林的，按项目造林管理办法执行；（3）竹林改造按毛竹低改技术规程执行。

遂川县抚育间伐管理暂行办法

为了有效扭转过去普遍存在的以追求经济利益为主的"抓壮丁式"间伐方式，规范抚育间伐管理，确保按技术规程实施间伐，达到森林资源培育的目标，特制定以下管理办法。

一、间伐条件

1. 杉木人工林郁闭度 0.8 以上，马尾松、国外松郁闭度 0.7 以上的；

2. 杉木、国外松人工林 20 年以下，马尾松天然林 22 年以下的；

3. 遭受轻度自然灾害、林内卫生状况较差的；

4. 郁闭度低于0.6的不能实施间伐。抚育间伐后的用材林4年内不能实施主伐。

二、技术要求

砍小留大、砍密留稀、砍劣留优、照顾均匀，不开“天窗”，保留木分布均匀，确保有利于培育大径级材、优质材。

采伐强度按株数为25%～35%、按蓄积为10%～20%。伐后郁闭度不低于0.6。

三、计划申报

林权所有者在申请抚育间伐时，须提交书面申请、山林权证复印件或其它林权证明材料，由当地林业工作站初审后报县林业局审批。

集体林权的由县林业技术服务中心组织间伐作业设计，国有林权的自行进行间伐作业设计。作业设计批复按规定核发林木采伐许可证。

四、采伐管理

1. 抚育间伐必须符合间伐技术规程，为确保抚育间伐质量，采伐申请人在实施抚育间伐前须签订抚育间伐质量保证书，按每立方米30元的标准缴纳质量保证金。

2. 严格实行号树采伐、伐前斩杂。采伐小班设置面积不少于1亩的号树标准地，经林业工作站检查合格后，参照标准地进行全林号树间伐。

3. 抚育间伐质量由林业工作站负责监管。对采伐过程中出现质量问题的及时纠正，对问题较大的责令其停止采伐，收回其采伐许可证，并依法追究责任。间伐完成后进行伐区验收。验收合格的，开具合格证明，退还质量保证金；不合格且造成滥伐的，按法律规定处理。

五、调运管理

间伐材调运按《遂川县木材运输监督管理暂行办法》和《遂川县木材检验管理暂行办法》执行，林业规费按遂林字[2004]47号文件执行。

对质量合格的间伐，其间伐材放行不受径级限制。

对人工用材林进行抚育间伐并符合技术要求的，林木胸径小于10厘米，可以不纳入木材生产计划管理，但必须纳入森林采伐限额管理，对其核发的林木采伐许可证、木材运输证要单独建立台账。

遂川县工业原料林基地建设管理暂行办法

第一条 为加快我县工业原料林基地建设的步伐，全面提高林业工业企业的生产能力，根据中共江西省委、省人民政府《关于加快林业发展的决定》和省委《关于深化林业产权制度改革的意见》精神以及相关法律、法规、政策，特制定本办法。

第二条 凡符合下列条件之一的，可向县林业局提出申请，经审核，可认定为工业原料林基地：

（一）木竹加工企业自行投资营造的以生产自用木竹为目的的林业生产基地；

（二）木竹加工企业与林场、乡村或个体私营林业主通过合资、合作、股份制等形式营造的为本企业提供木竹原料的林业生产基地；

(三)社会个人、组织或单位营造的为县内加工企业提供木竹原料的林业生产基地。

第三条　工业原料林的认定由县林业局林政股、营林股、森林资源监测中心负责。

第四条　工业原料林基地必须符合以下3条标准:

(一)必须是新造人工用材林;

(二)面积必须不低于1000亩,且要相对集中,单块山场面积不小于100亩;

(三)必须是以一个独立的法人为经营主体,且要取得合法的林权证明;

(四)采伐后必须当年更新造林。

第五条　工业原料林的经营单位必须编制森林经营方案,未编制森林经营方案的不予认定。

第六条　在被确认工业原料林基地之后,在林业主管部门的指导下,经营单位可自主确定基地上林木的采伐年龄、采伐方式。

第七条　通过遂川林业要素市场规范流转,将稀疏残次林改造为工业原料林的,可优先安排木材生产计划。

第八条　营造后的工业原料林,其木材生产计划由县林业局在全县计划内实行单列,按批准实施的森林经营方案安排采伐计划。

第九条　以法人为单位经营森林面积超过5000亩,蓄积量达到15000立方米以上的,森林经营者可向县林业局提出申请,经初审后,上报省林业厅认定。被确认的,年森林采伐限额由市林业局按照森林经营方案确定,并实行采伐限额和木材生产计划单列。

第十条　新造工业原料林基地上生产的木竹若是供给县内木竹加工企业加工使用,其育林基金减半征收;若是通过其他渠道销售出去的,其育林基金仍按现行商品木竹的标准执行,不享受减半征收的政策。

第十一条　企业在取得林地使用权和林木的所有权后,通过林业要素市场进行资产评估,可向银行申请林权贷款。

第十二条　自有、租赁、承包林地建设工业原料林基地的,若符合项目要求,可向林业局提出申请,优先享受项目扶持造林。

第十三条　企业、社会个人或其他组织和单位在完成工业原料林基地建设后,可将其营造的工业原料林通过林业要素市场进行流转,林木和林地的受让者可享受流转前同等优惠政策,但一个基地必须一次转让完成,一个经营主体接收,且不能改变其性质。

第十四条　工业原料林基地的林木采伐和放行,必须单独建立台账,实行单独管理。

第十五条　本办法由县林业局负责解释,从发布之日起施行。

遂川县商品林活立木、林地转让管理暂行办法

第一条　为适应林业产权交易市场发展需要,规范商品林活立木、林地转让交易行为,维护商品林活立木、林地转让双方的合法权益,促进林业发展,根据《森林法》、《江西省森林资源转让条例》、《遂川县森林资源转让暂行办法》及其它有关法律、法规,结合我县实际,特制定本办法。

第二条　本县范围内的商品林活立木、林地的转让,必须由县林业主管部门设立的

机构审核或者审批，并组织、监督进行公平、公开、公正交易和办理产权变更登记。

第三条 本办法所称商品林活立木、林地是指根据我县二类森林经营区划，以生产商品材为目的的林地及其森林、林木。

第四条 商品林活立木、林地转让是指交易双方以商品林林木采伐前活立木为标的物和以商品林林地及其森林、林木为标的物的转让交易。

第五条 商品林活立木、林地转让应严格遵循法律法规、平等自愿、协商一致、等价有偿和诚实守信的原则。

第六条 县林业主管部门设立林业要素市场，具体管理本县商品林活立木、林地转让活动。

第七条 下列商品林活立木、林地使用权可以依法转让：

（一）商品林活立木的所有权和使用权；

（二）商品林的林地使用权；

（三）规划发展商品林的采伐迹地、火烧迹地、未成林造林地和宜林地的林地使用权。

第八条 有下列情形之一的商品林活立木、林地不得转让：

（一）本办法第七条规定之外的；

（二）没有权属证书的；

（三）山林权属有争议或者权属不明晰的；

（四）被司法机关查封、冻结的。

第九条 商品林活立木、林地转让的审核或者审批的权限范围为：

（一）面积 500 公顷以下的，由县人民政府林业主管部门审核或者审批；

（二）面积 500 公顷以上 1000 公顷以下的，由设区的市政府林业主管部门设立的机构审核或者审批；

（三）面积 1000 公顷以上的，由省人民政府林业主管部门设立的机构审核或者审批。

第十条 商品林活立木、林地转让的期限范围为：

（一）商品林活立木已办理采伐许可证的林木转让，转让期限为采伐许可证的有效期限；

（二）商品林活立木所有权与使用权共同转让，转让期限为林木可依法批准采伐的时间至一个轮伐期；

（三）商品林活立木的使用权与商品林林地的使用权的转让，转让期限为 15 年至 70 年；

（四）再次转让，转让期限不得超过原转让合同的剩余期限。

第十一条 凡是商品林活立木、林地转让应由权利人向县林业要素市场办理转让申请登记手续。

第十二条 办理转让申请登记手续应提供下列资料：

（一）商品林活立木、林地的权利人个人、集体或法定代表人的书面申请；

（二）申请人个人身份证件或法人资格证明；

（三）所转让商品林活立木的林木所有权证或商品林林地使用权证；

（四）法律法规规定的其它证明材料。

委托代理人办理的，应同时提供委托书与代理人身份证件；

转让共有或者合资、合作经营的商品林活立木、林地的，应同时提供共有人或合资、合作各方同意的书面意见；

转让集体商品林活立木、林地的，应同时提供拟转让商品林活立木、林地的资产评估报告及村民会议或村民代表会议同意的决议；

转让国有商品林活立木、林地的，应同时提供拟转让商品林活立木、林地的资产评估报告及国有资产管理部门的批准材料。

第十三条　县林业要素市场应自收到申请人提供的有关资料之日起5个工作日内进行审核，符合要求的将申请转让的商品林活立木、林地的基本情况，在转让所在地及相邻乡镇，通过网络、新闻媒体、布告等形式予以公告，公告期不少于30日。

第十四条　转让商品林活立木、林地公告期满无异议的，县林业要素市场应在10个工作日内，作出是否同意或者批准转让的意见或决定，并书面或电话通知申请人，同意转让的并组织转让实施。

对公告期内有异议的，由县林业要素市场进行复核，再按前款进行办理。

第十五条　商品林活立木、林地转让可以采取下列方式：

（一）协议转让：转让双方自愿协商达成协议成交的方式；

（二）竞价拍卖：由多个受让意向者公开竞价的形式，以出价最高者成交的方式；

（三）招标转让：多个受让意向者以公开竞争的形式，由评标委员会评出最优标者成交的方式。

第十六条　国有、集体权属的商品林活立木、林地转让，必须由县林业要素市场组织实施。

第十七条　商品林活立木、林地转让属设区的市以上政府林业主管部门设立的机构审核或者审批的，由县林业要素市场协助设区的市以上设立的机构组织实施。

第十八条　以竞价拍卖、招标方式转让的，由县林业要素市场林权流转交易中心按照有关拍卖、招投标的法律、法规的规定组织进行。

第十九条　商品林活立木、林地转让成交的应签订转让合同，受让人按照转让合同的规定支付转让金后，转让人应进行产权交割，双方向县林业要素市场管理办公室申请办理权属变更登记手续。

第二十条　商品林活立木、林地转让成交后，县林业要素市场按照县物价部门批准的收费项目及标准收取服务费。

第二十一条、违反本办法实行商品林活立木、林地转让的无效，不办理其权属变更登记手续。

第二十二条　公益林活立木除国家规定的项目外，不予转让。林地可以参照本办法转让，但必须执行县以上林业主管部门限伐、禁伐的规定，保持公益林性质不变。

第二十三条　本办法自公布之日起施行，由县林业主管部门负责解释。

编后记

独特的山川地貌，丰富的森林资源，勤劳智慧的人民，熔铸了遂川林业的悠久历史，孕育了丰厚的林业文化。《遂川县林业志》首志记述了1994年以前上千年的林业历史渊源和变迁。时隔12年，尽管在历史上只是短暂的瞬间，但发展变化却难以用时间来恒定。为承前启后，传承文明，延续志节，2006年4月，启动《遂川县林业志》(1995~2006年)编纂工作，成立编纂工作领导小组，制定编纂工作实施方案，从县志办聘请5名专业人员，林业局抽调3名工作人员组成编纂班子，撰写续编纲目提交编纂工作领导小组和林业系统各单位征求意见，几经修改后，5月8日以遂林字[2006]45号文件下发。

为达到续修工作至年底完成编纂的要求，采取上下联动的办法，将章、节、目具体落实到每个编纂人员的同时，把提供基础资料的任务分解到全系统相关单位。编纂人员在重点收集基础资料过程中，历时50余天对林业局建档的1500余卷档案资料进行逐卷查阅摘录，并不定期到两场一司、公安森林分局及林产工业企业指导基础资料的收集与撰写。6月下旬，开始试写初稿，对撰写过程中存在资料断线、史实模糊、事实不清、数字缺失等问题，编纂人员不辞劳苦，反复深入基层，进行核实、补充、完善。8月底全志初稿基本形成。9月开始，集体逐章审稿、修改，重点解决章、节之间内容交叉重复、节目设置不当、横排竖写不到位以及表述不清等问题。10月，分小组对修改稿进行复审，再由责任编辑统审。11月上旬形成志书征求意见稿，分送编纂领导小组、系统各单位及市林业局审查。是月19日，召开由市林业局、县志编纂委员会领导、专家及县林业系统各单位领导、部分老干部参加的《遂川县林业志》(1995~2006年)评审座谈会。之后，根据评审意见对志稿再次梳理，进行认真修改、补充、完善。12月下旬形成定稿。

续志除概述、大事记、专题记述外，共13章50节29万余字。续志在博采前志众长的基础上，纲目设置既与前志紧密衔接，又突出时代特点，采取"基本保留，部分新立，少数取消，归类调整"的方法，增设林业改革、林业宣传、林业习俗章，并对遂川林业溯源拾遗补缺，使志书更具存史和可读性。

林业系统各单位对林业志续修工作十分重视，林业局提供办公场所、设施、交通工具，多次召开中层干部会议，落实基础资料收集工作；五指峰林场、云岭林场、林业工业公司、公安森林分局均成立续志编纂机构，抽调专人收集整理资料。全体编纂人员自始至终齐心协力，埋头苦干，未休息过双休日、节假日，仅用8个月时间完成编纂任务。续志是全体编纂人员和全县林业工作者辛勤汗水与集体智慧的结晶。

在续修过程中，得到县志办的悉心指导和大力帮助，林业系统部分老领导、老同志给予了关心与支持。陈安平等同志提供了一些可贵的历史资料，谨致谢意！

由于编者水平有限，加上时间仓促，缺点、疏漏在所难免，敬请批评、指正。

遂川县林业志编纂委员会办公室

二〇〇六年十二月

关于同意《遂川县林业志》(1995～2006 年)定稿出版的批复

县林业志编纂委员会：

报来《关于〈遂川县林业志〉(1995～2006 年)定稿出版的报告》收悉，经审阅，认为《遂川县林业志》稿观点正确，内容完备，资料翔实，时代特点、专业特色突出，行文规范，符合志书体例，具有较高的资政、存史、教育作用，同意定稿出版。

特此批复。

遂川县地方志编纂委员会办公室

二〇〇七年一月二十八日

编纂机构　编纂人员

《遂川县林业志》(1995～2006 年)编纂委员会

主　　　任:刘礼河

副　主　任:张永明　李华美　王礼权　古小江　梁小军　陈晓明　廖洪石

委　　　员:郭桂生　罗竟林　何　斌　廖　锋　郭爱萍　郭小鹏　张　勇
廖许清　王秋华　高小明　李树生　钟平华　袁剑飞　张贤德
刘兴云　郭绍庆　焦学坪

办公室主任:郭桂生

副　主　任:肖礼彬

成　　　员:温昌生　谢大清

《遂川县林业志》(1995～2006 年)编纂人员

主　　　编:刘礼河

副　主　编:郭赣生　张永明

总　　　纂:郭赣生

分　　　纂:郭赣生　钟文高　肖礼彬　谢大清　温昌生　蒋　燕　张春艳

打　　　印:康　群

图 片 编 辑:方院新

《遂川县林业志》(1995～2006 年)分纂一览

章　题	分　纂
大事记　专题记述	张春艳
第一章　林业改革	郭赣生
第二章　森林资源	温昌生
第三章　森林资源培育	温昌生
第四章　森林资源管理	谢大清
第五章　林业基础设施建设	钟文高
第六章　森林资源利用	钟文高
第七章　林业科技	张春艳
第八章　林业宣传	肖礼彬
第九章　机　构	蒋　燕
第十章　职工队伍	谢大清
第十一章　新风　荣誉	蒋　燕
第十二章　林业习俗	郭赣生
第十三章　文献资料辑存	肖礼彬